普通高等学校“十三五”规划教材

跨境贸易实务与实训

钟懿辉　编著

中国铁道出版社有限公司
CHINA RAILWAY PUBLISHING HOUSE CO., LTD.

内容简介

本书从跨境贸易实务的角度出发，总结国内外贸易业务实际运作经验，分析研究跨境商品交易的各种流程，模拟贸易履约业务活动。全书共分4篇(12章)，以贸易程序为主线，充分考虑学生的认知能力，先介绍贸易的基础知识，再介绍贸易实务流程和各环节业务任务。

本书适合作为普通高等院校财经类以及商务专业教材，也可作为广大商务从业人员的培训教材，亦可供商务人员在工作实践中学习与参考。

图书在版编目(CIP)数据

跨境贸易实务与实训/钟懿辉编著．—北京：中国铁道出版社有限公司，2019.8

普通高等学校"十三五"规划教材

ISBN 978-7-113-26050-7

Ⅰ.①跨… Ⅱ.①钟… Ⅲ.①国际贸易-贸易实务-高等学校-教材 Ⅳ.①F740.4

中国版本图书馆CIP数据核字（2019）第147146号

书　　名：跨境贸易实务与实训
作　　者：钟懿辉

策　　划：潘星泉　　**读者热线：**010-63589185转2076
责任编辑：潘星泉　贾淑媛
封面设计：刘　颖
责任校对：张玉华
责任印制：郭向伟

出版发行：中国铁道出版社有限公司（100054，北京市西城区右安门西街8号）
网　　址：http://www.tdpress.com/51eds/
印　　刷：北京虎彩文化传播有限公司
版　　次：2019年8月第1版　2019年8月第1次印刷
开　　本：787 mm×1 092 mm　1/16　**印张：**16　**字数：**380千
书　　号：ISBN 978-7-113-26050-7
定　　价：42.00元

前　言

建立由计算机网络支持的模拟实验环境，开展跨境贸易实验教学，是我国经管类专业高等教育的一项重要创新，也是落实教育部着力倡导的在大学开展教学实验活动、努力培养适合社会需求的实用型人才的重要举措。跨境贸易实验教学，包括国内外市场调研、国内和进出口业务等的实验教学，是在总结我国跨境贸易实践经验和国际贸易惯例与做法的基础上形成和发展起来的模拟实际操作过程的综合性实验课程，是一门具有商务活动特点、实践性很强的综合性应用课程。《跨境贸易实务与实训》就是专门为开展这些实验课程教学编写的教材。教材的编写坚持"适用、够用、管用"的教学指导思想，力求体现先进性、完整性、创新性和易懂性。

跨境指跨国境、跨关境、跨地区，跨境贸易即为跨国境的贸易、跨关境的贸易和跨地区的贸易，当然也就包括了一般意义上的国内贸易和国际贸易，因此，本教材的研究对象和主要任务是：从市场调研、国内外贸易实务的角度出发，总结国内外贸易业务实际运作经验，分析研究商品交易的各种流程，使学生模拟交易履约业务活动。具体而言，本教材具有以下特点：一是合理安排章节内容。教材共分4篇(12章)，以国内外贸易程序为主线，充分考虑学生的认知能力，先介绍贸易的基础知识，再介绍贸易实务流程和各环节业务任务。二是取材力求新颖。在总结我国贸易实践经验和跨境贸易活动惯例与做法的基础上，大量引用近年来我国企业经营业务实例和典型案例，参阅和引用了国内外最新出版的相关教材、资料、技术标准，尤其注重反映当前我国经贸政策的调整情况。三是理论教学与模拟实训结合紧密。与本教材配套的跨境项目综合实验教学平台模拟系统，不仅可以配合展示教学内容，而且能够在每章教学之后提供相应的实操训练，较好地体现了工学结合的要求，对学生和相关人员熟悉掌握教材内容具有重要的帮助。四是注重创新。本教材在结构上，把理论、操作和上机实训指导结合起来，实现三者合一，相互配合；在内容上，反映了当前最新变化，例如跨境贸易环境、规则和交易手段的变化，以及我国的海关和商检在体制上的关检合一；在案例设计上，根据交易流程分章立节，用同一笔贸易设计各章节的案例，前后呼应、整分结合，使得分散的案例构成一笔完整的贸易业务；另外，编者与北京中科致远科技有限责任公司合作开发的跨境项目综合实验教学平台，较好地模拟仿真贸易实务流程，使得本教材能够理论联系实际，不但最大限度地反映当今我国经贸政策的最新变化，而且介绍跨境项目综合实验教学平台的实验操作内容，很好地将实务理论与具体操作结合起来。

本教材得以顺利出版，要感谢中国劳动关系学院院领导，科研处、教务处、经管系等领导和老师给予的大力支持和帮助。教材编写过程中，参阅和引用了国内外有关论著的资料和观点，书中未一一列明，特此向这些作者表示衷心感谢。北京中科致远科技有限责任公司负责人闫循华和技术人员对本教材编写尤其是配套软件研发给予了大力支持，编者在此一并致谢。

由于时间仓促、水平有限，书中不妥之处敬请广大读者批评指正。

钟懿辉

2019 年 3 月

目　　录

第1篇　跨境贸易基础知识

第2篇　寻找、确定交易伙伴

第3篇　跨境贸易实务操作基本流程

第4篇 跨境贸易履约操作

第 1 篇

跨境贸易基础知识

第1章 贸易术语

教学目标：

学习贸易术语，掌握贸易术语的含义和作用，掌握《国际贸易术语解释通则®2010》中11种贸易术语的内容，并能够正确运用。

跨境贸易活动涉及范围很广，货物自卖方所在地运交给买方往往需要经过一种或多种形式的长途运输、多次装卸和存储，这就需要承租运输工具，装货、卸货，办理货运保险、申领进出口许可证及结关纳税等手续；并需支付运费、装卸费、仓储费、保险费和各种捐税及杂费等费用；还要承担货物在运输途中可能遭灭失或损坏的风险。所有这些必然涉及买卖双方谁来负责这些工作、谁来负担这些费用，还必须明确谁来承担这些风险、从何时至何时承担这些风险。在各种经济贸易活动中，各方当事人的责任和义务须划分明确，如果每次交易都要洽商这些问题，一是洽商内容多且麻烦，让交易成本升高；二是每次洽商的内容似乎还有些重复，而在长期实践中形成了一些习惯做法，交易双方都比较认可。考虑到这些情况，大约在19世纪初，欧洲商人开始使用一些英文缩写来规定交易中洽商的某些看似重复的内容，这就产生了国际贸易术语。可以说，由于国际经济贸易活动经过长期反复的实践逐步形成了一些习惯做法，为了提高工作效率，交易的当事人就需要使用贸易术语。

贸易术语作为一种国际贸易惯例，为许多经贸活动，特别是跨境贸易界广泛承认和采纳。我们对此应该有所了解，并视买卖双方和交易情况合理地加以选择和运用。

1.1 贸易术语概述

1.1.1 贸易术语的含义

贸易术语又称贸易条件(Trade Terms)、价格术语(Price Terms)，它是用一个简短的概念或外文缩写(比如FOB、CIF等)来表示买卖双方在货物交接过程中有关手续、费用和风险的责任划分。

贸易术语是在跨境贸易的长期实践中出现和逐步发展起来的，它具有两重性，即确定交易的交货条件，同时也用来表示商品价格的组成。贸易术语用简短的英文缩写规定了贸易中买卖双方在货物交接中的一些责、权、利。采用不同的贸易术语就意味着买卖双方承担不同的责任，也因此核算出不同的商品交易成本。

因此,贸易术语可以说明的内容包括:交货地点,货物风险转移的界限,买卖双方各自承担的责任、义务(风险和费用等),合同价格的构成因素,合同的性质等。

目前,对贸易术语的统一解释主要有三种:《国际贸易术语解释通则》(International Rules for Interpretation of Trade Terms,简称 Incoterms),《1941 年美国对外贸易定义修正本》(Revised American Foreign Trade Definition 1941)和《1932 年华沙—牛津规则》(Warsaw-Oxford Rules 1932,简称 W. O. Rules 1932)。

1.1.2　采用贸易术语的意义

贸易的开展使得各种货物得以在更多的地区大量销售。从事贸易的当事人必须在不同的地区、甚至是不同的法律制度下,利用各种不同的条件来完成其所从事的同一笔交易活动。由于当事人的背景不同,所站立场不同,一笔交易的洽商谈判往往是艰难而又漫长的,特别是下列问题与货物的取得有着密切的关系,是当事人最关心的,是贸易中最重要的,常常成为各方当事人谈判的焦点:

- 卖方在哪里交货? 以什么方式交货?
- 在什么期间内,谁来承担货物损坏和灭失的风险?
- 谁来负责运输? 采用何种方式运输? 费用谁来承担?
- 需要给货物上保险吗? 谁来负责? 费用谁承担?
- 国际贸易中出口和进口的通关谁来负责并承担费用?
- 一笔交易需要提交哪些单证?

贸易术语则以其特有的风险、责任、费用划分方式解决了上述问题。买卖双方在交易洽谈、签订合同中使用某一贸易术语时,则明确了某一种手续应由谁办理,某一项费用应由谁支付,某一项风险应由谁承担,由此极大地方便了贸易活动,简化了谈判内容和过程,节省了交易时间和费用,大大提高了经济效益。

总而言之,随着贸易数额的增加与复杂性的提升,因销售或采购合同不恰当起草引致误解与高代价争端的可能性也提高了。贸易术语这一用于贸易的规则使得贸易行为更便捷。在销售或采购合同中参引贸易术语可清晰界定各方义务,减少各方歧义和不确定的可能性并降低法律纠纷的风险,从而促进了贸易的迅速发展。

1.2　《国际贸易术语解释通则®2010》简介

《国际贸易术语解释通则》是世界上影响最大的国际贸易术语惯例,它是由国际商会(International Chamber of Commerce,简称 ICC)综合各国贸易习惯,在广泛征得国际贸易界、法律界意见的基础上,根据世界经济发展、社会科技进步和跨境贸易变化情况的需要逐步演变成为当今使用最为广泛的国际贸易术语解释版本。它为跨境贸易中最普遍使用的贸易术语提供了一套解释的国际规则,以避免因各国不同解释而出现的不确定性,或至少在相当程度上减少这种不确定性。当前在我国跨境贸易业务中,大多数情况下都会选用国际商会的《国际贸易术语解释通则》,而且随着国内贸易活动的规范,《国际贸易术语解释通则》在国内贸易中也在逐步得到认可和运用。

国际商会首次编纂贸易术语的做法始于1921年,并于1923年编纂了6个贸易术语:FOB、FAS、FOT、FOR、Free Delivered CIF和C&F。1936年ICC以Incoterms名称正式出版其编纂的11个贸易术语,副标题为International Rules for the Interpretation of Trade Terms,因而中译为《国际贸易术语解释通则》。其后历经1953年、1967年、1976年、1980年、1990年、2000年、2010年的7次修订。

21世纪以来,跨境贸易环境发生了日新月异的变化:随着各国之间贸易日益密切,为方便经济交流,无关税区不断扩大;集装箱运输、滚轮运输等运输方式迅速发展和普及,运输两端延长;技术水平的不断发展更新促使商业交易中电子信息使用增加,且安全性不断提高;国际贸易术语在国内贸易中得到越来越多的应用;与货物贸易相关的新公约、协定的制定和修改,如《鹿特丹规则》《伦敦保险协会货物险条款》等,国际商会则于2010年9月中旬正式以国际商会第715号出版物发布了《国际贸易术语解释通则®2010》,并定于2011年1月1日实施。《国际贸易术语解释通则®2010》与以往版本不是替代与被替代的关系,以往版本的国际贸易术语解释通则并不失效,合同当事人仍可以选用以往版本中的术语。但是由于不同版本术语的具体权利义务不同,要确保使用正确的表述方法,应将国际贸易术语解释通则及其修订年份纳入买卖合同中。

1.2.1 《国际贸易术语解释通则®2010》基本内容和编排体例

1.《国际贸易术语解释通则®2010》概览

《国际贸易术语解释通则®2010》的主要内容有前言、如何使用《国际贸易术语解释通则®2010》的介绍、《国际贸易术语解释通则®2010》的主要特征、贸易术语的解释四部分。

前言和介绍部分解释了《国际贸易术语解释通则®2010》在合同中的应用,即它不能替代合同,虽然在合同中引用了《国际贸易术语解释通则®2010》术语,合同中也应当规定关于付款、物权转移和违约后果等内容。合同在引用相关术语时,也可对术语做出添加或修改。并申明了《国际贸易术语解释通则®2010》不仅适用于国际贸易,还适用于国内贸易。

第三部分《国际贸易术语解释通则®2010》主要特征,除了解释《国际贸易术语解释通则®2010》对《国际贸易术语解释通则2000》做出的修改外,还补充了终点操作费的承担问题和连环合同的应用问题。

第四部分运输规则解释了运输方式的规则和承运人、报关单、交货、交货单包装和电子记录或程序等基本概念;并通过对应方式,即A栏反映卖方的基本义务,B栏反映买方的基本义务,对11种贸易术语进行详尽的解释。

2.《国际贸易术语解释通则®2010》的贸易术语概览

《国际贸易术语解释通则® 2010》定义了11种贸易术语,并按照适用的运输方式将这11种贸易术语分为两组(见表1-1),第一组共7种贸易术语,且适用于任何运输方式或多种运输方式;第二组共4种贸易术语,且只适用于海运和内陆水运。

3.《国际贸易术语解释通则®2010》中买卖双方的基本义务

《国际贸易术语解释通则®2010》中的每个贸易术语通过一篇完整的规则,规定买卖双方的义务。《国际贸易术语解释通则®2010》将卖方基本义务和买方基本义务各自分为10项,通过A列和B列列表展现出来(见表1-2)。

表 1-1 《国际贸易术语解释通则®2010》11 种贸易术语名称及分组情况

分组		贸易术语缩写	贸易术语英文名称	贸易术语中文名称
第一组	适用于任何运输方式或多种运输方式(all types of transportation)	EXW	Ex Works	工厂交货
		FCA	Free Carrier	货交承运人
		CPT	Carriage Paid to	运费付至
		CIP	Carriage and Insurance Paid to	运费、保险费付至
		DAT	Delivered at Terminal	终点站交货
		DAP	Delivered at Place	目的地交货
		DDP	Delivered Duty Paid	完税后交货
第二组	适用于海运和内陆水运(water transport)	FAS	Free Alongside Ship	船边交货
		FOB	Free on Board	船上交货
		CFR	Cost and Freight	成本加运费
		CIF	Cost, Insurance and Freight	成本、保险费加运费

表 1-2 《国际贸易术语解释通则®2010》卖方和买方基本义务

《国际贸易术语解释通则®2010》规定的卖方义务 A	《国际贸易术语解释通则®2010》规定的买方义务 B
A1:卖方的一般义务 General Obligations of the seller	B1:买方的一般义务 General Obligations of the Buyer
A2:许可证、其他许可、安全清关和其他手续 License, Authorizations, Security Clearances and other formalities	B2:许可证、其他许可、安全清关和其他手续 License, Authorizations, Security Clearances and other formalities
A3:运输与保险合同 Contracts of carriage and insurance	B3:运输与保险合同 Contracts of carriage and insurance
A4:交付货物 Delivery	B4:受领货物 Taking delivery
A5:风险转移 Transfer of risks	B5:风险转移 Transfer of risks
A6:费用分摊 Allocation of costs	B6:费用分摊 Allocation of costs
A7:通知买方 Notices to the buyer	B7:通知卖方 Notices to the seller
A8:交货单据 Delivery document	B8:交货证明 Proof of delivery
A9:核对,包装,标记 Checking, packing, marking	B9:货物检验 Inspection of goods
A10:信息协助和相关费用 Assistance with information and related costs	B10:信息协助和相关费用 Assistance with information and related costs

1.2.2 《国际贸易术语解释通则®2010》11 种贸易术语的解释

1. EXW——工厂交货(……指定地点)

“工厂交货(……指定地点)”是指当卖方在其所在地或其他指定的地点[如工场(强调生产

制造场所)或仓库等]将货物交给买方处置时,即完成交货。卖方不需将货物装上任何运输工具,在需要办理出口清关手续时,卖方亦不必为货物办理出口清关手续。

EXW条件下卖方和买方的基本义务见表1-3。

表1-3 EXW条件下卖方和买方的基本义务

卖方义务A	买方义务B
A1:卖方的一般义务 卖方必须按照货物买卖合同提供货物和商业发票,以及合同可能要求的、用以证明货物符合合同规定的其他任何凭证。所有在A1~A10条款中提及的文件,(均)可采用经当事人协定或约定俗成、具有同等作用的电子记录或者手续 * A	B1:买方的一般义务 买方必须按照货物买卖合同之规定支付货物价款。所有在B1~B10条款中提及的文件,(均)可采用经当事人协定或约定俗成、具有同等作用的电子记录或者手续 * B
A2:许可证、其他许可、安全清关和其他手续 在需要办理海关手续时,应买方要求并由买方承当风险和费用时,卖方应协助买方办理出口货物必需的出口许可证或其他官方许可,并提供其掌握的货物安全检查所要求的任何信息	B2:许可证、其他许可、安全清关和其他手续 在需要办理海关手续时,买方必须自担风险和费用,由其取得任何出口和进口许可证或其他官方许可,并办理货物出口的一切海关手续
A3:运输与保险合同 卖方没有为买方签订运输合同和与买方签订保险合同的义务。然而,当买方请求或由其承担风险与(或有的)费用时,卖方必须向买方提供其获取保险所需要的信息	B3:运输与保险合同 买方没有为卖方签订运输合同以及没有与卖方签订保险合同的义务
A4:交付货物 卖方应在约定点或在指定地点将未置于任何运输车辆上的货物交给买方处置。若在指定的地点内未约定具体交货点,或有若干个交货点可使用,卖方可选择最符合其目的之地进行交货。卖方需在约定地和约定时间内交货	B4:受领货物 买方必须在卖方按照A4和A7规定交货时受领货物
A5:风险转移 除发生B5中所描述之灭失或损坏的情形外,卖方必须承担货物灭失或损坏的一切风险,直至已经按照A4规定交货为止	B5:风险转移 自卖方按A4规定交货之时起,买方必须承担货物灭失或损坏的一切风险。 如果买方未按照B7之规定通知卖方,则自约定的交货日期或交货期限届满之日起,买方必须承当货物灭失或损坏的一切风险,但以该项货物已清楚地确定为合同项下之货物为限
A6:费用分摊 除B6预设的可由买方支付的费用外,卖方必须承担与货物有关的所有费用,直到其按照A4规定交货为止	B6:费用分摊 买方必须支付自按照A4规定交货之时起与货物有关的一切费用;在货物已交给买方处置而买方未受领货物或未按照B7规定给予卖方相应通知而发生的任何额外费用,但以该项货物已正式划归合同项下为限;在需要办理海关手续时,货物出口应交纳的一切关税、税款和其他费用,以及办理海关手续的费用;卖方按照A2规定给予协助时所发生的一切成本与费用
A7:通知买方 卖方必须提供能使买方提货的所需通知	B7:通知卖方 一旦买方有权确定在约定的期限内受领货物的具体时间和/或地点时,应就此给予卖方充分的通知
A8:交货单据 卖方无义务	B8:交货证明 买方必须向卖方提供已受领货物的适当凭证

续表

卖方义务A	买方义务B
A9:核对,包装,标记 卖方必须支付与A4规定一致的、以交付货物为目的的查对费用(如查对货物品质、丈量、过磅、点数的费用)。卖方必须支付货物包装费用,除非是不需要包装便可进行运输的特殊货物。卖方应采取适宜运输的包装方式,除非买方在签订货物买卖合同前便告知卖方特定的包装要求。包装应作适当标记	B9:货物检验 买方必须支付装船前检验的强制性费用,包括由卖方国当局强制检查(的费用)
A10:信息协助和相关费用 应买方要求并由其承当风险和费用时,卖方须在合适的情况下为买方提供及时的帮助,以帮助买方取得其货物以及将货物运至最后目的地所需的任何单据和信息,包括与安全有关的信息	B10:信息协助和相关费用 为使卖方可以履行A10之规定,买方必须及时通知卖方其对于相关交易安全信息的要求。买方必须补偿卖方(由于提供给买方获得A10中提到的信息和单据而可能)产生的所有费用和代价

(＊A、＊B:其代表的内容对11种贸易术语都适用,故后续贸易术语相关内容用"＊A"或"＊B"代替。)

2. FCA——货交承运人(……指定地点)

"货交承运人"是指卖方于其所在地或其他指定地点将货物交付给承运人或买方指定人。FCA条件下卖方和买方的基本义务见表1-4。

表1-4　FCA条件下卖方和买方的基本义务

卖方义务A	买方义务B
A1:卖方的一般义务 ＊A	B1:买方的一般义务 ＊B
A2:许可证、其他许可、安全清关和其他手续 卖方应当自担风险和费用,并且在需要的时候取得任何出口许可证或其他官方许可,而且在办理海关手续时办理货物出口所需要的一切海关手续	B2:许可证、其他许可、安全清关和其他手续 在需要的时候,买方可以获取一切进口许可证或其他官方许可,以及办理货物进口的海关手续和从他国过境的一切相关手续,并自担风险和费用
A3:运输与保险合同 卖方没有为买方订立运输合同和为买方订立保险合同的义务。但是,卖方应当按照买方的要求,向买方提供其所需的有关购买保险的信息,由此产生的任何风险、费用由买方承担	B3:运输与保险合同 买方应当自付费用订立从指定的交货地点运输货物的合同;买方没有义务为卖方订立保险合同
A4:交付货物 若有约定具体的交货点,卖方应按照约定,在指定的地点于约定的日期或者期限内,将货物交付给承运人或者买方指定的其他人。交货在以下情况完成:(a)若指定的地点是卖方所在地,则当货物已装载于买方所提供的运输工具时。(b)当装载于卖方的运输工具上的货物已达到卸货条件,且处于承运人或买方指定的其他人的处置之下时的任何其他情况;若买方未按照B7(d)项之规定,将在指定的地区内的具体交货地点通知卖方,且有几个具体交货点可供选择时,卖方可以在指定地点中选择最符合其目的的交货地点;除非买方另有通知,否则,卖方可以根据货物的数量和/或性质的要求,将货物以适宜的方式交付运输	B4:受领货物 买方应当在卖方按照A4规定交货时,收取货物

续表

卖方义务 A	买方义务 B
A5:风险转移 卖方承担货物灭失或损害的一切风险,直至卖方已按照 A4 的规定交付货物,在 B5 描述的情况下产生的灭失或损害除外	B5:风险转移 买方自卖方按照 A4 规定交货之时起,承担货物灭失或损坏的一切风险。若(a)买方没有按照 B7 规定将依 A4 规定对承运人或其他人的指定告知卖方或提醒其注意;或(b)其按照 A4 规定指定的承运人或其他人未接管货物,则买方按照下述规定承担货物灭失或损坏的一切风险:(i)自约定期限时起;(ii)若没有约定期限,自卖方在约定的时期内依 A7 规定告知买方的日期起;(iii)若没有告知日期,自任何约定的交货期限届满之日起,但以该货物已被清楚地确定为合同项下货物为限
A6:费用分摊 卖方应当支付(a)与货物有关的一切费用,直至已按照 A4 规定交货为止。除 B6 中规定的由买方支付的费用外。(b)在适用情况下,货物出口应办理的海关手续费用及出口应交纳的一切关税、税款和其他费用	B6:费用分摊 买方应当支付(a)自按照 A4 规定的交货之时起与货物有关的一切费用,除了 A6(b)中规定的货物出口办理海关手续的费用及其他货物出口应缴纳的关税、税款和其他费用。(b)因发生下述任一情况产生的任何额外费用:(i)由于买方未能按照 A4 规定指定承运人或其他人;(ii)或由于承运人或买方指定的人未能接管货物;(iii)或由于买方未能按照 B7 规定给予卖方相应通知,但以该货物已被清楚地确定为合同项下货物为限。(c)在有必要时,货物进口应交纳的一切关税、税款和其他费用以及办理海关手续的费用及从他国过境的费用
A7:通知买方 在买方自担风险和费用的情况下,卖方应当将货物已经按照 A4 的规定交付,或承运人或买方指定的其他人未能在约定的时间内提取货物的信息充分告知买方	B7:通知卖方 买方应当:(a)及时告知卖方其依 A4 规定指定的承运人或者其他人的名称,使卖方能够按照 A4 条款的规定发送货物;(b)在必要时,告知卖方被指定的承运人或其他人在约定的期限内收取货物的具体时间;(c)告知卖方由买方指定人采取的运输方式;(d)在约定地点内的具体取货位置
A8:交货单据 卖方应当自担费用地向买方提供证明按照 A4 规定已完成交货的通常凭证;卖方应当根据买方的要求,给予买方一切协助以取得运输单据,风险和费用由买方承担	B8:交货证明 买方应当接受卖方依 A8 规定提供的交货凭证
A9:核对,包装,标记 卖方应当支付那些对实现按照 A4 的标准运输货物的目标必不可少的检查措施(如查对货物品质、丈量、过磅、点数的费用)所产生的费用,以及任何为卖方国当局规定的装运前检验的费用;卖方应当由自己负担成本来包装货物,除非对该特定种类的交易来说,将这种被销售货物不加包装地运输是相关行业惯例;卖方可以将货物以适宜其运输的方式加以包装,除非买方在货物买卖合同签订前向卖方通知了明确的包装要求。包装应当适当地标记＊＊A	B9:货物检验 买方应当支付任何装运之前强制检验的费用,但卖方国强制进行的检验除外＊＊B
A10:信息协助和相关费用 应买方的要求并由其承担风险和费用,卖方应当在需要时及时向买方提供或给予协助,以帮助买方取得货物可能要求的和/或在运往目的地的过程中可能需要的包括与安全清关有关的信息在内的任何单据或信息;卖方应当补偿买方因提供 B10 中协助其取得单据和信息的行为时的费用和要价＊＊＊A	B10:信息协助和相关费用 买方应当及时告知卖方其关于安全清关信息方面的请求,使卖方能够履行 A10 中规定的义务;买方应当对卖方因依 A10 规定所提供或给予的关于取得单据和信息的协助而产生的费用和要价进行补偿;应卖方的要求并由其承担风险和费用,买方应当在需要时及时向卖方提供或给予协助,以帮助卖方取得为运输和货物和/或从他国过境时需要的包括与安全清关有关的信息在内的任何单据或信息＊＊B

(＊＊A、＊＊B、＊＊＊A、＊＊＊B:其代表的内容适用于后续贸易术语的将采用"＊＊A"或"＊＊B"或"＊＊＊A"或"＊＊＊B"符号代替。)

3. CPT——运费付至(……指定目的港)

“运费付至…”是指卖方在指定交货地向承运人或由其(卖方)指定的其他人交货并且其(卖方)须与承运人订立运输合同,载明并实际承担将货物运送至指定目的地的所产生的必要费用。

CPT 条件下卖方和买方的基本义务见表 1-5。

表 1-5 CPT 条件下卖方和买方的基本义务

卖方义务 A	买方义务 B
A1:卖方的一般义务 * A	B1:买方的一般义务 * B
A2:许可证、其他许可、安全清关和其他手续 在该港所在地需办理这些手续的情况下,卖方必须自担风险和费用,取得任何出口许可证或其他官方核准文件,并办理货物出口以及货物在送达前从他国过境运输所需的一切海关手续	B2:许可证、其他许可、安全清关和其他手续 如果这些地方需要办理这些海关手续,买方在自行承担风险和费用的情况下,可以自由决定是否取得许可证或其他官方核准文件,并办理货物进口和经由他国过境运输的一切海关手续
A3:运输与保险合同 卖方必须订立运输合同,若约定了交付地点的,将货物从交付地的约定地点运至指定目的地,如果约定了目的地的具体交付货物地点的,也可运至目的地的约定地点;卖方必须自付费用,按照通常条件订立运输合同,依通常路线及习惯方式,将货物运至指定的目的地的约定点。如未约定目的地的具体交付货物地点或未能依交易习惯予以确定该地点,则卖方可在指定的目的地选择最适合其目的的交货点;卖方没有向买方制定保险合同的义务。应买方的请求,并由买方承担风险和可能存在的费用时,卖方必须向买方提供其需要的用于获得保险的相关信息	B3:运输与保险合同 买方没有向卖方制定运输合同和保险合同的义务。但是,当卖方要求时,买方须向卖方提供获得保险的必要信息
A4:交付货物 卖方必须在约定的日期或期限内依照 A3 的规定向订立合同的承运人交货	B4:受领货物 买方必须在货物已经按照 A4 的规定交货时受领货物,并在指定的目的地从承运人受领货物
A5:风险转移 除 B5 所描述情形下的灭失或损坏外,卖方承担货物灭失或损坏的一切风险,直至已按照 A4 规定交货为止	B5:风险转移 买方承担按照 A4 规定交货时起货物灭失或损坏的一切风险。在货物已被清楚确定为合同项下之物的条件下,如买方未能按照 B7 规定向卖方发出通知,则买方必须从约定的交货日期或交货期限届满之日起,承担货物灭失或损坏的一切风险
A6:费用分摊 卖方必须支付:(a)除 B6 规定者外,卖方必须支付按照 A4 规定交货之前与货物有关的一切费用;(b)按照 A3 规定所发生的运费和一切其他费用,包括根据运输合同规定应由卖方支付的装货费和在目的地的卸货费;(c)货物出口需要办理的海关手续费用及出口时应缴纳的一切关税、税款和其他费用,以及根据运输合同规定,由卖方支付的货物从他国过境的费用,如果这些地方需要办理这些海关手续	B6:费用分摊 除 A3 规定外,买方必须支付:(a)自按照 A4 规定交货时起的一切与货物有关的费用,除了在 A6 中提到的在这些地方需要办理海关手续的情况下货物出口需要办理的海关手续费用及出口时应缴纳的一切关税、税款和其他费用;(b)货物在运输途中直至到达目的地为止的一切费用,除非这些费用根据运输合同应由卖方支付;(c)卸货费,除非根据运输合同应由卖方支付;(d)如买方未按照 B7 规定给予卖方通知,则自约定的装运日期或装运期限届满之日起,货物所发生的一切额外费用,但以该项货物已正式划归合同项下,即清楚地划出或以其他方式确定为合同项下之货物为限;(e)在需要办理海关手续时货物进口应交纳的一切关税、税款和其他费用,及办理海关手续的费用,以及从他国过境的费用,除非这些费用已包括在运输合同中

续表

卖方义务 A	买方义务 B
A7:通知买方 卖方必须通知买方按照 A4 规定交货;卖方必须给予买方任何必要的通知,以便买方能够为领取货物采取通常必要的措施	B7:通知卖方 一旦买方有权决定发送货物的时间和/或者指定的目的地或者指定接收货物的地点,买方必须就此给予卖方充分通知
A8:交货单据 如果依照惯例或者依照买方的要求,卖方必须向买方提供依据 A3 所订立的运输合同所签发的通常运输单据,且费用由卖方承担;运输单据必须包括约定货物,其注明日期必须在约定的装运时间内。(如果)按照约定或和依照惯例,该单据必须同时能够赋予买方在约定地点向承运人受领货物的权利以及通过向下一个买方转移单据或向承运人告知的方式在运输中卖出货物的权利;当这样的运输单据是以转让的方式签发的,并且有多份正本时,一个完整全套的正本必须向买方提供	B8:交货证明 如果符合合同规定,买方必须接受按照 A8 规定提供的运输单据
A9:核对,包装,标记 * * A	B9:货物检验 * * B
A10:信息协助和相关费用 * * * A	B10:信息协助和相关费用 * * * B

4. CIP——运费和保险费付至(……指定目的地)

"运费和保险费付至"是指在约定的地方(如果该地在双方间达成一致)卖方向承运人或是卖方指定的另一个人发货,以及卖方必须签订合同和支付将货物运至目的地的运费。卖方还必须订立保险合同以防买方货物在运输途中灭失或损坏风险。

CIP 条件下卖方和买方的基本义务见表 1-6。

表 1-6 CIP 条件下卖方和买方的基本义务

卖方义务 A	买方义务 B
A1:卖方的一般义务 * A	B1:买方的一般义务 * B
A2:许可证、其他许可、安全清关和其他手续 同 CPT	B2:许可证、其他许可、安全清关和其他手续 同 CPT
A3:运输与保险合同 运输合同同 CPT。 卖方必须自付费用取得货物保险,该货物保险至少应按照《协会货物保险条款》(劳埃德市场协会/国际保险人协会)的条款或其他类似条款中的最低保险险别投保。保险合同应与信誉良好的保险人或保险公司订立,并赋予买方或任何其他对货物具有保险利益的人直接向保险人索赔的权利;当买方提出要求时,卖方应要求并且根据买方所提供的必要信息,在可行的情况下,由买方付费给予买方加投额外的保险;保险金额最低限度应包括合同规定价款的另加 10%(即 110%),并应采用合同中约定的货币;保险应当包括,从 A4 和 A5 中规定的发货起点起,至少到达指定目的地的货物;卖方应向买方提供保险单或者其他保险范围的证据;卖方必须根据买方的要求、风险和费用(如果有的话),向买方提供买方需要投资额外保险的信息	B3:运输与保险合同 同 CPT

续表

卖方义务 A	买方义务 B
A4:交付货物 同 CPT	B4:受领货物 同 CPT
A5:风险转移 同 CPT	B5:风险转移 同 CPT
A6:费用分摊 同 CPT	B6:费用分摊 除 CPT 贸易术语规定的费用分摊外,买方还必须支付在 A3 和 B3 之下,应买方要求购买任何额外保险的费用
A7:通知买方 同 CPT	B7:通知卖方 同 CPT
A8:交货单据 同 CPT	B8:交货证明 同 CPT
A9:核对,包装,标记 * * A	B9:货物检验 * * B
A10:信息协助和相关费用 * * * A	B10:信息协助和相关费用 * * * B

5. DAT——终点站交货(……指定目的港或目的地)

"终点站交货"是指卖方在指定的目的港或目的地的指定的终点站卸货后将货物交给买方处置即完成交货。"终点站"包括任何地方,无论约定或者不约定,包括码头、仓库、集装箱堆场或公路、铁路或空运货站。卖方应承担将货物运至指定的目的地和卸货所产生的一切风险和费用。

DAT 条件下卖方和买方的基本义务见表 1-7。

表 1-7　DAT 条件下卖方和买方的基本义务

卖方义务 A	买方义务 B
A1:卖方的一般义务 * A	B1:买方的一般义务 * B
A2:许可证、其他许可、安全清关和其他手续 在必要的情况下,卖方必须自担风险和费用,在交货前取得任何出口许可证或其他官方许可,并且在需要办理海关手续时办理货物出口和从他国过境所需的一切海关手续	B2:许可证、其他许可、安全清关和其他手续 在必要的情况下,买方必须自担风险和费用,取得所需的进口许可证或其他官方许可证,并办理货物进口所需的一切海关手续
A3:运输与保险合同 卖方必须自付费用订立运输合同,将货物运至指定目的港或目的地的指定终点站。如未约定或按照交易习惯也无法确定具体交货点,卖方可在目的港或目的地选择最符合其交易目的的终点站(交货);卖方没有为买方签订保险合同的义务。但是,卖方在买方的要求下,必须向买方提供买方借以获得保险服务的信息,其中如果存在风险和费用,一概由买方承担	B3:运输与保险合同 买方没有为卖方签订运输合同和保险合同的义务。但是如果卖方要求,买方则必须向卖方提供关于获得保险的必要信息

续表

卖方义务 A	买方义务 B
A4:交付货物 卖方必须在约定的日期或期限内,在目的港或目的地中按 A3 所指定的终点站,将货物从交货的运输工具上卸下,并交给买方处置完成交货	B4:受领货物 货物已按 A4 的规定交付时,买方必须受领货物
A5:风险转移 除了 B5 条所描述的(货物)灭失或损坏的情形外,卖方必须承担货物灭失或损坏的一切风险,直至货物已经按照 A4 条的规定交付为止	B5:风险转移 自货物已按 A4 条的规定交付时起,买方必须承担货物灭失或损坏的一切风险;如果买方未按 B2 条的规定履行义务,买方承担由此产生的货物灭失或损坏的一切风险;如果买方未按 B7 条的规定给予通知,自约定的交付货物的日期或期间届满之日起,买方承担货物灭失或损坏的一切风险,但以该项货物已经被清楚地确定为合同货物为限
A6:费用分摊 卖方必须支付:(a)除了按 B6 条规定的由买方支付的费用外,包括因 A3 产生的费用,以及直至货物已按 A4 条的规定交付为止而产生的一切与货物有关的费用;(b)在必要的情况下,在按照 A4 条规定的交货之前,货物出口需要办理的海关手续费用及货物出口时应交纳的一切关税、税款和其他费用,以及货物经由他国过境运输的费用	B6:费用分摊 买方必须支付:(a)自货物已按 A4 条的规定交付时起,与货物有关的一切费用;(b)任何因买方未按 B2 条规定履行义务或未按 B7 条给予通知而使卖方额外支付的费用,但以该项货物已经被清楚地确定为合同货物为限;(c)在必要的情况下,货物进口需要办理的海关手续费用及货物进口时应交纳的一切关税、税款和其他费用
A7:通知买方 卖方必须提供买方需要的任何通知,以便买方能够为受领货物而采取通常必要的措施	B7:通知卖方 一旦买方有权决定于约定期限内受领货物的时间点和/或于指定的目的地受领货物的具体位置,买方必须就此给予卖方充分通知
A8:交货单据 卖方必须自付费用向买方提供提货单据,使买方能够如同 A4 或 B4 条的规定提取货物	B8:交货证明 买方必须接受卖方提供的符合 A8 条款规定的交货单据
A9:核对,包装,标记 * * A	B9:货物检验 * * B
A10:信息协助和相关费用 * * * A	B10:信息协助和相关费用 * * * B

6. DAP——目的地交货(……指定目的地)

"目的地交货"是指卖方在指定的交货地点,将仍处于交货的运输工具上尚未卸下的货物交给买方处置即完成交货。卖方须承担货物运至指定目的地的一切风险。

DAP 条件下卖方和买方的基本义务见表 1-8。

表 1-8 DAP 条件下卖方和买方的基本义务

卖方义务 A	买方义务 B
A1:卖方的一般义务 * A	B1:买方的一般义务 * B

续表

卖方义务 A	买方义务 B
A2:许可证、其他许可、安全清关和其他手续 同 DAT	B2:许可证、其他许可、安全清关和其他手续 同 DAT
A3:运输与保险合同 卖方必须自付费用订立运输合同,将货物运至指定的交货地点。如未约定或按照惯例也无法确定指定的交货地点,则卖方可在指定的交货地点选择最适合其目的的交货点。 保险合同同 DAT	B3:运输与保险合同 同 DAT
A4:交付货物 卖方必须在约定日期或期限内,在指定的交货地点,将仍处于约定地点的交货运输工具上尚未卸下的货物交给买方处置	B4:受领货物 货物已按 A4 的规定交付时,买方必须受领货物
A5:风险转移 除了 B5 条所描述的(货物)灭失或损坏的情形外,卖方必须承担货物灭失或损坏的一切风险,直至货物已经按照 A4 条的规定交付为止	B5:风险转移 买方必须支付:(a)自货物已按 A4 条的规定交付时起,与货物有关的一切费用;(b)任何因买方未按 B2 条规定履行义务或未按 B7 条给予通知而使卖方额外支付的费用,但以该项货物已经被清楚地确定为合同货物为限;(c)在必要的情况下,货物进口需要办理的海关手续费用及货物进口时应交纳的一切关税、税款和其他费用
A6:费用分摊 卖方必须支付:(a)除了按 B6 条规定的由买方支付的费用外,包括因 A3 产生的费用,以及直至货物已按 A4 条的规定交付为止而产生的一切与货物有关的费用;(b)根据运输合同约定的在交货地发生应由卖方支付的卸货费用;(c)在必要的情况下,在按照 A4 条规定的交货之前,货物出口需要办理的海关手续费用及货物出口时应交纳的一切关税、税款和其他费用,以及货物经由他国过境运输的费用	B6:费用分摊 买方必须支付:(a)自货物已按 A4 条的规定交付时起,与货物有关的一切费用;(b)任何因买方未按 B2 条规定履行义务或未按 B7 条给予通知而使卖方额外支付的费用,但以该项货物已经被清楚地确定为合同货物为限;(c)在指定交货地将货物从交货运输工具上卸下以受领货物的一切卸货费,除非这些费用按照运输合同是由卖方承担;(d)在必要的情况下,货物进口需要办理的海关手续费用及货物进口时应交纳的一切关税、税款和其他费用
A7:通知买方 同 DAT	B7:通知卖方 同 DAT
A8:交货单据 同 DAT	B8:交货证明 同 DAT
A9:核对,包装,标记 * * A	B9:货物检验 * * B
A10:信息协助和相关费用 * * * A	B10:信息协助和相关费用 * * * B

7. DDP——完税后交货(……指定目的地)

"完税后交货"是指卖方在指定的目的地,将货物交给买方处置,并办理进口清关手续,将在交货运输工具上的货物交与买方,完成交货。卖方承担将货物运至指定的目的地的一切风险和费用,并有义务办理出口清关手续与进口清关手续。

DDP 条件下卖方和买方的基本义务见表 1-9。

表 1-9　DDP 条件下卖方和买方的基本义务

卖方义务 A	买方义务 B
A1:卖方的一般义务 ＊A	B1:买方的一般义务 ＊B
A2:许可证、其他许可、安全清关和其他手续 需要办理海关手续时,卖方须自担风险费用,取得所有进出口许可证或其他官方许可,并办理进出口货物在他国运输的一切必要海关手续	B2:许可证、其他许可、安全清关和其他手续 在合适的情况下,应卖方的请求买方必须向卖方提供援助,并且帮助卖方取得进口货物的许可证并办理官方的手续
A3:运输与保险合同 同 DAP	B3:运输与保险合同 同 DAP
A4:交付货物 同 DAP	B4:受领货物 同 DAP
A5:风险转移 同 DAP	B5:风险转移 同 DAP
A6:费用分摊 卖方必须支付:(a)除了由 A3 之外所产生的费用以外,直到货品按照 A4 的规定交货之前,所有相关的一切费用,不包括那些 B6 中所提到的由买方支付的费用;(b)根据运输合同的规定的在交货地的卸货费用;(c)在适用的情况下,出口和进口所必需的报关费用以及一切关税、税款和其他在出口和进口货物时应支付的费用,以及货品在交付之前,按照 A4 的规定运输途中因通过其他国家所产生的费用	B6:费用分摊 买方必须支付:(a)从货物被交付之日起与货物相关的全部费用;(b)在指定目的地卸货的所有费用,包括从运输方式到接收货物整个过程的所有费用,除非按照运输合同,这些费用是由卖方支付;(c)在货物已被确定为合同项下货物的前提下,如果没有按照 B2 履行其义务或没有按照 B7 发出通知所造成的额外的费用
A7:通知买方 同 DAP	B7:通知卖方 同 DAP
A8:交货单据 同 DAP	B8:交货证明 同 DAP
A9:核对,包装,标记 ＊＊A	B9:货物检验 ＊＊B
A10:信息协助和相关费用 ＊＊＊A	B10:信息协助和相关费用 ＊＊＊B

以上七种贸易术语适用于任何方式的运输。而下面的四种贸易术语仅仅适用于海运或内陆水运。

8. FAS——船边交货(……指定装运港)

“船边交货”是指卖方在指定装运港将货物交到买方指定的船边(例如码头上或驳船上),即完成交货。从那时起,货物灭失或损坏的风险发生转移,并且由买方承担所有费用。

FAS 条件下卖方和买方的基本义务见表 1-10。

表 1-10　FAS 条件下卖方和买方的基本义务

卖方义务 A	买方义务 B
A1:卖方的一般义务 *A	B1:买方的一般义务 *B
A2:许可证、其他许可、安全清关和其他手续 同 FCA	B2:许可证、其他许可、安全清关和其他手续 同 FCA
A3:运输与保险合同 同 FCA	B3:运输与保险合同 买方必须自行承担运费,订立自指定装运港运输货物的合同;买方没有订立保险合同的义务
A4:交付货物 卖方必须在买方指定的装运港,在买方指定的装货地点(如果有指定的装货地点),将货物交至买方指定的船边,或者取得已经交付的货物。不论用哪种方式,卖方必须在约定的日期或者期限内,按照该港的习惯方式交付货物;如果买方没有指定特别的装货地点,卖方可以在指定的装运港内选择最符合其目的的地点。如果双方约定在一定时期内交付货物,则买方可以在约定时期内选择交货日期	B4:受领货物 同 FCA
A5:风险转移 除 B5 规定的情况外,卖方必须承担货物灭失或损坏的一切风险,直至已按照 A4 规定交货为止	B5:风险转移 自依照 A4 的规定交货时起,买方承担货物灭失或损坏的一切风险;如果买方没有按照 B7 的规定通知卖方,或者买方指定的船只未按时到达,或未接收货物,或较 B7 通知的时间提早停止装货,则自约定的交货日期或期限届满时起,如果明确确定该项货物为合同项下之货物,买方承担货物灭失或损坏的一切风险
A6:费用分摊 卖方必须支付:(a)直至已经按照 A4 规定交货为止的与货物有关的一切费用,除了按照 B6 规定的应由卖方支付的;(b)在需要时,货物出口时办理的海关手续费用,及应交纳的一切关税、税款和其他费用	B6:费用分摊 买方必须支付:(a)自按照 A4 的规定交货时起的与货物有关的一切费用,除了 A6 中(b)项规定的在需要办理海关手续时,货物出口需要办理的海关手续费用,及货物出口时应交纳的一切关税、税款和其他费用;(b)因发生下列情况产生的一切额外费用,(i)买方未按照 B7 规定及时通知卖方,(ii)在已经明确确定该项货物为合同项下之货物的情况下,买方指定的货船没有及时到达,无法装载货物,或早于 B7 规定的时间停止装货产生的费用;(c)在需要时,货物进口时办理海关手续的费用及应交纳的一切关税、税款和其他费用,以及从他国运输过境的费用
A7:通知买方 由买方承担风险和费用,卖方必须给予买方关于货物已按 A4 规定交付或者船舶未能在约定的时间内接收货物的充分通知	B7:通知卖方 买方必须给卖方关于船舶的名称、装船地点以及,如有必要,在约定期限内选定的交付时间的充分通知
A8:交货单据 同 FCA	B8:交货证明 同 FCA
A9:核对,包装,标记 **A	B9:货物检验 **B
A10:信息协助和相关费用 ***A	B10:信息协助和相关费用 ***B

9. FOB——船上交货(……指定装运港)

“船上交货”是指卖方在指定的装运港,将货物交至买方指定的船只上,或者指(中间销售商)设法获取这样交付的货物。一旦装船,买方将承担货物灭失或损坏造成的所有风险。

FOB 条件下卖方和买方的基本义务见表 1-11。

表 1-11　FOB 条件下卖方和买方的基本义务

卖方义务 A	买方义务 B
A1:卖方的一般义务 *A	B1:买方的一般义务 *B
A2:许可证、其他许可、安全清关和其他手续 同 FAS	B2:许可证、其他许可、安全清关和其他手续 同 FAS
A3:运输与保险合同 同 FAS	B3:运输与保险合同 同 FAS
A4:交付货物 卖方必须将货物运到买方所指定的船只上,若有,就送到买方的指定装运港或由中间商获取这样的货物。在这两种情况下,卖方必须在约定的日期或期限内按照该港习惯方式运输到港口;如果买方没有明确装运地,卖方可以在指定的装运港中选择最合目的的装运点	B4:受领货物 买方必须在卖方 A4 中规定交货时受领货物
A5:风险转移 除 B5 规定的情况外,卖方必须承担货物灭失或损坏的一切风险,直至已按照 A4 规定交货为止	B5:风险转移 自货物按照 A4 规定交付之时起,买方要承担货物灭失或损失的全部风险。若:(a)买方没有按照 B7 规定通知指定船只;(b)买方指定船只没有按期到达,以致卖方无法履行 A4 规定,或(指定船只)没有接管货物,或(指定船只)较按照 B7 通知的时间提早停止装货。则自以下所述之日起买方承担货物灭失或损失的全部风险,(i)自协议规定的日期起,(ii)若没有协议约定的日期,则自卖方按照 A7 规定的协议期限内的通知之日起,(iii)若没有约定通知日期,则自任一约定的交付期限届满之日起,但前提是该货物已经被准确无疑地确定是合同规定之货物
A6:费用分摊 卖方必须支付:(a)除由 B6 规定的理应由买方支付的以外,卖方必须支付货物有关的一切费用,直到已经按照 A4 规定交货为止;(b)需要办理海关手续时,货物出口需要办理的海关手续费用及出口时应交纳的一切关税、税款和其他费用	B6:费用分摊 买方必须支付:(a)自按照 A4 规定交货之时起与货物有关的一切费用,除了货物出口需要办理的海关手续费用、应交纳的一切关税、税款和在 A6 中提到的其他费用;(b)以下两种情形之一将导致额外费用,(i)由于买方未能按照 B7 规定给予卖方相应的通知,(ii)买方指定的船只未按时到达,或未接收上述货物,或较按照 B7 通知的时间提早停止装货,除非该项货物已正式划归合同项下;(c)需要办理海关手续时,货物进口应交纳的一切关税、税款和其他费用,及货物进口时办理海关手续的费用,以及货物从他国过境的费用
A7:通知买方 同 FAS	B7:通知卖方 同 FAS
A8:交货单据 同 FAS	B8:交货证明 同 FAS

续表

卖方义务 A	买方义务 B
A9：核对，包装，标记 ＊＊A	B9：货物检验 ＊＊B
A10：信息协助和相关费用 ＊＊＊A	B10：信息协助和相关费用 ＊＊＊B

10. CFR——成本加运费付至（……指定目的港）

“成本加运费”是指卖方交付货物于船舶之上或采购已如此交付的货物，而货物损毁或灭失之风险从货物转移至船舶之上起转移，卖方应当承担并支付必要的成本加运费以使货物运送至目的港。

CFR 条件下卖方和买方的基本义务见表 1-12。

表 1-12　CFR 条件下卖方和买方的基本义务

卖方义务 A	买方义务 B
A1：卖方的一般义务 ＊A	B1：买方的一般义务 ＊B
A2：许可证、其他许可、安全清关和其他手续 同 FOB	B2：许可证、其他许可、安全清关和其他手续 同 FOB
A3：运输与保险合同 卖方应当在运输合同中约定一个协商一致的交付地点，若有的话如在目的地的指定港口，或者，经双方同意在港口的任意地点。卖方应当自付费用，按照通常条件订立运输合同，经由惯常航线，将货物用通常用于供运输这类货物的船舶加以运输。 保险合同同 FOB	B3：运输与保险合同 买方无义务为卖方订立运输合同和保险合同。但是根据卖方请求，买方须提供投保所需要的必要信息
A4：交付货物 卖方应当通过将货物装至船舶之上或促使货物以此种方式交付进行交付。在任何一种情形下，卖方应当在约定的日期或期间内依惯例交付	B4：受领货物 买方必须在卖方按照 A4 规定交货时受领货物，并在指定目的港从承运人处收受货物
A5：风险转移 同 FOB	B5：风险转移 买方必须承担货物按照 A4 规定交付后毁损灭失的一切风险。如果买方未按照 B7 规定给予卖方通知，买方必须从约定的装运日期或装运期限届满之日起，承担货物灭失或损坏的一切风险，假如货物已被清楚地确定为合同中的货物
A6：费用分摊 卖方必须支付以下费用：(a)所有在货物按照 A4 交付完成之前所产生的与之相关的费用，B6 中规定应由买方承担的可支付的部分除外；(b)货物运输费用及由 A3 运输合同之规定而产生的一切其他费用，包括装载货物的费用，以及按照运输合同约定由卖方支付的在约定卸货港口卸货产生的费用；(c)在适当的情况下，因海关手续产生的一切费用，以及出口货物所需缴纳的一切关税、税赋及其他应缴纳之费用，以及根据运输合同应由卖方承担的因穿过任何国家所产生的过境费用	B6：费用分摊 除 A3 条款规定费用之外，买方必须支付：(a)从货物以在 A4 中规定的方式交付起与之有关的一切费用，除了出口所必要的清关费用，以及在 A6(c)中所涉及的所需的一切关税、赋税及其他各项应付出口费用；(b)货物在运输途中直至到达目的港为止的一切费用，除非这些费用根据运输合同应由卖方支付；(c)卸货费用，包括驳船费和码头费，除非该成本和费用在运输合同中规定是由卖方支付的；(d)任何额外的费用，如果没有在规定期限或装船期到期日前按照 B7 中的规定发出通知，只要货物已被清楚地确定为合同中的货物；(e)在需要办理海关手续时，货物进口应交纳的一切关税、税款和其他费用，及办理海关手续的费用，以及需要时从他国过境的费用，除非这些费用已包括在运输合同中

续表

卖方义务 A	买方义务 B
A7:通知买方 卖方应当给予买方所有/任何其需要的通知,以便买方能够采取通常必要的提货措施	B7:通知卖方 当能够确定装货时间和/或在指定目的港内收货具体地点时,买方必须充分给予卖方通知
A8:交货单据 卖方必须自费向买方提供表明载往约定目的港的通常运输单据。运输单据须载明合同货物,其日期应在约定的装运期内,使买方得以在目的港向承运人提取货物,除非另有约定,买方可通过转让单据(提单)或通过通知承运人,向其后手买方(下家)出售在途货物。运输单据为可流通、可议付、有数个正本,则卖方应向买方提供全套正本	B8:交货证明 买方必须接受按照 A8 规定提供的运输单据,如果该单据符合合同规定的话
A9:核对,包装,标记 * * A	B9:货物检验 * * B
A10:信息协助和相关费用 * * * A	B10:信息协助和相关费用 * * * B

11. CIF——成本,保险加运费付至(……指定目的港)

"成本,保险费加运费"指卖方将货物装上船或获取这样交付的货物。货物灭失或损坏的风险在货物于装运港装船时转移向买方。卖方须自行订立运输合同,支付将货物装运至指定目的港所需的运费和费用。

CIF 条件下卖方和买方的基本义务见表 1-13。

表 1-13 CIF 条件下卖方和买方的基本义务

卖方义务 A	买方义务 B
A1:卖方的一般义务 * A	B1:买方的一般义务 * B
A2:许可证、其他许可、安全清关和其他手续 同 CFR	B2:许可证、其他许可、安全清关和其他手续 同 CFR
A3:运输与保险合同 运输合同同 CFR。 卖家须自付费用,按照至少符合《协会货物保险条款》(LMA/IUA)C 款或其他类似条款中规定的最低保险险别投保。这个保险应与信誉良好的保险人或保险公司订立,并保证买方或其他对货物具有保险利益的人有权直接向保险人索赔;应买方要求,并由买方负担费用且提供一切卖方需要的信息,则卖方应提供额外的保险,如果能投保的话;最低保险金额应当包括合同中所规定的价款另加 10%;保险应当承保从规定于 A4 和 A5 条款中的发货点发出至少到指定的目的港的货物;卖方必须提供给买方保险单或其他保险承保的证据	B3:运输与保险合同 买方无义务为卖方订立运输合同和保险合同。但是如果买方想附加同 A3 中所描述的保险,就须根据卖方要求,提供给卖方任何附加该保险所需的信息。此外,应买方的要求,并由买方自负风险及费用(如有)的情况下,卖方必须提供买方所需要的任何获取额外保险的信息

续表

卖方义务 A	买方义务 B
A4:交付货物 同 CFR	B4:受领货物 同 CFR
A5:风险转移 同 FOB	B5:风险转移 同 CFR
A6:费用分摊 同 CFR 外,另加 A3 规定所发生的保险费用	B6:费用分摊 同 CFR 外,加根据 A3 和 B3 任何因买方要求而产生的附加保险费用
A7:通知买方 同 CFR	B7:通知卖方 同 CFR
A8:交货单据 同 CFR	B8:交货证明 同 CFR
A9:核对,包装,标记 * * A	B9:货物检验 * * B
A10:信息协助和相关费用 * * * A	B10:信息协助和相关费用 * * * B

1.2.3 《国际贸易术语解释通则®2010》贸易术语的选择和需注意的事项

1. 贸易术语的选择

在跨境贸易中由于贸易术语的选用不当造成一些不必要的纠纷和损失的情况时有发生,因此,我们必须多方考虑、认真对待每笔业务中贸易术语的选用。一般情况下,选择贸易术语应该注意以下问题:

1)考虑货物本身的情况

跨境贸易的长时间、长距离的运输对货物的品质等都会产生较大影响。例如一些鲜花植物、新鲜食品等,我们就必须考虑采用飞机等快速的运输方式。为此我们所能选用的贸易术语就会限制在某一定的范围内,那些只能适用水上运输方式的贸易术语应避免采用。

2)考虑国内外的运输条件和装卸条件、港口惯例

两个贸易国之间的地理位置和当今国际的运输条件决定了一笔业务将可能采用的运输方式、运输线路、运输时间、装卸条件、港口惯例及与此相关的许多情景。任何一方当事人都必须遵循这些客观存在的事实,贸易术语的选择要注意符合这些运输条件的要求,否则是行不通的。交易各方应该根据合同需要和各自的运输条件来考虑合适的贸易术语。

3)考虑运费成本和安排运输的能力

虽然是同一运输方式,甚至是同一运输线路,不同企业运营它的成本常常是不同的。因此,我们有必要去考虑交易双方到底是哪方更适合负责运输。基本情况下,哪方报出的运费低则由哪方负责运输,当然该方必须是有能力按时、保量地安排整个运输过程。上述不同的结果将产生出相适应的贸易术语来。

根据运输方式的分类,《国际贸易术语解释通则®2010》适用于任何运输方式的有:EXW

FCA CPT CIP DAT DAP DDP,而只适用于水上运输方式有:FAS FOB CFR CIF。

4)考虑上保险的优势

哪方负责运输并不意味着该方必须承担运输过程中所带来的风险。对于货物运输中的风险我们必须加以保险。哪方负责上保险也应该遵循低成本和保证实现的原则。由此决定了贸易术语的选择。

5)考虑通关的能力

不同的贸易术语规定了交易中货物出口和进口通关的各个负责方。因此,在选择贸易术语时,交易双方必须认真考虑自身在出口通关和进口通关方面的优劣,包括对通关手续的熟知、通关文件的申领、通关税费的缴纳等方面的能力。

6)考虑贸易术语可能带来的交易风险

选择贸易术语时必须考虑相应的贸易风险。

例如,卖方企业采用FOB贸易术语时可能存在着货运代理和买方企业相互勾结、货运代理无单放货的风险,这样势必会给卖方企业带来损失。因此,卖方企业在选择FOB作为其交易的贸易术语时应该慎重。除此之外,我们还必须考虑跨境贸易中一些具体业务环节的处理。例如船货的衔接问题。FOB贸易术语由买方租船订舱,容易造成卖方货物与买方船只在交接货物中的衔接失败,给各方带来一定的费用和经济损失。因此,交易各方应该根据合同需要、各自的运输条件以及双方执行合同的力度等来考虑合适的贸易术语。

2.《国际贸易术语解释通则®2010》运用需注意的事项

1)《国际贸易术语解释通则®2010》的法律效力

虽然《国际贸易术语解释通则®2010》于2011年1月1日正式生效,但是《国际贸易术语解释通则®2010》实施后并非《国际贸易术语解释通则2000》就自动作废。因为国际贸易惯例本身不是法律,对跨境贸易当事人不产生必然的强制性约束力。当事人在订立贸易合同时仍然可以选择适用《国际贸易术语解释通则2000》,甚至《国际贸易术语解释通则1990》。

若各方当事人在货物买卖合同中使用《国际贸易术语解释通则®2010》的有关术语,就被认为把该术语代表的交易条件融入合同,因而《国际贸易术语解释通则®2010》对于该交易条件的规定就是对交易条件含义的唯一解释,与货物买卖合同具有同等效力。

2)使用贸易术语的格式要求

在使用任何贸易术语时都需要将"Incoterms®2010"或"国际贸易术语解释通则®2010"作为后缀或者贸易术语选择的必要构成要件在合同中说明。例如,尽可能对地点和港口作出详细说明,例如,"FCA Xi'an International Port Zone Incoterms®2010"。

3)贸易术语中地点的重要性

在使用贸易术语Ex Works(EXW,工厂交货),Free Carrier(FCA,货交承运人),Delivered at Terminal(DAT,终点站交货),Delivered at Place(DAP,目的地交货),Delivered Duty Paid(DDP,完税后交货),Free Alongside Ship(FAS,船边交货)和Free on Bord(FOB,船上交货)时,指定地点是交货/付(delivery)地点,即风险转移地点(风险从卖方转移到买方的交货地点),建立了风险承担的认定基础。

在使用贸易术语Carriage Paid To(CPT,运费付至),Carriage and Insurance Paid To(CIP,运费、保险费付至),Cost and Freight(CFR,成本加运费)和Cost, Insurance and Freight(CIF,成本、保

险费加运费)时,指定地点是运费已付至的地点,并非交货地点和风险转移点。在使用此四种贸易术语时,货物买卖合同中还需要明确交货/付(delivery)地点。

思考题:

1. 贸易术语是怎样形成的?为什么在贸易中要使用贸易术语?

2.《国际贸易术语解释通则®2010》11种贸易术语中由W、F、C、D字母打头的术语各为一组,各组自有什么特点?

3. 请在下表中按《国际贸易术语解释通则®2010》内容填表:

贸易术语	交货地点	风险转移界限	负责运输	负责保险	出口清关	进口清关	运输方式
EXW							
FCA							
FAS							
FOB							
CFR							
CIF							
CPT							
CIP							
DAT							
DAP							
DDP							

4. 试简述FOB、CFR、CIF、EXW、DDP、FCA的买卖双方的义务。

5. 按CIF条件出运货物,不幸货船航行途中触礁沉没,货物全部灭失,买方知晓情况后提出拒付货款。请问卖方应该如何处理?为什么?

第 2 章 贸易的主要交易条件

教学目标：

学习贸易中的主要交易条件，包括掌握标的物、商品价格、商品的交付、货款的收付和争议的处理等内容。了解货物买卖合同情况以及贸易的框架流程。

2.1 贸易的主要交易条件：标的物

标的(subject matter)是法律行为所要达到的目的，包括交付财产、提供劳务、完成工作等。标的也称为标的物。货物买卖合同的标的一般是指交易的货物，即商品。而国际交易的货物种类繁多，数不胜数，为了便于管理，按照最新版本(2012 版)的《商品名称及编码协调制度的国际公约》(Harmonized Commodity Description and Coding System，简称 H. S)内容，2018 年我国进出口商品分类如下：

第 1 类：活动物；动物产品。

第 2 类：植物产品。

第 3 类：动、植物油、脂及其分解产品；精制的食用油脂；动、植物蜡。

第 4 类：食品；饮料、酒及醋；烟草、烟草及烟草代用品的制品。

第 5 类：矿产品。

第 6 类：化学工业及其相关工业的产品。

第 7 类：塑料及其制品；橡胶及其制品。

第 8 类：生皮、皮革、毛皮及其制品；鞍具及挽具；旅行用品、手提包及类似容器；动物肠线。

第 9 类：木及木制品；木炭；软木及软木制品；稻草、秸秆、针茅或其他编结材料制品；篮筐及柳条编结品。

第 10 类：木浆及其他纤维状纤维素浆；回收纸或纸板；纸、纸板及其制品。

第 11 类：纺织原料及纺织制品。

第 12 类：鞋、帽、伞、杖、鞭及其零件；已加工的羽毛及其制品；人造花；人发制品。

第 13 类：石料、石膏、水泥、石棉、云母及类似材料的制品；陶瓷产品；玻璃及其制品。

第 14 类：天然或养殖珍珠、宝石或半宝石、贵金属、包贵金属及其制品；仿首饰；硬币。

第 15 类:贱金属及其制品。

第 16 类:机器、机械器具、电气设备及其零件;录音机及放声机、电视图像、声音的录制和重放设备及其零件。

第 17 类:车辆、航空器、船舶及有关运输设备。

第 18 类:光学、照相、电影、计量、检验、医疗或外科用仪器及设备、精密仪器及设备;钟表;乐器;上述物品的零件、附件。

第 19 类:武器、弹药及其零件、附件。

第 20 类:杂项制品。

第 21 类:艺术品、收藏品及古物。

第 22 类:特殊交易品及未分类商品。

哪怕是同一种商品(标的物),其品种、色泽、质量、产地等都可以有所不同,进而影响商品的价格。另外,贸易所交易的商品也会因商品的特性以及不同的需求在其数量、包装等方面表现各异。因此,在贸易中,买卖双方必须明确知道在卖什么、买什么、卖多少、买多少。要实现这些,明确规定商品(标的物)及其品质、数量、包装等要求就成为磋商货物买卖合同首要解决的问题。

2.1.1　商品的名称和质量

1. 商品的名称

商品的名称(Namc of Commodity),也叫品名,是某种商品区别于其他商品的一种称呼,它在一定程度上体现了商品的自然属性、用途和性能特征。命名商品名称的方法一般有:以商品主要用途命名、以商品所使用的主要原料命名、以商品主要成分命名、以商品外观造型命名、以商品产地/人物命名、以商品制作工艺或制造过程命名等。

在贸易中,买卖双方必须明确而无歧义地知晓商品的名称,因此,买卖双方磋商过程以及货物买卖合同中的商品名称应该明确、具体、适合商品的特点,外文表述时做到译名准确、原意不变、避免模糊歧义。

2. 商品的质量的概述

商品的质量(Quality of Goods),又称商品的品质,是指商品的外观形态和内在素质的综合,即商品的外形、色泽、款式、透明度等,以及商品的物理、化学、机械性能及结构和生物特性等自然属性。

商品质量在贸易中十分重要:不仅影响商品的使用效能、商品的售价、商品的销售从而影响买卖双方的经济利益,而且还关系到商品、企业甚至国家的信誉以及消费者的利益,商品质量反映着一个地区或企业的综合实力,因此每个国家/地区,每个经贸企业对交易商品实施各种规章制度,包括执行 ISO 9000 族标准、出口商品质量许可证制度、企业质量管理体系(Quality Management System,QMS)和环境管理体系(Environmental Management Systems,EMQ)。

3. 商品质量的表示方法

贸易的商品种类繁多,市场上各地区交易习惯也不尽相同,规定商品质量的方法也多种多样。总体来说,商品质量表示方法有下面两大类:

1)用文字和/或图样表示商品质量

这种方法一般包括：

(1)规格、等级或标准(Specification,Grade or Standard)。如按照化学成分、含量、纯度、性能、容量、长短等来规定商品的规格、等级或标准。这些规格、等级和标准一旦确定,商品的质量高低就确定下来了。

(2)名牌或商标(Brand or Trade Mark)。品牌(Brand)是指工商企业给其制造或销售的商品所冠的名称,而商标(Trade Mark)是生产者或商号用来说明其所生产或出售的商品的标志。名牌商品和商标常常有优良稳定的质量和特色,故品牌和商标可能是一种质量象征。

(3)产地名称(Original Product)。产地的自然条件及传统加工工艺等也反映一些商品的质量,如四川榨菜、盘锦大米等,因此,以产地名称来表示商品的质量也不失一种好方法。

(4)说明书和图样(Specification & Illustration)。许多类似机械设备等较为复杂、技术性强的商品多采用说明书和图样来定义商品的质量。

(5)产品零配件编号(Reference NO.)。大型生产企业,如GE、通用汽车等,它们的机械、设备、汽车等商品的成千上万的零配件几乎都配备各自独一无二的零配件编号,因此,可以以此编号来识别其质量。

2)用实物样品表示商品质量

当交易的商品难以用上面的方法表示清楚时,买卖双方一般会采用凭样品买卖来确定其交易商品的质量。凭样品买卖(Sale by sample)是买卖双方约定以样品作为交货的质量依据所进行的买卖。凭样品买卖有两种可能：

(1)凭买方样品买卖(Quality as per buyer's sample)。顾名思义,交货的质量是按照买方提供的样品质量来验收的。采用这种方法交货对卖方来说有交货质量不被认可的风险,因此,卖方在签订合同之前,可以根据买方来样仿制回样(Counter sample,即卖方按照买方提供的样品所复制的、供买方确认的样品)和复样(Duplicate sample,即为检查未来所交货与样品是否一致,卖方保留和复制回样的样品),并在双方达成一致后封样(Sealed sample,即双方封存留作交货时检验商品质量的样品)。另外,卖方还需要通过合同中的明确条款来防止凭买方样品买卖被卷入侵犯第三者工业产权的纠纷。

(2)凭卖方样品买卖(Quality as per seller's sample)。交货的质量是按照卖方提供的样品质量来验收的。

无论样品是哪方提供,一经双方凭以成交,便成为履行合同交货时的质量依据。若考虑大批量生产或商品特性、加工技术等原因而产生的交货商品质量与样品质量不能完全等同的情况,则在磋商和合同中应作出明确规定。

4. 订立商品质量条款注意事项

贸易的交货质量直接影响着交易双方的利益,在磋商和订立合同时,买卖双方应注意以下事项：

1)正确运用表示质量的方法

上面提及了多种商品质量的表示方法,并不是每种贸易交易商品都能采用。一般而言,某类商品因其特征等而对应着有其比较适用的方法来表示其质量,比如名牌和商标方法适合像可口可乐饮料这类商品的质量表示,某种颜色的布料用实物样品来表示质量比较适合,因此,正确选择运用表示质量的方法是贸易成功的重要环节。

2)质量条件要科学和合理

从实事求是原则出发,防止质量条件偏高或偏低。合理规定影响质量的各项重要指标,注意各质量指标之间的内在联系和相互关系,并且质量条件要明确、具体,避免"大约""左右"等含意不清的用语。

3)质量机动幅度条款和质量公差

在贸易中,考虑到某些商品由于生产/交货过程中存在自然损耗,以及受环境变化、大批量生产工艺、商品本身特质等因素影响,会出现交货质量与合同规定质量要求不完全一致的状况,就需要在合同中订立质量机动幅度条款或质量公差,以保证卖方能顺利交货。质量机动幅度条款是指卖方交货的商品的质量高于或低于合同质量要求的幅度在规定的范围内,则免质量责任,不算违约。具体方法可以规定商品主要质量指标范围、规定其某些指标的极限、规定其某些指标上下差异变化幅度等。质量公差是指允许卖方交货质量有公认的一定范围内的差异。

2.1.2　商品的数量

商品的数量(quantity)是指交易的商品多少,应该包括计数和计量单位。贸易中商品的数量规定了卖方交付货物的多少,影响着买方应支付货款的多少,因此,必须正确把握交易的商品数量。

1. 跨境贸易中常用的度量衡制度

谈及跨境贸易的商品数量,必涉及度量衡制度。这是因为世界各国的度量衡制度不同,计量单位和它所表示的数量也就随之变化,而且从世界范围看,同一计量单位所代表的数量也不一定相同。目前国际上常使用的度量衡制度有:公制或米制(Metric System),英制(British System),美制(U. S. System),国际单位制(International System of Units)。

正是因为有四种度量衡制度的存在,同一计量单位,比如重量单位就有公吨、长吨和短吨,千克和磅,英担和美担等区别。我们在洽谈交易和签订合同时,必须明确规定使用哪一种度量衡制度,才不致造成误会和纠纷。我国的法定计量单位是国际单位制。在跨境贸易中,四种度量衡制度都有运用,主要是根据合同条款而定。一般情况下尽量使用法定计量单位。

2. 数量的计算方法和计量单位

在贸易中,通常会根据商品的性质、包装、运输方式、习惯等来考虑采用不同的数量计算方法及计量单位。一般商品数量会按照六种方式来计算:质量、个数、长度、面积、体积和容积。

1)重量单位(Unit of Weight)

常用的重量单位有:克(gram,g.)、千克(kilogram,kg.)、公吨(metric ton,M/T)、磅(pound,lb.)、盎司(ounce,oz.)、短吨(shout ton,S/T,美制)、长吨(long ton,L/T,英制)等。

按重量计算商品的数量是贸易中很常用的方法,比如钢铁、矿砂、盐、生丝、羊毛、马口铁、钢板等。然而,重量又分有毛重(Cross Weigth,即商品本身的重量加包装的重量)、净重(Net Weight,即商品本身的重量,不包括包装的重量)、公量(Conditioned Weight,即用科学的方法抽去商品中的水分,再加上标准含水量所求得的重量)、理论重量(Theoretical Weight,即有固定规格和体积的商品,则根据其规格尺寸算出的重量)以及法定重量(Legal Weight,即纯商品重量与直接接触商品的包装材料重量之和的重量)。

在货物买卖合同中,商品按重量计量和计价,在未明确规定采用何种计算重量和价格时,根据惯例,应当以净重计量和计价。①

2)个数单位(Unit of Number)

常用的个数单位有:件(package/piece)、台/套/架(set)、打(dozen)、箱(case/box)、桶(barrel)、袋(bag)、卷(roll)等。

许多日用工业制品、杂货类商品、活牲畜等都适用个数单位来计算其数量。

3)长度单位(Unit of Length)

常见的长度单位有:米(metre, m.)、千米(kilometre, km.)、厘米(centimetre, cm.)、英尺(foot, ft.)、英寸(inch, in.)、码(yard, yd.)等。

适用长度的单位有绳索、电线电缆、纺织品匹头等。

4)面积单位(Unit of Area)

常用的面积单位有:平方米(square metre, m^2)、平方英尺(square foot, ft^2)、平方英寸(square inch, in^2)、平方码(square yard, yd^2)等。

皮质商品、网状/面状商品,如皮革、地板、铁丝网、玻璃、镜子等商品适合用面积来计算数量。

5)体积单位(Unit of Volume)

常见的体积单位有:立方米(cubic metre, m^3)、立方英尺(cubic food, ft^3)、立方英寸(cubic inch, in^3)、立方码(cubic yard, yd^3)等。

适合用体积来计算数量的商品包括各种气体、木材、石材等。

6)容积单位(Unit of Capacity)

常见的容积单位有:公升(litre, l.)、加仑(gallon, gal.)、蒲式耳(bushel, bu.)等。

汽油、饮料、谷类等商品采用容积单位来计算数量。

3. 数量条款及注意事项

1)数量条款的基本内容

货物买卖合同中的数量条款必须包括交易商品的数量和计量单位。数量条款要用词明确、严密、具体,要注意各种单位之间换算的正确性,保证合同数量与实际交货数量一致。

2)数量机动幅度规定

因种种原因,交货的数量可能会发生偏差,故数量机动幅度规定就显得十分重要。数量机动幅度规定最常用的方法是在合同中规定溢短装条款(More or Less Clause),即规定数量允许上下浮动的幅度条款。一般由溢短装的决定权、溢短装的百分比、机动部分的作价等组成。

3)注意事项

重量的计算方法有多种,因此要磋商出一个明确的计算方法,不可含糊不明。要充分考虑多种度量衡制度内容的复杂性。在采用同一个计量单位时,需要明确其到底适用于哪个度量衡制度,比如英制中的1bu与美制中的1bu是不相等的,则合同中需要说明1bu是指英制的还是美制的。

---

① 参见《联合国国际货物销售合同公约》第56条。

2.1.3　商品的包装

在贸易中,多数商品在运输、装卸、分配、使用过程中,都需要有一定的包装,它对于保护商品,方便运输、储存、分配、消费和宣传商品等方面都有着重要的作用。在一定意义上说,包装也是实现商品的价值和使用价值,并增加商品价值的一种手段。

1. 包装的分类

从跨境贸易的角度看,包装可以分为销售包装和运输包装。

销售包装(Packing of Sales),即内包装(Inner Packing),主要是为了美化商品和增值、更好地促进销售而对生产出来的产品进行的包装。

货物买卖合同重视运输包装。运输包装(Transportation Packing),即外包装(Outer Packing)是跨境贸易更加关心的包装。运输包装是盛装和保护商品的容器,以便维护产品质量,减少损耗,便于运输、储藏和销售。按照包装件数,运输包装分为单件包装(Single Piece Packing,即货物在运输过程中作为一个计件单位的包装,如箱、桶、袋等)和集合包装(Muster Packing,即将若干件单件包装组成一件大包装,如集装箱、托盘、集装袋)。

2. 包装条款的主要内容

货物买卖合同中的包装条款应该包括包装材料和方式、文字说明、包装标志和包装费用内容。

1)包装材料和方式

在跨境贸易中包装材料包括纸制包装、金属包装、塑料包装、木框架包装、草制包装等。而包装方式又有单件包装和集合运输包装。

2)包装标志

包装标志是指运输包装上印刷的文字、图标、数字说明等,它包括运输标志、指示性标志、警告性标志、原产地标志、重量和尺码标志等。

运输标志(Shipping Mark),俗称唛头,是印刷在运输包装上的记号(比如几何图形、目的港名称、合同编号和货物件号的一种设计组合),以区别于其他批次的货物,防止在装卸、运输、仓储过程中出错。

指示性标志(Indication Mark)是根据商品的特性刷制的标志,注明运输中要注意的事项,如小心轻放、易碎等提示。

警告性标志(Warning Mark)是对易燃品、爆炸品、有毒品、腐蚀品、放射性物品等危险性商品在其运输包装上刷制的标示,以示警告。

原产地标志(Country of Origin Mark)是将商品生产国、制造商刷制到运输包装上,如 Made in China 等。

重量和尺码标志(Weight & Measurement Mark)是在商品运输包装上注明运输包装的重量和尺寸,以便运输、计量等。

3)包装费用

按照惯例,包装费用一般都包含在商品价格内,不另外作价。但一些情况除外,当利用集装箱包装时,集装箱的费用一般另外计算;若买方要求使用特制包装则包装费用常常单列出来,并明确规定由谁负担且如何支付。

3. 包装条款注意事项

(1)除非买卖双方对包装的具体内容充分交换意见或长期业务往来已取得共识，包装条款不宜人采用如“适合海运包装(Seaworthy Packing)”“习惯包装(Customary Packing)”等笼统、模糊表示的规定方法。

(2)商品包装要考虑商品特点和不同运输方式的要求，使得商品能够保持原有性能、特点、形状；要根据自身条件慎重接受包装的特殊要求；一旦有标准包装，应力争让交易采用标准包装；当产生不确定因素时，要明确规定包装费用的分摊。

思考题：

1. 货物买卖合同中规定商品质量的方法有哪些？
2. 简述质量机动幅度条款和质量公差的含义和作用。
3. 国际上常用的度量衡制度有哪些？3000 克相当于多少盎司？
4. 为什么要规定数量机动幅度条款？怎样规定数量机动幅度条款？
5. 什么是运输包装？运输包装包括哪些内容？
6. 为一批出口货物设计一个运输标志。

2.2　贸易的主要交易条件：商品的价格

商品的价格是贸易中十分重要的交易条件，商品价格的高低直接影响着交易双方的利益，而且商品价格也影响着贸易其他的交易条件，比如贸易术语、商品质量、包装、支付方式等。应该说，商品价格的变化会牵动整个贸易的其他条件，因此，我们需要掌握与商品价格相关的各种因素，正确给出合理的商品价格。

2.2.1　跨境贸易商品价格的组成

在贸易中，商品的价格通常是指商品的单价和总值。单价，即商品的每一个计量单位以某一种货币表示的价格。在跨境贸易商品的价格中，除了要表明每一个计量单位的价格金额外，还要表明买卖双方所采用的货币和在货物交接过程中有关费用、风险等责任的划分。因此，确定跨境贸易的商品价格(单价)是由四部分组成的：计价货币、价格金额、计量单位和贸易术语。

1. 计价货币和支付货币

计价货币(Money of Account)是合同中规定用来计算价格的货币。而支付货币(Money of Payment)是合同中规定用来支付货币的货币。若合同中没有这方面的区分，则计价货币就是支付货币。

目前国际金融市场普遍实行浮动汇率制度，多种货币之间的汇率是实时波动的。在跨境贸易磋商到执行完毕一般都需要几个月甚至更长的时间，而这段时间就存在货币汇率变动的风险，即汇率风险，因此，计价货币和支付货币的选择对跨境贸易的交易各方都是十分重要的。交易各方应该尽量选用对自己有利的货币。以计价货币为例，卖方应选择硬币(Hard Currency，即从成交到贸易结算完成期间汇率有上浮/升值趋势的货币)，买方则应选择软币(Soft Currency，即从成交到贸易结算完成期间汇率有下浮/贬值趋势的货币)。当最终交易采用的计价货币对自身不利时,则需要在交易商品价格上去弥补,或是通过金融手段,购买规避汇率风险的金融工具进行外汇保值处理。

如上所述,跨境贸易需要在世界范围内考虑选择合适的货币。一般情况下,贸易应该选择可自由兑换的货币。跨境贸易中常用的货币名称见表2-1。在货物买卖合同中应该运用国际标准化组织公布的货币符号。

表2-1　跨境贸易中常用的货币名称

货币名称	货币简写符号	国际标准化机构公布的货币符号	国家和地区
英镑(Great Britain Pound)	£	GBP	英国
美元(United States Dollar)	US$	US $	美国
日元(JaPanese Yen)	J¥	JPY	日本
港元(Hong Kong Dollar)	HK$	HKD	中国香港特别行政区
欧元(European Currency Unit)	€	EUR	欧元区
加拿大元(CAnadian Dollar)	CAN$	CAD	加拿大
澳大利亚元(AUstralian Dollar)	A$	AUD	澳大利亚
瑞典克朗(SwEdish Krona)	SKr	SEK	瑞典
新西兰元(New Zealand Dollar)	NZ$	NZD	新西兰
新加坡元(SinGapore Dollar)	S$	SGD	新加坡
韩国圆(koRea Won)	WON	KRW	韩国
泰国铢(THailand Baht)	BT	THB	泰国
菲律宾比索(Philippine Peso)	Ph	PHP	菲律宾
印度卢比(INdian Rupee)	Rs	INR	印度
人民币(ChiNese Yuan)	RMB¥	CNY	中国内地

2. 单位价格金额

在跨境贸易中,商品的单位价格金额,是在一定的计价货币和贸易术语确定的情况下商品所拥有的价格数字。之所以这样说,是因为商品的价格不仅因采用不同的计价货币表现出不同的价格金额,比如某商品以美元计价时的商品单位价格金额是100,该商品若以欧元计价时,则该商品的单位价格金额就可能是87.28。而且也会因选用不同的贸易术语而为商品赋予不同的费用,使得商品价格金额发生变化。比如某商品在FOB条件下的价格金额是100,但该商品在CIF条件下(其他条件均不变)的价格金额就可能是110。

如前所述,商品的价格金额不仅与计价货币、计量单位和贸易术语有关,在跨境贸易交易中,商品的交易价格金额还涉及佣金、折扣对其的影响。佣金和折扣是影响商品价格的两个因素,也是进行价格竞争和促进销售的有效手段,在跨境贸易中有广泛的应用。

1)佣金(Commission)

佣金是买方或卖方对中间商介绍交易或代为买卖所给予的报酬。凡包括佣金的价格称为含佣价,可以在价格中注明,称为明佣,也可以不在价格中表明而由双方另行约定,称为暗佣;佣金常在卖方收到全部货款后再另行付给中间商。

佣金可按交易价格的百分比计算。佣金一般用"C"表达,在贸易术语三个字母和地名中间表示出来。

2)折扣(Discount)

折扣是卖方给予买方的一定的价格减让。卖方采用折扣的原因有很多,比如季节性折扣、数量折扣、质量折扣、销售地区折扣等。折扣可以在合同中直接表示出来,比如:……FOB New York less 5% discount。

3)净价和交易价格金额

净价是指不含佣金或/和折扣的价格。根据净价的定义,我们得出:

$$净价 = 交易价格金额 - 佣金 - 折扣 \quad (2\text{-}1)$$

即

$$交易价格金额 = 净价 + 佣金 + 折扣 \quad (2\text{-}2)$$

对于交易当事人来说,净价和交易价格金额都十分重要。净价是交易当事人实际能真正享受到的价格,所以,在交易当事人考虑自身在交易中是否获利、获利多少时,净价是其主要的参考数据;而交易价格金额是含佣金和折扣的价格,是交易当事人在与合作伙伴磋商和签订合同时对外报出的合同价格。

3. 商品价格在货物买卖合同中的表示方法

在货物买卖合同中,价格分单价和总值。

单价(Unit Price)的具体表示方法为:

计价货币 + 单位价格金额 + 计量单位 + 贸易术语 + 佣金率 + 折扣率

比如:

GBP100.00 per dozen CIF C2% London(每打100英镑 CIF 伦敦 包括2%佣金)

USD50.00 per MT CFR net New York(每公吨50美元 CFR 净价 纽约)

合同中的总值(Total Amount)是单价与数量之积,即:

$$总值 = 单价 \times 数量 \quad (2\text{-}3)$$

2.2.2 贸易成本预算

当前,随着现代化管理的不断升级和完善,企事业单位越来越重视贸易的成本预算管理。对于任何一笔贸易而言,成本预算是贸易可行性研究的重要内容和必行之举。只有经过成本预算,交易各方才能够确定对外报价,才能够确定贸易的盈利状况,才能够确定贸易可能的潜在风险情况,才能够知道如何开展贸易活动……因此,贸易成本预算是交易各方必须正确掌握的最基本的业务知识。

1. 卖方成本预算

卖方的成本预算是将卖方在贸易中所作的投入与通过贸易所创造的FOB外汇净收入,或与此外汇净收入按外汇市场牌价所兑换成本币收入相比较,以确定卖方的盈亏状况。为了完成这个成本预算,需要了解一些概念和内容。

对于卖方,一般情况下销售商品价格主要包括销售商品成本、销售费用和预期利润(卖方对贸易所希望获得的利润目标)三大部分。

1)销售贸易商品的成本

销售商品的成本因贸易执行企业是生产企业还是外贸企业而有所区别。

生产企业开展贸易，因销售商品为自有生产的商品，则其销售商品的成本一般包括生产成本（即采购原材料成本、生产加工成本和劳动力成本等之和）、生产部门的生产管理分摊费用和生产部门生产商品的预期利润。

贸易企业开展贸易则需要外购商品后进行销售，故其销售商品的成本一般就是采购成本，即贸易企业从货源企业购买商品或委托工厂生产商品的成本，其中这个成本包括了增值税，是含税成本。对于出口贸易，因一些国家实行出口退税政策，则配合出口退税，贸易企业的出口贸易真正的商品成本，即实际采购成本应该是从采购成本中减去出口退税后的成本，是不含税成本。

$$\text{实际采购成本} = \text{采购成本} - \text{出口退税额} \tag{2-4}$$

$$\text{出口退税率} = \text{采购成本} \div (1 + \text{增值税税率}) \times \text{出口退税额} \tag{2-5}$$

$$\text{实际采购成本} = \text{采购成本} \times (1 + \text{增值税税率} - \text{出口退税率}) \div (1 + \text{增值税税率}) \tag{2-6}$$

2）销售商品的费用

贸易因其跨境交易、环节多、涉及的问题多且内容复杂，其销售商品的费用多，而且各项费用的计算方法也不尽相同。以出口贸易为例：

（1）出口贸易可能产生的费用。一般而言，出口商品的费用包括以本币支付的费用和以合同计价货币支付的费用。

以本币支付的费用可能包括但不限于以下几种：

- 包装费：采购成本以外的包装费用。
- 仓储费：出运前商品发生的仓储费用。
- 国内运输费：出口贸易交货前所产生的所有内陆运输费用，包括运输费、路桥费、过境费、装卸费等。
- 认证费：出口商品按照规定必须办理的政府许可、配额、原产地证等证明所支付的费用。
- 港杂费：在港区码头发生的装卸货物等所发生的需支付给港口的费用。
- 单证费：根据出口贸易要求提供该贸易情况而制作或获取各种单据和证明所产生的费用。
- 关检费（税收除外）：出口商品通关所产生的除税收外的费用。
- 税收：根据出口国规定，出口商品需缴纳的相关税收（主要是出口关税），以及退还的相关税收（主要是出口退税）。有关出口关税的计算见本节后续介绍。
- 资金利息：整个出口贸易所需的所有资金所产生的利息。
- 管理费用：完成整个出口贸易所发生的管理费用的分摊。这些管理费用包括办公费用、通信费、交通费、公关费、银行费（以本币支付）等。管理费用因贸易不同、企业情况不同等最终分摊的费用不同，计算起来比较复杂且不易精准分摊，故常常取交易金额的百分比来代替。

以计价货币支付的费用可能包括但不限于以下几种：

- 银行费用：货物买卖合同实施中因银行提供服务而向银行支付的费用。
- 运费：贸易中卖方支付的运输费用。
- 保险费：贸易中卖方为运费部分所支付的运费保险费用。
- 佣金：卖方支付给贸易中间商的服务酬金。

• 折扣:卖方给买方贸易优惠而减免的货款部分。

(2)出口关税的计算。为了计算出口关税,首先必须掌握"出口商品的完税价格"的概念。我国就此规定:出口货物的完税价格由海关以该货物的成交价格以及该货物运至中华人民共和国境内输出地点转载前的运输及其相关费用、保险费为基础审查确定。出口货物的成交价格,是指该货物出口时卖方为出口该货物应当向买方直接收取和间接收取的价款总额。出口关税不计入完税价格。[①] 根据该规定,我们可以简单地理解为:

出口商品的完税价格 = FOB 价格 ÷ (1 + 出口关税税率)　　(2-7)

因此,出口关税的计算公式为:

出口关税税额(从价税) = 出口商品的完税价格 × 出口关税税率　　(2-8)

出口关税税额(从量税) = 出口商品的数量 × 出口单位税率　　(2-9)

(3)出口贸易的总成本

出口贸易的总成本,一般为出口商品的采购成本加上出口前的一切费用和税金:

出口贸易总成本 = 出口商品采购成本 + 以本币支付的费用 + 以合同计价货币支付的费用　　(2-10)

3)贸易销售价格的理论计算

如前所述,一般情况下贸易的销售价格是销售商品采购成本、销售总费用和预期利润之和。因此,在进行贸易成本预算时,卖方必须明确自己所希望的预期利润。以出口贸易为例:

(1)出口利润,就是出口贸易收入的本币金额与该贸易出口总成本之差。

出口利润 = 出口总收入(本币) - 出口总成本(本币)　　(2-11)

或

出口利润 = 出口净收入(本币) - (出口商品采购成本 + 以本币支付的费用)(本币)　　(2-12)

其中,出口净收入(本币)是指出口外汇总收入减去以合同计价货币支付的费用后的收入结汇成本币的金额。

而

出口利润率 = 出口利润(本币) ÷ 出口总成本(本币)　　(2-13)

(2)出口换汇成本,是指出口贸易用多少本币可以换回一单位计价货币。由此:

出口换汇成本 = (出口商品采购成本 + 以本币支付的费用)(本币) ÷ 出口净收入(计价货币)　　(2-14)

由此,得出出口换汇成本与出口利润和出口利润率的关系:

出口利润 = (出口结算汇率 - 出口换汇成本) × 出口外汇净收入　　(2-15)

出口利润率 = (出口结算汇率 - 出口换汇成本) ÷ 出口换汇成本 × 100%　　(2-16)

(3)确定出口贸易的价格

在出口贸易实务操作中,常常是根据企业、行业或环境等诸多因素,人为确定贸易的利润值、利润率或出口换汇成本作为贸易经济利益目标。一旦出口利润确定下来,贸易价格随之确定。

出口价格 = 出口总成本(计价货币) + 预期利润(计价货币)　　(2-17)

---

① 《中华人民共和国进出口关税条例》(国务院令[2003]第 392 号)第二十六条。

2. 买方成本预算

买方成本预算是将买方在贸易中所作的投入与买方国当地同种同质商品市场价格比较，以确定买方的盈亏状况。为了完成这个成本预算，同样需要了解一些概念和内容。

对于买方，一般情况下其成本预算主要也是需要掌握采购商品成本、采购总费用和预期利润（买方对贸易所希望获得的利润或利润率目标）三大部分。

对于买方而言，一笔贸易的利润率是指：

$$买方利润率 = 采购利润(本币) \div 采购总成本(本币) \qquad (2\text{-}18)$$

1）采购商品的成本

采购商品的成本，即采购商品的价格。对进口商品而言，因为进口没有退税的问题，因此，进口商品的成本就是进口的合同价格。

2）采购商品的费用

以进口贸易为例，会产生如下费用。

（1）采购可能产生的费用。一般而言，进口贸易的费用同样包括以合同计价货币支付的费用和以本币支付的费用。

以计价货币支付的费用可能包括但不限于以下几种：

- 银行费用：货物买卖合同实施中因银行提供服务而向银行支付的费用。
- 运费：贸易中买方支付的运输费用。
- 保险费：贸易中买方为运费部分所支付的运费保险费用。
- 佣金：买方支付给贸易中间商的服务酬金。

以本币支付的费用可能包括但不限于以下几种：

- 关检费（税收除外）：进口商品通关所产生的除税收外的费用。
- 税收：根据进口国规定，进口商品需缴纳的相关税收（主要是进口关税），以及海关代征的货物增值税和消费税。有关进口关税等的计算见本节后续介绍。
- 仓储费：划拨或销售前商品发生的仓储费用。
- 认证费：进口商品按照规定必须办理的政府许可、配额等证明所支付的费用。
- 港杂费：在港区码头发生的装卸货物等所发生的需支付给港口的费用。
- 国内运输费：进口贸易交货前所产生的所有内陆运输费用，包括运输费、路桥费、过境费、装卸费等。
- 资金利息：整个进口贸易所需的所有资金所产生的利息。
- 管理费用：完成整个进口贸易所发生的管理费用的分摊。这些管理费用包括办公费用、通信费、交通费、公关费、银行费（以本币支付）等。管理费用因贸易不同、企业情况不同等最终分摊的费用不同，计算起来比较复杂且不易精准分摊，故常常取交易金额的百分比来代替。

（2）进口通关应缴税款的计算。不同于各国较少征收出口关税，进口贸易进口时应缴的税种不仅多（包括进口关税、海关代征的增值税和消费税），而且运用范围广，许多商品其税款金额不算小，所以，进口贸易的税款计算和管理对进口贸易而言直接影响着进口贸易的商品价格，是很关键的因素。

①进口关税的计算。

$$进口关税额 = 进口商品的完税价格 \times 相应的进口关税税率 \qquad (2\text{-}19)$$

其中,进口货物的完税价格在我国《中华人民共和国进出口关税条例》第十八条定义为:“由海关以符合本条第三款所列条件的成交价格以及该货物运抵中华人民共和国境内输入地点起卸前的运输及其相关费用、保险费为基础审查确定。进口货物的成交价格,是指卖方向中华人民共和国境内销售该货物时买方为进口该货物向卖方实付、应付的,并按照本条例第十九条、第二十条规定调整后的价款总额,包括直接支付的价款和间接支付的价款。”①

根据上述定义,进口商品的完税价格可以简单概括为:符合成交价格的 CIF 价。因此有:

进口关税额 = 符合成交价格的 CIF 价 × 相应的进口关税税率 (2-20)

②进口增值税的计算。进口环节增值税的计算公式为:

进口环节增值税应纳税额 = 组成计税价格 × 适应的增值税税率 (2-21)

其中:

组成计税价格 = 进口关税的完税价格 + 进口关税税额 + 消费税税额 (2-22)

进口增值税税率与国内销售增值税税率相同,属于进项税。按 2018 年 4 月财政部、税务总局《关于调整增值税税率的通知》财税〔2018〕32 号文件,进口货物的增值税为 16% 或 10% 。除以下进口货物的增值税为 10% 外,大多数进口货物将征收 16% 的增值税:粮食等农产品、食用植物油、食用盐;自来水、暖气、冷气、热水、煤气、石油液化气、天然气、二甲醚、沼气、居民用煤炭制品;图书、报纸、杂志、音像制品、电子出版物;饲料、化肥、农药、农机、农膜。

③进口消费税的计算。消费税是以消费品或消费行为的流转额作为课税对象的一种流转税。进口货物的消费税的计算因计征方法不同而有所变化。

一是实行从价定率办法计算进口货物消费税:

进口货物消费税应纳税额 = 组成计税价格 × 消费税比例税率 (2-23)

其中:

组成计税价格 =(关税完税价格 + 关税)÷(1 - 消费税比例税率) (2-24)

二是实行从量定额计征进口货物消费税:

进口货物消费税应纳税额 = 应税消费品进口数量 × 消费税定额税率 (2-25)

三是实行从价定率和从量定额复合计税办法计算进口货物消费税:

进口货物消费税应纳税额 = 组成计税价格 × 消费税税率 +
应税消费品进口数量 × 消费税定额税额 (2-26)

我国征收进口消费税的商品有烟、酒、化妆品、珠宝首饰、鞭炮、汽油、轮胎、汽车、摩托车、木地板、电池等。

④进口综合税的计算。进口综合税即进口关税、增值税和消费税统称,也就是进口贸易的商品通关需要交纳的所有税之和。因此,进口综合税为

进口商品的综合税额 = 进口关税额 + 进口环节增值税应纳税额 +
进口货物消费税应纳税额 (2-27)

---

① 《中华人民共和国进出口关税条例》(国务院令[2003]第 392 号)第十八条第一款。

另外，在实际业务操作中，为简化工作，常常采用进口综合税率来计算进口综合税额：

进口商品的综合税额 = 进口关税的完税价格 × 进口综合税率　　(2-28)

其中：

进口综合税率 =（关税税率 + 增值税税率 + 消费税税率 + 关税税率 × 增值税税率）÷（1 - 消费税税率）　　(2-29)

(3)进口贸易的总成本。进口贸易的总成本即为进口商品的采购成本加上进口所产生的一切费用和税金：

进口贸易总成本 = 进口商品采购成本 + 以本币支付的费用 + 以合同计价货币支付的费用　　(2-30)

3)贸易采购价格的理论计算

如前所述，贸易的采购价格也就是采购商品的成本，或商品采购成本。商品采购价格应该与商品在买方所在地的价格、采购总费用和预期利润三大部分有关。与贸易的卖方不同，卖方的预期利润是卖方通过提高商品销售价格给自己留下来了利润空间，而买方的预期利润则是买方要降低采购商品价格直至该商品价格与其在买方所在地的市场价格产生足够的价差来获得，所以：

买方的贸易预期利润 = 采购商品的买方所在地销售价格 - 采购贸易总成本　　(2-31)

对于进口贸易而言，企业一般会在预算阶段确定预期利润指标，因此，进口贸易的价格就可以推算出来：

进口贸易商品价格 = 进口商品的国内销售价格 - 进口商品的总费用 - 预期利润　　(2-32)

2.2.3　确定贸易商品价格须注意的事项

1. 考虑影响商品价格的各种因素

市场是影响商品价格的外部因素，而商品本身情况、交易条件等也是影响其交易价格的因素。这些因素包括：商品档次和质量优劣；成交数量；销售地点；商品需求变化；汇率变动风险；运输、保险的费用；佣金、折扣以及交货条件、贸易术语的选择等。其中，不同贸易术语的选用使得交易价格的组成不同，故交易的商品价格也会随之变化。通常，贸易术语选择的原则是能够发挥交易双方各自的优势而规避弱势，做到双方有利、交易能够顺利履行和完成。

商品销售的时期和季节对同一商品而言，可能因为需求变化导致商品交易价格的波动，而且不同季节还会引起运费和保险费的变化。例如，去往加拿大的运费在冬季的价格一般要比夏季的价格高些。

交易的支付费用、风险以及汇率变动风险的承担是要有代价的，因此应该要反映到交易价格中去。关于交易的支付问题在后续章节介绍。

2. 货物买卖合同价格条款注意事项

(1)计价货币选择要有利，书写要正确。

(2)计量单位要明确。

(3)选择贸易术语要慎重、考虑全面。

(4)计价方法要具体、明确。

计价方法主要有：

• 固定作价法：在磋商交易中，把价格确定下来，事后不论发生什么情况均按照确定的价格进行结算付款。

• 待定价格法：贸易磋商时，只约定成交的标的物，而其价格则保留到某个时期再进行商定。

• 部分固定价、部分待定作价法：顾名思义，合同对部分商品确定固定价格，而对另外商品的价格留到后期再商定。比如磋商时只约定近期交货部分的价格，而对远期交货部分的价格采用待定价格方法。

• 滑动价格法：交易双方在货物买卖合同中规定一个基础价格以及价格调整条款。合同执行中按价格调整条款进行最终交易价格的确定，并按最终调整后的加价履行交货和付款。

这些计价方法各有优缺点，适用于不同的贸易情况。一般的贸易会采用固定作价法，因为这样双方明确各自利益，合同本身没有不确定因素，有利于双方的履约；但当贸易周期长、市场价格变动频繁且幅度较大、汇率波动难以预测时，待定价格法、滑动价格法等不固定作价的方法就对交易双方起到一定的风险规避作用。因此，交易双方应该按照贸易特点和贸易的国内外环境选择具体的计价方法。

(5)装运地或卸货地不可模糊、歧义。

(6)正确计算佣金、折扣和净价。

(7)货物买卖合同中的单价和总值表述要正确、全面。

思考题：

1. 出口CFR净价为100，则包含5%佣金后的CFR C.5%价格是多少？

2. 下列出口单价的写法是否正确？如有不对的，请更正或补充。

(1)GBP30.00 per dozen CIF C2%　UK

(2)USD50.00 per MT CFR New York

(3)JPY4000.00 per set CFR net C1%　Kobe

(4)USD100.00 FOB San Francisco include 2%　Commission

3. 中国企业进口3.0排量的汽车的进口综合税是多少？

4. 什么是计价货币？跨境贸易的交易双方怎样正确选用计价货币？

5. 跨境贸易的商品价格是怎样确定的？

2.3　贸易的主要交易条件：商品的交付

2.3.1　交货条件

交货(Delivery)是指贸易卖方按照货物买卖合同规定的时间、地点和方式交付货物给买方，完成货物所有权的转移。贸易中常常把交货也称为装运，因为货物装运是完成交货任务不可缺少的环节。从概念上讲，装运(Shipment)与交货是有区别的。但是通常在FOB、CIF和CFR价格下，卖方只要把货物在装运港装上指定船只，就算完成了交货任务。这时，装运与交货成为同一概念。但是在目的地交货类术语中，装运不等于交货，装运时间与交货时间是两个不同的概念。

交货条件或装运条件涉及运输方式、装运期、装卸港口、运输单据等多方面内容。下面主要介绍装运期和装卸港口

1. 装运期

装运期(Time of Shipment),即卖方将货物买卖合同规定的货物装上运输工具或交给承运人的期限;交货期(Time of Delivery),即卖方将货物买卖合同规定的货物在合同指定地点或指定地点的运输工具上交给买方或买方指定的承运人的期限。因此,交货期与装运期是两个概念。

在货物买卖合同中,装运时间和装运期是合同的主要且重要条款。贸易成交后需要有一定时间准备货源、安排运输、办理手续等。这些过程中又可能出现某些难以预料的情况,所以,对于装运时间通常并不是规定某个具体日期,而是规定装运期限。具体规定方法主要有以下几种:

(1)规定某月装运。如9月装运,则9月任何一天均可装运。

(2)规定某月某日前装运。如9月底或以前装运,则自订约日起至9月30日任何一天均可装运。

(3)跨月装运。如9/10月装运,则可在9月1日至10月31日的任何一天装运。

(4)规定收到L/C后一定时间内装运。这种规定方式下的装运期取决于开证期。这样规定卖方可在收到买方开来信用证后再安排生产或加工备货,避免在备好货后买方不开来信用证而遭受损失。

2. 装运港(地)和目的港(地)

装运港(地)(Port of Loading),即货物起始装运的港口(地点);目的港(Port of Destination),即最终卸货的港口(地点)。《国际贸易术语解释通则®2010》E、F组术语涉及装运地;C组术语涉及装运地和目的地;D组术语涉及目的地。

为了方便卖方安排装运和适应买方接受或转售货物的需要,一般装运港由卖方提出,目的港由买方提出,经对方同意后确定。

装运港(地)和目的港(地)规定方法通常是一个装运港(地)和/或一个目的港(地),一旦有两个及两个以上的装运港(地)和/或目的港(地)或采用某一航区为装运港(地)和/或目的港(地)时,其运费应按选择港最高的费率和附加费计算,而且在实际操作过程中有许多要注意的问题。

3. 交货条件确定需注意事项

这里主要涉及规定装运时间和地点的注意事项。

(1)货源对装运期的影响。因涉及采购原材料、生产加工、收购等环节的差异,商品生产采购周期各异,则应视不同商品考虑不同的装运期。

(2)装运期与开证。卖方的商品生产或/和收购等视对方开证快慢而定,开证后卖方还必须有一定的生产和收购时间,故装运期的确定一定要考虑到这些因素。

(3)装运时间、地点与运输工具的订立。运输合同的签订决定了装运时间和装运地点,故运输合同的各项条款一定要与跨境贸易的合同中的装运时间、地点等相一致。

(4)交货期、交货地点与季节的关系。交货期和交货地点会因季节而引起连锁反应,从而影响贸易的履行。交货地点的确定使得运输航线甚至是运输工具都需要确定下来,为此,天气的变化会影响运输条件以及货物本身等,如雨季(不宜运烟叶),夏季(不宜运沥青),冬季(北欧、加拿大封冻结冰,不宜航运)。

(5)装运期的范围及装运具体时间的选择。根据上述的介绍,装运期可以是在一定的范围内的,故其范围是多大,一个月?两个月?还是10天?一般情况下,装运期越长对卖方越有利。而在其范围内,卖方应在哪一天装船,可能对交易双方的利益等有较大的影响,因为,这可能牵扯到商品市场价格变化、收汇时间、汇率变化、运费的高低等的影响。因此选择方一定要慎重考虑。

(6)装运港(地)、目的港(地)的范围及重名的处理。采用选择港(地)的规定方法时,选择地的数目不应超过3个;各选择港应在同一航线上,并为一般班轮公司船只都停靠的基本港口;重名港(地)要注明所在国家/地区名称。世界各国/地区港口重名的很多,例如维多利亚(Victoria)港,全世界有很多个。为了防止误解和差错,货物买卖合同中对目的港的规定,必须注明所在国家或地区的名称。

2.3.2 运输条件

货物运输,特别是国际的货物运输具有以下特点:距离远,风险大,专业性强、操作复杂,费用高。货运之所以专业性强、操作复杂,是因为其涉及世界地理、各种运输工具、单证制作、国际条约和惯例、各国海关惯例制度等专业知识,要与承运人、商检、仓储、报关、海关等部门和专业机构打交道,处理多个环节的业务才能完成贸易的货运任务。因此,掌握货运业务是跨境贸易的一个主要任务。

由于货运的特点,贸易的交易方通常会通过代理人来办理相关运输。为此,货运的当事人常常有:

- 货主(Cargo Owner),即贸易的某交易方,也就是货物的收发货人,运输服务的需求方。
- 承运人(Carrier),或是实际承运人,即用自有运输工具来从事实际货运工作的各种运输企业;或是契约承运人,即以承运人身份出现的货运代理。契约承运人没有主要运输工具,不承担运输任务,但以承运人身份承揽货运,通过实际承运人来完成运输任务。
- 运输代理人,即货主与实际承运人之间的中介企业。包括三类:
  - 货运代理人(Freight Forwarder/Rreight Agent),简称“货代”。
  - 船舶代理人(Ship's Agent/Owner's Agent),简称“船代”。
  - 租船经纪人(Shipping Broker)。
- 装卸公司(Stevedoring Company,即接受船公司或货主委托,在码头从事货物装卸的企业)和理货公司(Tally Company,即接受船公司委托,在货物装卸时,负责核对标志、检查残损、监督装船积载、办理交接签证、提供理货证明的企业)。

货运按运输方式分有海运、空运、陆运等。

1. 海上货物运输

海洋运输因其通过能力大、运量大、分摊费用低等特点,成为贸易,特别是跨境贸易运输最广泛、最多采用的方式。

1)海运船舶运输方式

海洋运输按船舶经营方式分类,有班轮运输和租船运输两种方式。

(1)班轮运输(Liner Transport):指按预定的航行时间表,在固定的航线上沿途停靠若干固定港口往返运货的海运方式。

班轮运输的特点有：装运数量不限；费率相对固定，装卸费由船方负责，计入运费；提单即为合同（格式合同，以签发的班轮提单背面条款为准），并且包括“四固定一负责”（固定航线、港口、船期和运费率；负责配载和装卸）条款。

利用班轮装运货物，在装运时间、装货数量以及卸货地点等方面都十分灵活，对于成交数量少、批次较多、交接港口分散以及目的港为主要港口的货物运输比较适宜。例如，我国销售商品中的纺织品、食品、工艺品等杂货类以及某些价值贵重的商品，通常都是利用班轮运输的。因班轮运输手续简单，不必考虑货物装卸和中途转运，且事先掌握船期信息（有定期公布船期表），加之其他特点，班轮运输成为国际海上货物运输的主要运输方式。

（2）租船运输（Charter Transport）：指租船人向船东租赁船舶用于运输货物的业务。租船包括租赁整条船只和租赁部分舱位，一般指前者。

租船运输可分为定程租船、定期租船、光船租船。

• 定程租船（Voyage Charter），也称为程租船或航次租船，是按航程（航次）租赁船只。在这种租船方式下，租船人按照协议及时提交货物和交付运费；船舶所有人按照协议将船舶的全部或一部分租给租船人，负责将货物自某一港口或若干港口装运至指定的目的港或某一地区的若干港口，并承担船舶的经营管理及船舶在航程中的一切开支。

• 定期租船（Time Charter），也称为期租船，是按一定的期限租赁船只。定期租船的租期从数月到数年不等。在租赁期间，租船人支付租金，则船舶交租船人掌握、调度和使用，并且在不同航次中所产生的费用，如船舶燃料费、港口费、装卸费、垫仓物料费等，均由租船人负担；而船方负责船员工资、伙食给养、船舶维修保养、船壳机器保险等各项费用，并且保持船舶在租船期间的“适航性（Sea Worthiness）和船级（Classification）。

• 光船租船（Bare Boat Charter），是船舶出租人向租船人提供不配套船员的船舶，在约定期间内由租船人占有、使用和运营，并向出租人支付租金。

租船运输方式适用于成交数量大、交货期集中，或对方港口无直达轮停靠的场合。目前大宗交易的货物如粮谷、矿砂、石油、煤炭、木材、砂糖、化肥、磷灰石等，一般都使用租赁船舶装运。

另外，近年来，国际上发展起一种介于定程租船和定期租船之间的运输方式，即航次期租（Time Charter on Trip basis，TCT），这是以期租方式计算租金，以完成一个航次运输为目标，按完成航次所花时间来计算租金的一种运输方式。

2）海上货物运输费用

海运运费常常分为班轮运费、集装箱运费、程租船运费和期租船租金。

（1）班轮运费。班轮运费是按照班轮运价表（Liner's Freight Tariff）规定的标准和费率计算的。不同的班轮公司或班轮公会有不同的班轮运价表。国际航运业务中使用的班轮运价表有以下几种：航运公会运价表、班轮公司运价表、双边运价表和货方运价表。

班轮运价表的结构一般包括：商品列名，计算标准和等级，基本港口，一般杂货的基本费率，化工品、冷冻品、活牲畜的费率，附加费费率和金额。我国自订运价和双边运价根据货物等级规定运费的基本费率，即将货物划分为二十个等级，属于第一级的商品，运费标准最低，第二十级运费标准最高。

班轮运费的计算公式为：

$$\text{班轮运费} = \text{基本运费} + \text{附加费} \tag{2-33}$$

其中,班轮基本运费(货物运往某基本港口,按运价表内对货物划分的等级所必须收取的基本费用)的计算公式为:

$$基本运费 = 基本费率 \times 运费吨 \tag{2-34}$$

而基本运费的计算标准有8种:

①按货物的毛重,在运价表内用W表示:以货物重量吨(Weight ton)为计量单位,1重量吨为1公吨或1长吨,视租船公司采用公制或英制而定。

②按货物的体积,在运价表内用M表示:以货物尺码吨(Measurement ton)为计量单位,1尺码吨为1 m^3 或40 ft^3。

重量吨和尺码吨统称为运费吨(Freight ton)。

③按货物重量或尺码从高计收,在运价表内用W/M表示:由租船公司从中选择一种收费较高的标准计收运费。一般,一重量吨的货物体积超过1 m^3 的称为轻货,按尺码吨收费;否则即为重货,按重量吨收费。

④按货物的价格,在运价表内用A. V.或Ad. Val.(拉丁文Ad Valorem,从价的缩写)表示:以货物的FOB总价值为计量单位。主要用于船方承担较大责任,而体积、重量不大的贵金属、精密仪器、工艺品等的运输。

⑤按货物重量、尺码或价值三者从高计收,在运价表中用W/M or A. V.表示。

⑥按货物重量或尺码选择其高者,再加上从价运费计收,在运价表中以W/M plus A. V.表示。

⑦按货物的件数。

⑧货方与船公司临时议定。有的运价表是仅列出议价货物品名而不订出运价;有的同时订出运价,但声明可以议价。议价货物的费率一般较低,多用于谷物、矿石、煤炭等货价低、运量大、易装卸的农矿产品运输。

班轮附加费(因货物特殊、港口条件有限、转船接运等因素导致货物运输成本增加,船方为了抵补运输中额外增加的开支或在蒙受一定损失时而收取的费用)的计算公式为:

$$附加费 = 基本运费 \times 附加费百分比 \tag{2-35}$$

附加费名目繁多,常见的有:超重附加费(Heavy Life Additional)、超长附加费(Over Length Additional)、选港附加费(Optional Additional)、港口附加费(Port Additional)、港口拥挤附加费(Port Congestion Surcharge)、燃油附加费(Bunker Surcharge)、贬值附加费(Devaluation Surcharge)。

由于附加费名目繁多,在班轮运费中又占很大的比重(以港口拥挤费为例,低者约为“基本运费”的10%~20%,高者可达“基本运费”的70%~80%,甚至100%以上),特别是有些附加费变动频繁,变动幅度大,因而业务人员只有经常注意各项附加费的变动情况,在对外报价中予以充分考虑,才能减少由于附加费变动而造成经济上的损失。

按照运价表计算班轮运价的方法是:

先根据商品的英文名称,从货物分级表中,按字母的顺序,查出有关商品是属于哪个等级和按什么标准计算(是按重量计算,还是按体积计算,等等)。

然后,再根据商品的等级和计算标准,从按航线划分的等级费率表中查出有关商品的基本费率。

最后,再加上各项必须计算的附加费,所得的总和就是有关商品的单位运费(每重量吨或每尺码吨的运费)。

如果是从价运费,则按规定的百分比乘 FOB 货值计算。例如,如要计算从中国输往欧洲汉堡的罐头运价,先按 Canned Goods 从货物分级表中查出罐头的运价等级是 8 级,计算标准是 M(即按每立方米计算),再从欧洲地中海航线的等级费率表中查得 8 级基本运价(假设为人民币 81 元),然后,再加上欧洲、地中海航线的燃油附加费(假设为 13%),如果运价表内再无其他附加费时,即可算出每立方米罐头中国至汉堡港运价为人民币 91.53 元。

(2)集装箱运费。集装箱运输(Container Transport)是以集装箱作为运输单位进行货物运输的一种现代化运输方式。海运集装箱的费用包括装运港内陆运输费、拼箱服务费、堆场服务费、海运运费、集装箱及其设备使用费等。

集装箱海运运费即船舶运费加相关费用。集装箱海运运费有两种计算方式:

一是散货的运费计算,以每运费吨作为计费单位,再加上附加费。

二是包箱的运费计算,以每个集装箱作为计费单位,用包箱费率(Box-rate)计算运费。其中包箱费率有 3 种规定方法:

①FAK 包箱费率(Freight for All Kinks),即规定统一取费的费率,无论货物种类和货量。

②FCS 包箱费率(Freight for Class),即按不同货物等级制定的包箱费率。

③FCB 包箱费率(Freight for Class & Basis),即按不同货物等级或类别以及计算标准而制定的包箱费率。

内陆运输费包括区域运费、无效拖运费、变更装箱地点费等。

拼箱服务费包括拼箱货物在货运站至堆场之间空箱或重箱的运输、理货,货运站内的搬运、分票、堆存、装拆箱,签发场站收据、装箱单制作等服务费。

堆场服务费也称码头服务费,包括在装卸港口接收整箱货、堆存、搬运以及有关单据制作等费用。

集装箱及其设备使用费,即使用集装箱及底盘车等设备所发生的费用,包括集装箱从底盘车吊上吊下的费用。

(3)程租船运费。程租船运费主要包括程租船运费、装卸费和速遣费、滞期费等。

①程租船运费即货物从装运港到目的港的海上运费。

程租船运费主要有两种方式计算:一是按运费率(Rate of Freight),即规定每单位重量或单位体积的运费额,并规定好按装船时的货物数量还是按卸船时的货物数量来计算总运费;二是整船包价(Lump-sum Freight),即规定一笔整船运费,无论租方实际装货多少。

程租船运费的高低受诸多因素影响,包括承运的货物价值、程租船的船级、航线港口情况、租船市场运费水平等。

②程租船的装卸费需要在租船人和船东的程租船合同中具体规定。通常有四种做法:

• 船方负担装货费和卸货费。又称为班轮条件(Gross Terms),船货双方一般以船边划分费用。

• 船方管装不管卸(Free Out,F. O.)。船方负担装货费,不负担卸货费。

• 船方管卸不管装(Free In,F. I.)。船方负担卸货费,不负担装货费。

• 船方不管装货费和卸货费(Free In and Out,F. I. O.)。船方不负担装货费和卸货费。

③程租船的滞期费和速遣费。在程租船运输情况下,装卸货时间对船舶的使用周期和在港费用影响很大,直接关系到船方经济利益。因此,船方在程租船合同中都会与租船人签订速遣费和滞期费,以在装卸货时间外规定一种奖惩措施,督促租船人快装快卸。

滞期费(Demurrage),即在规定的装卸期限内,租船人未能完成装卸作业,为弥补船方损失,对超过的时间租船人应向船方支付的罚款。

速遣费(Despatch Money),即在规定的装卸期限内,租船人提前完成装卸作业,使船方节省了船舶在港时间和费用,为此船方向租船人支付的奖金。

通常,速遣费为滞期费的一半。

(4)期租船租金。期租船租金是在定期租船运输情况下,租船人为使用船舶支付给船方的代价。

定期租船的租费是按月(30天或日历月)以每一夏季载重吨或按每日租金额为计算单位。租金一经议定,在租赁期间,不论租船市场租价涨落情况如何,都固定不变。

期租船运费的高低受船舶装载能力、租期长短等因素影响。

3)海运提单

海运提单(Bill of Lading,B/L),是用以证明海上货物运输合同和货物已经由承运人接收或装船,以及承运人保证据以交付货物的单证。[①] 它是海上货物运输的主要单据。

(1)海运提单的内容。以班轮提单的正面内容为例,海运提单一般包括:承运人名称、托运人名称、收货人名称、船名和船舶国籍、装运港、目的港、货物名称、唛头、件数、重量或体积、运费和其他费用、提单签发日期和地点,以及份数、承运人或其代理人签字等。

(2)海运提单的性质和作用。

①海运提单是货物收据。海运提单是表明承运人已经应托运人要求按照提单所列内容收到货物而签发的收货凭证。

②海运提单是运输合同。提单条款明确规定了承运人与托运人或提单持有人等各方之间的权利、义务、责任和豁免,是处理他们当事人之间有关海运争议的依据。

③海运提单是一种货物所有权凭证。海运提单具有物权凭证性质。提单的合法持有人凭提单提货,还可以通过背书转让提单从而转移货物所有权,亦可以凭提单向银行办理抵押贷款等业务。

(3)海运提单的种类。

①“已装船提单”和“备运提单”:

已装船提单(on Board B/L)是承运人在货物已经装上指定船舶后所签发的提单。

备运提单(Received for Shipment B/L)是承运人已收到托运货物等待装运期间所签发的提单。

②“清洁提单”和“不清洁提单”:

清洁提单(Clean B/L)是货物在装船表面状况良好,承运人在提单上不带有明确宣称货物受损和/或包装有缺陷状况的不良批注的提单。

不清洁提单(Unclean B/L)是指承运人在提单上带有明确宣称货物受损和/或包装有缺陷的提单。

---

① 参见《中华人民共和国海商法》第71条。

③“记名提单”和“不记名提单”：

记名提单(Straight B/L)是提单上的收货人栏内填明特定收货人名称的提单。

不记名提单(Bearer B/L)是提单上的收货人栏内空着，或不写明具体收货人名称，只写“货交提单持有人(to Bearer)”的提单。

④“直达提单”、“转船提单”和“联运提单”：

直达提单(Direct B/L)是货物从装运港到目的港中途不转船而直达的提单。

转船提单(Transhipment B/L)是货物从装运港到目的港中途需要卸入另一船舶甚至多个船舶所签发的包括运输全程的提单

联运提单(Through B/L)是经过海运和其他运输方式的联合运输时，由第一承运人签发的包括全程运输并能在目的港(地)凭以提货的提单。

⑤“班轮提单”和“租船提单”：

班轮提单(Liner B/L)是由班轮公司承运货物后签发给托运人的提单。

租船提单(Charter Party B/L)是承运人根据租船合同签发的提单。

⑥“全式提单”和“略式提单”：

全式提单(Long Form B/L)是提单正背面均有内容(背面列有承运人和托运人权利、义务的详细条款)的提单。

略式提单(Short Form B/L)是提单背面无条款，只列出提单正面必须记载事项的提单。

⑦“正本提单”和“副本提单”：

正本提单(Original B/L)是提单上有承运人、船长或其代理人签名盖章并注明签发日期的提单。

副本提单(Copy B/L)是提单上没有承运人、船长或其代理人签名盖章，仅供参考用的提单。

2. 航空运输

航空运输交货迅速、准时方便，与海运比相对安全，但运费较贵，因此适合与要求及时到货和贵重商品的运输。

1)货物空运的方式

(1)班机运输(Airliner Transport)。班机是指在固定航线上定期航行的航班。这种航班有固定的始发站、途经站和到达站。一般情况为客货混合机航班运输，只有某些航线上有全货机航班运输。

(2)包机运输(Chartered Carrier Transport)。包机运输分整架包机和部分包机。

整架包机运输是航空公司按事先约定条件和费率，将整架飞机租给租机人，从一个或几个航空站装运货物至指定目的站的运输。它适用于较贵的大宗货物运输。

部分包机运输是由几家航空货运代理公司或发货人联合包租整架飞机，或由包机公司把整架飞机的仓位分租给几家航空货运代理公司，整架飞机装货后运至指定目的站的运输。它适用于 1 t 以上但不足整机的货物运输。

(3)集中托运(Consolidation Transport)。集中托运方式是航空货运代理公司把若干批单独发运的货物(每一货主货物要出具一份航空运单)组成一批向航空公司办理托运，填写一份总运单(附分运单)，将货物发运到同一目的站，由航空货运代理公司在目的站的代理人负责收货、报关，并将货物分别拨交给各收货人的运输方式。这种运输方式的运费比国际空运协会的班机运价低约7% ~10% 。

(4)航空急件传送(Air Express Service)。也称为桌到桌运输,由一个专门经营快递业务的机构(公司)与航空公司密切合作,或公司本身自有货运飞机,设专人用最快的速度把货主的急件通过飞机等传送到收件人手中。

2)货物空运的运费

货物空运的运费是指从启运机场至目的机场的运价,不包括提货费、报关费、仓储费等其他费用。

航空运费一般是按重量(kg/磅)或按体积(每6 000 cm^3 或每366 in^3 体积折合1 kg)计算,以两者中高者为准。按重量计算时,尾数不足0.5 kg者,进为0.5 kg;0.5 kg以上者,进为1 kg。按体积计算时,尾数等于0.5或大于0.5 cm^3 或0.5 in^3 者,进为1 cm^3 或1 in^3;少于0.5 cm^3 或0.5 in^3 者舍去。

各航空公司的运费也有表可查。对一般货物、特种货物集装设备以货物的等级有不同的运价标准。航空运输有M、N、Q、C、S、R共6个运价号,其中:

M:起码运费,也叫成本运费(最小运费),国际每票货物的起码运费为一固定价格。

N、Q:普通货物运价。货物在45 kgs重量以下的运价号为N,货物在45 kgs重量以上的运价号为Q。

C:指定商品运价。比普通货物运价低。C运价适用于在指定航线、指定类型货物且货物满足最低计费重量要求的空运。

S、R:等级货物运价。活动物、贵重货物和灵柩骨灰类货物采用S运价——一般在N上加多150% ~200% ;书籍杂志和作为货物运输的行李采用R运价——一般在N上减少50% 。

普通货物的航空运费的具体计算见本教材第十章10.1.3中内容。

3)航空货运单

航空货运单(Air Waybill)是承运人收取货物后签发的货物收据。办理航空运输时,托运人需填写国际货物托运书和出口报关单,办完出口手续后由航空公司开立航空运单,它是承运人和托运人的运输合同,也是承运人收到货物后出具的货物收据,但不是货物所有权凭证,不能背书转让,也不能凭以提货。收货人是凭货物运抵目的地后,承运人向发货人发出的到货通知及有关证明提取货物的。

3. 国际铁路货物联运

铁路运输(Rail Transport)具有运行速度快、载运量较大、受气候影响小、准确性和连续性强等特点,故国际货物在条件允许的情况下常常选用国际铁路运输。

国际铁路货物联运是使用统一的国际联运票据,由铁路负责跨国间的货物铁路全程运送,不需发货人和收货人参加货物铁路跨国移交过程的运输。为此,国际铁路货物联运常常是依据有关的国际条约开展的。

目前,国际上存在两个有关的国际条约:

由欧洲等32个国家签订的《国际铁路货物运输公约》(Convention Concerning International Carriage of Goods by Rail,CIM,简称《国际货约》)。

由中国、蒙古,朝鲜、越南、苏联、东欧等国签订的《国际铁路货物联运协定》(Agreement Concerning International Carriage of Goods by Rail,简称《国际货协》)

根据《国际货协》的规定,参加《国际货协》国家的出口或进口货物,从发货国家的始发站到收货国家的终点站(从起点站到终点站),不论经过几个国家,只要在始发站办妥托运手续,有关国家的铁路根据一张运送单据,负责将货物一直运到终点站交给收货人。在运送全程中的一切业务、行政手续(包括在有关国家的国境站交接、换装等手续)概由铁路负责办理,发货人或收货人无须自己在国境交接站设立机构办理交接和转运手续。因此国际铁路联运对于简化运输手续、加速货物流转、降低运货费用都有利。

另外,包括一些参加了《国际货协》的国家也签订有《国际货约》,从而使参加《国际货协》国家的进出口货物可以通过铁路转运至参加《国际货约》的国家。

1)国际铁路货物联运的运费

发送国铁路的运送费用,按发送国铁路的国内运价计算。

到达国铁路的运送费用,按到达国铁路的国内运价计算。

过境国铁路的运送费用,按《国际货协》统一过境运价规程(统一货价)的规定计算。其计算程序是:

(1)根据运单上载明的运输路线,在过境里程表中,查出各通过国的里程。

(2)根据货物品名,在货物品名分等表中查出其可适用的运价等级和计费重量标准。

(3)在慢运货物运费计算表中,根据货物运价等级和总的过境里程查出适用的运费率。

其计算公式为:

$$运费总额 = 基本运费额 \times (1 + 加成率) \tag{2-36}$$

$$基本运费额 = 货物运费率 \times 计费重量 \tag{2-37}$$

其中,"加成率"为运费总额应按托运类别在基本运费额基础上所增加的百分比。快运货物运费按慢运运费加 100% ,零担货物加 50% 后再加 100% 。随旅客列车挂运整车费,另加 200% 。

2)国际铁路联运运单

国际铁路联运运单和运单副本是国际铁路联运的主要运输单据,也是铁路和货主之间所缔结的运输契约。按《国际货协》规定,发货人提交全部货物并付清应负担的一切费用,经始发站在运单和运单副本上加盖始发站日期戳记证明货物已经承运,即认为运输契约已经缔结。运单是随同货物从始发站至终点站,最后交给收货人的。在终点站,铁路部门按照运单上所记载的项目内容,向收货人核收应收的运杂费,并点交所运送的货物。运单副本经铁路部门加盖戳记证明货物的承运和承运日期后发还发货人,凭以向银行办理结算。

4. 国际多式联运

国际多式联运(International Multimodal Transport)一般是以集装箱为媒介,把海、陆、空各种传统的单一运输方式有机地结合起来,组成一种连贯的国际运输方式。

国际多式联运采用一个多式联运合同(Multimodal Transport Contract)。国际多式联运合同是多式联运经营人与托运人之间订立的凭以收取运费、负责完成或组织完成国际多式联运的合同。合同中明确规定多式联运经营人与托运人之间的权利与义务。

国际多式联运使用一份包括全程的多式联运单据(Multimodal Transport Documents)。多式联运单据是多式联运人签发的,证明多式联运合同以及多式联运经营人接管货物并负责按合同条款交付货物。

2.3.3 运输保险条件

在跨境贸易的各个环节中,运输环节存在的风险相对较多,而且一旦发生风险就会影响到整个贸易。因此,贸易为了在货物遭受损失时能够得到经济补偿,需要办理货物的运输保险。

货物运输保险是指货主(投保人)在货物装运前,按一定金额向承保人(保险人)投保一定险别的运输保险,并交纳保险费。如果所保货物在运输过程中遭受风险责任范围内的损失,保险单证上的受益人可凭以要求保险人进行赔偿。货物运输保险按货物运输方式分为海运货物保险、陆运货物保险、航空货运保险等。本部分主要介绍业务量最大的海运货物保险。

1. 海运货物保险承保范围

海运货物保险承保范围只限于保险合同约定的风险与损失。包括:

(1)可保障的风险,即海上风险和外来风险。

(2)可补偿的损失,即海损和其他损失,但不包括货物自然损耗和质量问题等。

(3)可由保险人承担的费用,即施救费用、救助费用和特别费用、额外费用(责任成立时)等。

1)海上风险和外来风险

海上风险(海难)(Perils of the Sea),即货物在海上运输过程中所发生的或因与海上运输有关的原因造成的风险。海上风险分自然灾害(Natural Calamities)(如恶劣气候、雷电、海啸、地震、洪水等)和海上意外事故(Fortuitous Accidents)(船舶搁浅、触礁、沉没互撞、与流冰或其他类似事故)。

外来风险(Extraneous Risks),指外来原因引起的风险,包括一般外来原因引起的风险和特殊外来原因引起的风险。一般风险包括偷窃、雨淋、短量、沾污、渗漏、碰损、串味、受潮受热、锈损、钩损、包装破裂等。特殊风险包括战争、罢工、敌对行为、买方拒绝或没收货物、拒绝提货等。

2)海损和其他损失

海损(Marine Losses),指海运保险货物在海洋运输中由于海上风险所造成的损坏和灭失。海损按损失程度分为全损(运输中的整个货物或不可分割的一批货物的全损,又分为实际全损和推定全损)和部分损失(货物的损失没有达到全部损失的程度,又分有共同海损和单独海损)。

其他损失,指货物在运输途中,由于外来原因引起的一般风险和特殊风险而遭致其他种种损失。例如,由于偷窃行为所遭受的损失和因战争所遭受的损失等。

3)施救费用、救助费用

施救费用(Sue and Labor Charges),被保险的货物在遭受承保责任范围内的灾害事故时,被保险人或其代理人与受让人为避免或减少损失,采取了各种抢救或防护措施而所支付的合理费用。

救助费用(Salvage Charges),被保险货物在遭受了承保责任范围内的灾害事故时,由保险人和被保险人以外的第三者采取了有效的救助措施,在救助成功后,由被救方付给救助人的一种报酬。

2. 海运货物保险险别

保险险别是保险公司按照不同情况所规定的不同的保险范围。不同的保险公司有不同的保险险别定义。目前,在国际保险市场上所使用的海运货物保险条款,具有较大影响的是伦敦保险协会制订的“协会条款”(Institute Cargo Clause,ICC)。除英国的协会条款外,还有美国条款、法国条款,北欧、德国、日本和中国也有自己的条款。下面以中国人民财产保险股份有限公司的保险条款(China Insurance Clause,CIC)为例进行介绍。

1)CIC 的基本险别

(1)平安险(Free from Particular Average,FPA),不负责单独海损的赔偿。

(2)水渍险(With Average,WA or With Particular Average,WPA),平安险赔偿责任加自然灾害的部分损失。

(3)一切险(All Risks,AR),水渍险赔偿责任加 11 种一般附加险。

2)CIC 的附加险别

(1)一般附加险。包括偷窃、提货不着险、淡水雨淋险、短量险、混杂、沾污险、渗漏险、碰损、破碎险、串味险、受潮受热险、钩损险、包装破裂险和锈损险。

(2)特殊附加险。因一般附加险以外的外来原因引起特殊风险而造成损失的险别。包括罢工险、舱面险、进口关税险、拒收险、黄曲霉素险、交货不到险、货物出口到香港(包括九龙)或澳门存仓火险责任扩展条款。

3)海运货物保险险别的选择

上述三种基本险别,可以单独选择其中一种投保。至于附加险别,则必须在投保了上述三种险别中的一种之后才能加保。

选择投保险别,首先,需要了解各险别保险条款内容,包括保险公司的承保责任范围、除外责任、责任起迄及被保险人的义务和索赔期限等。其次,保险险别可由投保人根据承保贸易情况和需要选择投保。

3. 保险费的计算

保险费等于保险金额与保险费率的乘积。

1)保险金额的确定

保险金额(Insured Amount),即被保险人对保险标的实际投保金额,是保险人承担赔偿责任的最高限额。按惯例,销售货物的保险金额一般是按 CIF(或 CIP)价格再加上一定数额的保险加成(加成是作为买方进行这笔交易的经营管理费用和预期利润计入货物价值的)构成。即:

$$\text{保险金额} = \text{CIF 价格} + \text{保险加成} \tag{2-38}$$

或

$$\text{保险金额} = \text{CIF 价格} \times (1 + \text{保险加成率}) \tag{2-39}$$

其中,保险加成率是买方交易的经营费用和预期利润按 CIF 或 CIP 价格计算的百分比。在没有特别规定下,保险加成率为 10%。

2)保险费的计算

保险费,被保险人为了在将来可能遭受的承保范围内的损失获得赔偿,而向保险人支付的一定的对价。

$$\text{保险费} = \text{保险金额} \times \text{保险费率} \tag{2-40}$$

在实际工作中,经常会遇到知道合同价,要算出需交的保险费,或了解保险费率,要计算出应该对外的报价。下面是合同价与保险费和保险金额之间的关系。

$$CIF(CIP) = CFR(CPT) \div [1-(1+保险加成率)\times 保险费率] \quad (2-41)$$

$$CIF(CIP) = [FOB(FCA)+运费] \div [1-(1+保险加成率)\times 保险费率] \quad (2-42)$$

4. 货运投保方式

国际货物运输投保方式主要有逐笔投保和预约投保。

逐笔投保是每一批需运输的货物单独办理一次投保。适用于偶尔发生的贸易。

预约投保是对后面陆续运输的货物与保险公司订立一个总保险合同,约定在一定时期内适用于各批货物的保险条件,在保险期间内发运的各批货物只要按规定办理“起保手续”就被自动保险了。

思考题:

1. 交货条件包括哪些内容?

2. 某商品出口100公吨,报价每公吨1950美元FOB新港,客户提出改报CFR伦敦价,已知改报货物为5级货,计费标准为W,每运费吨运费70美元。若要保持外汇净收入不变,应如何报价?若还需征收燃油附加费10%、港口附加费10%,又应如何计算?

3. 某商品CIF旧金山每公吨2 000美元,按发票金额的110%投保,费率合计为0.6%。客户现要求按发票金额的130%投保,应改报多少?

2.4 贸易的主要交易条件:货款的收付

在贸易中,卖方交付正确的货物与买方及时支付足额款项是贸易对价条件,因此货款的支付是个重要问题。

我国对外贸易,通常是通过外汇来结算货款的。结算货款主要涉及使用的货币、付款时间、地点以及支付方式等问题。这些问题都直接关系到贸易双方的利益,在磋商交易时,双方必须对它们取得一致的意见,并在货物买卖合同中明确规定下来。

2.4.1 支付工具

作为支付工具使用的有货币、汇票、本票和支票。

1. 货币

世界各国或地区发行和流通各自的货币,比如美元、欧元、英镑等。就对外贸易而言,存在着3种货币:本币、对方国货币和第三国货币。就货物买卖合同而言,有计价货币和支付货币之分。

由于我国现采取外汇管制制度,除国家另有规定外,一切中外机构的外汇收入,都必须按照国家规定的外汇汇率卖给银行;一切外汇的支出和使用,都必须按照国家批准的计划或有关规定,向银行购买。

2. 汇票

汇票(Draft/Bill of Exchange,B/E),即一个人向另一个人签发,要求对方立即或在一定时间内向某人支付一定金额的无条件的书面支付命令。

1)汇票的必备内容

各地区所使用的汇票的格式可能有不同,但其主要的贸易和内容基本是一致的。常见的贸易中使用的汇票格式和必备内容见表 2-2 和表 2-3。

表 2-2 跨境贸易的汇票常用格式

BILL OF EXCHANGE

No. ______①______

For ______③*______   ______②______

At ______④______ sight of this FIRST Bill of exchange(SECOND of the same tenor and date unpaid) pay to ______⑤______ the order of

The sum of ______③**______

Value received for ______⑥*______ of ______⑥**______

Drawn under ______⑦*______

L/C No, ______⑦**______ dated ______⑦***______

To: ______⑧______

______⑨______
(Signature)

注:①汇票编号;②汇票出票地点和日期;③*小写的汇票金额;③**大写的汇票金额;④付款期限;⑤收(受)款人;⑥*出票条件——交易商品的数量;⑥**出票条件——交易商品的名称;⑦*出票条款——开证行名称;⑦**出票条款——信用证号码;⑦***出票条款——信用证开证日期;⑧付款人;⑨出票人及其签字。

表 2-3 贸易的汇票票样

<table>
<tr><td colspan="12">BILL OF EXCHANGE</td></tr>
<tr><td>凭
Drawn Under</td><td colspan="4"></td><td colspan="4">不可撤销信用证
Irrevocable L/C No.</td><td colspan="3"></td></tr>
<tr><td>日期
Date</td><td></td><td>支取
Payable With interest</td><td>@</td><td></td><td>%</td><td></td><td>按</td><td></td><td>息</td><td></td><td>付款</td></tr>
<tr><td>号码
No.</td><td></td><td>汇票金额
Exchange for</td><td colspan="2"></td><td>南京
Nanjing</td><td colspan="6"></td></tr>
<tr><td colspan="2"></td><td>见票
at</td><td></td><td colspan="8">日后(本汇票之副本未付)付交
sight of this FIRST of Exchange(Second of Exchange Being unpaid)</td></tr>
<tr><td colspan="2">Pay to the order of</td><td colspan="10"></td></tr>
<tr><td>金额
the sum of</td><td colspan="11"></td></tr>
<tr><td>此致
To</td><td colspan="11"></td></tr>
<tr><td colspan="12"></td></tr>
<tr><td colspan="12">(Authorized Signature)</td></tr>
</table>

汇票一般为一式两份,第一联、第二联在法律上无区别。其中一联生效则另一联自动作废。

2)汇票的种类

按出票人划分,分为商业汇票(Commercial Bill,即汇票的出票人是工商企事业、卖方企业)和银行汇票(Bank's Bill,即汇票的出票人是银行)。

按汇票承兑人划分,分为商业承兑汇票(Commercial Acceptance Bill,即凡工商企业出票而以另一工商企业为付款人,经付款人承兑后的汇票)和银行承兑汇票(Bank's Acceptance Bill,即银行承兑的远期商业汇票)。

按流通时是否附货运单据划分,分为光票(Lean Bill)和跟单汇票(Documentary Bill)。出具的汇票不附有任何货运单据,称为光票,常用于收取少量货款和杂费;如出具的汇票附有货运单据(主要包括提单/发票/保险单等),则称为跟单汇票。

按见票付款期划分,分有即期汇票(Sight Draft,即付款人见票后即需付款的汇票)和远期汇票(Time Draft,规定付款人见票后于将来的一定日期付款的汇票)。

3)汇票的使用

(1)出票(to Draw Issue)。出票人在汇票上填写:付款人,付款金额,付款日期和地点,受款人等,并签字将票交给受款人的行为。

(2)提示(Presentation)。汇票持有人将汇票交付款人,要求承兑和付款行为。

(3)承兑(Acceptance)。付款人对远期汇票表示承担到期付款责任的行为。

(4)付款(Payment)。付款人见票或到期付款的行为。

另外,还可能有背书、拒付、追索的情况。

3. 本票

本票(Promissory Note),即一个人向另一个人签发的,保证在见票时或规定时间内向某人无条件支付一定金额的书面承诺。

根据定义,本票的必备内容见表2-4和图2-1。

表2-4 商业本票常用格式

BILL OF EXCHANGE

___①*___   ___②___

___③___ after date I promise to pay to ___④___ the order of

The sum of ___①**___ for

Value received.

___⑤___

(Signature)

注:①*小写的本票金额;②本票出票地点和日期;③付款时间期限;④收(受)款人;①**大写的本票金额;⑤出票人(付款人)及其签字。

值得注意的是,虽然本票分为银行本票和商业本票,但我国《票据法》第七十三条有"本法所称本票,是指银行本票"的规定,也就是说我国基本不承认银行以外的企事业、其他组织和个人签发的本票。

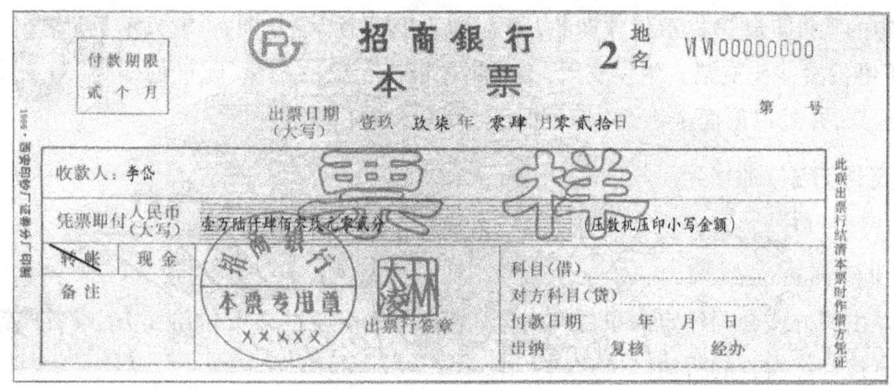

招商银行
本　　票
2 地名　VIVI00000000
付款期限
贰个月
第　号
出票日期（大写）　壹玖　玖柒年　零肆　月零贰拾日
收款人：李公
凭票即付 人民币（大写）　壹万陆仟肆佰零玖元零贰分　（压数机压印小写金额）
转账　现金
备注
本票专用章
出票行签章
科目（借）
对方科目（贷）
付款日期　年　月　日
出纳　复核　经办
此联出票行结清本票时作借方凭证

图 2-1　不定额银行本票票样

4. 支票

支票（Cheque/Check），活期存款的存户对银行签发的授权银行从其存款账上即期支付一定金额给某人或其指定人或持票人的无条件的书面支付命令。支票通常用于同城各单位之间的商品交易、劳务供应及其他款项的结算。由于支票结算方式手续简便，因而是目前同城结算中使用比较广泛的一种结算方式。其票样如图 2-2 所示。

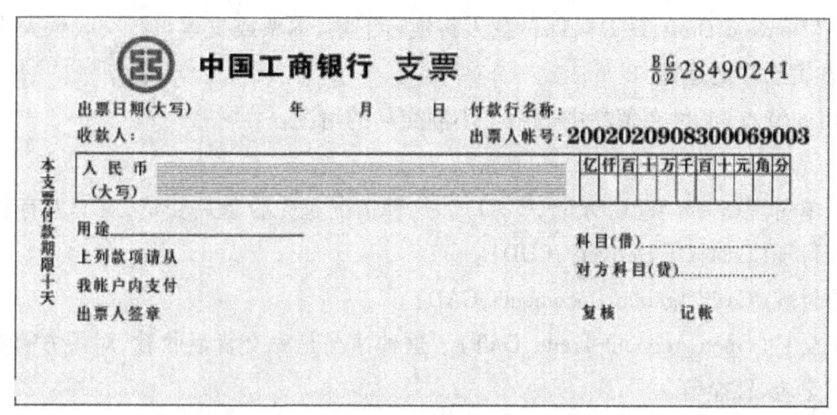

中国工商银行　支票　BG 02 28490241
出票日期(大写)　年　月　日　付款行名称：
收款人：　出票人帐号：2002020908300069003
人民币（大写）

亿	仟	百	十	万	千	百	十	元	角	分

本支票付款期限十天
用途
上列款项请从
我帐户内支付
出票人签章
科目(借)
对方科目(贷)
复核　记帐

图 2-2　支票票样

在国际上，支票一般既可用以现金支取，也可通过银行转账，由持票人或收款人自主选择收款方式。

在我国采用支票结算方式，应注意下列问题：

（1）鉴于我国多年使用支票的习惯，并考虑国际上的通行做法，保留了现金支票和转账支票，新增了普通支票和划线支票。支票上印有“现金”字样的为现金支票，现金支票只能用于支取现金。支票上印有“转账”字样的为转账支票，只用于转账，不可支取现金。支票上未印有“现金”或“转账”字样的为普通支票，普通支票可以用于支取现金，也可以用于转账。在普通支票左上角画两条平行线的，为划线支票，划线支票只能用于转账，不得支取现金。

（2）支票一律记名。中国人民银行总行批准的地区转账支票可以背书转让。

（3）支票见票即付，但支票持票人委托其开户银行向付款人提示付款的，进账时间为经过同城票据交换系统将票款划回的时间。支票的提示付款期限为自出票日起 10 日内，中国人民银行另有规定的除外。超过提示付款期的,持票人开户银行不予受理,付款人不予付款。

(4)不准签发空头支票。签发支票,不能超过银行存款的余额,超过的即为“空头支票”,银行将予以退票,并处以票面金额5%但不低于1 000元的罚款。

2.4.2 支付方式

贸易货款收付的基本方式有汇付、托收、信用证3种。

1. 汇付(Remittance)

汇付是由买方按合同约定的条件和时间,主动将货款通过银行付给卖方,或者向银行购买银行汇票直接寄给卖方的行为。

1)汇付的特点

(1)汇付是一种商业信用,其风险较大。

(2)汇付手续较为简化,银行手续费低。

2)汇付的种类

(1)电汇(Telegraphic Transfer,T/T),即付款人请银行用电信手段通知付款。电汇是目前使用最广泛的一种汇付。

(2)信汇(Mail Transfer,M/T),即付款人请银行航空邮寄付款委托书通知付款。

(3)票汇(Demand Draft,D/D),即付款人将银行汇票、本票或支票自行交收款人来付款。

3)汇付在贸易中的运用

由于汇付的特点,汇付在贸易中适用于小额交易的情况。

(1)预付货款(Payment In Advance,PIA)。

(2)随订单付现(Cash With Order,CWO)。这种情况是先收款后交货,对卖方有利。

(3)货到付现(Cash On Delivery,COD)。

(4)凭单付现(Cash Against Documents,CAD)。

(5)记账交易(Open Account Trade,OAT)。这种情况是先交货后收款,对买方有利。

(6)支付定金、佣金等。

2. 托收(Collection)

托收是指卖方在货物装运后开具汇票,连同全套货运单据,委托当地银行(托收行)通过其在买方所在地的银行(代收行)向买方收取货款。因此,贸易的托收是跟单托收(Documentary Collection),使用的汇票也是跟单汇票。

1)托收(跟单托收)的种类

按交单方式,托收分为以下两种:

(1)付款交单(Documents Against Payment,D/P)。付款交单是指买方付清货款后才能从银行领取货运单据,提出货物的托收。采用付款交单,卖方的交单以买方的付款为条件。卖方将汇票连同货运单据交银行托收时,指示银行只有在买方付清货款后才能交出货运单据。

付款交单按支付时间分为即期付款交单和远期付款交单。

即期付款交单(D/P sight)为买方见单即付,付款赎单。也就是卖方开具即期汇票交托收行寄给代收行向买方提示,买方见票后即需付款,并在付清货款后领取货运单据。

远期付款交单(D/P after sight)为买方见单承兑,到期付款赎单。也就是卖方开具远期汇票通过银行向买方提示,由买方承兑,并在汇票到期日付清货款后领取货运单据。

(2)承兑交单(Documents Against Acceptance,D/A)。承兑交单是指买方承兑汇票后从银行取得货运单据提货,待汇票到期付款的托收。采用承兑交单,买方只需要在卖方开具的远期汇票上进行承兑,即可从银行取得货运单据,待汇票到期日再付款。这样仍存在买方在汇票到期日拒付的风险,那时卖方将钱、货两空,所以这种方式对卖方来说很不安全,不应轻易采用。

2)托收的性质和特点

(1)托收属于商业信用。在托收的情况下,卖方能否收到货款是以买方付款为前提的,因此,托收属于一种商业信誉。

(2)卖方与银行只是委托代理关系。卖方与托收行,托收行与代收行之间无法律关系,银行也没有审单义务和保证买方和银行自身付款的承诺。因此,卖方采用托收支付方式时需要考虑相应的风险。

(3)资金压力不同。在托收的情况下,卖方需要自己筹集流动资金备托货物并且交付买方;而买方付货款时即得到货物,或还没有付货款时就得到货物,甚至可以先将货物销售掉,用这笔销售货款的一部分支付先前的采购货款给卖方。

3)托收在贸易中的运用

托收实质上是卖方提供对买方的资金融通,提高其在市场上的竞争力以促进成交。所以:

(1)在采用托收时对卖方而言需承担较大的风险:在D/P情况下,若发生拒付,卖方尚有货物的所有权,但也损失了贸易的经营费用;而在D/A情况下发生拒付,卖方则是货、款两空。虽然卖方依法起诉,但当买方无力付款时,则是无法追回交易的货物和款项的。因此卖方需要掌握买方的资信、经营能力以及国际市场信息等,谨慎选择风险适度的托收方式。

(2)为将卖方风险尽可能降低,卖方最好采用CIF或CIP条件订立货物买卖合同,这样卖方在货物装运后还能一直掌握货物安全直到买方付款前。还可以购买银行保理业务(International Factoring)。例如,出口保理业务是为卖方的出口赊销等提供贸易融资、销售分户账管理,账款催收和坏账担保等服务的业务。

(3)卖方需严格按照货物买卖合同规定装船、制作单据,以防止买方找借口拒付货款;对外贸管制和外汇管制严格的国家,一定要在对方领取了所有有关许可、配额等证明的前提下才能发运货物。

(4)买方应该充分利用卖方给予的资金融通机会,在整个贸易执行阶段,安排好到货工作,甚至是后续的销售任务,以降低财务费用,甚至可以不用资金来执行贸易,实现利益最大化。

3.信用证(Letter of Credit,L/C或LC)

信用证在贸易的业务中,指银行根据买方的请求和指示向卖方开立的一定金额的,并在一定期限内凭规定的单据承诺付款的书面文件。

卖方采用信用证的支付方式,有了开证银行的付款诺言,以银行信用代替了商业信用,对安全收汇较有保障,而且可以迅速收回货款,有利于资金周转。对买方来说,也有一定的好处,不仅在付款后较肯定地取得代表货物的单据,而且可以通过信用证的条款促使卖方履行合同上的一些规定。

1)信用证的基本当事人

(1)开证申请人/开证人(Applicant)。在贸易中是向银行申请开立信用证的买方。

(2)开证银行(Opening Bank/Issuing Bank)。开立信用证的银行。

(3)通知银行(Advising Bank/Notifying Bank)。在贸易中,是受开证行委托,将信用证转交买方的银行。

(4)受益人(Beneficiary)。信用证上所指定的有权使用该证的人。在贸易中是卖方。

(5)议付银行(Negotiating Bank)。向受益人买单做押汇的银行。

(6)付款行(Paying Bank/Drawee Bank)。信用证上指定的付款银行。

此外,因信用证的不同种类和要求,有些信用证还有其他当事人,包括保兑银行(Confirming Bank)、偿付银行(Reimbursement Bank)、受让人(Transferee)等。

2)信用证的主要内容

各国的信用证因其种类、需求不同有不同的格式和内容要求。但总的来看,信用证的主要内容基本是相同的。

(1)对信用证本身的说明。包括信用证的编号、种类、日期、有效期、到期地址等。

(2)信用证的种类。

(3)信用证的当事人名称。

(4)信用证金额与汇票条款。在贸易中,信用证的金额可以与货物买卖合同相同,或是不同,比如小于货物买卖合同金额(差额金额可以通过其他方式支付)。

(5)对货物的要求。包括货物的名称、品质、数量、包装、价格等。

(6)对运输的要求。包括装运期限、装运地、目的地、运输方式、是否转运、是否分批等。

(7)对单据的要求。信用证付款需要提交的单据,包括货物单据(如发票、装箱单、重量单、产地证、商检证)、运输单据(如海运提单)、保险单据、其他凭证(寄样证明、装船通知)等。

(8)特殊条款。对不同贸易情况的一些特殊要求。

(9)开证行保证条款。开证行对受益人及汇票原持有人保证付款的责任文句。

3)信用证收付的一般程序

信用证的收付程序随信用证类型的不同而有所差异。但就其基本程序而言,信用证的收付一般要经过申请、开证、通知、生效、议付、索偿、偿付、赎单等环节。信用证由买方向开证银行申请开出,开证银行通过其在卖方所在地银行通知卖方,卖方收到合格信用证后,开始备货出运,再按信用证上的要求准备所有的单证一并提交给议付银行获得货款,之后议付银行将获得的单证寄往付款银行(通常是开证银行),付款银行再通知买方付款赎单,买方付款拿到齐全的单证后即可提货。信用证收付的一般流程图如图2-3所示。

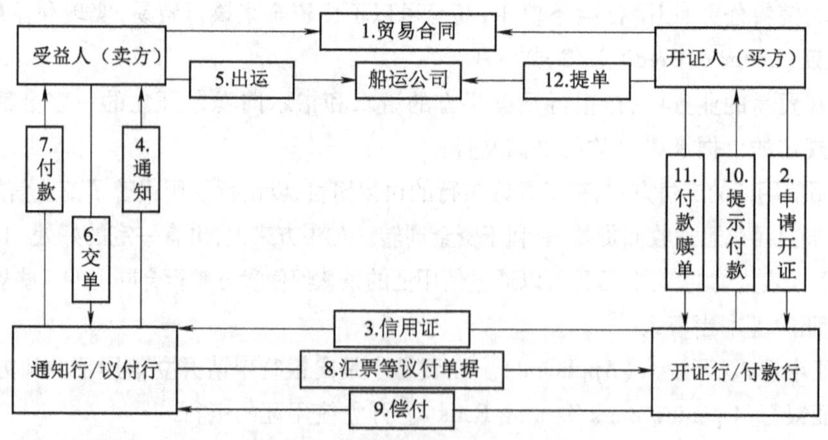

图2-3 信用证收付的一般流程图

4)信用证的性质和特点

(1)信用证属于银行信用。信用证条件下,银行是第一付款人。无论开证申请人是否付款,受益人都可以按章从付款行获得应得的货款。

(2)银行只受信用证约束。信用证是以贸易双方签订的货物买卖合同为基础,买方根据合同中支付条件的规定,按时向银行申请开出信用证,其中所列的条款要求,理应按照货物买卖合同内有关条款填列。但信用证一经开立,就成为独立于货物买卖合同以外的另一种契约。而货物买卖合同是贸易双方之间的契约,只对订约的贸易双方有约束力。信用证则是开证行及参与信用证业务银行的自足文件,与货物买卖合同无关,并不受货物买卖合同的约束。因此信用证业务中的银行及受益人应受信用证的约束,就是要受信用证各项条款的约束。

(3)单证相符,单单相符。银行只凭信用证条款规定办事,开证行只有在“单据严格符合信用证规定”的情况下,才履行付款责任,也就是说信用证付款只凭单据,不问货物,属于纯单据业务。银行对于不符合信用证条款的单据可以拒绝接受、拒绝付款,即便完全正确地完成了交货任务。因此,贸易采用信用证支付方式,必须做到“单、证”相符和“单、单”相符,否则,不能保证安全、迅速收汇。

5)信用证的作用

凭信用证支付的贸易是使用最广泛的一种跨境贸易操作方式,这是因为信用证所具有的特殊作用。

(1)保证作用。信用证支付方式是随着银行参与结算的过程而逐步形成的。特别是跨境贸易中交易双方利害有冲突,互不信任:卖方不信任买方,担心在收到货款之前,如先将货运单据交给对方,货款可能全部落空,即使通过银行办理托收,也可能遭到拒付,仍有一定的风险;同样买方也不信任卖方,唯恐先付了货款,对方不发货。总之,双方都不愿意把货或钱先交给对方,在这种情况下,就出现了银行保证付款的信用方式,在一定程度上解决他们之间的矛盾。

在信用证的支付方式下,对卖方来说,有了开证银行的付款诺言,以银行信用代替了商业信用,对安全收汇较有保障,而且可以迅速收回货款,有利于资金周转。对买方来说,也有一定的好处,不仅在付款后肯定能取得代表货物的单据,而且可以通过信用证的条款促使卖方履行货物买卖合同上的规定。

(2)融资作用。信用证也为贸易双方提供资金融通的便利。信用证作为未来一种银行承诺付款的书面文件,卖方可以通过一定的手续,利用信用证打包贷款,从而获得贸易所需货款,解决流动资金问题;而对于买方来说,在申请开证期间,可以利用企业信誉规模以及业务往来情况获得银行给予的减免开证押金额度,从而解决资金占压,减少财务费用。

6)信用证的种类

(1)“可撤销信用证”和“不可撤销信用证”。按银行信用,信用证有可撤销信用证(revocable L/C,即在信用证有效期内未经受益人及有关当事人同意,开证行不得片面修改或撤销信用证,只要受益人提供的单据符合信用证规定,议付行就必须履行付款义务的信用证)和不可撤销信用证(irrevocable L/C,即开证行不必经受益人同意,也不必事先通知受益人即可在议付行议付之前随时修改信用证内容或撤销信用证的信用证)。

(2)“即期信用证”和“远期信用证”。按汇票期限,信用证有即期信用证(sight L/C,即受益人可凭即期汇票取货款的信用证)和远期信用证(usance L/C,即受益人可凭远期汇票取货款的信用证)。

(3)“跟单信用证”和“光票信用证”。按汇票是否附货运单据,信用证有跟单信用证(Documentary L/C,即议付行凭跟单汇票或仅凭单据付款的信用证)和光票信用证(Clean L/C,即议付行凭未附单据的汇票付款的信用证)。

(4)“保兑信用证”和“不保兑信用证”。按是否保兑,信用证分为保兑信用证(Confirmed L/C,即另一家银行加以保兑的信用证)和不保兑信用证(Unconfirmed L/C,即未经保兑的信用证)。

除此之外,还有:SWIFT① 信用证(SWIFT L/C,依据ICC,国际商会所制定的电信信用证格式设计,利用SWIFT系统设计的特殊格式,通过SWIFT开立或通知的信用证)、可转让信用证(Transferable L/C,即受益人有权将信用证的全部或部分金额转让给另一个或两个以上的第三人使用的信用证)、循环信用证(Revolving L/C,即受益人全部或部分使用了信用证金额后,能够重新恢复到原金额再度使用,直至规定次数或累计总金额用完为止的信用证)、对背信用证(Back to Back L/C,即受益人收到开证人开来的信用证后,又要求银行以该信用证为基础另开立的新信用证)、对开信用证(Reciprocal L/C,即贸易双方各自开立的,并同时生效的以对方为受益人的信用证)、预支信用证/红条款信用证(Anticipatory L/C/Red Clause L/C,即载有允许受益人在一定条件下,要求议付行预支全部或部分信用证金额的信用证)、备用信用证(Standby L/C,即开证行根据开证人的申请开立的对开证人不履约时保证为其支付的信用证)。

思考题:

1. 试述商业汇票与银行汇票的主要区别和用途。
2. 为什么说汇付和托收属于商业信用?对卖方而言,汇付和托收有什么风险?
3. D/P at 45 days after sight 与 D/A at 45 days after sight 两者的区别是什么?
4. 简述信用证与货物买卖合同的关系。
5. 为什么说信用证支付方式属于银行信用?其有什么特点和作用?

2.5 贸易的主要交易条件:争议的处理

贸易的争议处理包括商检、索赔、不可抗力和仲裁四大部分。

2.5.1 商检

贸易的商品检验(I/E Commodity Inspection)是指对商品的品质、数量、包装、卫生、安全等实施检验和公证鉴定,同时出具商检证书。

在跨境贸易中,贸易双方分处两国,难以当面点交和验收交易货物,同时,货物经过长途运输,也可能发生残损短缺等问题,可能涉及运输、保险、装卸等其他部门的责任。贸易双方往往因货物的品质和数量问题引起争议。为了避免纠纷,以及在发生纠纷后便于确定事故的起因和分清责任的归属,产生了商品检验这一跨境贸易活动中不可缺少的做法,即由一个有资格的、与双方当事人无利害关系的第三者,对货物等进行检验并发给检验证书。

---

① SWIFT:环球银行财务电信协会(Society for Worldwide Interbank Financial Telecommunication)

贸易的商检条件包括：商检时间和地点、检验机构、检验证书和检验标准。

1. 商检时间和地点

商检时间和地点是贸易双方由哪一方行使对货物等进行检验的权利，通过时间、地点的规定加以明确。通常有五种做法。

1）在产地（工厂）检验

货物在产地出运前由工厂（产地）的检验部门或买方的验收人员进行检验和验收，由货物买卖合同中规定的检验机构出具检验证书，作为卖方交货的品质、数量等的最后依据。

2）以离岸品质、重量为准（Shipping Quality，Weight as Final）

货物应在装运港装船前进行品质和重量（数量）的检验和衡量。装船口岸的商检机构所出具的品质证明和重量（数量）证明是决定商品品质、重量（数量）和包装的最后依据。

3）以到岸品质、重量为准（Loading Quality，Weight as Final）

货物的品质和重量（数量）是在目的港卸货后进行检验，货物是否符合合同的规定，是以目是港的商检机构出具的品质、重量（数量）证明为最后依据。

4）买方营业所（最终用户所在地）检验

对于一些在使用前不宜拆包，或不具备检验条件而不能在目的港（地）等地检验的货物，通常都是在买方营业处所或最终用户所在地，由货物买卖合同规定的检验机构在规定的时间内进行检验。货物的品质、重量等以该检验机构出具的检验证书为准。

5）以装运港的检验证明作为议付货款的依据

货到目的港后买方享有复验权。货物应在装运港装船前进行检验，但检验证书只作为卖方向银行办理议付货款的单据之一，而不是决定交货品质、重量（数量）的最后依据。货物在目的港卸货后，买方有权对货物的品质、重量或数量进行复验，如复验结果与货物买卖合同规定不符，买方可凭复验证书向卖方提出异议和索赔。这种规定方法兼顾了交易双方的利益，比较合理，在跨境贸易中使用最为广泛。

2. 检验机构

检验机构指接受委托进行商品检验和公证鉴定的专门机构。国际上著名的检验机构，有美国粮谷检验署、法国国家实验室检测中心等，我国也有商品检验部门。

3. 检验证书

检验证书（Inspection Certificate）是指经商验机构检验、鉴定后出具的书面证明文件。检验证书是议付款的一种单据，是证明交货的品质、数量、包装、卫生条件等是否符合货物买卖合同规定的依据、海关验关放行的依据以及索赔和理赔的依据。

这些证书包括：品质检验证书、重量检验证书、数量检验证书、包装检验证书、兽医检验证书、卫生（健康）检验书、消毒检验证书、产地检验证书、价值检验证书、验残检验证书等。

4. 检验标准

检验标准是指对贸易的货物实施检验所依据的标准。检验标准有国际上的检验标准、国家标准和行业标准等，除贸易当事国的国家法律、行政法规强制性的标准必须执行外，贸易的其他检验标准需要在货物买卖合同中明确规定。

2.5.2　索赔

索赔（Claim）是指受损方向违约方提出损害赔偿的要求。在贸易中因种种原因会引起索赔事件。本部分仅介绍贸易双方在履行合同中出现违约情况引起的索赔需考虑的问题，即双方须在货物买卖合同中约定索赔条款。合同一旦有违约行为发生给某一方造成损失，索赔条款的确定将给受损方相应的权益保护；同时一旦双方有争议，可以按照索赔条款行事来解决争议。

索赔条款规定方式有两种：

异议和索赔条款(Discrepancy and Claim Clause)。内容包括：索赔的依据、索赔的期限和索赔的办法。

罚金条款(Penalty)。一般包括：适用范围、罚金数额及限额、罚金起算日期。

2.5.3 不可抗力

不可抗力(Force Majeure)事件是指在货物买卖合同签订后，不是由于任何一方当事人的过失，而是由于发生了当事人所不能预见，也无法事先采取预防措施的意外事故，以致不能履行或不能如期履行合同的事件。

1. 不可抗力事件的范围和结果

不可抗力事件的范围包括“自然力量”和“社会力量”两种。“自然力量”包括洪水、地震、台风、暴风雪等；“社会力量”常常是指战争、罢工、政府禁令等。不过，对于不可抗力事件的范围目前国际上并无统一的确切解释。

一旦发生不可抗力事件，将在贸易中免除受害一方不履行合同的责任。但也要分情况而定：如果事件影响了履约的根本基础，使履约成为不可能，可免除其延迟履行合同的责任；如果事件只是暂时影响合同的履行，事故影响消除后仍应履行合同。

2. 不可抗力条款内容

为了避免不必要的纠纷和防止交易执行中不合理的要求，货物买卖合同中均会签订不可抗力条款。不可抗力条款的内容包括：不可抗力事件的范围，不可抗力事件的后果，出具事件证明的机构，发生事件后通知对方的期限和方式等。

2.5.4 仲裁

仲裁(Arbitration)就是贸易双方达成合同后，若有争议，且通过协商不能解决，自愿将有关争议提交给双方同意的第三者进行裁决(Award)，裁决的结果对双方都有约束力，双方必须依照执行。

1. 仲裁的特点

在贸易业务中，通过仲裁解决贸易争议是一种惯常的方式，这是因为仲裁具有以下特点：

(1)双方当事人签订有仲裁协议。

(2)仲裁程序简单，时间较短。

(3)仲裁对双方当事人关系影响较小。

(4)仲裁费用较低。

(5)仲裁是终局性裁决。

2. 仲裁协议的主要内容

根据国际上的习惯作法和一些国家的法律规定，凡采用仲裁方式处理争议时，当事人双方必须订有仲裁协议。所谓仲裁协议，就是双方当事人愿意将争议提交仲裁机构审理的表示。

仲裁条款的主要内容包括:仲裁地点、仲裁机构、仲裁程序、仲裁裁决的效力,仲裁费用的负担等。

思考题:

1. 在货物买卖合同中,对于货物的检验哪一种方法容易被贸易双方所接受?为什么?
2. 简述罚金条款的用途和主要内容。
3. 在货物买卖合同中为什么要规定仲裁条款?仲裁条款包括哪些主要内容?
4. 某年10月,我外贸公司与外商签订一份进口农产品合同,交货期为当年12月。由于同年7、8月份产区遭受水灾,产品无收,外商不能依约交货,于是以遭受不可抗力为由,向我公司提出解除合同的要求。试问:该项要求是否成立,为什么?

2.6　货物买卖合同

2.6.1　货物买卖合同概述

对于任何一笔贸易,为了明确贸易双方的权利和义务,一般还要在交易磋商的基础上,双方签订书面合同或确认书。只有签订合同才能使得贸易的磋商成果转化为具有法律效力的书面文件,使得贸易的履行具有法律基础。这个书面文件就是货物买卖合同。

从法律角度看,货物买卖合同成立还必须具备以下条件:

(1)当事人应具备缔约能力。包括当事人有民事行为能力、外贸经营权、签订合同的签字权等。

(2)当事人的意思的真实表示。也就是当事人订立合同时表达的意思应与合同内在的意思一致。

(3)合同的内容要合法。包括不违反法律、公共政策和善良的社会风俗等。

(4)合同的形式要合法。《联合国国际货物销售合同公约》第十一条规定:销售合同可以用包括人证在内的任何方法证明。我国以前规定国际货物销售合同必须采用书面形式订立,否则无效。但1999年颁布的《合同法》不再要求一定要有书面形式。

(5)合同应当有对价或约因。英美法中的对价指为换取某一承诺而付出的代价;大陆法中的约因指签订合同追求的直接目的。

2.6.2　货物买卖合同的内容

1. 货物买卖合同的结构

常见的书面合同形式有正式的合同(Contract)、确认书(Confirmation)、协议书(Agreement)、备忘录(Memorandum)、订单(Order)、委托订购单(Indent)等。一份完整的贸易的正式合同一般由三部分组成:

1)约首

合同的首部,通常包括合同的名称、编号、签订日期和地点、订约双方当事人的名称和地址等。

2)本文

为合同的主体部分,以合同条款的形式列明交易的各项条件,规定双方的权利和义务。

3)约尾

合同的尾部,主要说明合同的份数、附件及其效力、使用的文字、合同生效时间和有效期、合同适用的法律及双方当事人的签字等。

2. 货物买卖合同的主要条款

货物买卖合同中的本文里将就双方磋商成的各项交易条件形成合同的主要条款。这些主要条款是:

(1)品名条款(Name of Commodity Clause)。详尽列明签约双方同意交易的商品名称。

(2)品质条款(Quality Clause)。包括商品的规格或等级、商标或牌号、产地和厂商名称,说明书/样品/图纸的编号等。

(3)包装条款(Packing Clause)。规定货物的包装方式、包装材料、文字说明、运输标志和包装费用负担等。

(4)数量条款(Quantity Clause)。列明交货的计数和计量单位。

(5)价格条款(Price Clause)。包括商品的单价和总价,其中单价由计量单位、单价价格、计价货币、价格术语、佣金/折扣组成。

(6)装运条款(Shipment Clause)。主要规定装运时间、起运港口/发货地、目的港/目的地、运输公司名称、分批装运和转运、装卸时间、装卸率、滞期费、速遣费等。

(7)保险条款(Insurance Clause)。有时需要规定保险金额、险别、保险适用条款等。

(8)支付条款(Payment Clause)。贸易中一般有汇付、托收、信用证和银行保函四种支付方式。采用汇付的支付方式,条款中需要规定汇付的时间、具体的汇付方式和金额等;采用托收的支付方式,条款中要规定交单条件、买方付款和承兑责任以及付款期限等内容;信用证支付条款必须规定开证时间、信用证的金额、付款的日期、信用证的有效期及到期地点等内容。

(9)检验条款(Inspection Clause)。条款包括检验权、检验依据、检验时间、检验地点和检验机构等。

(10)索赔条款(Claim Clause)。分有罚金条款和异议索赔条款两种形式。罚金条款要规定违约方向受损方赔偿约定的金额;异议索赔条款要规定索赔依据、索赔时间、索赔方法和金额等。

(11)不可抗力条款(Force Majeure Clause)。主要内容包括不可抗力事故的范围、不可抗力事故的法律后果、出具事故的证明机构和事故发生后通知对方的期限等。

(12)仲裁条款(Arbitral Clause)。包括仲裁地点、仲裁机构、仲裁程序、仲裁费用负担等。

3. 货物买卖合同签订的注意事项

一份货物买卖合同包括了运输、保险、商检等环节,因此,牵扯面十分广泛。要确定下来合同的各个条款内容,必须同时确定好所涉及的所有环节合作方的交易条款。比如,为保证货物买卖合同中的运输条款内容,合同当事人就需要与相关运输公司签订一份运输合同,以保证贸易的运输按照货物买卖合同中的运输条款完成等,这些都是合同签订时当事人必须注意的事项。

1)运输合同与货物买卖合同运输条款

为了正确规定货物买卖合同的运输条款,使货物买卖合同与为完成货物买卖合同运输任务而签订的运输合同的内容相互衔接,以利于货物装运任务的顺利完成,要求货物买卖合同中的运输条款内容应该与运输合同相关条款内容保持一致性,包括交货条件、运输方式、装运通知、运输单据的提交以及是否分批、转船等。

2)保险合同与货物买卖合同保险条款

同样,为了正确规定货物买卖合同的保险条款,使货物买卖合同与为完成货物买卖合同保险任务而签订的保险合同的内容相互衔接,防止漏保、重保或错保情况,要求货物买卖合同中的保险条款内容应该与保险合同相关条款内容保持一致性,包括保险金额、险别、保险适用条款等。

3)充分考虑合同所面临的风险

许多贸易周期长、环节多、涉及广泛,存在着市场风险、汇率风险、运输风险、合同风险以及国家风险、信誉风险等。因此充分认识贸易的风险因素并努力规避风险是签订货物买卖合同并顺利实施贸易的前提。

4)保证合同的有效性、合法性

应该按照前面所介绍的内容,在合同签订时保证合同有效、合法。

思考题:

1. 简述国际货物销售合同与国内货物销售合同的异同。
2. 尝试草拟一份国际货物销售合同。

第 3 章 跨境项目综合实验教学平台基本知识

教学目标：

了解跨境项目综合实验教学平台相关知识；了解跨境项目综合实验教学平台上的菜单功能和角色扮演；了解跨境项目综合实验教学平台的教学内容。

随着我国跨境贸易活动变得频繁而普及，跨境贸易的专业技能成为多数大学生和在职人员应该具备的知识。要解决这种供需方面的问题，在专业教育中，实验实训成为一个重要的实践性教学环节。通过实验课教学，可以使在校学生熟悉跨境贸易的具体操作流程，增强感性认识，并可从中进一步了解、巩固与深化已经学过的理论和方法，提高发现问题、分析问题以及解决问题的能力。跨境项目综合实验教学平台软件以及其他各种跨境贸易实验教学平台软件就是在这种需求下孕育而生的产物。

市面上有很多不同内容、不同版本的跨境贸易实验教学平台系统。这些实验教学平台系统是根据实际跨境贸易流程，并依据教学要求开发而成的教学模拟系统。学生在平台上进行跨境贸易实务的具体操作，能很快掌握跨境贸易的成本核算、询盘、发盘、还盘和接受以及合同签订等各种基本技巧；能熟悉跨境贸易的物流、资金流与业务流的运作方式；切身体会到跨境贸易中不同当事人面临的具体工作与他们之间的互动关系；学会公司利用各种方式控制成本以达到利润最大化的思路；认识供求平衡、竞争等宏观经济现象，并且能够合理地加以利用。老师通过在网站发布新闻、调整商品成本与价格、调整汇率及各项费率等方式对国际经济环境实施宏观调控，使学生在实验中充分发挥主观能动性，真正理解并吸收课堂中所学到的知识，为将来走上工作岗位打下良好基础。

这些系统通常把角色划分为用户、辅助角色、教师和管理员。教学实验平台的角色由用户和辅助角色组成，角色扮演由学生担当。管理平台由教师和管理员组成，一般由教师或者机房管理人员担当。教师通过管理平台把几个学生分成一组，每组中有多个用户和辅助角色。每个用户代表一家从事跨境贸易的企业。一个组中的不同企业可相互进行跨境贸易。交易过程中涉及卖方、买方、银行、工厂、货代中心、保险公司、海关、外汇管理局和船运公司等。一个典型的平台系统操作涉及销售货物流程、采购货物流程和多种业务表单，学生之间互动地完成跨境贸易的模拟训练。各种跨境贸易教学模拟平台解决了在校学生跨境贸易活动的实训问题。通过综合实验教学平台系统，学校可以开展多种教学活动，能够让学生形象、生动地学会跨境贸易活动的多方面知识和技能。平台还为教师提供有效的辅助教学手段，提高学生的专业水平和社会实践能力，为学生争取更多的就业机会。

3.1　跨境项目综合实验教学平台介绍

3.1.1　跨境项目综合实验教学平台简介

跨境项目综合实验教学平台系统根据实际跨境贸易等流程，结合跨境贸易教学的需求，利用虚拟现实技术和互联网络技术，搭建一个跨境项目实验教学平台，让学生在仿真的业务环境中，全面、系统、规范地熟悉、掌握跨境贸易的程序、环节及法则，使学生能够在较短时间内快速熟悉并掌握跨境贸易实务运作方法和技巧。该平台系统采用 J2EE 平台，具有很好的跨平台性能；采用标准的浏览器/应用服务器/数据库服务器（B/S）三层应用模式，设计规范，全部采用浏览器访问，适合教学。

跨境项目综合实验教学平台模拟了跨境贸易活动的诸多流程，学生在国内外市场，通过贸易洽商、招投标、合同签订和履行等流程的演绎和不同角色的扮演，熟悉和了解跨境贸易活动中所涉及的各种流程、各种经贸文件和注意事项。平台模拟了一个复杂的过程，涉及的部门多、环节多、范围广、手续繁琐，让学生能够形象而生动地学会跨境项目的多项知识技能。整个系统分为系统管理、市场模拟、跨境贸易角色模拟、跨境贸易流程模拟几个部分。教师通过系统管理模块对教师基本信息、班级基本信息、学生基本信息及系统后台参数进行数据维护和管理；通过各国企业注册、销售商品注册和采购商品注册以及各国企业经营信息管理，在系统中形成一个模拟的跨境市场；通过角色分配管理模块为学生设置实验中所要模拟扮演的角色。学生可以在教学平台中选择扮演买方、卖方、生产商、运输公司和保险公司等角色，从多种角度来理解和学习教学内容；跨境贸易流程模拟是系统的核心，涵盖了国内外市场模拟、经贸洽谈模拟、招投标业务模拟、合同履约过程模拟等，其中合同履约部分贸易术语采用《国际贸易术语解释通则® 2010》版本，而支付方式有信用证、托收、汇付和银行保函，学生在实验的过程中可以根据交易的特点来选择合适的贸易术语和支付方式。

3.1.2　跨境项目综合实验教学平台的使用

跨境项目综合实验教学平台是中国劳动关系学院联合北京中科致远科技有限责任公司，合作开发的专门针对企业项目实训、跨境贸易实训和贸易实务与实训等跨境贸易和商务项目方面的实验课程的实训教学模拟系统，图 3-1 所示为该系统登录界面。

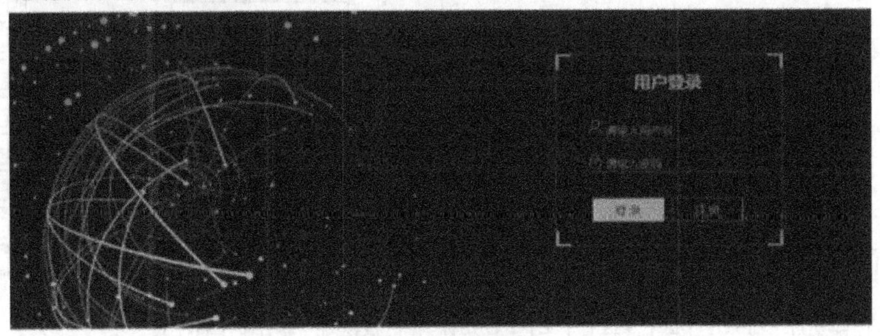

图 3-1　系统登录界面

3.2 跨境项目综合实验教学平台软件功能

3.2.1 系统整体结构

跨境项目综合实验教学平台模拟跨境项目交易的整个流程。业务流程管理主要围绕项目的销售业务和采购业务展开,从企业的注册登记、市场调研到跨境贸易实施及货款管理等,以及中间的招投标管理和贸易洽谈过程,进行全过程的业务模拟和实战操作,实现教学和实践训练的统一。系统功能结构图和系统教学内容结构图如图3-2和图3-3所示。

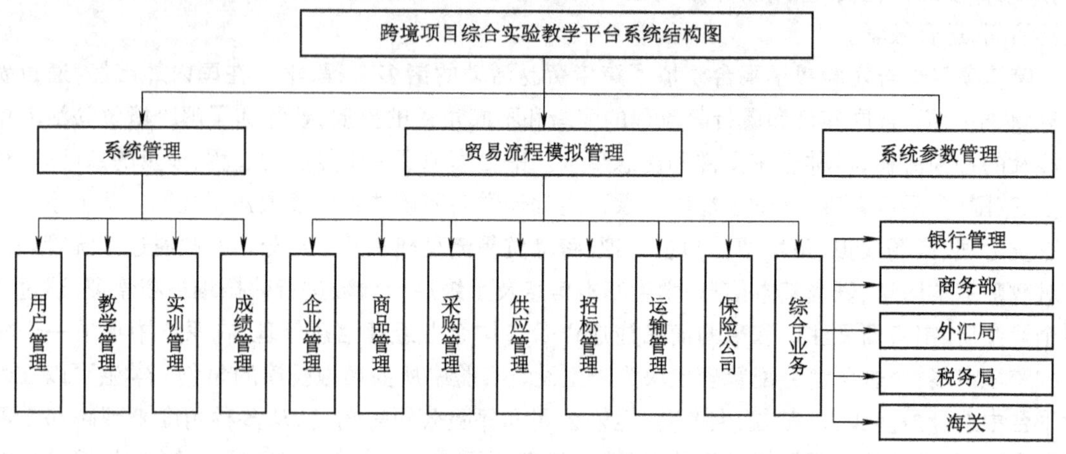

图3-2 系统结构图

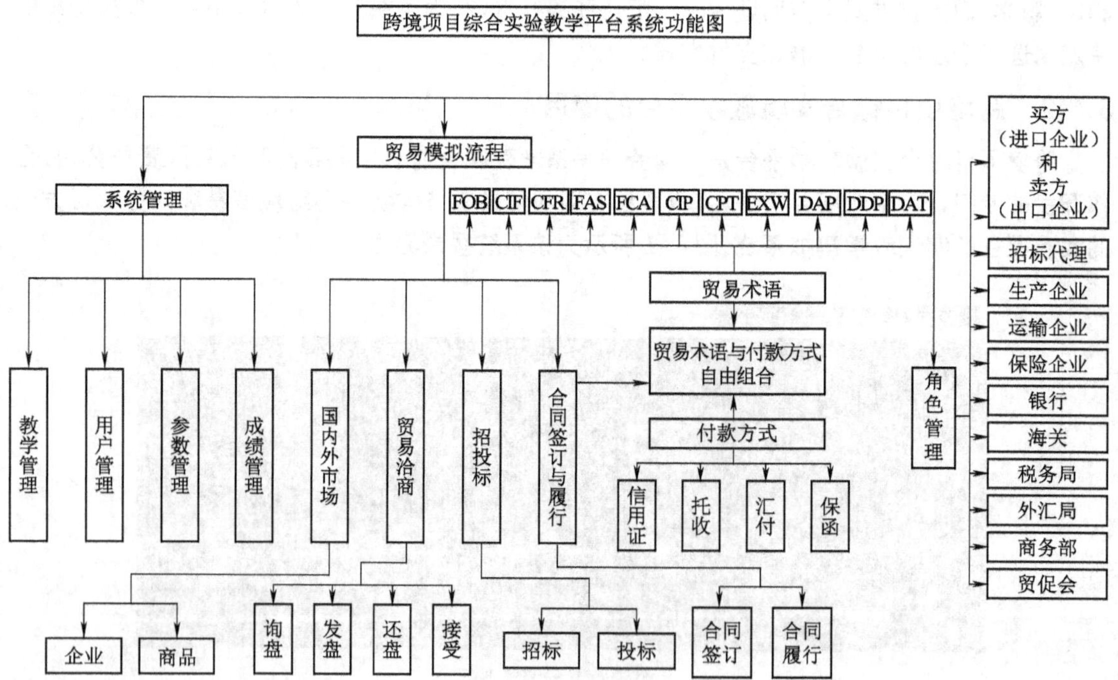

图3-3 系统教学内容功能图

系统内置了一个虚拟跨境经贸网和一个信息中心。

跨境经贸网:主要用来发布和寻找市场供求信息。卖方或者买方角色登录跨境经贸网之后,可以在虚拟平台上发布自己的供应信息或者需求信息,让其他公司更多地了解本公司的需求,从而获得更多的交易机会。也可以查找对自己有价值的信息,主动向对方发送询盘信息,建立业务沟通。

信息中心:主要用来发布商品资料信息、商品价格信息、货物税费信息等。学生在实验的过程中,可以及时查看信息中心所提供的商品信息及价格信息、税费信息等,以便在交易磋商的过程中为商品报价作参考。老师可以从后台及时添加或调整商品资料信息、商品价格信息、货物税费信息等。

3.2.2　角色功能

跨境项目综合实验教学平台系统用户一般设置三种角色,分别为“教师”、“学生”和“系统管理员”。“学生”注册账户,由教师统一分配并按班级管理,“教师”可以增加、删除班级并对学生进行业务角色授权。

1. 学生模拟扮演的角色

1)买方

买方可以通过跨境经贸信息中心了解市场供求信息,选择自己需要购买的商品,通过贸易洽谈与对方进行经贸磋商,最终与卖方达成意向,签订货物买卖合同并履行合同。

买方的实验内容主要分以下几个方面:

交易准备:根据跨境经贸网及信息中心提供的各类商品信息,寻找交易的商品和交易对象,同卖方建立业务关系,为采购商品作准备。

交易磋商:交易磋商是询盘、发盘、还盘和接受的模式,买方根据在信息中心查询商品相关的各项信息,通过邮件系统联络一家或者多家卖方,经询盘、发盘、还盘、接受四个环节,对交易的商品、价格、交易方式、付款方式、争议处理等条件达成一致。

签订合同:买卖双方通过交易磋商,就各项交易条件达成一致后,签订书面货物买卖合同,以确定买卖双方相关的权利和义务。

履约合同:双方签订合同之后进入合同履约阶段。对买方来说(以 FOB/LC 贸易方式的合同为例),履行合同的义务和职责主要有:开立信用证、租船订舱、办理保险、审单付款、进口报关、提货入库等。

2)卖方

卖方可以通过跨境经贸信息中心发布和查看市场供求信息,选择对自己有价值的需求信息,通过交易洽谈与对方进行经贸磋商,最终达成交易意向,签订货物买卖合同并履行合同。

卖方的实验内容主要分以下几个方面:

交易准备:卖方可以在跨境经贸网发布自己的供应信息,以期扩大对自己公司商品的宣传,同时也可以查看市场上的各类需求信息,选出对自己有价值的信息。

交易磋商:卖方的交易磋商是询盘、发盘、还盘和接受的模式,卖方根据自己寻找到的需求信息,通过邮件系统联络相关有需求的买方,经过发盘、还盘、接受环节,就交易相关的货物规格、数量、运输方式、供货时间、供货地点、付款方式等条件达成一致。

签订合同:买卖双方通过交易磋商,就各项交易条件达成一致后,签订书面货物买卖合同,以确定买卖双方相关的权利和义务。

履行合同：双方签订合同之后进入合同履约阶段，就卖方来说，需要履行的义务和职责主要包括备货、催证、审证、租船订舱、保险、报关、装船、制作单据、收汇、办理退税等环节，选择不同的贸易方式对应的职责也有所不同。

3）运输公司

运输公司主要负责处理买方或卖方提交的货物运输申请业务，并按照运输合同要求完成相关运输工作。

4）保险公司

保险公司负责承揽货物运输的保险业务，按照保险单的条款承担应尽的保险责任。

5）银行

银行分为卖方所在地银行和买方所在地银行。银行主要向贸易公司提供汇款、信用证业务、托收、银行担保等金融服务，协助贸易公司完成交易。银行需要及时查看业务信息，满足客户的需求。

6）海关

海关分为卖方所在地海关和买方所在地海关。主要负责处理进出口公司的报关申请、验货等业务，并代理收取进出口货物关税、消费税、增值税等。

除了以上的角色之外，系统还设置了商务部、税务局、外汇管理局等虚拟的自动角色，分为卖方所在地和买方所在地两种。在贸易双方履行合同的过程中，系统后台自动处理相关业务。

2. 教师角色功能

1）班级管理

班级注册：注册一个新班级，一个教师可以管理多个班级。注册学生之前，教师必须先注册班级。

班级修改：教师可以更改班级的名称、班级状态等相关信息。

班级删除：教师可以对结束模拟的班级或没有使用的班级进行删除整理。

2）学生管理

学生注册：可单个或批量注册学生账户。

学生信息修改/删除：教师可以对注册好的学生账户进行修改、删除。

学生信息查询：可以按学生学号查询，或按关键字进行模糊查询。

3）角色分配管理

系统模拟了两个市场：进口市场和出口市场。每个市场的角色注册的个数由教师进行分配。

学生可以扮演买方、卖方、招标公司、船公司、银行、海关几个角色，由教师进行分配，可以单个或批量分配。

4）后台数据信息管理

教师可以对商品库的资料信息进行增加、修改、删除等管理。

税费信息管理：教师可以根据教学或者市场变化，及时调整和更新国际经贸中相关的税务和费用等信息。

商品对比价管理：教师可以经常变换商品在卖方所在地和买方所在地的市场价格，供学生在贸易磋商的时候有更多的商品价格信息来做参考。

3.2.3　系统核心功能

跨境项目综合实验教学平台主要功能有：

(1)进行企业注册,获得贸易标的物的认知。

(2)提供贸易磋商,使学生充分了解贸易磋商方式的细节。

(3)包含 11 种贸易术语和 4 种交易方式,并提供履行合同流程,使学生更详细地掌握每种贸易术语与交易方式所构成的步骤的差异性。

(4)提供跨境贸易过程中的数据模版内容,使学生了解模版内容详情和模板填写内容。

(5)提供学生填写日志和课程报告部分,学生可以在上完每次课之后,根据课程情况,编写日志和报告。

(6)提供计算机评分,大大减少对纸质文件的使用。

(7)提供买方或卖方企业、招标公司、生产商、运输公司、保险公司、银行、海关、税务、外汇、商务部、贸易促进会等角色,使学生了解每个角色的权利和义务。

跨境项目综合实验教学平台集中体现两大业务主线:出口贸易业务和进口贸易业务,围绕这两个业务主线模拟国际项目的具体操作过程,从交易准备、洽谈、履行合同等各个阶段,进行各项基本业务操作的演练及业务流程的控制,如部门的操作权控制和审核流程的控制,实现业务数据的正常流转。同时,配以相关的国际项目知识点学习,实现实践和教学的同步效果。

另外,平台从经贸的角度模拟国际市场,建立“信息中心”和“国际商务网”两个功能模块。在“信息中心”中提供发布各个环节的收费标准、商品价格信息、相关知识点等信息。在“国际商务网”,提供市场供求信息查询和商品信息发布,并可实现供需双方的信息交互。

在贸易合同履约阶段,业务流程的实现模式和繁简程度由贸易术语和付款方式等决定。目前国际上使用的贸易术语有十多种,每种贸易术语确定了不同的买卖双方在货物交接方面的权利和义务。本书将选用“CIF”的贸易方式和信用证的支付方式来介绍系统的各种操作情况。

图 3-4 ~ 图 3-10 列出跨境项目综合实验教学平台的一级和部分二级功能菜单。

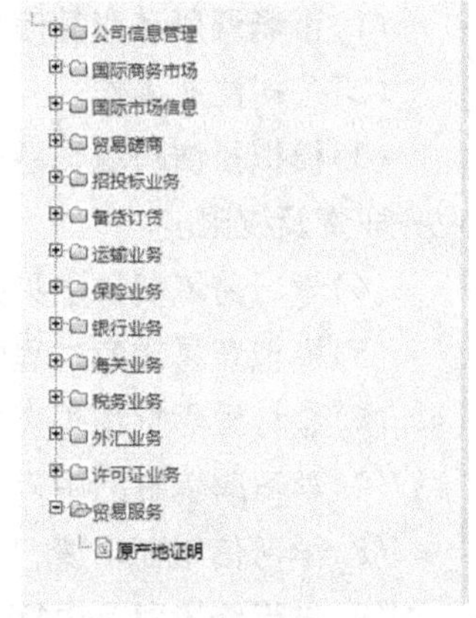

图 3-4　国际项目综合实验教学平台功能菜单(一级)

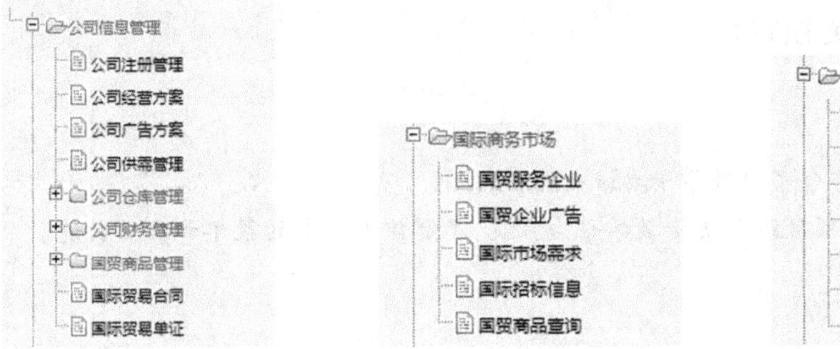

图 3-5　“公司信息管理”菜单　　图 3-6　“国际商务市场”菜单　　图 3-7　“国际市场信息”菜单

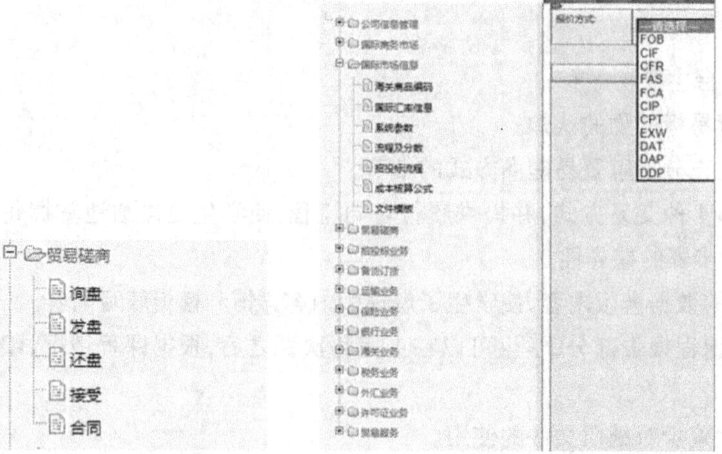

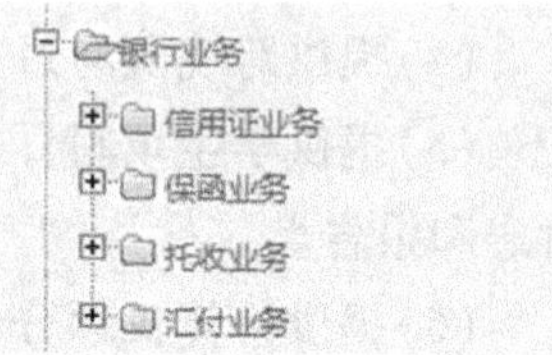

图3-8 “贸易磋商”菜单　　图3-9 11种贸易术语　　图3-10 4种支付方式

3.3 实验教学主要内容

通过跨境项目综合实验教学平台的学习和操作,“学生”应该完成以下的教学内容:

(1)市场调研和商品信息调研。

(2)公司注册操作。

(3)模拟扮演跨境贸易交易中买方、卖方、银行、船公司、海关、招标公司等角色,完成角色的业务职责及权限。

(4)学习跨境贸易中买方和卖方的各自成本核算。

(5)模拟贸易磋商过程中询盘、发盘、还盘和接受环节的实践过程。

(6)签订国际货物买卖合同。

(7)学习跨境贸易中货款的支付方式,运用信用证、托收、银行保函等支付方式。

(8)学习信用证申请、开证、支付的流程及要点。

(9)进行跨境贸易中货物海洋运输的具体操作。

(10)制作各种单据。

(11)运用贸易术语。

(12)学习外汇核销备案与外汇核销的流程和操作。

(13)进行海关报关的操作。

案例分析训练:

1. 运用跨境项目综合实验教学平台进行账户注册。

2. 熟悉、了解跨境项目综合实验教学平台系统,了解该平台上的菜单和各项功能。

第2篇

寻找、确定交易伙伴

第4章 贸易前期准备

教学目标：

了解国内外市场调研的目的、内容和方法，掌握国内外市场调研的实务模拟操作；能够制订对企业和企业商品的广告宣传和营销活动计划，并掌握其实务模拟操作过程；了解对客户资信调研的内容和步骤，掌握客户资信调研的模拟操作，最终选择合适的客户，建立业务关系。

4.1 企业获取对外经营权

开展贸易首先需要有符合法规的、有经营权的合规企业，否则一切经营活动都是违规的。为了保证企业的贸易经营活动正常进行，在此之前需要完成合规的企业注册，并获取对外经营权。

4.1.1 企业注册

企业是贸易实施的基本主体，各国企业的注册流程可能各不相同。就我国而言，经过多年改革开放，企业注册的政策也删繁就简，大大降低了企业准入门槛、减少了企业注册成本、提高了办事效率。

1. 我国企业注册的流程

1）公司名称预先核准

预备约5个企业名称作为备用（只要重名就无法通过），在工商管理局下载填写、并由所有股东签名确认一份《企业名称预先核准申请书》，再由工商局人员经过系统审查没有重复的企业名字后，工商局提供一份《企业名称预先核准通知书》。整个过程约3个工作日。

2）银行开设临时账户

带齐法人、股东身份证原件、《企业名称预先核准通知书》、股东章、法人章去各大银行以公司名义开一个临时账户，股东可以将股本投入其中（特殊行业需验资，其他行业，由于认缴制可省略此步骤）。

3）办理工商营业执照

在工商管理局下载一套新公司设立登记的文件及表格，按要求填写和股东法人签字后，将这些文件表格外加《企业名称预先核准通知书》、场地租赁合同、所有股东身份证原件递交给工商管理局的注册科,等待审查通过后发放企业营业执照。整个过程约5个工作日。

4)刻章

到公安局指定的刻章社刻章。一般刻公章,财务章、法人章、发票章、合同章。连同备案,整个过程约3个工作日。

5)银行开户

带齐全部办理完毕的证件,营业执照正副本,以及法人代表身份证原件、公章、法人章、财务章,到开户行办理基本户。整个过程约5个工作日。

到此公司的注册任务基本已经完成,全部证件有营业执照正副本,银行开户许可证、公章、财务章、法人章、发票章、合同章等。

2. 我国企业注册新政策特点

1)三证合一

所谓"三证合一",就是将企业依次申请的工商营业执照、组织机构代码证和税务登记证三证合为一证,提高市场准入效率;通过"一口受理、并联审批、信息共享、结果互认",实现由一个部门核发加载统一社会信用代码的营业执照。

2)注册资本实缴登记制改为认缴登记制

除法律、行政法规以及国务院决定对公司注册资本实缴另有规定的外,取消了关于公司股东(发起人)应当自公司成立之日起两年内缴足出资、投资公司可以在五年内缴足出资的规定;取消了一人有限责任公司股东应当一次足额缴纳出资的规定。公司股东(发起人)自主约定认缴出资额、出资方式、出资期限等,并记载于公司章程。

3)放宽注册资本登记条件

除法律、行政法规以及国务院决定对公司注册资本最低限额另有规定的外,取消了有限责任公司最低注册资本3万元(人民币,下同)、一人有限责任公司最低注册资本10万元、股份有限公司最低注册资本500万元的限制,即理论上可以"一元钱办公司";不再限制公司设立时股东(发起人)的首次出资比例,即理论上可以"零首付";不再限制股东(发起人)的货币出资比例。

4)简化登记事项和登记文件

有限责任公司股东认缴出资额、公司实收资本不再作为公司登记事项。公司登记时,不需要提交验资报告。由此,降低了公司设立门槛,减轻了投资者负担,便利了公司准入,为推进公司注册资本登记制度改革提供了法制保障。

4.1.2　企业办理可对外经营手续

我国企业为了能够合法开展跨境贸易,就必须取得对外经营权。因此,企业需要事先办理相关的对外经营手续。

1. 对外贸易经营者备案登记

进出口权是企业自己开展进出口业务的资格,自营进出口经营权资格是企业在得到商务局、海关、电子口岸等相关部门的批准,并拿到这些部门发的批文后,才表示这个企业有自营进出口经营的权利了。2004年7月1日,我国放开进出口经营资格的审批,改为备案登记制,由《中华人民共和国进出口企业资格证书》改为了《对外贸易经营者备案登记表》。

根据商务部出台的《对外贸易经营者备案登记办法》[①]规定,对外贸易经营者备案登记程序如下:

(1)领取《对外贸易经营者备案登记表》(以下简称《登记表》)。对外贸易经营者可以通过商务部政府网站下载,或到所在地备案登记机关领取《登记表》。

(2)填写《登记表》。对外贸易经营者应按《登记表》要求认真填写所有事项的信息,并确保所填写内容是完整的、准确的和真实的;同时认真阅读《登记表》背面的条款,并由企业法定代表人或个体工商负责人签字、盖章。

(3)向备案登记机关提交如下备案登记材料:填写好的《登记表》;营业执照复印件;外商投资企业批准证书复印件(外商投资企业);经合法公证机构出具的财产公证证明(独资个体工商户);经合法公证机构出具的资金信用证明文件[外国(地区)企业]。

(4)备案登记机关在5个工作日内办理备案登记手续,在《登记表》上加盖备案登记印章后由对外贸易经营者取回完成对外贸易经营者备案登记。

2. 办理开展对外贸易业务需要的有关手续

根据商务部出台的对外贸易经营者备案登记办法规定,对外贸易经营者备案登记后应凭加盖备案登记印章的《登记表》在30日内到当地海关、外汇、税务等部门办理开展对外贸易业务所需的有关手续。逾期未办理的,《登记表》自动失效。这些手续主要有:

海关报关报检企业注册登记备案(企业在海关注册登记或者备案后,将同时取得报关报检资质)。企业在互联网上办理注册登记或者备案的,通过“中国国际贸易单一窗口”标准版(以下简称“单一窗口”)“企业资质”子系统填写相关信息,并向海关提交申请。企业申请提交成功后,可以到其所在地海关任一业务现场提交申请材料。

企业按照申请经营类别情况,向海关业务现场提交下列书面申请材料:①申请进出口货物收发货人备案的,需要提交营业执照复印件、对外贸易经营者备案登记表(或者外商投资企业批准证书、外商投资企业设立备案回执、外商投资企业变更备案回执)复印件。②申请报关企业(海关特殊监管区域双重身份企业)注册登记的,需要提交注册登记许可申请书、企业法人营业执照复印件、报关服务营业场所所有权证明或者使用权证明。③申请报关企业分支机构备案的,需要提交报关企业《中华人民共和国海关报关单位注册登记证书》复印件、分支机构营业执照复印件、报关服务营业场所所有权证明或者使用权证明。此外,企业通过“单一窗口”还可向海关申请备案成为加工生产企业或者无报关权的其他企业,企业需要提交营业执照复印件。企业备案后可以办理报检业务,但不能办理报关业务。企业提交的书面申请材料应当加盖企业印章;向海关提交复印件的,应当同时交验原件。

自2018年4月20日起,海关向注册登记或者备案企业同时核发《中华人民共和国海关报关单位注册登记证书》和《出入境检验检疫报检企业备案表》,相关证书或者备案表加盖海关注册备案专用章。

注册登记或者备案企业到所属制卡代理点办理“中国电子口岸”入网手续,包括办理中国电子口岸企业法人IC卡和企业操作员IC卡电子认证;到税务局办理税务登记手续和出口货物退(免)税认定,申领《出口退税登记证》;到外汇管理局开立经常贸易外汇账户,办理《贸易外汇收

---

① 商务部令2004年第14号《对外贸易经营者备案登记办法》。

支企业名录》登记。

3. 企业办理可对外经营手续注意事项

(1)申请进出口权首先得去企业注册地工商管理局给营业执照做增项(经营范围须包含“货物进出口”或“技术进出口”、“代理进出口”业务),然后去商务局办理对外贸易经营者备案登记。

(2)备案登记实行属地化管理。因此,应选择相应备案登记机关后实施备案登记操作。

(3)企业取得《对外贸易经营者备案登记表》并不意味着可以开展自营进出口业务了,在正常开展自营进出口业务之前,还需要到税务、海关、电子口岸、外管局等多个部门办理注册备案登记手续,而且必须在30日内完成这些注册备案登记手续。

思考题:

1. 企业注册需要哪些信息资料?
2. 企业开展对外经营活动需要哪些条件?

案例分析训练:

运用跨境项目综合实验教学平台进行企业注册。

4.2 市场调研

市场调研(Market Research)就是运用科学的方法,有目的、有计划地收集、整理和分析研究有关市场方面的信息,获得合乎客观事物发展规律的见解,提出解决问题的建议,供市场管理人员了解市场环境,发现机会和问题,并将其作为市场预测和经营决策的依据。

企业开展跨境贸易需要正确认识企业所面临的环境。由于跨境贸易是跨地区间,甚至跨国间的经营活动,因此,企业所面临的环境要比国内贸易所面临的环境广的多,且复杂多变。图4-1所示为企业开展跨境贸易活动所面临的国内外经营环境,因此,跨境贸易的市场调研需要从国内到国际,调研的空间和内容之广让这项工作困难重重,需要花费较大的时间和精力去完成。

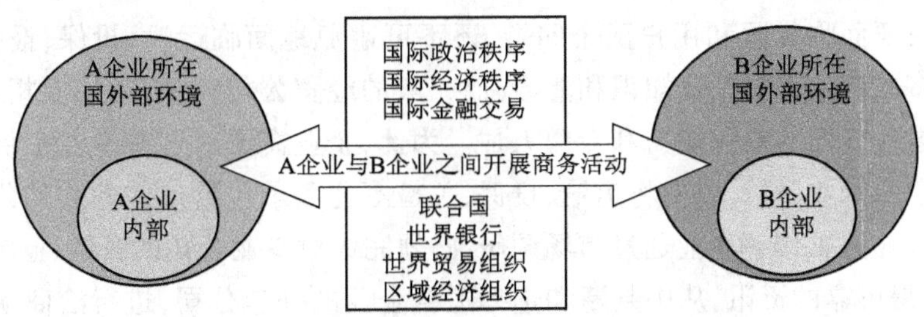

图4-1　企业开展跨境贸易活动经营环境示意图

4.2.1 国内市场调研

企业开展跨境贸易首先必须对企业国内经营环境有深入的调查研究。通过对国内市场的调查和研究,了解国内商品市场的供需状况和竞争对手以及合作伙伴,落实货源,确定用户,保证企业国际化经营能够顺利实施。

1. 落实货源

货源的落实是企业作为卖方进行贸易的基础。无论是专业贸易企业,还是自营生产企业,都必须对交易商品的生产、销售等有充分的了解,并在此基础上,结合国内外经贸动态、市场趋势对商品的经营制订计划。为此,企业必须调研商品国内情况以落实货源。具体来说,企业需要了解商品的国内生产能力、内销安排、可供交易的数量和时间,以及商品质量、规格、包装和国内价格等一系列情况。

例如,对于流通型的出口企业来说,需要选择信用可靠的商品制造厂商来提供货物。为此,可以把质量优良、交货准时、价格合理、信用可靠、配合度高等几项要素作为标准来选择国内制造厂商。寻找相关产品的国内制造厂商主要可通过以下几种途径:

(1)商会或同业公会名簿或黄页电话簿。

(2)报刊杂志等新闻媒体的广告。

(3)商会或厂商团体的介绍。

(4)老客户或往来银行的介绍。

(5)本身的宣传广告。

商品货源的落实解决了卖家企业的后顾之忧。物美价廉的货物将使卖家企业较容易地找到买家促成交易,在谈判桌上游刃有余,给卖家企业带来丰厚的利润;稳定的商品货源可以让卖家企业对自身的业务放心,与买家签订长期的买卖合同,使企业能够可持续地发展。因此,卖家企业必须重视商品货源的落实工作。

2. 确定用户

做贸易的企业,除了自用外,必须在经营贸易之前或之中确定交易商品的买家。为了确定合适的买家或是自用,企业也需要进行国内市场调研。例如,对于主要做代理进口贸易的企业来说,企业应该主要关注一些没有进出口经营权的需要进口原材料和零配件的生产企业、加工企业、组装企业以及需要产品结构调整和升级换代的现代化企业;对于做自营进口贸易的企业,就必须对国内市场进行全面、深入的调研工作,对产品、顾客调研,还要进行销售和促销调研等。通过大量的市场调研工作,进口企业有了明确的下家,进口贸易才能顺利进行,完成进口贸易的最终目标。

3. 专业业务外包调研

贸易不仅仅要面临货源和用户两个问题,还不可避免地面临运输、投保、报关等一系列业务。这些业务多数都是需要专业知识和能力,而一般的经贸公司,特别是规模相对不大的一些企业都不具备这些方面的专业能力和专门人才。为此,企业需要对这些专业市场进行调研,考察寻找合适企业的专业公司,以便将运输、投保、关检等业务承包给这些专业的公司,请他们代为完成这些专业业务工作。企业通过市场调研,必须完成对专业公司的资信、业绩、服务价位等方面的考察,获得可靠的资讯,从中判断和选择适合企业的外包公司,进行洽商谈判,最终双方达成相关协议。由此,这些外包公司将为企业每笔交易中的运输、投保、关检等业务提供服务,以保证企业整个贸易的顺利进行。

4.2.2 国际市场调研

企业开展贸易还需要正确认识企业的国外环境,即企业国外的有关主体的既存关系、现实活动以及在现实活动中所表现出来的规律与趋势，也就是进行国际市场调研。通过对国际市场的调查和研究，了解国外市场的供需状况和竞争对手以及合作伙伴，确定企业的目标市场，选择合适的产品和贸易开展经营活动，以实现企业的经营目标。

1. 国际市场调研内容

国际市场是由世界范围内通过国际分工联系起来的各个国家内部以及各国之间的市场综合组成的。具体而言，世界上各种类型的国家、订约人、商品、国际商品市场和销售渠道、国际市场运输和信息网络等构成了国际市场。所谓国际市场调研，就是系统地收集、记录和分析国际市场信息，为进出口企业能够正确认识市场环境，评价企业自身行为，作出跨境贸易决策提供充分的依据。然而，因为在国外获得有些信息很不容易，国际市场调研比国内市场调研一般会更加困难和复杂，特别是在一些发展中国家缺乏必要而可靠的统计资料。由于统计方法、统计时间的差异，包括汇率的变动，所获得信息往往缺乏国与国之间的可比性。因此，考虑各种因素，对国际市场进行调研应该包括下列工作。

1）各国国情调研

由不同体制、不同民族、不同文化、不同习惯和使用不同语言的国家组成的国际市场是一个环境相当复杂而变化的市场，对它的研究应该分别从一个一个的国家开始，然后再进行综合研究。在对各国做调研时，必须对每个国家的政治、经济、科技、社会、自然诸多方面都进行深入的调查研究。在此基础上，再进一步研究各国之间的相互关联，特别是在经济上的相互影响。当然，也要注意对国际政治秩序、国际经济秩序和国际金融交易进行研究，以及对世界贸易组织等的世界性和区域性组织的研究。

2）国际商品市场调研

企业是否能够销售在国际市场上适销对路的产品主要取决于企业对国际商品市场的调研。对国际商品市场的调研需要调研各国商品市场的供需情况和竞争现状、消费者偏好、商品营销渠道、商品市场发展趋势等。

与此同时，国际商品市场调研还必须深入了解商品本身的一些内容，比如商品质量性能、商品包装情况、商品市场价格以及与其价格相关的各种税率等信息。

3）国际客户调研

企业开展跨境贸易活动，必须有合作伙伴。一般情况，企业出口/进口贸易需要在海外有买方/卖方或代理商的合作。一笔贸易的成功，在很大程度上依赖于贸易合作伙伴的良好社会形象、信誉和不俗的业务能力。为此，对企业合作伙伴情况进行调研是国际市场调研的一项重要任务。国际客户调研主要是调查已经或有可能经营本企业产品的客户或潜在客户的资信情况、经营范围和经营能力等，以便根据企业自身特点有区别地与之合作。其具体调研的内容有：

（1）客户的政治态度，包括客户的政治背景和对贸易国家的政治态度。

（2）客户的社会地位，包括客户在政治、经济等组织中的头衔和地位。

（3）客户的资信状况，包括客户的注册资金、经营额、资产负债、客户品德、经营作风、经营范围、企业性质等。

（4）客户的经营能力，包括客户历史、规模、经营技能和经验、业务往来关系等。

（5）客户与贸易国开展两国交易贸易的情况。

总之，国际客户调研要对客户进行全方位的调查，审核资质，了解资金财务状况，调查以往贸易情况和当前业务状况。

4)个案调研

个案调研是对拟开展的贸易就相关方面进行调研,这些方面可能包括东道国相关政策和法规、商品产销情况、竞争对手状况、合作伙伴资信现状以及消费者倾向等。

2. 市场调研的目标

1)定位目标市场

企业开展市场调研,通过上述具体的调研活动,最终希望能够确定下来在某一个时期内应该到哪里经营什么贸易,为哪些顾客服务。因此,市场调研在基于微观细分基础上,在各地区/国众多的子市场中选择某个或某些作为目标市场。

2)选择潜在的合作伙伴和营销渠道

选择正确的合作伙伴是企业市场调研的目标之一,它既是市场调研的结果,也是市场调研的继续。通过市场调研,在确定了目标市场后,就必须要找到潜在的合作伙伴并同其取得联系,寻求合适的营销渠道。贸易潜在的合作伙伴很多,按贸易交易环节分,一般有买方、卖方、原料供应商、经销商、批发商、零售商等。按其拥有资金的多少和经营能力的强弱分,有跨国公司、财团、中小客户。一般来说,一个商品只选择一两个有经营能力的经销商代理,由他(们)推销给买方,或一个商品可选择几个买方作为代理或包销,由他们进货后,销售给批发商。商品还可以直接销售给大用户或者大百货公司。

3. 市场调研的方法

市场调研的方法因国别、地区环境不同而各异。市场调研主要采用实地调研和案头调研两种调研方法:

1)实地调研

实地调研(Field Research)是为了获取第一手资料,而这些资料是案头调研所无法取得的。实地调研的方法包括:

(1)考察。通过推销、派出考察小组,结合业务需要对目标市场进行实地考察和研究,收集当地市场及其他有关市场行情方面的情报和资料。

(2)参加会议、活动。积极参加国内外各种综合、专业的交易会、展览(销)会、产品和信息发布会、座谈会、研讨会等活动,有目的地开展调查研究。

(3)访问。包括面谈访问、电话访问、计算机访问、邮寄调查等。

(4)实验。通常在某一商品需要改变设计、包装、价格、促销手段时应用实验法,以求证企业选择新策略的国际市场效果。

2)案头调研

案头调研(Desk Research)是为了获得第二手资料,它一方面可以经济地获取许多有价值的信息,另一方面也可以为实地调研打下基础。案头调研信息来源主要有:企业本身信息系统、调研者案卷、各政府机构及其驻外机构、国际组织、国内外行业协会、各地区金融机构、国际交易会、博览会、展销会、国内外经贸刊物、海内外市场调研公司、消费者组织等。案头调研的方法包括:

(1)通信往来。一方面,与国外经济组织、国外商业情报机构、研究机构、咨询公司、数据库建立经常联系,获得专项产品的市场报告。保持与国外推销网络和客户渠道的沟通畅通,获得有关市场行情的资料;另一方面,与国内企业和科技单位发展多种形式的联系,取得有关资料。

（2）资料收集、整理和分析。首先，收集各种资料，包括统计资料（相关部门的统计调研报告、行业在报刊或期刊等上面刊登的统计调研资料、行业团体公布的调查统计资料等）、名录类资料（客户名录、国内外出版的企业名录、会员名录、协会名录、电话黄页、公司年鉴和企业年鉴等）、报章类资料（广告、产业或金融类消息、零售消息，以及行业动向、同行活动等消息）等；其次，将收集起来的资料进行整理和分析，运用专业知识和技术，提取精髓，去其糟粕，最终获得有价值的国际市场调研资料。

（3）网络搜索。互联网上有诸多的政府、行会和商会网站，有许多商业信息网站（见表 4–1）和跨境贸易平台（见表 4–2），有国际搜索引擎（见表 4–3），还有企业名录（见表 4–4）和企业网站。在互联网上，可以最经济快速地获得相关资料。当然，互联网上信息的真实可靠性有待进一步的考证。

表 4–1　世界主要组织信息网站

名　　称	备　　注
国际贸易协会联合会（FITA）	FITA 为跨境贸易界提供资源、福利和服务。FITA 有 45 万个组织，包括制造商、贸易公司、承包商、货运代理、海关经纪人、航空公司、航运公司、港口当局、银行、保险经纪人和承销商、协会及电信公司、律师事务所和顾问在内的各种服务提供商
中华人民共和国商务部	提供中国最权威外贸法律、法规及相关信息。驻各国或地区商务参赞处分网站提供该国法律、法规、人文、地理和交易习惯等信息
中华人民共和国国家质量监督检验检疫总局	提供中国最权威的与检验检疫相关的法律、法规及信息
中华人民共和国海关总署	提供中国最权威的与关检相关的法律、法规及信息
国家外汇管理局	提供中国最权威的与外汇账户、结汇、核销相关的法律、法规及信息
国家税务总局	提供中国最权威的与出口退税相关的法律、法规及信息
CIA 美国中央情报局	提供各国总体情况及基本面报告
美国商会（代表超过 300 万家不同规模、行业和地区的美国企业和贸易协会）	美国国内最大的游说团体，在美国制定对外经济政策方面有着重要影响力
美国联邦贸易委员会	执行多种反托拉斯和保护消费者法律的联邦机构
美国商务部	负责美国跨境贸易、进出口管制、贸易救济措施等
加拿大外交和国际贸易部	由市场研究中心和海外机构提供市场分析和国别报告
欧洲商会（包括三十多个国家商会，一千多个工商组织，一千多万家企业）	代表从自由职业者到主要跨国公司，体现各种规模和行业的企业的观点和需求
伦敦工商会（伦敦最大、最具代表性的商业协会，会员覆盖大中小企业及英国本土和跨国公司）	伦敦工商界的代言人，被视作“伦敦商业的喉舌”。下设出口单证、跨境贸易、政策研究、信息中心、营销、信息技术、会员、财务等，实力雄厚。提供广泛的实用性和专业性的服务给成员，每年连接成千上万的经贸人士
英国贸易协会联合会（Institute of Export & International Trade）	代表和支持参与进口、出口和跨境贸易的每个人的利益的专业会员机构。提供独特的个人和商业会员福利和世界知名的资格和培训套件
D&B 邓白氏	全球最大商业信用咨询公司
Corporate Information	美、加、德、日、英、法、意等总体介绍，几十万家企业，有研究报告、商业信息

表4-2 部分国际经贸平台

名 称	备 注
阿里巴巴电子商务网	世界著名的、基于Internet的国际贸易供求交流市场。提供来自全球近200个国家(地区)的最新商业机会信息和一个高速发展的商人社区。用户可以获得来自全球范围各行各业的即时商业机会、公司产品展示、信用管理等贸易服务
环球资源网	为专业国际买家提供采购信息,并为供货商提供综合的市场推广服务
Ecplaza	全球最负盛名的企业间(B2B)电子商务贸易网站之一。网站向全世界制造商、卖方提供以互联网为基础的贸易解决方案及服务,帮助这些公司进行比传统贸易方式更便利、成本更低廉的贸易活动
21世纪经济网	全世界范围的电子商务平台。提供商业机会发布、搜索,公司、产品的搜索查询服务,还有相关国家的经济概况、投资环境等的介绍。其Trade opportunity(贸易机会)分为两个板块:一个是贸易机会搜索,可按交易类型和关键字来组合搜索;另一个是浏览和发布商机,又分为商品需求、供应、商业新闻组、商机发布四部分内容
速购全球电子商务网	支持多语言版本的电子商务营销平台。为企业提供电子商务贸易服务,为企业产品销售、渠道体系搭建一个国际性交流平台
亚马逊网	全球商品品种最多的网上零售商。亚马逊及其他销售商为客户提供数百万种独特的全新、翻新及二手商品,如图书、影视、音乐和游戏、数码下载、电子产品和计算机、家居园艺用品、玩具、婴幼儿用品、食品、服饰、鞋类和珠宝、健康和个人护理用品、体育及户外用品、玩具、汽车及工业产品等
贸易地带网	可以快速和容易地寻找全球的买家和卖家的产品
世界交易搜索网	东西方贸易的一站式购物平台。特别专注于提供最广泛的亚洲、美国和欧洲公司的在线数据库
美国环球商务通网	通过多达万个以上的产品专业市场开发全世界的商贸潜能,推动全球的商贸往来。运用多语言站点消除国际商贸存在的种种语言障碍,为世界各地的往来客商提供宝贵商机
英国商业万韦网	提供英国当地信息、商业和教育指南,包括商务服务和咨询、供应商和顾问、新闻和意见等
法国黄金贸易网	提供商业贸易、产品和买卖交易等信息
Kompass	全球商业采购和营销目录。多种语言查询,为进行采购、营销和市场研究的专业人士提供近全球两百万个公司的产品和联系信息
欧洲资源网	欧洲著名在线交易网,14种语言平台。其中欧美会员占60%以上,优势行业:纺织、电子、机械、化工、食品、工艺品。主要买家群体:美国、欧洲及东南亚地区
BuyerZone. com	专门为中小企业服务的在线交易市场,提供公司目录、供求信息。使用方便,信息量大
易创电子商网	提供企业目录,供求信息,产品列表
中国制造网	面向全球提供中国产品的电子商务服务,致力于通过互联网将中国制造的产品介绍给全球采购商,全面促进中国企业的对外贸易业务
印度贸易网	提供印度买方名录、卖方黄页、国际买方和卖方目录、供求信息
埃及贸易网	提供埃及的工厂、买方卖方、运输、银行等名录
自助贸易	是全球B2B著名的网上贸易平台。网站为世界各地的买家和卖家建立联系,提供综合的采购和销售服务,让双方可以透过此网上贸易平台,互相找到其需求,达成交易
亚洲产品网	具有完整的网上贸易名录,广泛的国际买家和供应商

表4-3 国际知名搜索引擎网站

名 称	网 站
Baidu 百度	www. baidu. com
Google 谷歌	www. google. com
Yahoo 雅虎	www. yahoo. com
微软必应	www. bing. com
NHN(韩国搜索引擎)	www. naver. com
Ebay	www. ebay. com
Yandex(俄罗斯搜索)	www. yandex. com
Aol Search	www. aol. com
Lycos	www. lycos. com

表4-4 企业名录网站

名 称	备 注
FITA 跨境贸易门户网站	国际贸易联合会举办,北美30万家企业名录
北美制造企业名录	一个数据平台,为B2B买家提供市场上领先的工业资源
欧洲商业指南	欧洲国家几十万家企业名录,25种语言版本
托马斯欧洲企业名录	欧洲工业企业买家指南,欧洲境内国家工业产品供应商资料
BizEurope. com	欧洲的进出口门户,商业名录
世界黄页	从A到Z,提供全球目录服务,如企业和产品等
AussIe	澳大利亚商业目录,信息量大

国际市场调研中会遭遇到一些国内调研不会碰到的问题和困难。一是语言问题。像调查问卷的准确翻译,咨询过程中不同语言之间的交流。二是在有些文化背景下一些被调查的对象可能不愿意与陌生人交流,或不愿意透露其真实情况。三是在一些发展中国家缺乏必要的基础设施、文献资料和当地专业调研公司的支持。四是资金、时间和空间的限制。所有这些问题都需要我们在实际调研工作中努力克服,一一化解。

思考题:

1. 如何进行市场调研?
2. 企业国际市场调研的一般内容有哪些?

案例分析训练:

1. 运用跨境项目综合实验教学平台进行出口商品的注册。
2. 运用跨境项目综合实验教学平台进行进口商品的注册。

4.3 建立业务关系

建立业务关系(Establishment of Business Relations)就是把企业介绍给对方,让对方了解企业自身和其产品,为后面的业务活动开展打下良好基础。与客户建立业务关系是正式开展跨境贸易的第一步。无论是卖方还是买方,要扩大业务,都要在巩固原有关系的基础上,不断寻找新的业务伙伴,不断建立新的业务关系。

4.3.1 广告宣传和网络营销管理

1. 广告宣传

广告宣传工作是做好贸易,特别是推销的重要环节。原则上应有计划、有部署地进行。我国经营企业使用的宣传方式与广告媒体有很多,如平面广告(如期刊、报纸,以及商业指南、贸易年鉴、手册等专业印刷品)、试听广告(如电视、电影、广播等)。许多广告可以通过户外投放、直接邮寄给商品交易会、国际展会等来进行宣传。

在国外进行广告宣传时,一定要注意内容实事求是、文字简单明了,尊重东道国的风俗习惯,遵守东道国的相关法律法规。宣传广告发出后要及时调查、统计,注意反应和效果,并研究进一步的对策。

2. 网络营销管理

如今随着互联网的普及,大众消费者花费在网络上的时间越来越多,而“互联网 +”时代的到来,代表着一种新的经济形态,充分发挥了互联网在生产要素配置中的优化和集成作用。因此,在这个时代企业必须充分认识互联网,将企业经营的方方面面深度融合于“互联网 +”之中,也就是让互联网与传统行业进行深度融合,提升企业的创新力和生产力,形成更广泛的以互联网为基础设施和实现工具的企业发展。因此企业的贸易经营,可以从下面的几个方面进行“互联网 +”行动。

1)网络营销推广

作为一种新兴而高效的推广、宣传渠道,网络营销(On-line Marketing 或 E-Marketing)就是以国际互联网络为基础,利用数字化的信息和网络媒体的交互性来辅助营销目标实现的一种市场营销方式。常见网络营销的方法很多,主要包括网上调研营销、通用网址营销、网络黄页营销、搜索引擎营销、电子商务营销、电子邮件营销、软文营销、论坛(BBS 营销)、博客营销、社区营销、分类信息营销、呼叫广告营销、资源合作营销、网络体验营销、威客营销、电子地图营销、电子杂志营销、网络视频营销、置入式营销、RSS 营销、3D 虚拟社区营销、网络会员制营销、手机短信营销,等等。

如今,传统的营销方式已经不能满足企业的需求。所以网络营销成为了众企业必争的营销方式。不仅可以节省人力物力,更能将企业和产品信息推广到全球,不会再受地域和时间的限制。

2)“互联网 +”贸易

信息技术时代,谁占得电子商务先机,谁就是市场竞争的领跑者。在电子商务发展的国际潮流中,各跨国公司、国际大买家已经走在前列。例如,制造企业构建云服务支撑平台,提供云制造服务,以及创新设计、柔性制造、供应链协同、远程维护等云应用服务,支持生产制造、物料管理、工艺流程、协同管理等行业各环节的信息互联共享,促进制造企业创新资源、生产能力、市场需求的集聚与对接,推动产业转型升级。还比如,为降低运营成本,通用电气公司已将采购额中超过 60% 的部分放到网上,并一直致力于在线销售;思科公司 80% 的贸易订单也是通过电子贸易完成的。

经营企业应该适应当前形势,不断创新,充分利用现代网络平台来大力开拓跨境贸易,以寻求企业突破性的发展。企业通过网络平台拓展贸易的一些具体做法有:创建本企业的网站,在互联网上宣传本企业的贸易并支持贸易的运营;登录 B2B 跨境贸易平台,主动出击发布广告;在网上直接寻找目标客户;收发电子邮件;利用网站巩固参加传统交易会后的成果等。

4.3.2　选择贸易合作对象

通过市场调研，了解贸易和产品市场的需求情况后，就要从市场所属地区，找到信用可靠的贸易合作对象。确定贸易合作对象的方法很多，主要可通过以下几种方法：

(1) 自我介绍。通过查阅海外出版的企业名录、传媒广告，以函电或发送资料的方式，自我介绍建立业务关系。

(2) 通过产品品牌直接发现贸易合作对象，或与业务合作企业取得联系获得贸易合作对象信息。

(3) 请银行介绍贸易合作对象。

(4) 请我驻外使馆商务参赞处、外国驻华使馆、国内外贸易促进机构和友好协会、商会介绍合作对象。一般情况下，这些机构和组织对东道国主要厂商的经营范围、能力和资信较为熟悉了解。

(5) 参加国内外展览会、交易会建立相关合作关系。企业参加这些活动可以直接与贸易合作对象见面，进行较为深入而广泛的联系。

(6) 委托国内外专业咨询公司介绍贸易合作对象。国内外有许多专业咨询公司，他们的业务关系中存在着许多具有一定影响、专业经验和能力的客户。请他们介绍这些客户，一般效果都不错。

(7) 查询行业网站或使用搜索引擎选择贸易合作对象。

4.3.3　发展贸易合作关系，建立经贸往来

在确定了贸易合作对象后，一般就可以采用两种基本途径与其建立经贸关系：一是派出代表前往对方公司，直接进行面对面的联系；二是通过函电或发送资料建立双方经贸联系。随着现代通信业的发展，信函的范围不断扩大，从传统的书信、电报、电传、传真发展到电子邮件、EDI 等。因通信速度快，成本低，“缩短”了地区间贸易合作双方地理位置上的距离。通过邮件信函往来联系已成为贸易中合作双方的主要联系方式。

1. 表达建立经贸关系的愿望

建交函是贸易人员为了扩大贸易合作对象基础，向潜在的贸易合作对象介绍本企业的背景以及产品特点，希望达成交易关系的函电。函电一般要说明信息的来源、写信的目的，并写明希望早日得到答复。

1) 说明信息来源

函电开头必须说明是如何获得对方的资料，例如，通过他人介绍，或查阅报纸杂志，或浏览网上信息等。

- We learned from the Commercial Counselor's Office in your country that you are interested in Chinese ceramic product.
- We have obtained your name and address form the Internet.

2) 说明写信的目的

函电需要明确告知对方此信的来意，例如，为扩大某商品来源的渠道或满足国内需求，想与对方建立长期的业务合作关系等。

- In order to extend our business to Africa, we are writing to you to seek possibilities of cooperation.
- With our business expanding in african market, we are looking for some new factory, which is able to offer high qualified and reasonable priced products. We hope we can establish long-term trade

relations with you.

3)希望早日得到答复

函电的最后是表达希望对方能尽快给予答复或采取相应的行动。

- We are looking forward to your specific inquiries.
- Thank you in advance for your close cooperation.

2. 保持商务函电往来

贸易函电往来是企业开展贸易的最基本、最经常的业务工作。因此,任何一名合格的国际贸易人士必须能够正确、完整、得体地撰写贸易函电。

1)贸易函电的基本要求

贸易磋商是贸易合作双方不见面的往来,结果只能是见信如见人。因此,贸易函电要求:

(1)用语上要礼貌(Courtesy)。此外,在对待对方的来电时要及时答复。有许多公司就要求一般情况下要当天答复对方。

(2)意思表达要清晰(Clarity)。函电意思要明确,不能引起歧义。

(3)书写上要简洁(Conciseness)。用最简单的词语表达准确的经贸信息。

(4)内容上要完整(Completeness)。贸易函电已形成了一定的固定模式和约定,因此,函电的内容应该符合固有的模式和约定。

(5)文字上要正确(Correctness)。贸易双方分属不同国家或地区,彼此使用不同的语言和文字,因此,必须注意函电中文字表达的准确性。

2)贸易函电的一般结构

(1)信头(Letterhead),即写信人公司名称。

(2)日期(Date)。

(3)引证号码(Reference)。一般有两个:"Our Ref:"和"Your Ref:"。

(4)信内地址(Inside Address)。

(5)称呼(Salutation)。

(6)事由(Subject Line)。

(7)正文(Body)。大多包括三部分:引导段、提供信息或说明事实、涉及将来的打算和行动。

(8)结尾敬语(Complimentary Close)。一般采用:"Yours faithfully/sincerely/truly"或"Faithfully/Sincerely/Truly yours"。

(9)签名(Signature)。手签在上,其次是打印签名,其下打印职务或职位。

(10)附件(Enclosure)。用缩写"ENCL:"或"ENC:"表示。

3)贸易商务书信的格式

贸易书信的格式有三种:

(1)平头式(Block Form)。信件每行都向左对齐。是最常用的格式。表4-5给出平头式跨境贸易函电的示例。

(2)缩进式(Indented Form)。信头、信内地址和签名每逢换行都向后缩进3~5个字母的位置,正文各段缩进5~10个字母,日期居右,事由居中,结尾敬语居右或中间。

(3)混合式(Modified Block Form with Indented Paragraphs)。除日期居右,事由居中,结尾敬语靠右,正文每段开始采用缩行外,其他与平头式相同。表4-6为混合式跨境贸易函电示例。

表 4-5 平头式跨境贸易函电

China National Zhangshi Import & Export Company
(the company's address)

April 05, 2018

Ref. No. EBR201804-01

Pacific Trading Co. , Ltd.
(the Co. , Ltd. 's address)

ATTN: Import Department

Dear Sirs,

Subject: Willing to establish socks business relations
We have obtained your name and address form Internet and we are writing to enquire whether you would be willing to establish business relations with us.
We have been exporters of socks for many years. At present, we are interested in extending our range and hope you are interested in our products. If you and we have satisfactory prices and other acceptable conditions, we would expect you can place volume orders with us.

We are looking forward to your early reply.

Sincerely yours,
Wei Zhang
Wei Zhang
Manager, Marketing Department

Encl: Introduction of China National Zhangshi Import & Export Company

表 4-6 混合式跨境贸易函电

China National Zhangshi Import & Export Company
(the company's address)

May 02, 2018

Your ref. : 256FA/mf
Our ref. : EBR201804-01

Pacific Trading Co. , Ltd.
(the Co. , Ltd. 's address)

Attention: Import Department

Dear Sir or Madam,

Re: Order No. 201805-008 Socks

Your letter of 20th April addressed to our Marketing department has been passed on to us for attention and reply.

We now take pleasure in advising you that the price of*LangSha board Wool Autumn and Winter Style Thickened Men's Socks (GB5972 - 2)* is at USD…… per box CFR……. Of course we also quote FOB or CIF prices if buyers so desire. The price terms to be employed depend much on the characteristics of the goods as well as their specific transport requirements and shall always serve the best interest of buyers and sellers alike.

We look forward to your order at an early date.

Your faithfully,
(Signature)
Hong Zhang
Manager, Export Department

Encl:(1)
Cc:Our Marketing department

思考题：

1. 如何进行市场调研？

2. 对外经营的企业，其国际市场调研的一般内容有哪些？

案例分析训练：

1. 苏州 ABC 公司是一家刚刚获得进出口权的国内服装生产企业，主要经营童装加工生产。该公司的童装款式新颖、质地良好、做工精细，深受国内高端童装市场的好评。为尽快打开国际市场，该公司欲在美国、欧盟、日本、韩国销售。

训练任务：请你帮助该公司寻找潜在客户。

2. 天津 ABC 公司专营化学工业所需原料及相关产品已经 15 年了。公司近期决定要进一步开拓海外市场，将所生产的各种产品销售到美国。天津 ABC 公司从相关贸易杂志上找到美国一家化工原料及产品贸易公司——DH 化工产品贸易有限公司。

训练任务：请你写封信给 DH 公司表达希望与其建立贸易关系的愿望。

4.4 在跨境项目综合实验教学平台上的操作

4.4.1 实验目的及要点

（1）了解国内及国际市场调研的方法和工具。

（2）了解进行跨境贸易的国内外市场调研工作。

（3）掌握公司注册内容和操作。

（4）通过跨境经贸网发布供求信息和寻找合作对象。

4.4.2 场景模拟操作说明

在跨境项目综合实验教学平台系统中，调研、注册和发布信息均可在相应的网上界面完成。

1. 企业注册

根据本章第一节的内容，获得所有相关信息后，在跨境项目综合实验教学平台上进行企业注册，如图 4-2 所示。企业注册所需相关信息包括企业名称、所属国家、海关代码、注册地址、法人名称、企业联系资料、企业银行信息、企业简介等。

与企业相关的生产商、运输公司、保险公司的注册以及这些公司的信息修改（图 4-2 中的企业名称和国家的内容不能修改）等均可在系统中完成，见图 4-3。

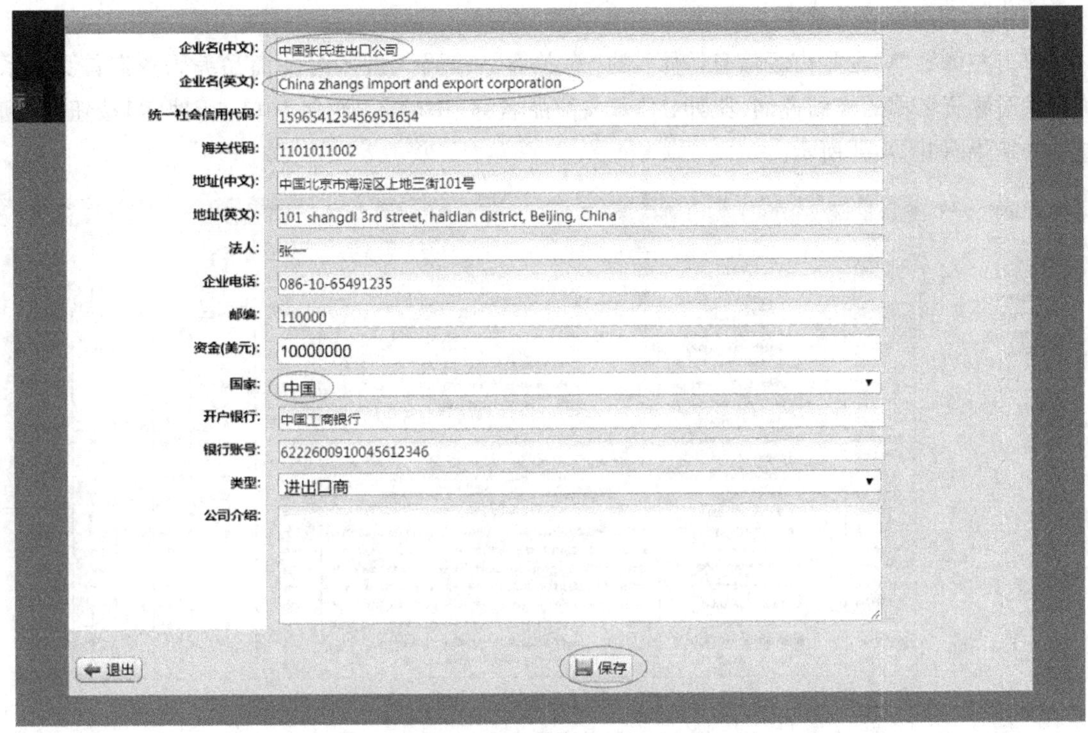

图 4-2　跨境项目综合实验教学平台上企业注册的内容

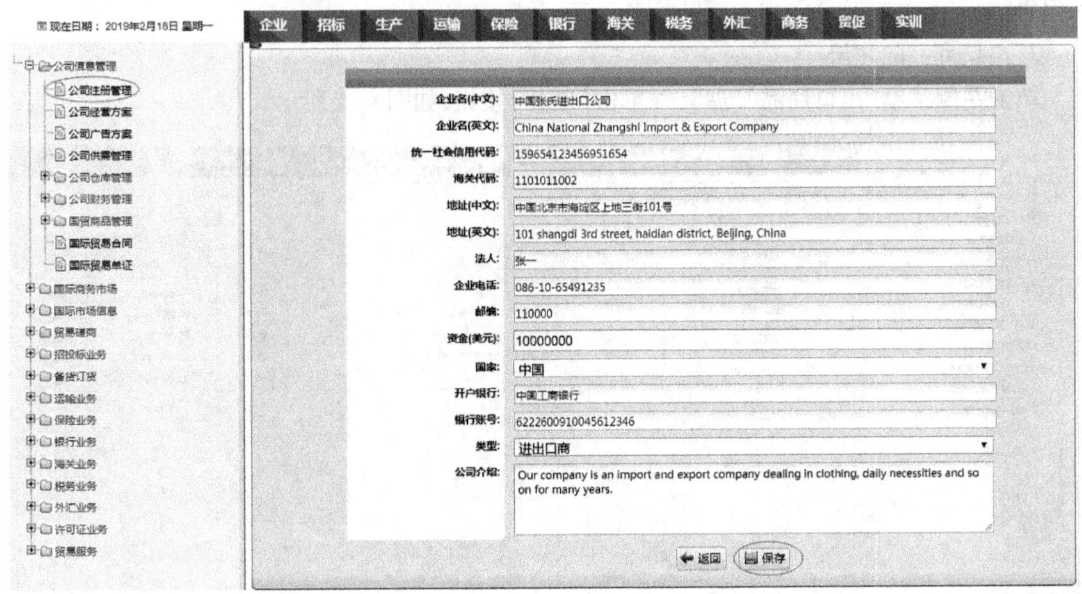

图 4-3　企业注册的内容查看或修改界面

2. 商品注册

为了在跨境项目综合实验教学平台上建立一个虚拟的国际市场，在各国企业注册成功后，各国尚需要进行各自的商品注册工作。

1)海关商品编码的确定

单击左侧菜单“国际市场信息”项下的“海关商品编码”,进入海关商品编码查询首页。系统提供对物资名称的模糊查询,比如在“海关商品名称”中输入“轮胎”,单击【搜索】按钮,得到查询的结果,如图4-4所示。

现在日期：2019年2月18日 星期一

公司信息管理 国际商务市场 国际市场信息 海关商品编码 国际汇率信息 系统参数 流程及分数 招投标流程 成本核算公式 文件模板 贸易磋商 招投标业务 备货订货 运输业务 保险业务 银行业务 海关业务 税务业务 外汇业务 许可证业务 贸易服务

企业 招标 生产 运输 保险 银行 海关 税务 外汇 商务 贸促 实训

海关编码： 海关商品名称：轮胎

搜索

首页 上页 1 2 下页 尾页

海关编码	海关商品名称	海关商品备注	法定单位一	法定单位二	惠税	普税	增值税	监管条件
4004000010	废轮胎及其切块		千克		0.08	0.30	0.16	9
4006100000	未硫化轮胎翻新用胎面补料胎条		千克		0.08	0.35	0.16	
4011100000	机动小客车用新的充气轮胎	橡胶轮胎,包括旅行小客车及赛车用	千克	条	0.10	0.50	0.16	A
4011200010	断面宽≥30英寸客或货车用新充气橡胶轮胎	指机动车辆用橡胶轮胎,断面宽度≥30英寸	千克	条	0.10	0.50	0.16	A
4011200090	其他客或货车用新充气橡胶轮胎	指机动车辆用橡胶轮胎	千克	条	0.10	0.50	0.16	A
4011300000	航空器用新的充气橡胶轮胎		千克	条	0.01	0.10	0.16	
4011400000	摩托车用新的充气橡胶轮胎		千克	条	0.15	0.80	0.16	A
4011500000	自行车用新的充气橡胶轮胎		千克	条	0.20	0.80	0.16	
4011701010	断面宽≥24英寸人字轮胎	新充气橡胶轮胎,含胎面类似人字形的,农林车辆及机器用	千克	条	0.17	0.50	0.16	A
4011701090	其他人字形胎面轮胎	新充气橡胶轮胎,含胎面类似人字形的,农林车辆及机器用	千克	条	0.17	0.50	0.16	A
4011709000	其他新的充气橡胶轮胎	非人字形胎面,农林车辆及机器用	千克	条	0.25	0.50	0.16	
4011801110	断面宽≥24英寸人字形轮胎	建筑业、采矿业或工业搬运车辆及机器用,辋圈≤61cm,新充气橡胶胎,含类似人字形	千克	条	0.17	0.50	0.16	A
4011801190	其他人字形胎面轮胎	建筑业、采矿业或工业搬运车辆及机器用,辋圈≤61cm,新充气橡胶胎,含类似人字形	千克	条	0.17	0.50	0.16	A
4011801210	断面宽≥24英寸人字形子轮胎	建筑业、采矿业或工业搬运车辆及机器用,辋圈＞61cm,新充气橡胶胎,含类人字形	千克	条	0.17	0.50	0.16	A
4011801290	其他人字形胎面轮胎	建筑业、采矿业或工业搬运车辆及机器用,辋圈＞61cm,新充气橡胶胎,含类人字形	千克	条	0.17	0.50	0.16	A
4011809210	其他断面宽度≥24英寸轮胎	建筑业、采矿业或工业搬运车辆及机器用,辋圈＞61cm,新充气橡胶胎,非人字形胎面	千克	条	0.25	0.50	0.16	
4011809290	其他新的充气橡胶轮胎	建筑业、采矿业或工业搬运车辆及机器用,辋圈＞61cm,新充气橡胶胎,非人字形胎面	千克	条	0.25	0.50	0.16	
4011901010	断面宽≥30英寸人字形轮胎	其他用途,新充气橡胶轮胎,含胎面类似人字形的	千克	条	0.17	0.50	0.16	A
4011901090	其他人字形胎面轮胎	其他用途,新充气橡胶轮胎,含胎面类似人字形的	千克	条	0.17	0.50	0.16	A

图4-4 海关商品编码查询界面

查询结果共多条记录,其中“4011100000”即为“机动小客车用新的充气轮胎”大类的海关商品编码。

2)出口商品的注册

单击左侧菜单“出口商品管理”,并单击【新建】按钮,如图4-5所示。

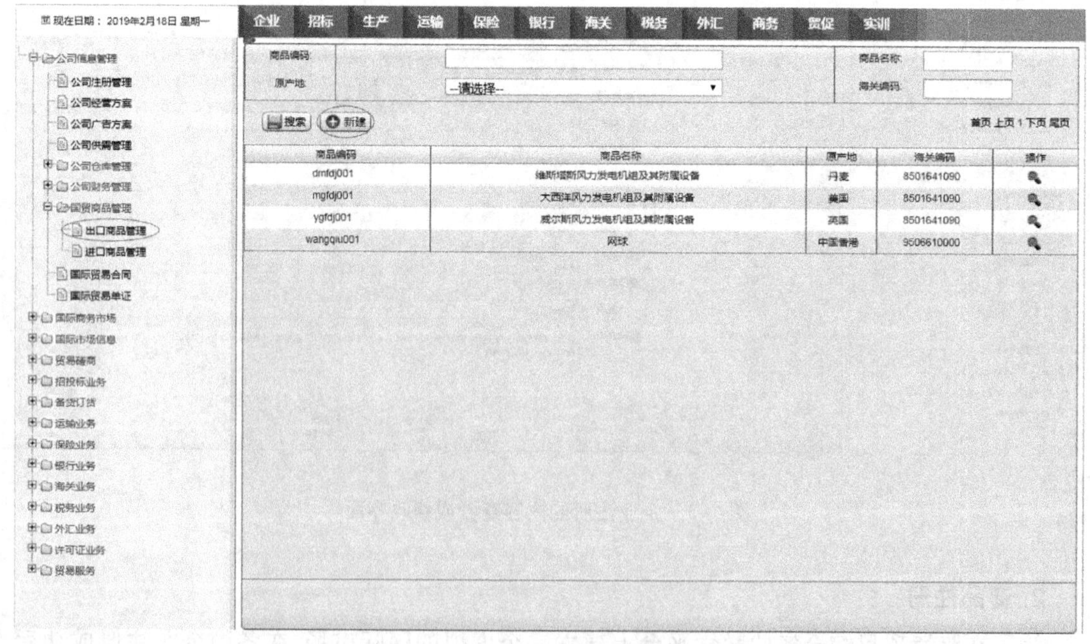

图4-5 出口商品注册界面

以添加男短袜为例，编辑“商品编码”、输入出口商品的“中文名”和“英文名”后，查询到男短袜在海关商品编码为“6115940000”，则输入到海关编码框中，单击【校验】图标验证，如图 4-6 所示。

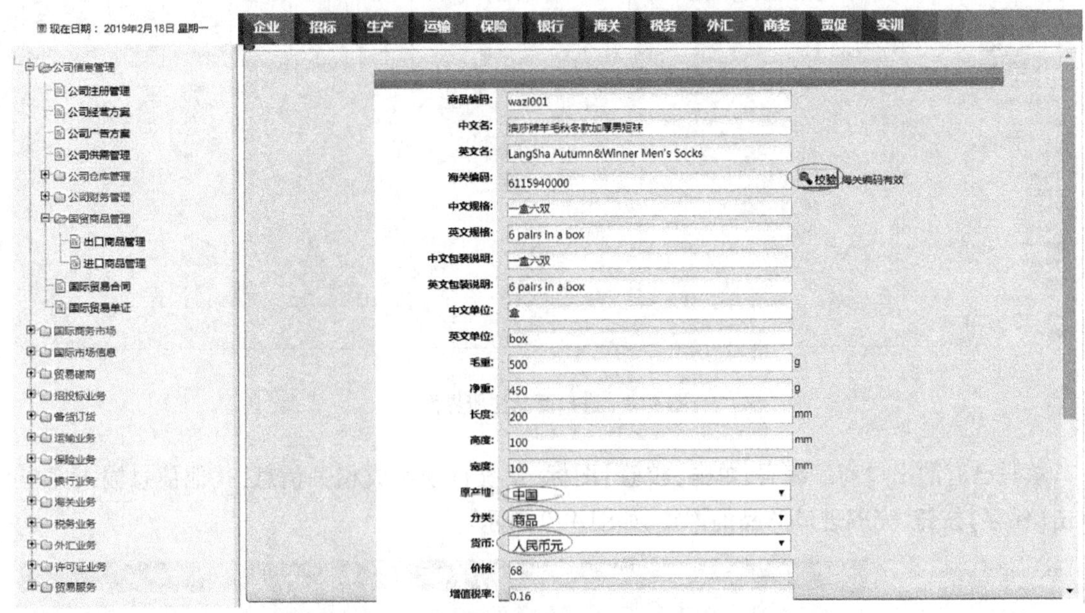

图 4-6　出口商品注册编辑界面

详细填写出口商品的信息，单击【保存】按钮，完成出口商品的添加，如图 4-7 所示。

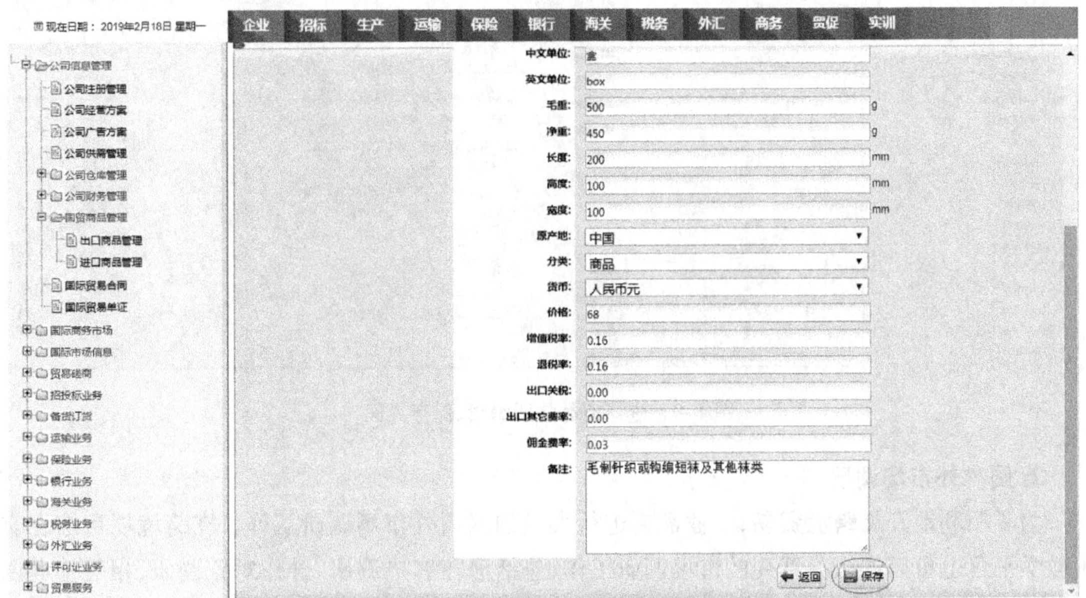

图 4-7　出口商品注册保存界面

3）进口商品的注册

单击国贸商品管理—进口商品管理，单击【新建】按钮，如图 4-8 所示。

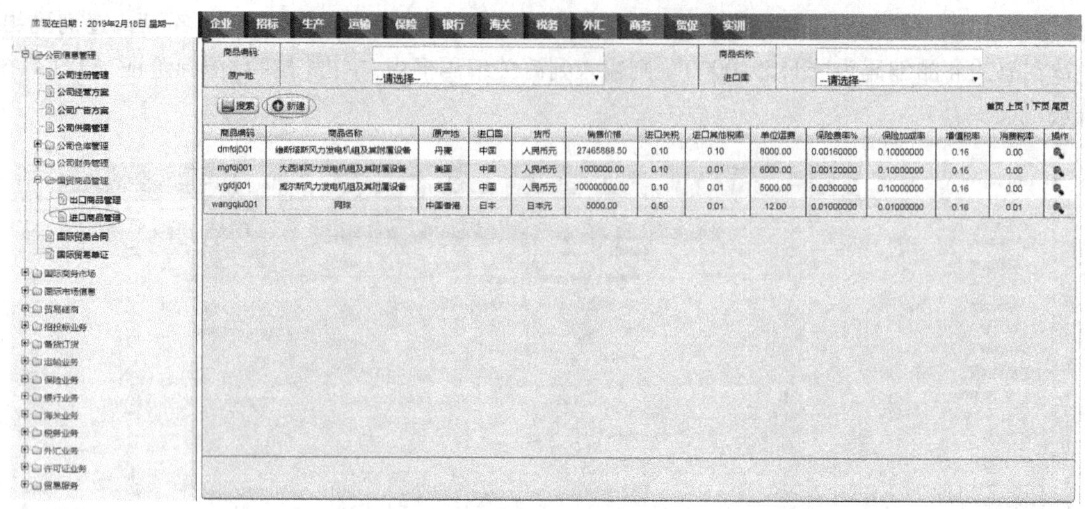

图4-8 进口商品注册界面

填写已有的出口商品编码,单击【校验】图标,系统自动生成相关信息,其他信息输入完毕,单击【保存】按钮,完成进口商品的添加,如图4-9所示。

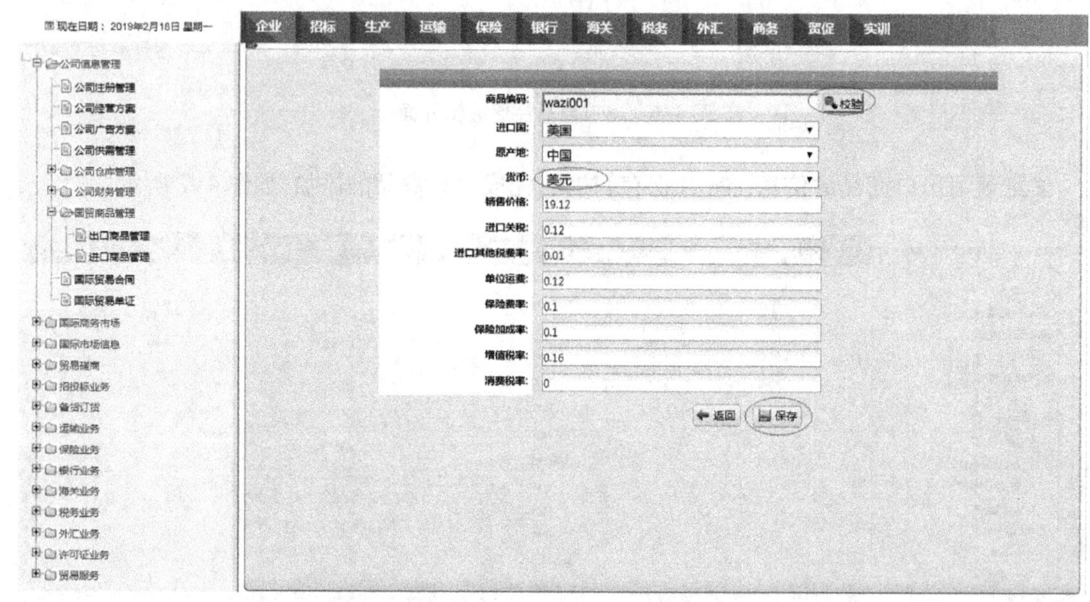

图4-9 进口商品注册编辑、保存界面

3. 国内外市场调研

为了顺利地开展跨境贸易,企业需要进行大量的国内外市场调研工作。在跨境项目综合实验教学平台上可以进行一系列的市场调研工作,包括潜在客户调研、合作对象调研、相关企业调研、商品信息调研等。

单击【企业】菜单,在左侧菜单中,找到"国际商务市场""国际市场信息"菜单,下级菜单包含:"国贸服务企业""国际市场需求""国贸商品查询"等子菜单,单击相应菜单进入各个页面。

国贸服务企业——查询学生在系统中注册的各种企业的信息。

国际市场需求——学生企业发布的国际市场供应和需求的信息，可以根据该信息，直接单击该企业进行磋商。

国际商品查询——查询本国可以出口、进口的商品信息。

海关商品编码——2018 国际最新海关商品编码信息，包含关税、增值税等信息。

汇率信息——查询相关的汇率。

1）企业查询

单击菜单“国贸服务企业”，进入企业信息查询界面，如图 4-10 所示。

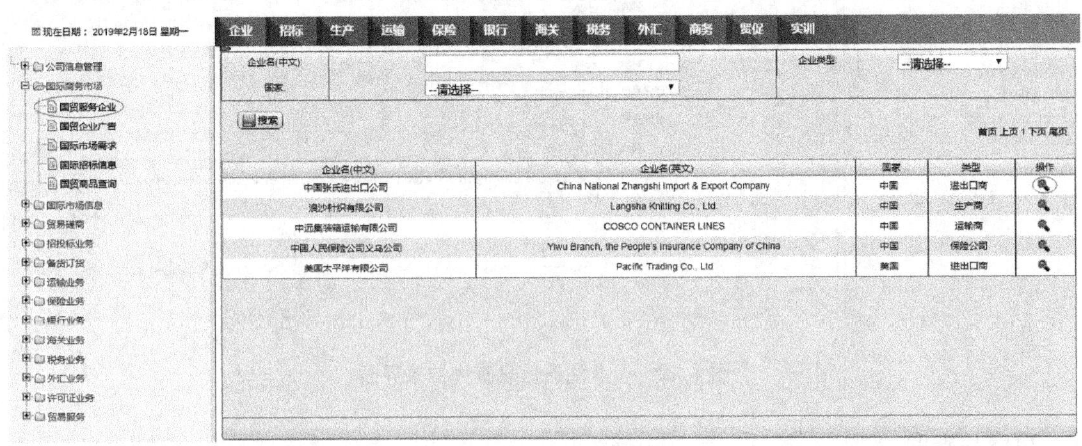

图 4-10　企业查询界面

可以根据企业名称进行模糊查询，或根据企业所在的国家和企业类型等组合查询。例如：输入企业名“进出口”，选择国家“中国”，然后单击【搜索】按钮，得到相应的查询结果，如图 4-11 所示。

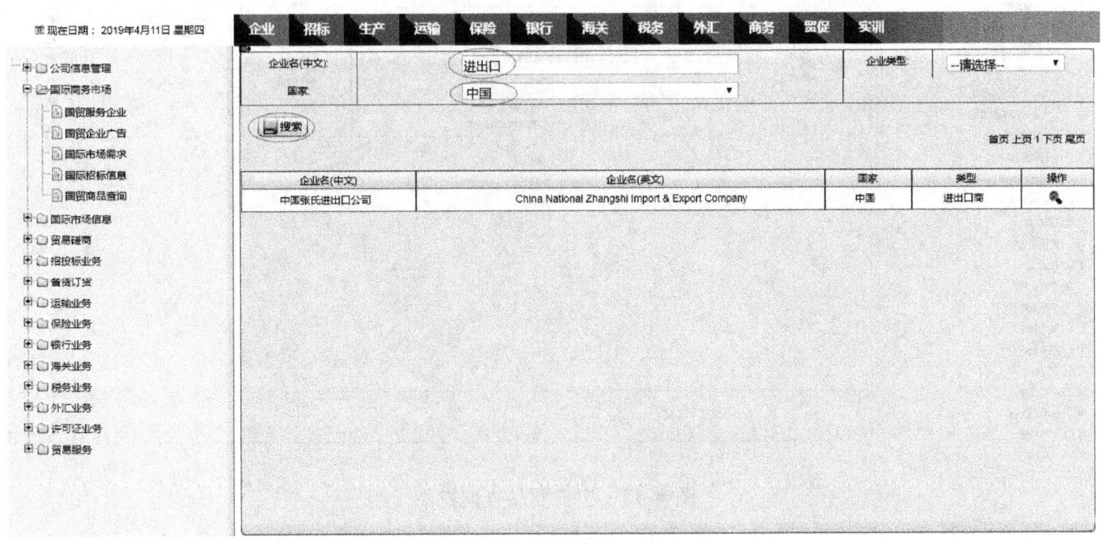

图 4-11　企业查询结果界面

单击信息条后的【查看】操作按钮，可查看到企业注册信息，如图 4-12 所示。

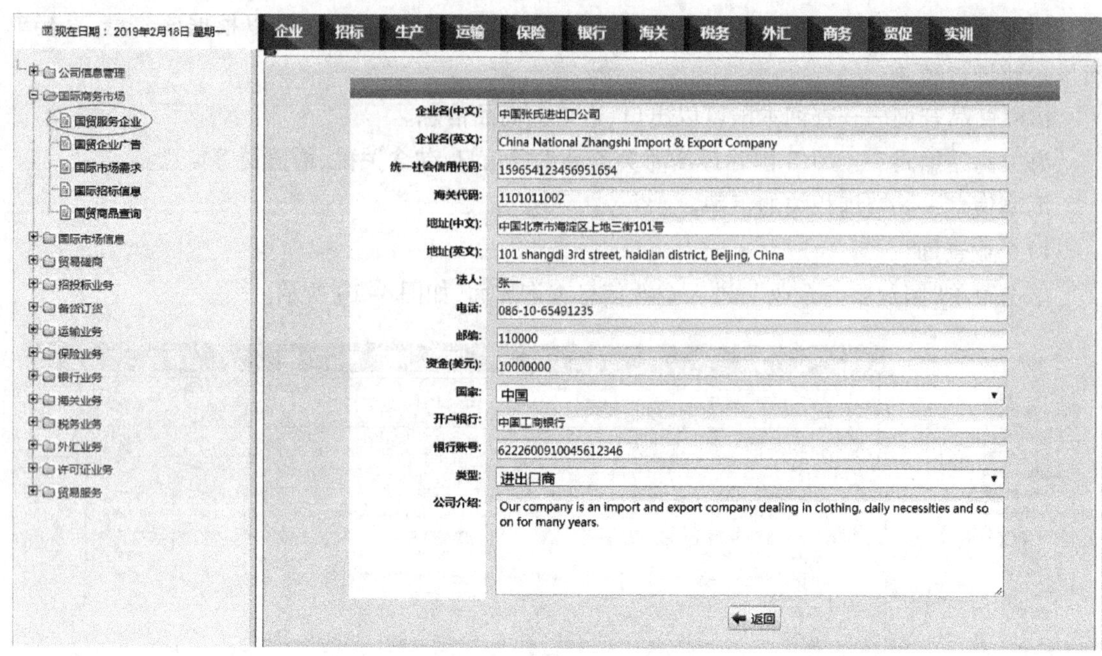

图 4-12　企业注册信息查询结果界面

2）商品查询

单击菜单“出口商品管理”，进入出口商品查询界面，如图 4-13 所示。

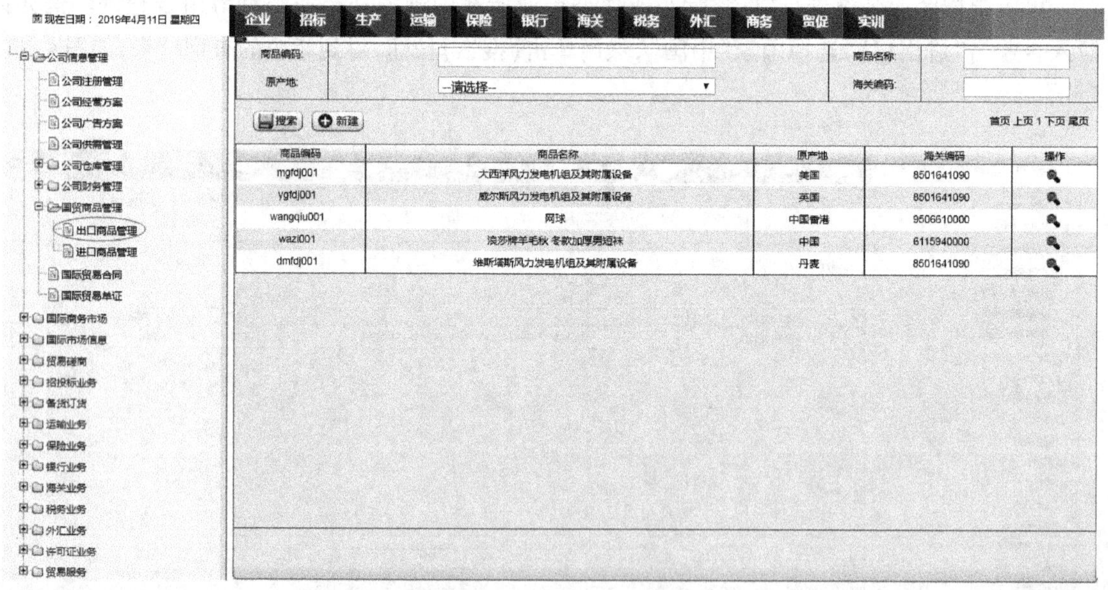

图 4-13　出口商品查询界面

系统可以输入一个或者多个条件进行出口商品查询。输入条件后，单击按钮【搜索】后的界面，如图 4-14 所示。

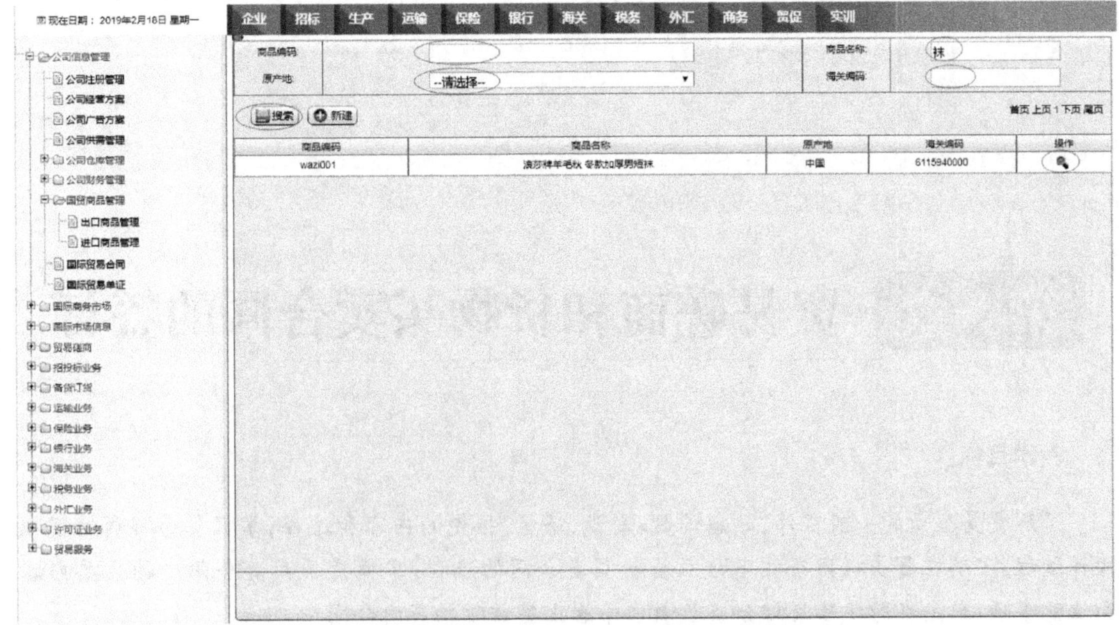

图 4-14　出口商品查询结果界面

单击图 4-14 中信息条后的【查看】操作按钮，可查看到商品注册信息，如图 4-15 所示。

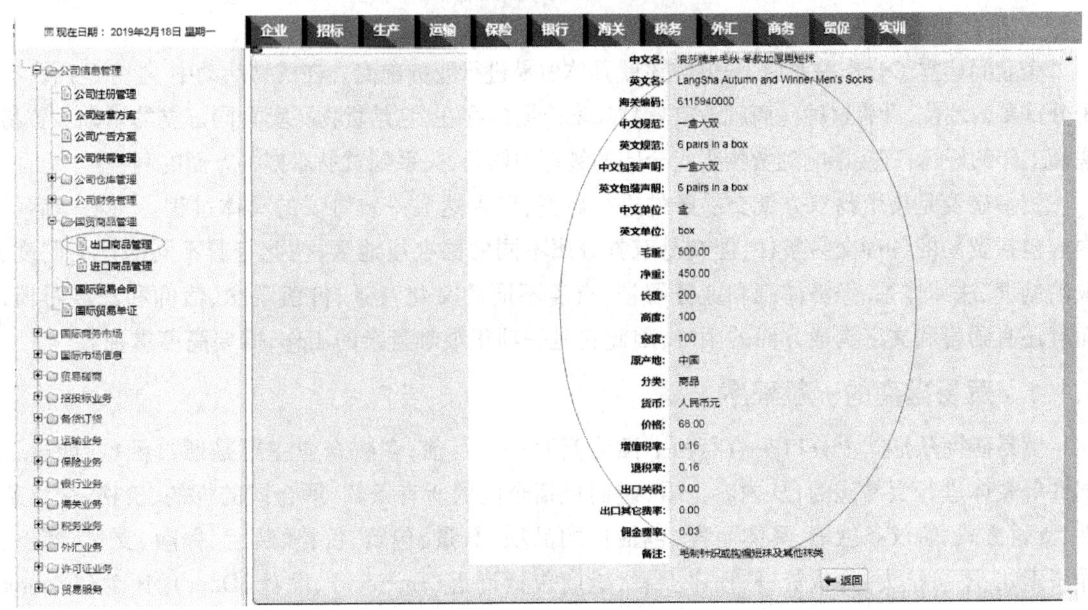

图 4-15　商品注册信息查询结果界面

第5章 贸易磋商和货物买卖合同的签订

教学目标：

了解贸易磋商的一般程序，熟悉询盘、发盘、还盘、接受的内容和过程；掌握贸易磋商的模拟操作过程；了解在贸易磋商条件下订立货物买卖合同的流程；掌握货物买卖合同中的主要内容和注意事项；熟悉在跨境项目综合实验教学平台上签订货物买卖合同。

5.1 贸易磋商

企业间建立了合作关系后，双方应该就具体贸易进行业务磋商。在贸易活动中，业务磋商占有十分重要的地位，没有这种磋商就没有货物买卖合同的存在，它是货物买卖合同订立的基础。贸易磋商工作的好坏，直接影响到货物买卖合同的签订与履行，关系到贸易双方各方面的利益。

贸易磋商是指贸易双方就交易条件进行磋商，以求达成一致协议的具体过程。贸易磋商的内容包括贸易的各种交易条件，但交易双方分属不同的国家或地区，彼此有着不同的社会制度、政治制度、法律体系、经济体制和业务习惯，有着不同的文化背景、价值观念、信仰和民族习惯，而且还有语言和文字沟通方面的困难，因此它是一项很艰难复杂的工作，需要高度重视。

5.1.1 贸易磋商的一般程序

贸易磋商从形式上分口头洽商和书面洽商两种。目前，多数企业主要是通过函电，如电子邮件等载体进行贸易磋商；从内容上看，磋商包括合同的所有条款，即合同的标的、价格、交货条件、支付方式、争议条款等，具体而言，包括标的品质、数量、包装、价格、装运、保险、支付、商检、异议索赔、不可抗力、仲裁等；从程序上看，磋商包括询盘（Enquiry）、发盘（Offer）、还盘（Counter Offer）和接受（Acceptance）四个阶段。这四个环节是贸易磋商的一般程序，但具体到每一个具体贸易，并不是必须经过这些环节。例如有的贸易是由一方主动发盘而开始磋商的，因而询盘这一环节就不存在了；又如，有的贸易在一方发盘后，立即被另一方接受，因而还盘这一环节也就不需要了，然而有的贸易，需经双方反复还盘，多次往返磋商，才能达成交易，这样的磋商过程就比较复杂。但是，无论磋商的过程简单或复杂，发盘和接受是达成贸易的必不可少的两个最基本环节。

贸易磋商的内容一般包括贸易的各项交易条件。在贸易磋商时，应注意各项交易条件的完整性。但由于各种原因，并非每个贸易必须对全部的交易条件一一协商，例如我们同老客户采用电邮方式磋商时，往往内容比较简单，某些交易条件不一定列出，这些未列出的交易条件中，常见的有不可抗力、仲裁、异议索赔等，有的甚至还包括商品包装、支付方式等。这并非说明这些未列出的交易条件不存在或者不重要，而是由于我们同这些老客户事前已就“一般交易条件”达成协议，或者双方在长期的贸易过程中已经形成一些习惯做法，或者双方已订有长期的贸易协议。因此，在上述情况下，有些交易条件就不必在每笔交易中一一重新协商，一旦交易条件达成，这些交易条件也是合同不可分割的组成部分。

双方经过反复磋商来达成共识，合同的签订则是双方达成交易共识的标志。

5.1.2　询盘

询盘(Inquiry)，也称询价，指贸易的一方有意购买或出售某种货物，向对方询问该货物的有关交易条件。如果贸易双方彼此都了解情况，不需要向对方探询交易的可能性，则不必询盘，可直接向对方发盘。

1. 询盘的种类

由于询盘人的地位不同，询盘可分为两种。

买方询盘，是买方主动发出的向国外厂商询购所需货物的函电。也称为“邀请发盘”。在跨境贸易磋商中，买方询盘是较常见的一类询盘。

Please offer Wool Autumn and Winter Style Socks October Shipment CFR San Francisco.

卖方询盘，是卖方向买方发出的征询其购买意见的函电。卖方对客户发出询盘多数情况是在市场较为动荡变化、供求关系反常，为打探市场情况、选择成交时机、主动寻找有利的交易条件的一种做法。

Can supply Wool Autumn and Winter Style Thickened Men's Socks Aug. Sept. Shipment please bid.

询盘是贸易的第一步，但在法律上对双方并无约束力。买方询盘后，并没有必须购买的义务，而卖方也没有必须出售的责任。

2. 询盘的内容

在实际业务中，询盘的内容可繁可简。询盘可只询问价格，也可询问其他有关的交易条件，并索取样品、目录或说明书等有关资料。一般询盘的重点有：品名(Name of Commodity)；贸易(Item)；规格、品质和包装(Specification、Quality、Packing)；数量(Quantity)；单价(Unit Price)；装运条件(Shipment)；支付条件(Payment)；其他(Others)。

如果一笔交易从询盘开始，经过协商就各项条件取得一致，最后交易成功，询盘将成为全部成交文件的组成部分。双方若发生纠纷，询盘的内容有时也可能成为确定双方某项责任的依据。因此，询盘的内容对双方来说应该受到重视。

3. 询盘的拟订与回复

询盘函电的拟订以简单、清楚和切题为原则，同时也要注意以下问题事项：

(1)请求对方报出价格、付款等交易条件，必要时说明自己所希望的条件，但又要防止过早透露采购数量、价格等意图，以防被客户摸清底细，使自己在磋商中处于不利地位。

(2)对多数货物，询盘的对象应事前有所选择。应同时向不同地区和国家的厂商分别询盘，以了解市场行情，争取最佳交易条件；对垄断性较强的货物，应提出较多品种，邀请对方一一报价，以防对方趁机抬价。

(3)询盘对发盘人虽无法律约束力,但要尽量避免询盘而无询购诚意的做法,因为这样容易丧失信誉。

询盘对交易双方虽然没有法律约束力,但在商业习惯上,一方询盘,对方通常应该尽快答复。答复对方来信时,应表示感谢,在信的正文第一句中还要提及对方的来信,并说明日期,目的是使对方在繁杂的日常工作中能迅速查阅有关的发文。询盘来函和询盘回函示例见表5-1和表5-2。

表5-1 询盘来函

Pacific Trading Co. , Ltd.
(the Co. , Ltd. 's address)

Apri 25,2018

China National Zhangshi Import & Export Company
(the company's address)

Gentlemen,

We are interested in buying large quantities of Wool Autumn and Winter Style Socks in different brands. We would be obliged if you would give us a favorable quotation CFR San Francisco. When replying, please state your terms of payment.

It would also be appreciated if you could forward samples and your price list to us.

We used to purchase these products from other sources. We may now prefer to buy from attractive process. In addition, we have confidence in the quality of your products.

We look forward to hearing from you soon.

Yours faithfully,
XXX

表5-2 询盘回函

China National Zhangshi Import & Export Company
(the company's address)

April 28,2018

Pacific Trading Co. ,Ltd.
(the Co. ,Ltd. 's address)

Dear Sir or Madam,

We are very pleased to receive your enquiry of 25th April and hear that you are interested in our products.

On regular purchases in quantities of not less than 2000 pairs of individual items we would allow you a discount of 5%. Payment is to be made by irrevocable LC at sight.

We are sending you our illustrated catalogue and price list under separate cover. You may rest assured that the quality of our Wool Autumn and Winter Style Socks and the high standard of craftsmanship will appeal to the most selective buyer.

We also have a wide range of Wool Autumn and Winter Style Socks in which you may be interested. They are fully illustrated in our catalogue and are of the same high quality as our Digital Cameras.

We look forward to receiving an order from you.

Your sincerely,
XXX

案例分析训练：

1. 北京阳光公司通过市场调研认为本市在冬季对中等价格的皮靴有稳定的需求，并且近日从互联网搜索引擎上寻找到意大利HL公司生产各种款式和类型的皮靴。阳光公司欲进口HL公司生产的皮靴，想让HL公司提供皮靴目录一份，详述有关价目与付款条件，并希望HL公司顺带惠赐样品。

训练任务：请代北京阳光公司拟写一份询盘函。

2. 下面是一封对询盘的回函：

很高兴收到贵公司的5月3日有关童装产品的询盘！

贵公司并不是唯一向我们查询过童装产品的买方，我们也曾收到来自西班牙、荷兰等买方的查询，但他们是查询另一种款式的童装。如有需要，我们可以向贵公司介绍那种童装。另外，贵公司是否希望我们为你的目标市场做些特别的样品？

我们是有着20年专营童装产品经验的中国生产经销商，提供超过100种各种尺寸和款式的产品，月产量达5万套，是贵公司最值得信赖的中国童装生产卖方。贵公司询问的产品如附图资料。我们明天会给贵公司邮寄一份目录。

期待尽快收到贵公司的回复。

训练任务：评析该封询盘回函，从中能得到哪些好的经验？

5.1.3 发盘

发盘（Offer）也称发价，法律上称为要约，是卖方或买方（发盘人）向另一方（受盘人）提出各项交易条件并愿意按这些条件与受盘人达成交易、订立合同的意思表示。

1. 发盘的种类

从发盘人的地位分，发盘可分为卖方发盘（或称“售货发盘”）（Selling Offer）和买方发盘（或称“购货发盘”，俗称“递盘”）（Buying Offer）。

依据发盘内容和条件是否完整、明确等情况，发盘分有实盘和虚盘。

1）实盘（Firm Offer）

发盘人明确指出特定的受盘人、货物内容、数量、价格、有效期限以及相关交易条件，并毫无保留地表示愿意按发盘的各项条件订立合同。实盘的发盘人对其发盘在受盘人接受时承担订立合同的法律责任，因此，实盘就是“有约束力的发盘”。

2）虚盘（Non-firm Offer）

发盘人有保留地向受盘人发出交易条件和愿意签订合同的建议。虚盘对双方都没有约束力。受盘人即使接受虚盘，也要经过发盘人的最后确认才能生效，而且发盘人在最后确认之前还可以随便撤销或修改交易条件。因此，虚盘不受法律约束。虚盘又叫“无约束力的发盘”。

2. 实盘的内容

实盘的内容对发盘人具有法律上的约束力，即在发盘有效期限内，发盘人不得随意撤销或修改其内容，若受盘人表示接受发盘，发盘人就必须按发盘条件与对方签订合同。因此，发盘人必须认真对待发盘中的各项内容。发盘可以采用谈判和函电的形式，一封理想的发盘通常应包括以下内容：

（1）对对方的询盘表示感谢。

(2)货物名称。

(3)发盘的有效期限。

(4)交易的基本条件:质量、数量、价格、包装、交货、保险、付款等条件。

(5)交易的其他条件:检验、不可抗力、索赔、仲裁等条件。

(6)希望该发盘能为对方接受。

其中商品名称、发盘有效期限、交易的基本条件是发盘的必要记载事项,其他的内容视交易双方认知程度而定,一般不会影响发盘的效力。

3. 贸易报价

从上述发盘的内容看,发盘必须给出交易的价格。为此,发盘人需根据交易预算、国际市场价格水平,结合企业的经营意图等多方面因素综合考虑,确定合理的价格。所以,报价企业的贸易成本以及其他经营成本是报价的基础。

以出口贸易为例,出口报价通常使用 FOB、CFR、CIF 三种报价形式。对外报价时一般按三个步骤进行。

1)明确贸易价格构成

出口商品价格的构成大致包括:采购成本、退税收入、出口关检费用、内陆运费、证明书费、银行费用和利息、核销费、海运费和港杂费、保险费、佣金、折扣、公司综合费用、其他杂费、利润等。

2)确定贸易成本、税费和利润

(1)成本(Cost)。成本是整个交易价格的核心,是出口企业为出口其产品进行生产、加工或采购所产生的成本(一般情况下为"含税成本"或"采购成本")。

采购成本 = 采购货物单价 × 购货数量　　(5-1)

有些公司还会考虑退税方面的收入,即购货的最终成本是上述采购成本减去退税收入后的大小。因此,实际采购成本 = 含税成本(即 5-1 式中的采购成本) - 退税收入

退税收入 = 含税成本 × 出口退税率 ÷ (1 + 增值税率)　　(5-2)

实际采购成本 = 含税成本 ×〔1 - 出口退税率 ÷ (1 + 增值税率)〕　　(5-3)

(2)税费(Tariff & Expenses)。产品出口过程中除生产或采购成本外的一切花费,有国内和国外税费两部分。主要包括出口包装费、仓储费、认证费、港杂费、运费、出口税和进口税、关检费、银行费用和利息、保险费、佣金和折扣、公司综合费用等。其中:

运费核算:

班轮运费 = 基本运费 + 附加运费 = 基本运费率 × 运费吨 × (1 + 各种附加费率)　　(5-4)

集装箱运费 = 包箱费率 × 集装箱数量　　(5-5)

(注意:通常20尺柜载重量为17.5公吨,容积为25 m^3;40尺柜载重量为2.5公吨,容积为55 m^3。)

保险费核算:

保险费 = 保险金额 × 保险费率　　(5-6)

保险金额 = CIF(CPT)货价 × (1 + 保险加成率)　　(5-7)

佣金核算:

佣金 = 交易价格 × 佣金率　　(5-8)

交易价格 = 净价 ÷ (1 - 佣金率)　　(5-9)

(3)预期利润(Expected Profit)。企业希望通过贸易所获取的应有利润。企业的预期利润一般以利润率来确定,因此:

$$贸易利润率 = 贸易利润(本币) \div 贸易总成本(本币) \tag{5-10}$$

其中,贸易的总成本是采购成本和贸易所有税费之和。

$$贸易预期利润 = 贸易利润率 \times 贸易总成本 \tag{5-11}$$

3)确定贸易的报价

贸易的价格主要是由成本、税费、利润三部分构成,因此,将贸易的成本、费用税金、利润合理汇总,就可以确定其报价。下面是 FOB、CFR、CIF 三种价格的报价核算:

$$\text{FOB 报价} = (实际采购成本 + 各项国内税费之和) \times (1 + 预期利润率) \div (1 - 佣金率) \tag{5-12}$$

$$\text{CFR 报价} = (实际采购成本 + 各项国内税费之和 + 海运费) \times (1 + 预期利润率) \div (1 - 佣金率) \tag{5-13}$$

$$\text{CIF 报价} = (实际采购成本 + 各项国内税费之和 + 海运费) \times (1 + 预期利润率) \div [1 - 佣金率 - (1 + 投保加成率) \times 保险费率] \tag{5-14}$$

4. 发盘的拟订

发盘函在语言上要注意简洁、明了;在内容上要交代清楚,包括交易商品名称、质量、包装、数量、价格、支付方式、交货期以及发盘有效期限等各项主要交易条件,必要时还要将佣金、折扣等条件一并告知对方,千万不能有半点含糊。表 5-3 所示为一封发盘信函示例,表 5-4 所示为一封有关发盘的邮件示例。

表 5-3　发盘函

China National Zhangshi Import & Export Company
(the company's address)

April 30, 2018

Pacific Trading Co., Ltd.
(the Co., Ltd.'s address)

Dear Sir or Madam,

Thank you for your inquiry of April 29, asking us to make you firm offers for LangSha board Wool Autumn and Winter Style Thickened Men's Socks CFR San Francisco.

We are pleased to offer Wool Autumn and Winter Style Thickened Men's Socks as follows:
LangSha board Wool Autumn and Winter Style Thickened Men's Socks (GB5972 - 2)
Material composition: wool 34.7%, polyester 64.1%, spandex 1.2%.
Style: 5972, 5972 - 1, 3610, 3613, 3614, 3615
Colour: Tibetan blue, dark grey, light grey, black, coffee
*Internal packing: 6 pairs/box (Box size: 200mm *100mm *100mm)*
Maker: Langsha Knitting Co., Ltd.
Unit price: USD11.55/Box CFR San Francisco seaport(The unit price is to be understood Incoterms 2010)
Payment: By irrevocable L/C at sight
Shipment: Within 45 days after receiving your L/C
Validity: Until May 31, 2018 thereafter subject to our confirmation

We are sure you will find our price very reasonable. The market here is enjoying an upward trend, so we trust not overlook this opportunity and hope to receive your prompt order.

Yours truly,
XXX

表5-4　发盘邮件

Offer

发件人:zhangyao <*zhangyao2015@hotmail.com*>;
时　间:2018年5月03日14:51(星期四)
收件人:bukamal <*blsh@gmail.com*>;
附　件:

To: Pacific Trading Co., Ltd.

Attn: Mr. Mike Bukamal

Dear sirs,
We are in receipt of your inquiry dated April 29, 2018 and bear you are interested in our LangSha board Wool Autumn and Winter Style Thickened Men's Socks(GB5972－2). As requested, we have sent you the sample of the men's Socks(GB5972－2) in different colours which are free of charge. We hope it will reach you in due course and will help you in making your selection.
In order to start a concrete transaction between us, we take pleasure in making you a special offer as follows:
Unit price: USD11.52/Box CFR San Francisco
Shipment: to be effected within 90 days after receipt of the relevant L/C
Payment: by sight L/C
This offer is firm subject to your reply which should reach us not later than the end of this month. There is little likelihood of the goods remaining unsold once this particular offer has lapsed.
You may rest assured that our goods is in excellent quality and in right price.
We are looking forward to your favorable reply.

Your faithfully,
Yao Zhang

案例分析训练:

1.宏昌国际股份有限公司(Grand Western Foods Corp.)收到Carters Trading Company, LLC公司的Canned Sweet Corn的询盘后,开始收集报价资料,计算价格后,向对方发盘并寄出样品。

训练任务:请代宏昌公司给Carters Trading Company, LLC公司拟订一封发盘函。

2.石家庄化工进口公司的业务员张先生本月20日向菲律宾某塑料制品公司询盘,要求得到塑料水桶和塑料藏物盒各2 000件CFR天津新港的报价。该菲律宾塑料制品公司发盘函如下:

Dear Sirs,

We acknowledge receipt of your letter dated 20 this month, from which we note that you wish to have our firm offer for both plastic buckets and plastic cases CFR Xingang, Tianjin.

We are making you an offer for 2000 pieces of plastic buckets at RMB45.00 per piece CFR Xingang, Tianjin or any other Asian Main Ports for shipment during May/June, 2018. This offer is firm, subject to your reply reaching us on or before March 31, our time.

Please note that we have quoted our most favorable price and are unable to entertain any counter offer.

In respect of plastic cases, we would inform you that the few parcels in stock are under offer elsewhere. However, if you should make us an acceptable bid, there is a possibility of your obtaining them.

For your information, recently there is a large demand for the above goods, such a growing demand can only result in increased price. However, you may benefit from the advancing market if you send us your immediate acceptance.

Yours Sincerely,

× × ×

训练任务:请确定该发盘的种类。你若是那位张先生,应该如何理解和处理这个发盘?

5.1.4 还盘

还盘(Counter - offer),也称“还价”,是在受盘人收到一项发盘后,对发盘中的某些交易条件不完全赞同而对其提出更改的一种表示。还盘并不是每一笔交易磋商必经环节,还盘的行为也可以在买卖双方之间反复进行。

1. 还盘的性质

受盘人对发盘做出还盘,说明受盘人确实有订立合同的意愿,只不过在某些/个交易条件上不能完全接受发盘的意思,因此还盘在法律上具有以下性质:

1)还盘是对原发盘的拒绝

发盘一经对方还盘,原发盘即失去效力,即使在发盘有效期内,发盘的效力对发盘人也不再具有法律上的约束力。

2)还盘是一项对还盘人有约束力的新发盘

还盘提出新的交易条件,并有按其提出的交易条件订立合同的意愿,因此还盘是一项新的发盘。在实际贸易磋商中,因双方再次的磋商只是对原发盘中不同意的部分提出修改,则还盘时只对不同意部分提出新的交易条件,而对于同意的部分就不再在还盘中提出。

2. 还价核算和对策

交易双方贸易洽谈时,最关心的是成交价格,收到发盘函电后,双方最难达成一致意见的是贸易的成交价格,因此讨价还价成为还盘的主要内容。要给出还盘的交易价格,就必须进行还价核算。

1)贸易买方的核价

收到贸易卖方发盘或还盘后,若买方有一定的意向,就必须准确估算整个贸易的采购成本,以确定对卖方的下一步行动。为此,买方需要向码头、海关、货运、银行等部门了解费用支出及其相关税费情况,用以对比报价以及其国内行情价格。为此,买方需要核算(以进口贸易为例):

$$\text{完税价格} = \text{CIF 价} \times \text{外汇牌价} \tag{5-15}$$

$$\text{关税} = \text{完税价格} \times \text{进口关税税率} \tag{5-16}$$

$$\text{增值税} = (\text{完税价格} + \text{关税}) \times \text{增值税税率} \tag{5-17}$$

$$\text{进口综合税} = \text{关税} + \text{增值税} + \text{消费税} \tag{5-18}$$

$$\text{进口总成本} = \text{进口完税价格} + \text{进口综合税} + \text{进口费用及利息} \tag{5-19}$$

其中:进口费用及利息包括但不限于:

- 银行费用(如开证费及其他手续费)和一笔交易所发生的利息支出。
- 卸货费、驳船费、码头建设费、码头仓租费等。
- 关检费、提货费。

- 国内运输、仓租费。
- 买方综合费。
- 其他费用

进口国内本笔贸易商品销售价格(含税)= 进口总成本 + 预期利润 (5-20)

进口贸易利润率 = 预期利润 ÷ 进口总成本 (5-21)

由此,进口贸易的对外接受价格为:

进口贸易价格(含税)= 进口国内本笔贸易商品销售价格(含税)-(进口综合税 + 进口费用及利息)- 预期利润 (5-22)

2)贸易卖方的核价

收到贸易买方发盘或还盘后,需要进行还盘核算,以便对还价作出合理反应,进行还价或接受。卖方的贸易报价由实际购货成本加上各种贸易费用、税金和预期利润组成,卖方还价核算一般采用倒算方法,即从销售收入中减去相应内容,以分析还价后价格中采购成本、税费、利润等要素可能发生的改变。通过下面的公式,可以根据对方的还价,计算出利润、实际成本或采购成本、总税费或某项费用的变化情况,从而决定是否接受对方的还价。

卖方的贸易利润 = 销售收入 - 税费 - 实际采购成本 (5-23)

实际采购成本 = 销售收入 - 税费 - 利润 (5-24)

某项费用 = 销售收入 - 实际购货成本 - 利润 - 其他税费 (5-25)

3)贸易术语、计价货币的选择和价格的换算

在一个跨境贸易业务实操中,常常需要在不同的贸易术语和计价货币之间进行价格换算。根据前面的介绍,因选用不同的贸易术语和/或不同的计价货币,同一个交易的价格是不同的,因此,需要掌握贸易术语和计价货币变化时价格的换算。

(1)贸易术语对贸易价格的影响。不同的贸易术语所规定的贸易双方的义务不同。以 FOB、CFR 和 CIF 为例,根据《国际贸易术语解释通则®2010》的解释有下面几种关系:

FOB 价格 = CFR 价格 - 运费 = CIF 价格 ×(1 - 保险费率)- 运费 (5-26)

CFR 价格 = FOB 价格 + 运费 = CIF 价格 ×(1 - 保险费率) (5-27)

CIF 价格 =(FOB 价格 + 运费)÷(1 - 保险费率)= CFR 价格 ÷(1 - 保险费率) (5-28)

(2)计价货币变化对贸易价格的影响。计价货币的变化有三种可能:本币变化成外币、外币变化成本币、外币变化成另一种外币。当贸易出现计价货币需要变化的情况时,贸易价格的重新计算必须本着等于或大于原有预期利润的原则来计算。又因为,银行换汇存在三种(买入价、卖出价、中间价)或以上的换汇价格,则计价货币变化对贸易价格的影响的计算略显不那么简单。

①本币改外币。出口贸易原报价为本币,现需要改报为某种外币,则报出外币的计算公式应该为:

出口贸易外币价格 = 原本币价格 ÷ 银行买入价 (5-29)

而针对进口贸易,本币改外币的计算公式为:

进口贸易外币价格 = 原本币价格 ÷ 银行卖出价 (5-30)

之所以这样,是因为对出口贸易而言,当贸易收汇后要换成本币时,银行是按买入价进行结汇的;而对进口贸易,当贸易需要购汇付款时,银行是按卖出价卖出外汇给企业的。

例如：原出口报价 RMB2000 Per M/T London 改报美元价。已知人民币对美元的外汇牌价为 USD100 = RMB680.17/683.05，其计算方法为：2000 × 100 ÷ 680.17 = 294.04(USD)，所以改报美元的价格为：USD294.04 Per M/T London。

②外币改本币。出口贸易原报价为外币，现需要改报为本币，则报出本币的计算公式应该为：

$$出口贸易本币价格 = 原外币价格 \times 银行卖出价 \tag{5-31}$$

而针对进口贸易，外币改本币的计算公式为：

$$进口贸易本币价格 = 原外币价格 \times 银行买入价 \tag{5-32}$$

对出口贸易/进口贸易而言，为了保证原有预算利润不变，从外币改为本币时，只有当银行按照卖出价/买入价结算时，出口贸易/进口贸易才能达到预期目标。

例如，出口贸易原英镑价£15 Per dozen CIF London，要求改报人民币价(£100 = RMB882.45/888.87)。则 15 × 888.87 ÷ 100 = 133.33(RMB)，所以改报本币的价格为 RMB133.33 Per M/T London。

③外币 A 改外币 B。为平衡变化，一般不同外币之间的变化所采用的计算公式为

$$外币\ B = 外币\ A \times 汇率 \tag{5-33}$$

其中：

$$汇率 = 外币\ A\ 的买入价(或卖出价) \div 外币\ B\ 的买入价(或卖出价) \tag{5-34}$$

例如，原英镑价£300 Per box CIF London，要求改报美元价(USD100 = RMB680.17/683.05，£100 = RMB882.45/888.87)。则 300 × 888.87 ÷ 683.05 = 390.40(USD)，所以改报美元的价格为 USD390.40 Per box CIF London。

4)面对对方还价应采取的对策

在跨境贸易中，面对对方的还价，一般可采取以下几种对策：

(1)不作让步，努力说服对方接受原有报价。

(2)通过减少本企业原定利润来满足对方的降价要求。

(3)通过寻找新的供应商和相关合作伙伴或通过谈判，降低本企业采购成本和与本贸易相关的费用支出，最终实现对方降价的要求。

3. 还盘的拟订

一个成功的还盘，既要维护自身的利益，又要使对方接受。还盘函电一般包括以下内容：

(1)确定原发盘/还盘已经收到并致谢。

(2)表明对原发盘/还盘的态度，说明要求变更的内容和理由。

(3)提出本方条件，希望对方让步。

拟订还盘函电时还应注意以下问题：

(1)还盘可明确使用"还盘"字样，也可不使用，直接在内容中表示对原发盘/还盘的修改。

(2)还盘可以针对交易的价格、品质、数量、装运、支付等条件。通常还盘要列出本方认为合适的条件，从而构成一项新发盘。

(3)还盘时，一般只针对原发盘/还盘提出不同意见和需要修改的部分，已同意的内容在还盘中可以省略。

下面的表 5-5 是买方对表 5-4 卖方发盘邮件的还盘，而表 5-6 是卖方在收到买方还盘邮件后，根据买方要求将核算出来的含佣金的 CIF 价对其进行的再次还盘。

表 5-5 买方还盘邮件

Subject: Reply for offer From: blsh@ gmail. com Date: May 04,2018 To: zhangyao < zhangyao2015@ hotmail. com > Priority: Normal Options: View Full Header | View Printable Version | Download this as a file To: China National Zhangshi Import & Export Company Attn: Ms. Zhangyao Our Ref: SB0504 Dear Madam, Thank you for your offer May 03, 2018. Based on our evaluation, we request you to revise your price for LangSha board Wool Autumn and Winter Style Thickened Men's Socks(GB5972 -2) on the basis of CIF only instead of CFR. Regarding the socks, upon receipt of your samples we will select the best to our market. Expecting your revisionary price. Yours sincerely, Mike Bukamal

表 5-6 卖方还盘邮件

Price with Commission 发件人:zhangyao <zhangyao2015@ hotmail. com >; 时间:2018 年 5 月 7 日 11:38(星期一) 收件人:bukamal < blsh@ gmail. com > ; 附件: To: Pacific Trading Co. , Ltd. Attn: Mr. Mike Bukamal Dear sirs, Thank you for your Email of May 04, 2018. As requested, we quote you LangSha board Wool Autumn and Winter Style Thickened Men's Socks (GB5972 -2) our favorable price USD11. 56/box CIF. We hope you will accept it. Looking forward to your early reply. Yours sincerely, Yao Zhang

案例分析训练:

根据本章表5-4,表5-5和表5-6的买卖双方的发盘和还盘情况,结合核算结果以及当地该货物的销售情况,买方决定增加采购数量,一次订货6 000盒并与对方商讨支付方式,进而向卖方施压,讨价还价。

训练任务:

(1)请代 Mike Bukamal 先生在2018年5月9日用邮件向 Zhangyao 女士拟订一份还盘。

(2)根据(1)中的邮件内容,请代卖方完成对买方的还盘。

5.1.5 接受

接受(Acceptance),在法律上也称为"承诺",是贸易一方同意另一方在发盘或还盘中提出的各项交易条件,并愿意按这些条件与对方达成交易、订立合同的一致肯定表示。这种表示可以是做出声明,也可以是做出某种行为。

1. 有效接受的条件

一项有效的接受一般须具备以下三项条件:

(1)接受必须由法定受盘人作出。

(2)接受必须在发盘或还盘有效期内传达到发盘人或还盘人。

(3)接受必须是无条件同意发盘或还盘中的所有内容。

贸易双方在作出接受之前,应该仔细核对以前双方之间关于此次交易的所有函电往来记录,在确认双方在各项主要交易条件上均已明确、清楚地达成一致之后才可以最后作出接受的表示。

2. 接受的拟订

接受函电的内容主要有几点:说明写信原因;明确表示确认交易的达成;寄送有关交易合同或确认书;激励性结束语。

接受常用的表述是:“接受(Accept)”、“同意(Agree)”和“确认(Confirm)”等。在实际业务操作中,一般的做法是受盘人以较为简单的语句表述接受。但是,对于金额较大或磋商环节过多的交易,受盘人会在表示接受时要将最后商定的各项交易条件一一重复列出,以避免差错与误解。表 5-7 是买方 Pacific Trading Co., Ltd. (Mr. Mike Bukamal)在与卖方 China National Zhangshi Import & Export Company(Ms. Zhangyao)经过艰苦磋商后发给卖方的接受邮件。

表 5-7　买方接受卖方还盘

Subject: Acceptance
From: blsh@gmail.com
Date: May 21,2018
To: zhangyao <zhangyao2015@hotmail.com>
Priority: Normal
Options: View Full Header | View Printable Version | Download this as a file

To: China National Zhangshi Import & Export Company
Attn: Ms. Zhangyao

Our Ref: SB0516

Dear Madam,

Thank you for your Email May 17,2018. We have decided to accept your price. Following is our order:
Order No. 201805-008
LangSha board Wool Autumn and Winter Style Thickened Men's Socks(GB5972-2)
Material composition: wool 34.7%, polyester 64.1%, spandex 1.2%.
Style: 5972, 5972-1, 3610, 3613, 3614, 3615
Colour: Tibetan blue, dark grey, light grey, black, coffee
Internal packing: 6 pairs/box(Box size: 200mm * 100mm * 100mm)
Maker: Langsha Knitting Co., Ltd.
Quantity: 6000 Boxes
Unit price: USD11.50/Box CIF San Francisco
We would appreciate shipment before Oct. 1, 2018. If any of the items mentioned above cannot satisfy this request, please inform us immediately.
Please try to execute this order as soon as possible.

Yours sincerely,
Mike Bukamal

案例分析训练：

1. 深圳南海进出口公司与加拿大商人洽谈一笔交易。深圳南海进出口公司7月10日的邮件发盘中规定,7月20日之前复到有效。深圳南海进出口于7月22日接到对方“接受”复电。

训练任务:请问深圳南海进出口公司如何处理对方的复电。

2. A公司于8月2日向B公司发盘:“男式衬衫1000打,每打200美元CIF伦敦,即期信用证9月装船,限10日复到我方有效。”B公司没有表示接受,却在8月5日电开以A公司为受益人的信用证。此时,A公司发现发盘有误,于8月11日电函B公司称未收到B公司接受通知,故合同无法成立,并退回信用证。

训练任务:

(1)A公司做法对吗?为什么?

(2)B公司应该如何处理?

5.1.6　在跨境项目综合实验教学平台上磋商的操作

1. 实训目的及要点

(1)掌握询盘、发盘、还盘和接受环节的实践过程。

(2)利用外贸函电进行交易磋商。

(3)掌握不同贸易术语报价的构成和计算方法,培养跨境贸易中成本核算意识。

2. 场景模拟操作说明

在跨境项目综合实验教学平台上,可以通过传统的询盘、发盘、还盘和接受的方式使跨境贸易双方达成贸易交易条件。具体操作如下:

(1)买方进入贸易洽谈室询盘,发送询盘信息给卖方。

①买方选择其发件箱的“询盘”,进入新增记录,单击【新建】按钮,如图5-1所示。

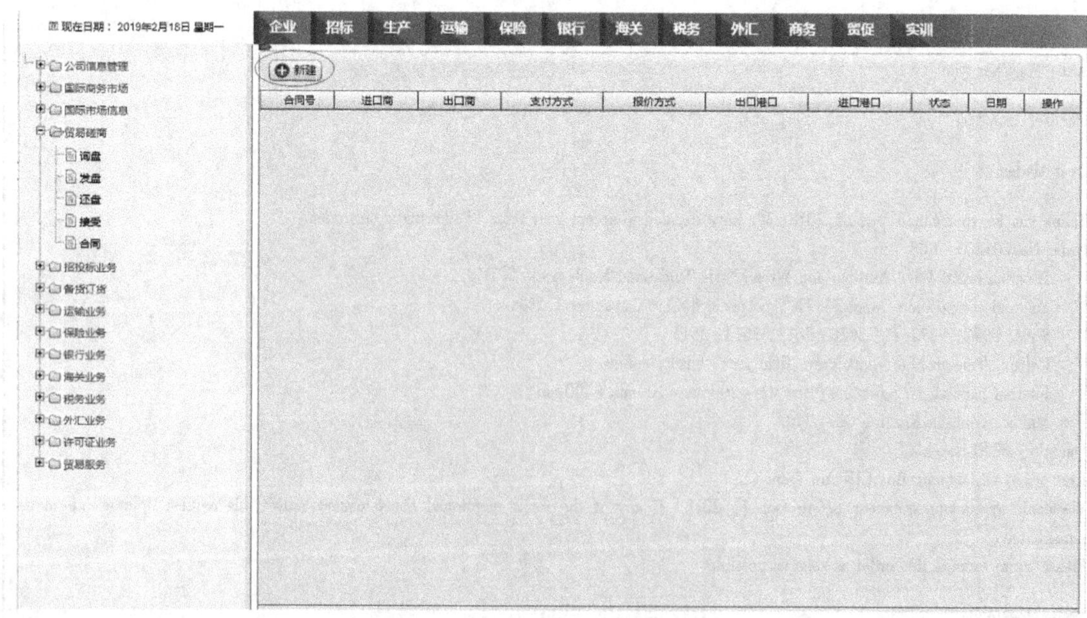

图5-1　询盘-买方-新建询盘

②系统默认买方向卖方询盘。单击卖方下拉列表框选择贸易合作的卖方，界面下方会自动列出卖方的商品信息，选择交易商品，填写询盘信息，其中卖方和商品信息是必选的，操作保存洽谈基本信息，待后续的编辑信息操作完毕后单击【询盘】发送，如图 5-2 所示。

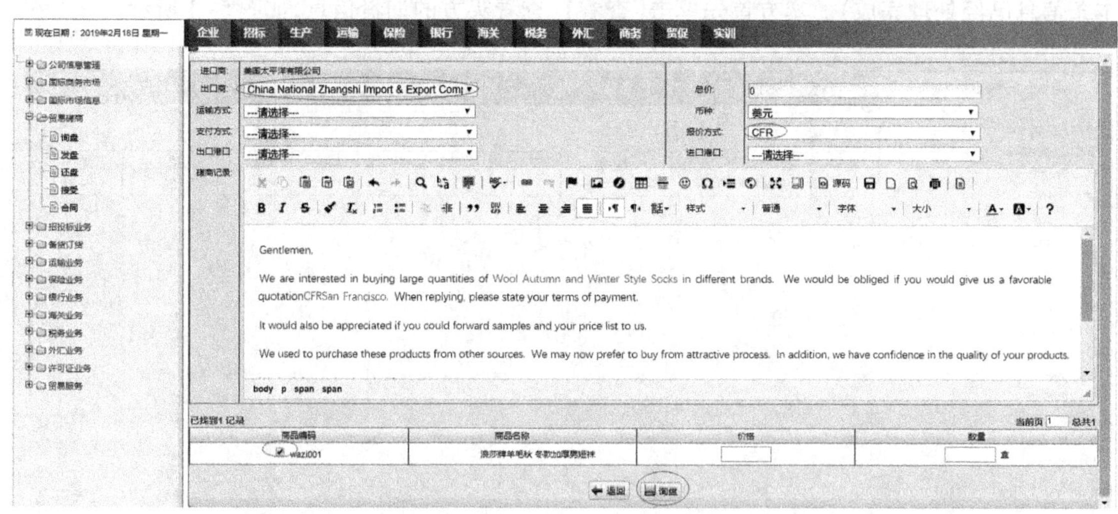

图 5-2　询盘 – 买方 – 编辑询盘

③系统返回询盘界面，询盘信息将自动发送给选定卖方。单击每条询盘记录后面的【查看】图标，可查看询盘详细信息，如图 5-3 所示。

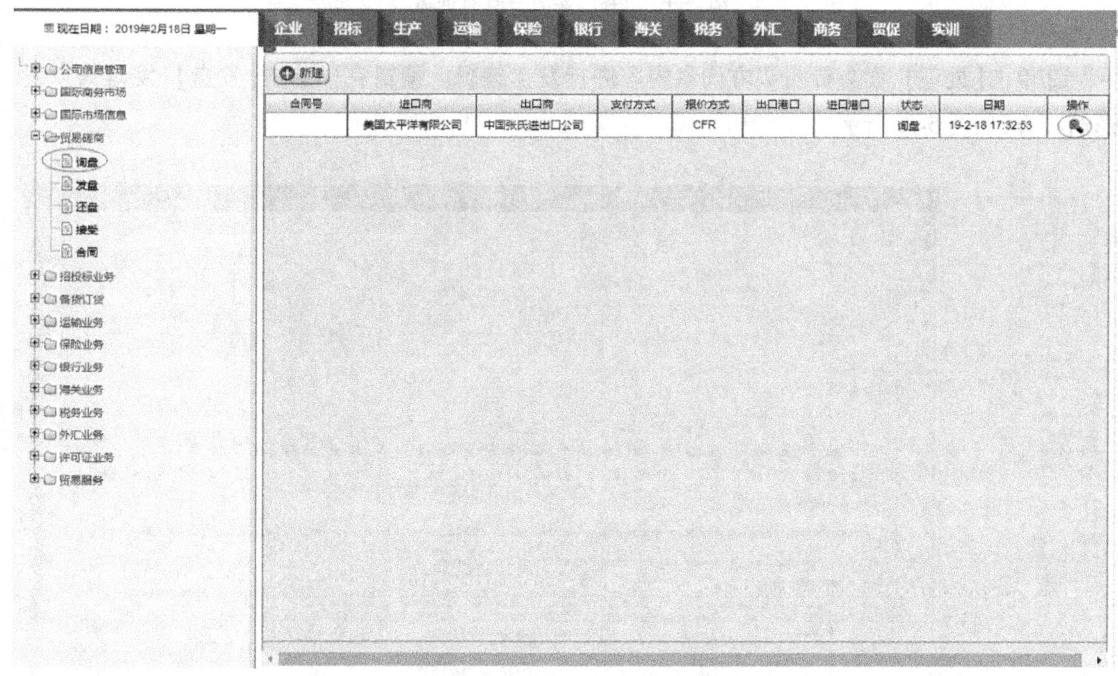

图 5-3　询盘 – 买方 – 完成询盘

(2)卖方进入贸易洽谈室发盘,发送发盘信息给买方

①卖方单击左侧“贸易磋商”菜单下的“询盘”,进入询盘界面。在询盘界面内,每条信息的操作栏下有【查看】和【处理】两种图标(说明本条询盘信息尚未处理),或只有【查看】图标(说明本条信息已经处理完成)。卖方首先单击【查看】,查看买方的询盘信息,如图 5-4 所示。

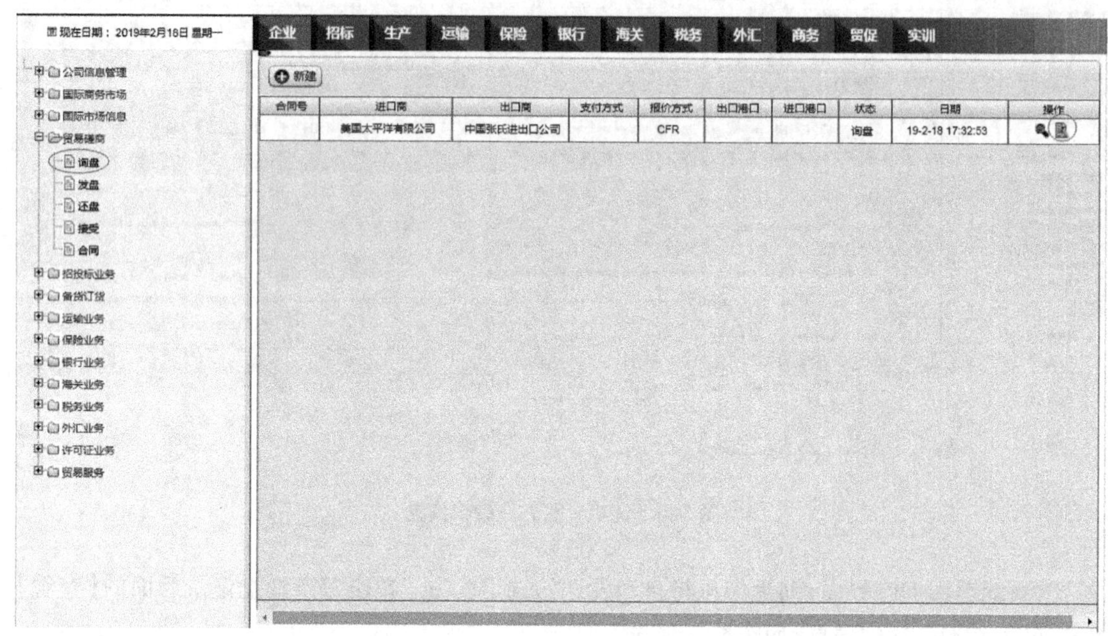

图 5-4　发盘 - 卖方 - 查看询盘

②单击【处理】,卖方针对买方询盘内容进行发盘编辑。编辑完毕单击【发盘】,发盘信息发送给买方,如图 5-5 所示。

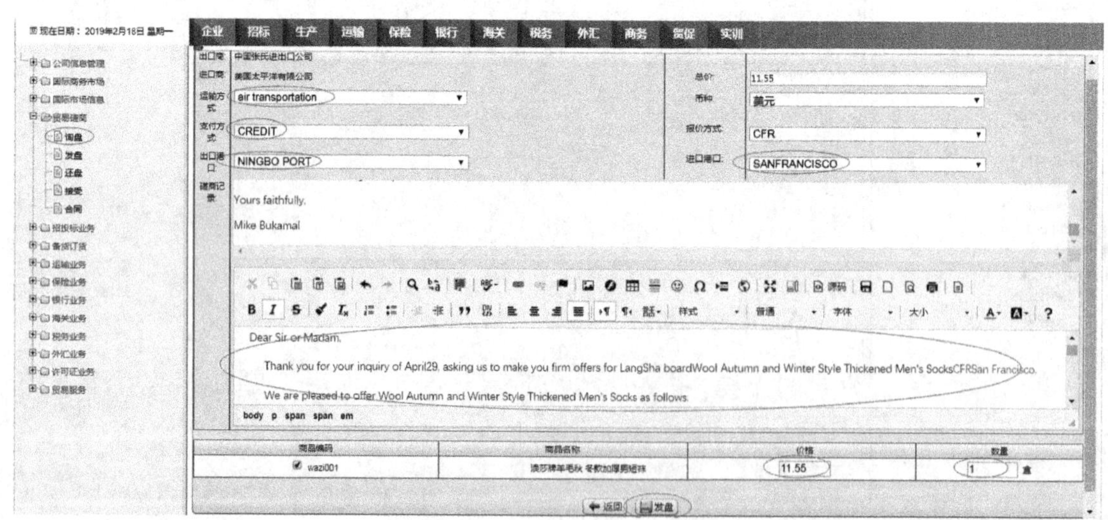

图 5-5　发盘 - 卖方 - 编辑发盘

(3)买方/卖方还盘。

①买方单击“发盘”菜单,进入自己的发盘界面,单击【查看】图标查看卖方的发盘信息界面;单击【编辑】图标进入还盘界面,如图 5-6 所示。

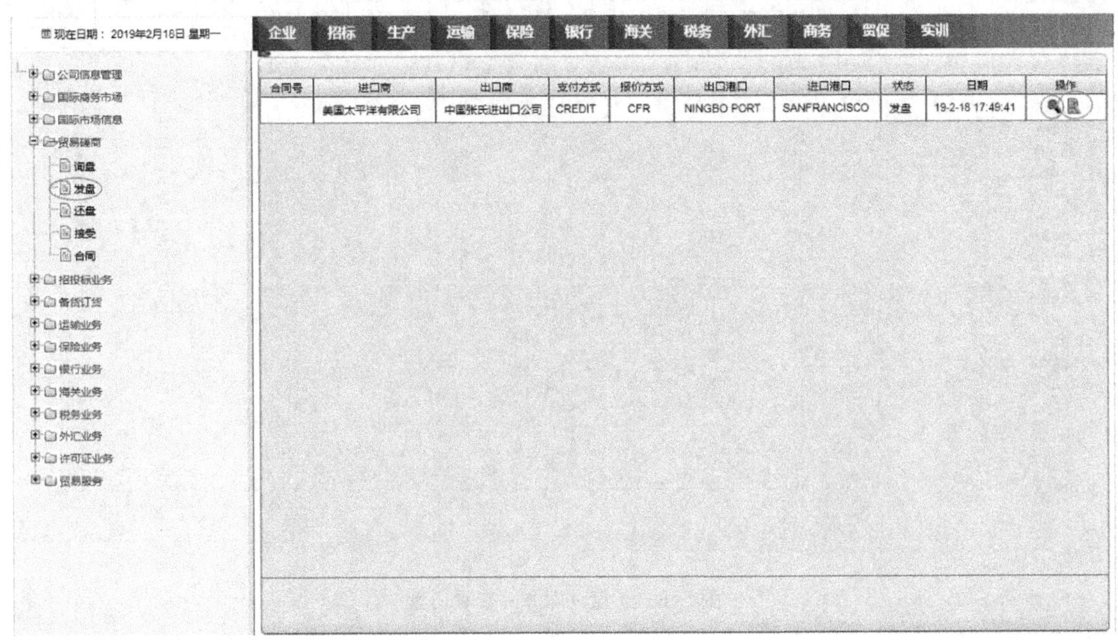

图 5-6　还盘 - 买方 - 查看发盘

②若买方不同意卖方的发盘信息,可在下面的还盘界面内提出自己的修改意见。之后,单击【还盘】按钮,即发送还盘,如图 5-7 所示。

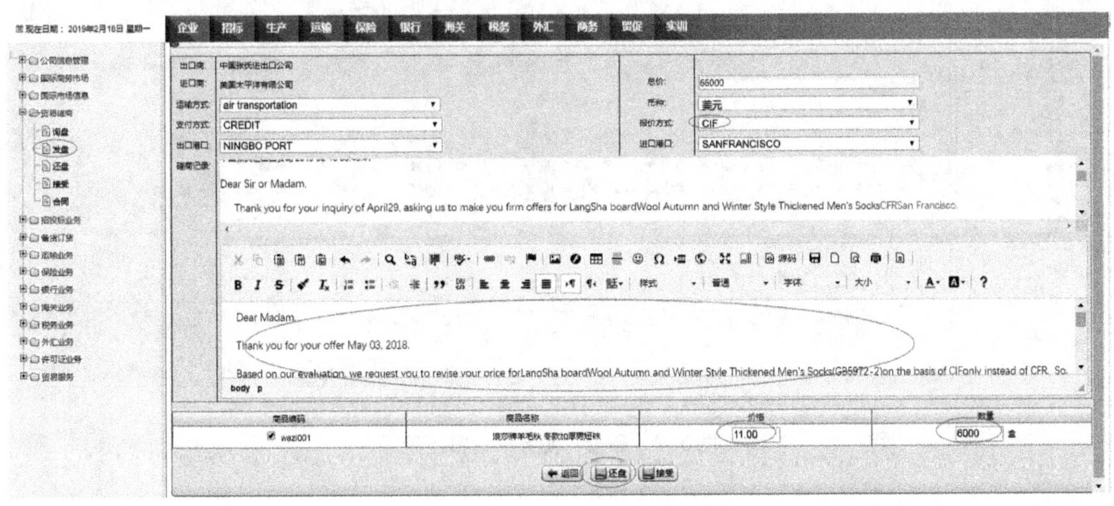

图 5-7　还盘 - 买方 - 编辑还盘

③卖方可以继续还盘。单击“还盘”菜单，进入还盘界面，如图 5-8 所示。

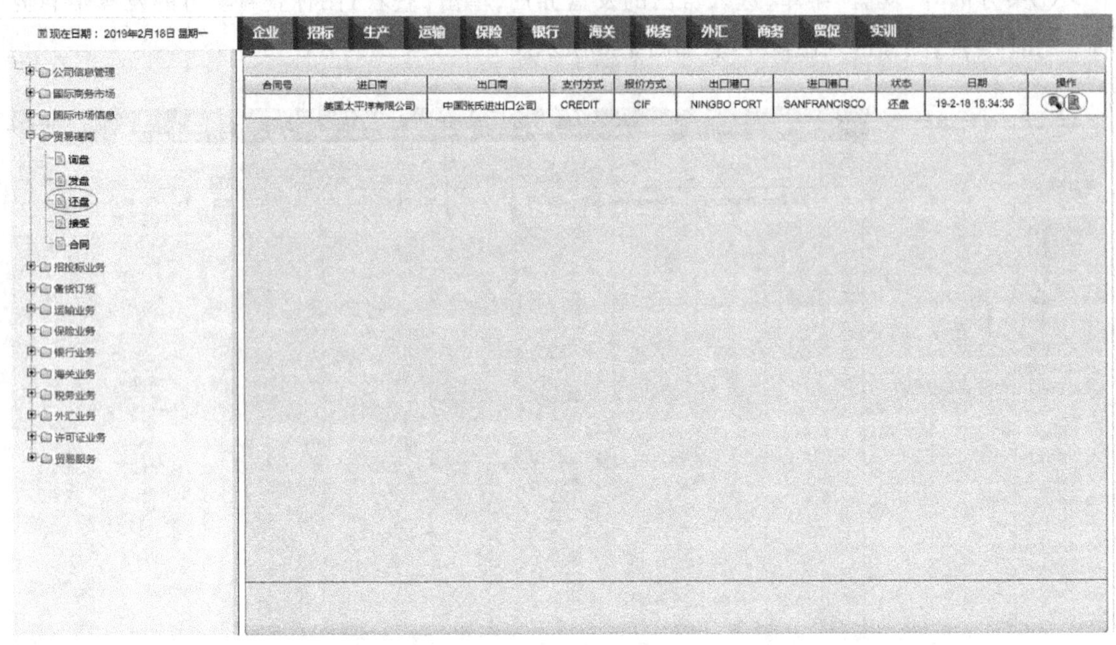

图 5-8　还盘 – 卖方 – 查看还盘

④单击操作栏下【处理】图标，进入卖方的还盘编辑界面。编辑完毕还盘内容，单击【还盘】按钮，发送还盘，系统返回，如图 5-9 所示。

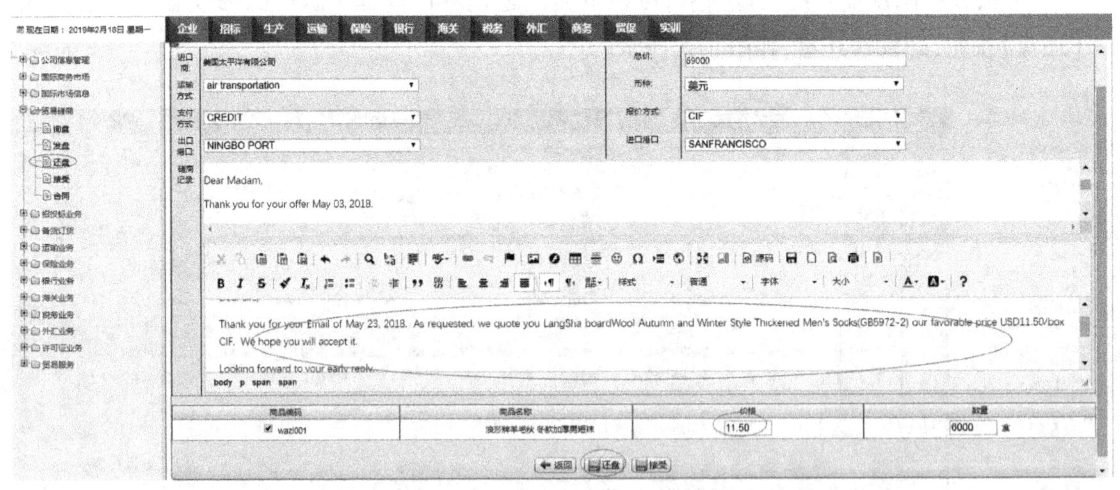

图 5-9　还盘 – 卖方 – 编辑还盘

⑤还盘操作可以重复多次，在买方和卖方之间进行，直到双方都对还盘内容达成一致。

(4)卖方/买方接受。

①买方、卖方若同意对方的发盘或还盘内容，可单击【接受】按钮，接受后系统将信息自动发

送对方，如图 5-10 所示。

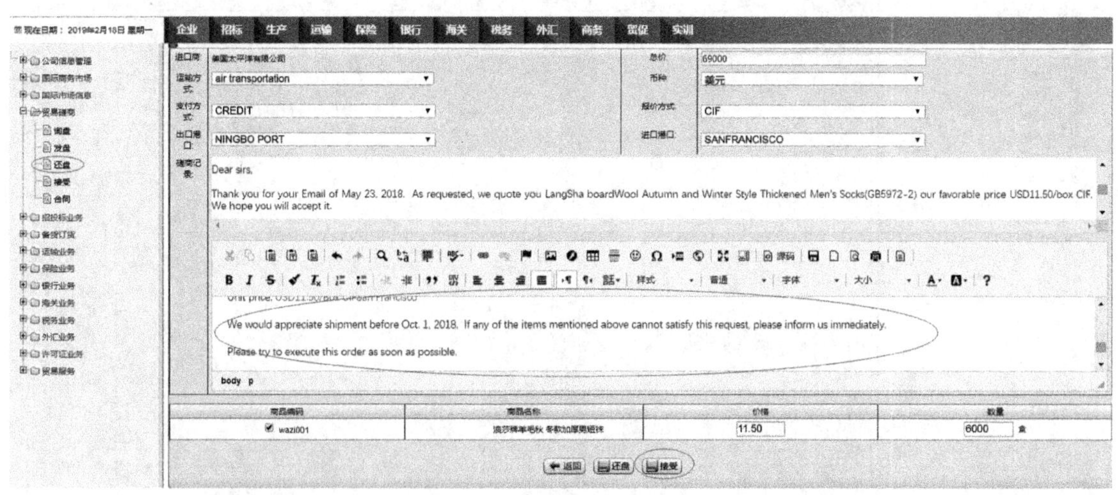

图 5-10　还盘－买方－拟接受

②买方、卖方可以查看自己的“接受”信息。单击左侧“贸易磋商”菜单中“接受”，界面出现“接受”信息条，如图 5-11 所示。

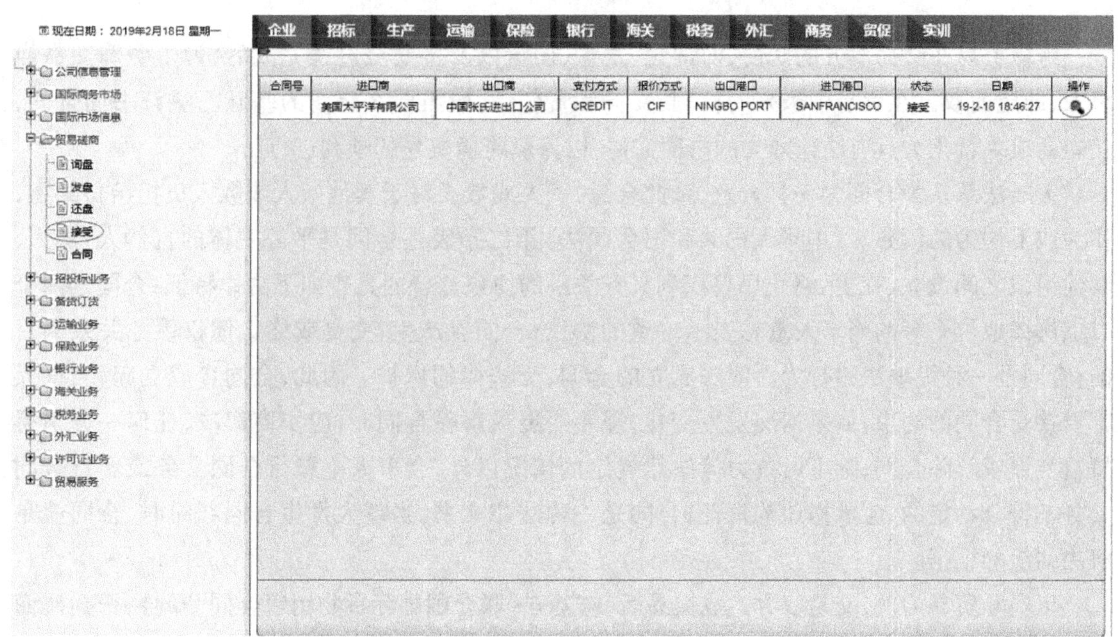

图 5-11　接受－卖方－接受

(5)单击信息条后的【查看】，可以查看到整笔交易的所有磋商信息；买方、卖方“接受”后，进入合同编写阶段，如图 5-12 所示。

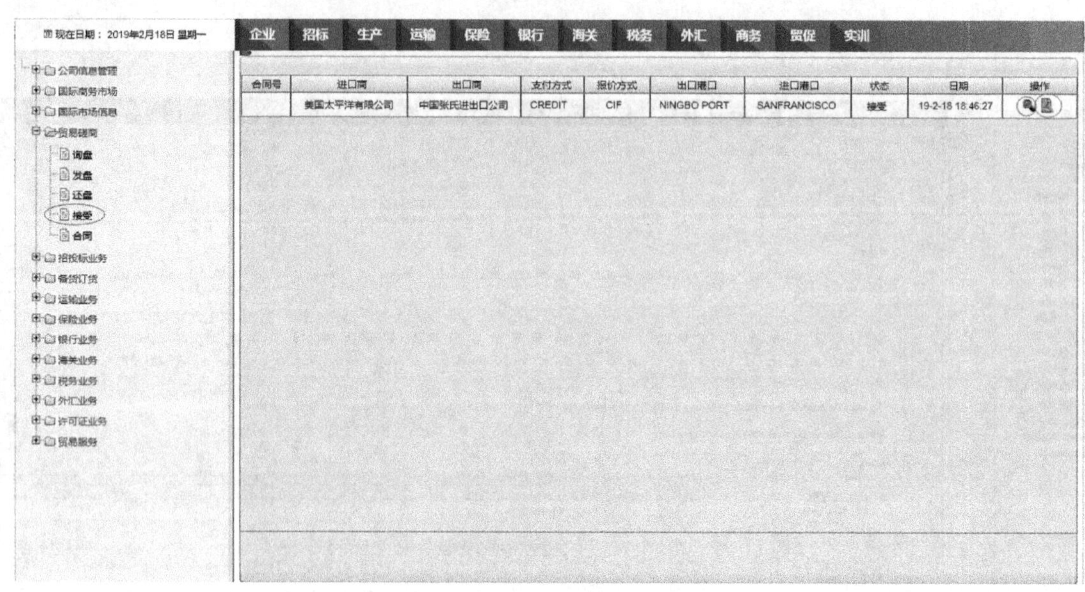

图5-12 接受－买方－接受

5.2 货物买卖合同的签订

跨境贸易在交易双方的磋商，即询盘、发盘、还盘以及接受全过程完成后，为了明确交易当事人，即磋商双方在贸易中未来的权利、义务和责任，一般需要在磋商的基础上签订书面合同，让磋商成果转化为具有法律效力的书面文件，以保障跨境贸易的顺利进行。

大陆法系认为合同为一种合意，依此合意，一人或数人对于其他一人或数人负担给付某物、作为或不作为的债务。《中华人民共和国合同法》第二条表述合同是平等主体的自然人、法人、其他组织之间设立、变更、终止民事权利义务关系的协议。合同具有如下法律特征：合同是两个以上法律地位平等的当事人意思表示一致的协议；合同以产生、变更或终止债权债务关系为目的；合同是一种民事法律行为。依法成立的合同，受法律的保护。因此，合同自成立起，当事人都要接受合同的约束；如果情况发生变化，需要变更或解除合同时，应协商解决，任何一方不得擅自变更或解除合同；除不可抗力等法律规定的情况以外，当事人不履行合同义务或履行合同义务不符合约定的，应承担违约责任；合同是一种法律文书，当事人发生合同纠纷时，合同就是解决纠纷的根据。

以国际贸易为例，交易双方达成交易后，应遵守《联合国国际货物销售合同公约》，根据磋商情况制作国际贸易合同。订立合同的基本程序是：

(1)有一方当事人草拟合同文本。合同文本可套用标准格式。

(2)买卖双方就草拟合同中的各项条款进行洽谈、修改，直至双方达成一致。

(3)形成最终合同文本。

(4)买卖双方代表签字、盖章。

(5)双方交换合同文本。

5.2.1　草拟合同条款

1. 草拟合同应包括的主要内容

合同签订本着意思自治的原则，主要是根据双方洽谈协商过程中达成的共识来确定合同内容。当事人可以参照各类合同的示范文本订立合同。合同一般包括以下主要部分。

1）合同的首部

合同的首部一般包括：合同的名称、合同编号、订约日期、订约地点、买卖双方名称、地址、电话及序言。

起草合同首先要对合同的性质进行确认或归类，也就是合同的标题即合同的名称，需要写明合同的性质，有的标题中还需要写明标的物等。

书写签订合同双方当事人的名称，应当按营业执照上核准的名称写，要写全称，不能写简称，更不能写别人不了解的代称、代号。当事人的名称也不能简称甲方和乙方。另外，要注明委托代理人、住所（自然人的户口所在地、经济组织的主要办事机构或主要经营场地）、电话、邮箱地址、银行账号等。

2）合同的主要条款

合同的主要条款也就是各种交易条件——双方的权利和义务，包括：货物品质、货物数量、货物包装、货物价格、货物装运以及保险、支付、商检、异议索赔、不可抗力、仲裁等。

3）合同的尾部

合同的尾部一般包括：合同文字的效力、份数及合同的有效期限、附件的效力、双方签字和盖章。

2. 草拟合同的注意事项

在进行跨境贸易的时候，需要签订货物买卖合同，由于涉及对外条款和贸易资金安全，草拟这类合同时有一些必须注意的事项。

1）争取合同文本的起草

当交易双方就交易的条款经过频繁的磋商与函电、电邮往来，达成一致意见后就进入合同签约阶段，需要确定合同由谁起草。一般来说，合同文本由谁起草，谁就容易掌握主动。因为磋商的内容要形成文字有一个过程，有时仅仅是一字之差意思就有很大区别，合同中的各项条款由于文化上的差异对词意的理解也会不同，很难避免不出漏洞。所以应重视合同文本的起草，尽量争取起草合同文本。如果做不到这一点，也要与对方共同起草合同文本。

合同起草的一方在合同拟写过程中可以根据双方协商的内容认真考虑写入合同中的每一条款，斟酌选用对自己有利而且对方也能接受的措辞。起草合同的文本需要做许多工作，这可以同谈判的准备工作结合起来。例如在拟定谈判计划时，所确定的谈判要点实际上就是合同的主要条款。起草合同文本，不仅要提出双方协商的合同条款，以及双方应承担的责任、义务，而且我方还要对所提出的条款进行全面细致地讨论和研究，明确哪些条款不让步到什么程度，哪些条款可作适当让步，这样当双方就合同的草稿进行实质性谈判时，我方就掌握了主动权。

2）审查合同当事人的签约资格

合同是具有法律效力的法律文件，因此要求签订合同的双方都必须具备签约资格。否则即使签订了合同,也是无效的合同。审查对方当事人的签约资格,一定要严肃认真,切不能草率从事。在签约时要调查对方的资信情况,应该要求当事人相互提供有关法律文件,证明其合法资格。一般来讲,董事长或总经理是重要的签约人,或实际签约人有法人开具的正式书面授权证明,如授权书、委托书等,以保证合同的合法性和有效性。

3)合同必须满足其有效条件

贸易双方就各项交易条件达成协议后,并不意味着此项合同一定有效。有效的合同必须满足一定的条件,否则,合同为无效合同,而无效合同不具备法律约束力。

4)合同条款应具体详细、明确规定双方的义务和责任

实际业务中,一些当事人对合同的标的价格、数量、运输、支付、保险等条款订得比较清晰,而对其他一些合同条款订得笼统、文字含糊不清、模棱两可,在执行过程中往往争议纷纷。

合同在签订的时候,合同必须明确标注双方的责任和义务,以及产生纠纷以后的解决方法,这也是非常重要的。

5.2.2 签订货物买卖合同

1. 书面合同的形式

合同(Contract),一般适用于大宗商品或成交金额大的贸易,其内容比较全面详细,除了包括交易的主要条件如品名、规格、数量、包装、价格、装运、支付、保险外,还包括商检、异议索赔、仲裁和不可抗力等条款。这种合同可分为销售合同(Sales Contract)和购货合同(Purchase Contract)两种。使用的文字是第三人称的语气。

成交确认书(Confirmation),这是合同的简化形式,一般适用于成交金额不大、批数较多的贸易,或者已订有代理、包销等长期协议的贸易。成交确认书也可分为销售确认书(Sales Confirmation)和采购确认书(Purchase Confirmation)两种。

合同还是成交确认书在法律上具有同等的效力。

2. 合同的订立

合同签订环节要做好,一方面是人员的素质,责任心非常重要,另外一方面需要把握合同执行环节中复杂的流程,进行规范化合同签订,保证信息沟通顺畅。贸易前期的订单信息如何能够沉淀下来,让后期的贸易相关人员了解贸易前期的沟通信息?如何通过一些手段保证对外的沟通?内部的沟通如何顺畅?合同的审核和合同的信息是否严谨?这些都是合同签订过程中的挑战。如果做不好,轻则造成合同签订周期的延长,或者合同执行的延长,重则可能会变成一个隐患。后期会造成执行困难,客户满意度下降,回款出现严重问题。

在跨境贸易中当交易双方就贸易交易条件经过磋商达成协议后,合同即告订立。在实际业务中,有时双方当事人在洽商交易时约定,合同成立的时间以签约时合同上所写明的日期为准,或以收到对方确认合同的日期为准。在这两种情况下,双方的合同关系即在签订正式合同时成立。

3. 合同成立的有效条件

根据各国合同法规定,一项合同,除双方就交易条件通过发盘和接受达成协议外,还需具备

下列有效条件，才是一项有法律约束力的合同。

1）当事人必须具有签订合同的行为能力

签订合同的当事人主要有自然人或法人。按各国法律的一般规定，自然人签订合同的行为能力，是指精神正常的成年人才能订立合同，未成年人或精神病人订立合同必须受到限制。关于法人签订合同的行为能力，各国法律一般认为，必须通过法人或法人代理人，在法人的经营范围内签订合同，也就是说，越权的合同不具备法律效力。此外，根据我国法律规定，对某些合同的签约主体还作了一定的限定，例如，规定只有取得对外贸易经营权的企业或其他经济组织，才能签订对外经贸合同，没有取得对外经营权的企业或组织，如签订对外经贸合同，必须委托有对外经营权的企业代理进行。

2）合同必须有对价或约因

所谓对价，即指当事人为了取得合同利益所付出的代价，这是英美法的概念；所谓约因，即指当事人签订合同所追求的直接目的，这是大陆法的概念。合同只有在有对价或约因时，才是法律上有效的合同，无对价或无约因的合同是得不到法律保障的。

3）合同的内容必须合法

合同内容必须合法，"当事人订立合同应当依照法律、行政、法规，尊重社会公德，不得扰乱社会经济秩序，损害社会公共利益"。从广义上解释，其中包括不得违反法律，不得违反公共秩序或公共政策，以及不得违反善良风俗或道德，我国《涉外经济合同法》规定，违反中华人民共和国法律或社会公共利益的合同无效。但是，合同中违反我国的法律或社会公共利益和条款，如经当事人协商同意予以取消或改正后，则不影响合同的效力。

4）合同当事人的合意必须真实、意思表示必须真实

各国法律都认为，合同当事人意思必须是真实的意思，才能成为一项有约束力的合同，否则这种合同无效或可以撤销。

如果当事人意思表示的内容有下述情形有之一或有错"合意"，即为不真实的合意，从法律层面各国都有着不同的处理办法，我国《合同法》认为合同将是无效的：

第一，一方以欺诈、胁迫的手段订立合同，损害国家利益。

第二，恶意串通，损害国家、集体或者第三人利益。

第三，以合法形式掩盖非法利益。

5）作为合同成立的证据

合同是否成立，需要有证明。贸易双方在发盘或接受时，如声明以签订一定格式的正式书面合同为准，则正式签订书面合同时方为合同成立。

6）作为合同履行的依据

跨境贸易通过口头谈判或函电磋商达成交易后把彼此磋商一致的内容，集中纳入一定格式的书面合同，双方当事人可以书面合同为准，这有利于合同的履行。

在我国对外业务中，合同或确认书，通常都制作一式两份，由双方合法代表分别签字后各执一份，作为合同订立的证据和履行合同的依据。

5.3 货物买卖合同样本

表5-8是一份中英文本的货物买卖合同。

表5-8 货物买卖合同

合 同
CONTRACT

合同号码:USACN20181001
Contract No.: USACN 20181001
日 期:*2018 年06 月01 日*
Date: *June. 1st, 2018*
地 点:北京
Concluded at: Beijing

买 方:Pacific Trading Co., Ltd.
地址:
电话:+1-__________
公司网址:
电邮:
The Buyers: Pacific Trading Co., Ltd.
Add:
Tel: +1-__________
Website:
E-mail:

卖 方:中国张氏进出口公司
地址:
电话:+86-__________
公司网址:
电邮:
The Sellers: China National Zhangshi Import & Export Company
Add:
Tel: +86-__________
Website:
E-mail:

兹经买卖双方同意,由买方购进,卖方出售下列货物,并按下列条款签订本合同:This Contract is made by and between the Buyers and the Sellers whereby the Buyers agree to buy and the Sellers agree to sell the undermentioned goods on the terms and conditions stated below:

1. 货物名称,规格,生产国别,制造工厂:
Name of Commodity, Specifications, Country of Origin, Manufacturers:
浪莎牌羊毛秋冬款加厚男短袜(GB5972-2)
材料成分:羊毛34.7%、聚酯纤维64.1%、氨纶1.2%
款式:5972、5972-1、3610、3613、3614、3615
颜色:藏青、深灰、浅灰、黑色、咖啡色
*内包装:6双/盒(盒尺寸:200mm *100mm *100mm)*
LangSha board Wool Autumn and Winter Style Thickened Men's Socks (GB5972-2)
Material composition: wool 34.7%, polyester 64.1%, spandex 1.2%.
Style: 5972, 5972-1, 3610, 3613, 3614, 3615

续表

Colour: Tibetan blue, dark grey, light grey, black, coffee
Internal packing: 6 pairs/box (Box size: 200mm *100mm *100mm)
Maker: Langsha Knitting Co., Ltd.

2. 数量:6000 盒(其中:每种款式各1000 盒,每种颜色200 盒/款)
Quantity:6000 Boxes (1000 boxes for each style and 200 boxes for each color and each style)

3. 出厂期:在2018 年8 月中
Delivery date: No. Month/year 8/2018

4. 单价:11.50 美元/盒 CIF/旧金山港(适用于Incoterms 2010)
Unit price: USD11.50/Box CIF San Francisco seaport (The unit price is to be understood Incoterms 2010)

5. 总值(大写):陆万玖仟美元整
Total value: Say US Dollars Sixty-nine thousand only

6. 装运口岸:宁波北仑港,中国
Port of loading: Beilun port, Ningbo, China

7. 目的口岸:美国旧金山港口
Port of Destination: San Francisco seaport, U. S. A.

8. 装运期限:二零一八年十月一日前
Time of shipment: On or before Oct. 1st, 2018

9. 包装及唛头:集装箱运输,包括必须适于海上运输,坚固并能确保货物安全。每件货物包装上用不褪色的涂料表明毛重、净重、包装号、尺寸及唛头。
Packing and Shipping Marks: Container shipment. Packing must be suitable for ocean shipment sufficiently strong and with adequate protection of the goods. Each package shall be stenciled with unfading pigment the gross and net weight, package No., measurement and Shipping Marks. USACN20181001
San Francisco seaport, U. S. A.

10. 付款条件:在2018 年7 月10 日之前,买方通过美国银行开出以卖方为受益人的百分之百的不可撤销信用证。该信用证凭即期汇票及本合同第11 条规定的单据在开证行付款。
Term of payment: On or before June 10, 2018, the Buyers shall open 100% of the contract value with Bank of America, an irrevocable Letter of Credit, in favor of the Sellers. This credit is payable at the opening bank against sight draft accompanied by the shipping documents as stipulated in Clause 11 of this contract.

11. 单据:各项单据均须使用与本合同相一致的文字,以便买方审核查对。
Documents: To facilitate the Buyers to check up, all documents shall be made in a version identical to that used in this contract.

A. 全套已装船清洁海运提单,提单上的到货通知人按信用证所示,提单注明"运费已付"字样。
Full set of clean on board ocean Bills of Lading made out to order blank endorsed, showing notifying party as indicated in the Letter of Credit marked "Freight Prepaid".

B. 发票正本一式三份:注明合同号、交货金额、唛头、载货船名及信用证号。
Commercial Invoice in 3 originals, indicating contract No., shipping value, shipping marks, name of carrying vessel and number of the Letter of Credit.

C. 装箱单一式三份:注明每件包装的数量、合同号及唛头。
Packing List in 3 copies, indicating quantity of each package, contract No. and shipping Marks.

D. 品质证明书一式三份,由生产厂家出具。
Certificate of Quality of the contracted goods in 3 copies issued by the manufacturer.

E. 数量证明书一式三份,由生产厂家出具。
Certificate of Quantity of the contracted goods in 3 copies issued by the manufacturer.

续表

F. 原产地证明。

Certificate of Country of Origin.

G. 按合同第13 条规定的装运通知邮件抄本。

Copy of email advising shipment according to Clause 13 of this contract.

12. 装运条款:卖方负责将本合同所列货物由装运口岸装直达班轮到目的地口岸,中途可分装、不得转船。

Terms of shipment: *The Sellers shall undertake to ship the contracted goods from the port of loading to the port of destination on a direct liner, with partial shipment allowed but transshipment not allowed.*

13. 装运通知:卖方在货物装船前12 小时内将合同号、品名、件数、毛重、净重、发票金额、载货船名及装船日期及提单号以邮件方式通知买方。

Advice of shipment: *The Sellers shall, upon completion of loading, advise the Buyers by email within 12 hours before the shipment of the contract No., name of commodity, number of packages, gross and net weights, invoice value, name of vessel, loading date and No. of the B/L.*

14. 成本加运费条款:按Incoterms 2010 CIF 贸易术语执行。

For CIF terms: *according to Incoterms 2010.*

15. 检验和索赔:货物到达口岸30 天内,如发现品质或数量或重量与本合同规定不符时,除属于保险公司或船行责任者外,卖方凭买方的书面证明及不符证据,或对货物进行修理,或对损坏和丢失的货物进行更换,所有连带损失(特别是利润损失和停产损失等)不在索赔范围之内。

Inspection & claims: *Within 30 days after the arrival of the goods at destination, should the quality, specification or quantity be found not in conformity with the stipulations of the contract except those claims for which the insurance company or the owners of the vessel are liable the Sellers shall upon written notice by Buyers and proof of non-conformity, repair or replace the defective or missing goods. All further claims for effects, especially claims for consequential damages (loss of profit, loss of production and incidental damages) shall be excluded.*

16. 品质保证:卖方保证货物是用最好材料,以一流的工艺制作,货物必须全新,不曾使用过。品质规格符合合同规定,品质保证期限为自卖方交货日起3 个月或自商品使用之日起10 日内,并以早到期者为准。货物到达口岸后由美国商检机构出具商检证书,如发现品质或数量或规格与本合同不符时,除属于保险公司或船行负责外,或在保险期限内因制造厂商在设计制造过程中的缺陷造成货物损害,卖方凭美国商检机构出具的检验证明书进行换货,或在买方提出索赔时,如果索赔属实,立即予以赔偿。如果发生索赔,所有因索赔引起的直接费用(包括检验费、更换的运费、保险费、仓储费及装卸费)均由卖方负担,所有连带损失(特别是利润和停产损失等)不在索赔范围之内。

Guarantee of quality: *The Sellers guarantee that the commodity hereof is made of the best materials with first class workmanship, brand-new and unused, and complies in all respects with the quality. After the arrival of the goods, at destination, the goods shall be inspected and the Certificate of Inspection shall be issued by U. S. commodity inspection agency. Should the quality, specification, quantity be found not in conformity with the stipulations of the contract, damages occur in the course of operation by reason of inferior quality, bad workmanship or the use of inferior materials, the Sellers shall at their discretion, on the basis of Inspection Certificate issued by U. S. commodity inspection agency, replace defective goods or undertake immediate compensation according to the state the claim is proven to be justified. In case of and specifications stipulated in this contract. The guarantee period shall be 10 days after putting the goods into commercial operation by consumers or 3 months after delivery CIF, whichever comes earlier. All the relevant direct expenses (such as inspection charges, freight for returning the goods and for sending the replacement insurance premium, storage and loading and unloading charges) shall be borne by the Sellers. All further claims for defects, especially claims for consequential damages (loss of profit, loss of production and incidental damages) shall be excluded.*

17. 不可抗力:由于一般公认的人力不可抗拒原因(包括罢工和罢工引起的工厂停产)导致不能装船或装船延误,卖方不负责任。但卖方必须在事故发生时立即电告买方,并在事故发生后14 日内航空给买方灾难发生地之有关政府机关或商会所签发的证件证实灾害存在。然而在这种情况下,卖方仍然有义务采取一切的必要措施加速货物承运。如果人力不可抗拒事故继续存在2 个月以上时买方有权取消合同。

续表

Force Majeure: *The Sellers shall not be responsible for the delay in shipment or non - delivery of the goods due to Force Majeure (including strikes and lockouts), which might occur during the process of manufacturing or in the course of loading or transit. The Sellers shall advise the Buyers immediately by fax of the occurrence mentioned above and within fourteen days thereafter, the Sellers shall send by airmail to the Buyers for their acceptance a certificate of the accident issued by the competent government authorities or the chamber of commerce where the accident occurs as evidence thereof. Under such circumstances the Sellers, however, are still under the obligation to take all necessary measure to hasten the delivery of the goods. In case the accident lasts for more than two months, the Buyers shall have the right to cancel the contract.*

18. 延期交货及罚款:*如果由于卖方的原因,卖方不能按合同规定的时间交货,卖方同意在15 天优惠期之后,付迟交金(而不是罚款)。迟交金按迟交货物的总额计算,每周为0.5% ,不到一周按一周计算,迟交金额不超过迟交部分总额的5% 。如果迟交金达到了总额,则买方可以终止迟交部分的交货。所有其他损失,特别是连带损失不在索赔的范围之内。*

Delayed delivery and penalty: *Should the Sellers fail to make delivery on time as stipulated in the contract, due to the reasons for which he is responsible, the Sellers shall pay, under the acceptance or in the course of loading after a grace period of 15 days, as liquidated damages and not as penalty 0.5% of the value of the delayed material per week of delay up to a maximum of 5% of the value involved in the late delivery. When the full amount of liquidated damages has become due, the Buyers may terminate the non - delivered part of the contract. All further claims for delay, especially claims for consequential damages, shall be excluded.*

19. 仲裁:*一切因执行本合同或与本合同有关的争执,应由双方通过友好方式协商解决。如经协商不能得到解决时,应提交中国国际经济贸易仲裁委员会,按其仲裁规则进行仲裁。仲裁委员会的仲裁为终局裁决,对双方均有约束力。仲裁费用除仲裁委员会另有决定外,由败诉一方负担。*

Arbitration: *All disputes in connection with this contract or the execution thereof shall be settled by friendly negotiation. If no settlement can be reached, the case in dispute shall then be submitted for arbitration to the China International Economic and Trade Arbitration Commission in accordance with its rules of arbitration. The decision made by the commission shall be accepted as final and binding upon both parties. The fees for arbitration shall be borne by the losing party unless otherwise awarded by the commission.*

20. 本合同以中英文书就,两种文本具有同等法律效力。

The contract is concluded in Chinese and English with equal authenticity.

21. 本合同的附件是本合同的组成部分。

The attachments of this contract are integral parts of this contract.

22. 本合同的签署方为买卖双方,买方持*2* 份正本,卖方持*4* 份正本。

In witness thereof, this contract is signed by two parties, the Buyers hold*two* originals and Sellers hold*four* original.

买　方	卖　方
Pacific Trading Co., Ltd.	中国张氏进出口公司
The Buyers	The Sellers
Pacific Trading Co., Ltd.	China National Zhangshi Import & Export Company
(signature)	(签字)

5.4　在跨境项目综合实验教学平台上贸易合同签订的操作

5.4.1　实验目的及要点

(1)熟悉货物买卖合同内容。

(2)熟悉货物买卖合同签约流程和手续。

(3)通过跨境项目综合实验教学平台编辑并签订货物买卖合同。

5.4.2　场景模拟操作说明

根据前述跨境贸易成交的方式，货物买卖合同签订在综合实验教学平台上的操作如下。

(1)系统默认买方起草合同。买方单击左侧“接受”菜单，进入已经接受的磋商信息界面。在此界面可查看已经接受的磋商信息。信息条右侧有【查看】与【编辑合同】图标，单击【查看】查看磋商信息，如图5-13所示。

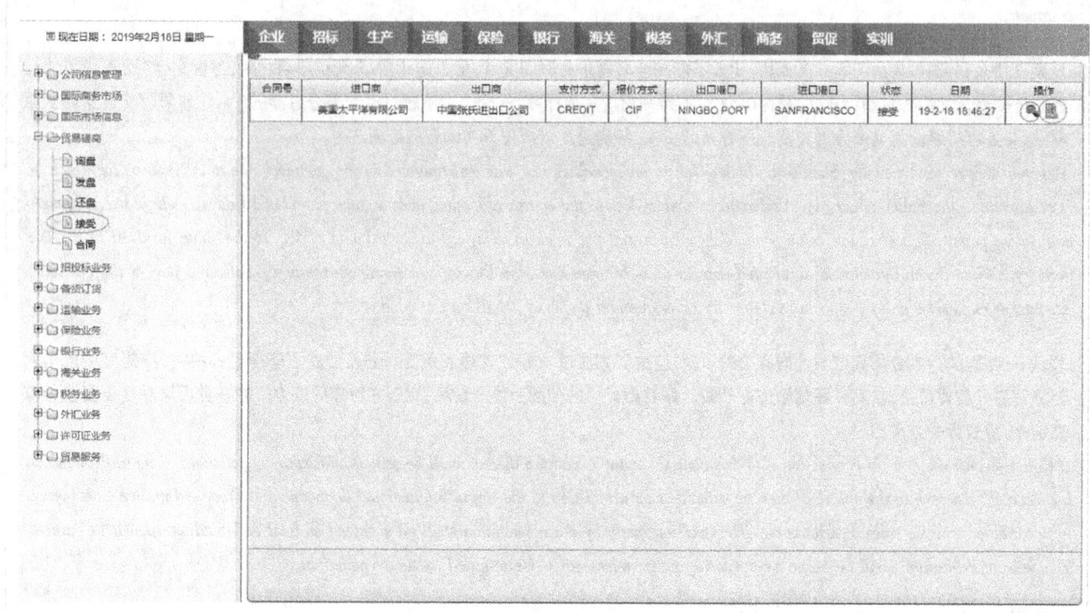

图5-13　买方查看磋商记录

(2)单击【编辑合同】图标，进入合同编写页面，如图5-14和图5-15所示。合同编辑完毕单击【保存】按钮，系统将合同自动发送给对方。

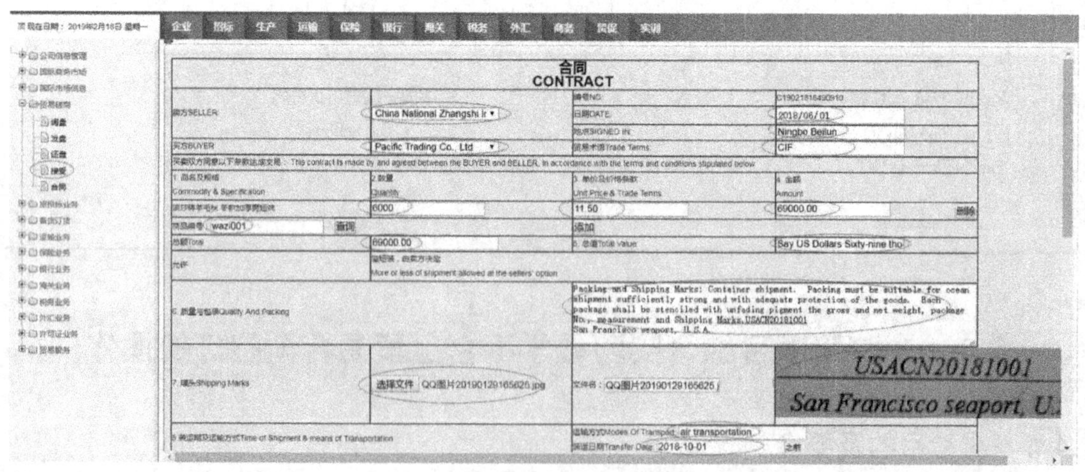

图5-14　买方草拟合同-1

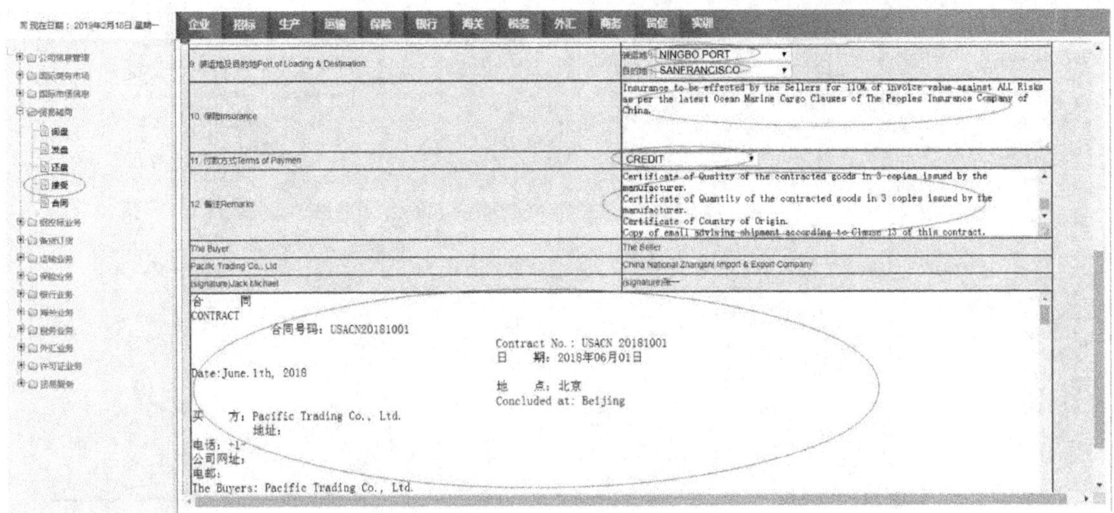

图 5-15　买方草拟合同 -2

(3)合同发送后,系统自动返回合同界面。该条合同信息的状态显示为“合同处理中”,合同号自动生成。相关信息条右侧操作栏里有【查看】和【查看合同】图标,分别查看磋商信息和合同信息,如图 5-16 所示。

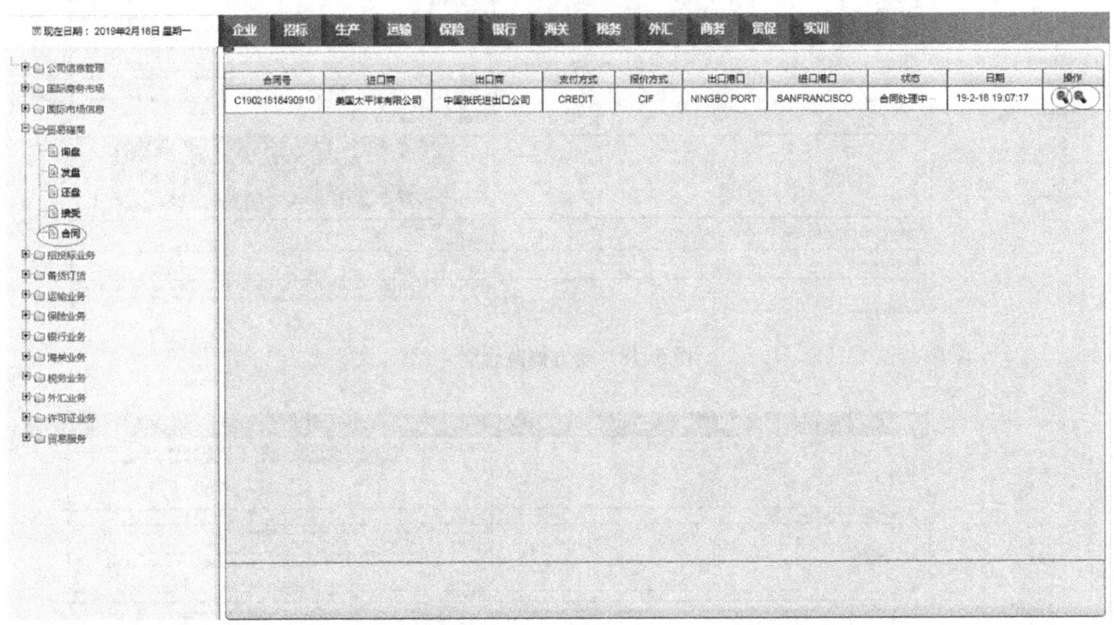

图 5-16　买方查看草拟合同

(4)卖方单击左侧“合同”菜单,进入合同处理界面。每条合同信息的操作栏有两个图标,签完合同的操作栏里两个图标分别为查看磋商信息和查看合同内容,未签订合同的操作栏里图标分别为查看磋商信息和修改合同,如图 5-17 所示。

(5)合同修改编辑页面有三种操作:【返回】返回合同页面,【签订】签订该合同,【修改】修改合同发送给对方,图 5-18 和图 5-19 为合同修改编辑界面。

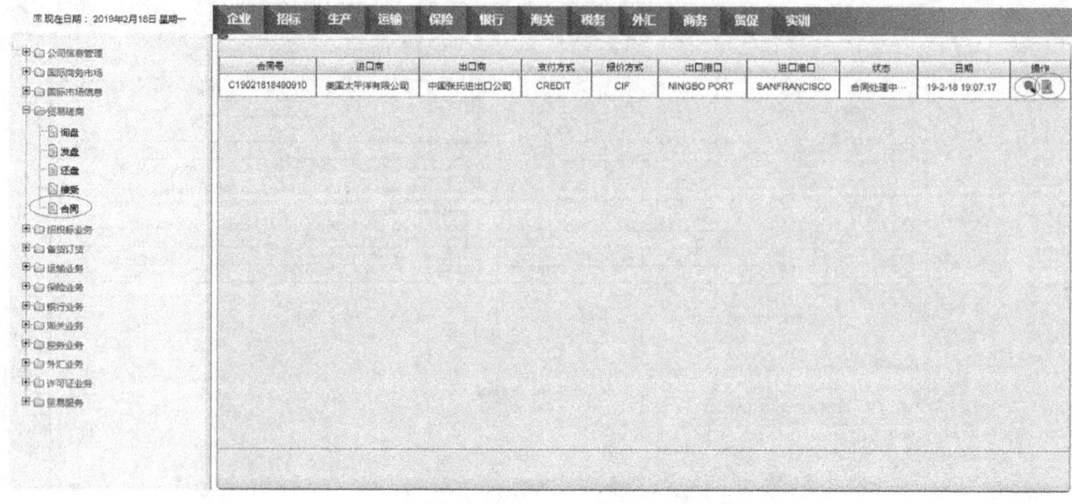

图 5-17　卖方查看草拟合同

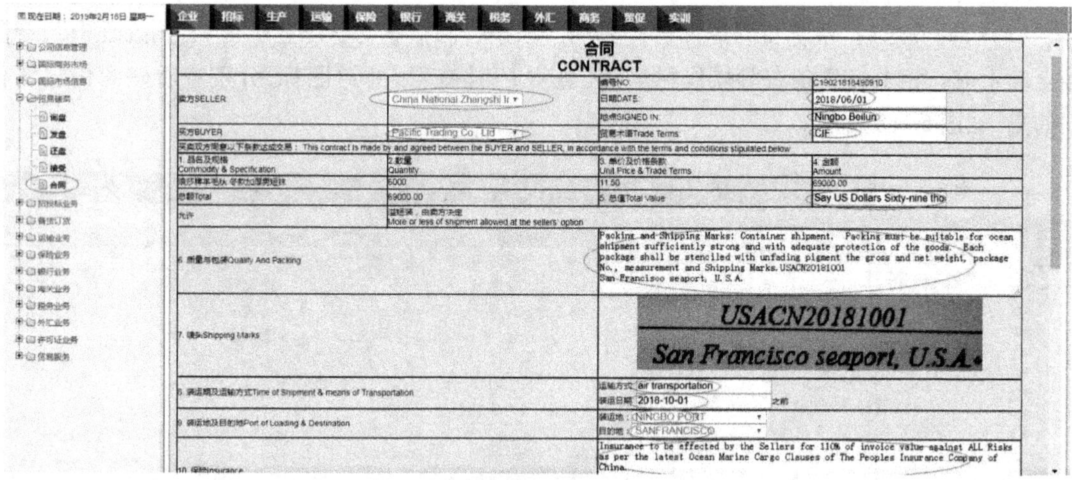

图 5-18　卖方修改合同 -1

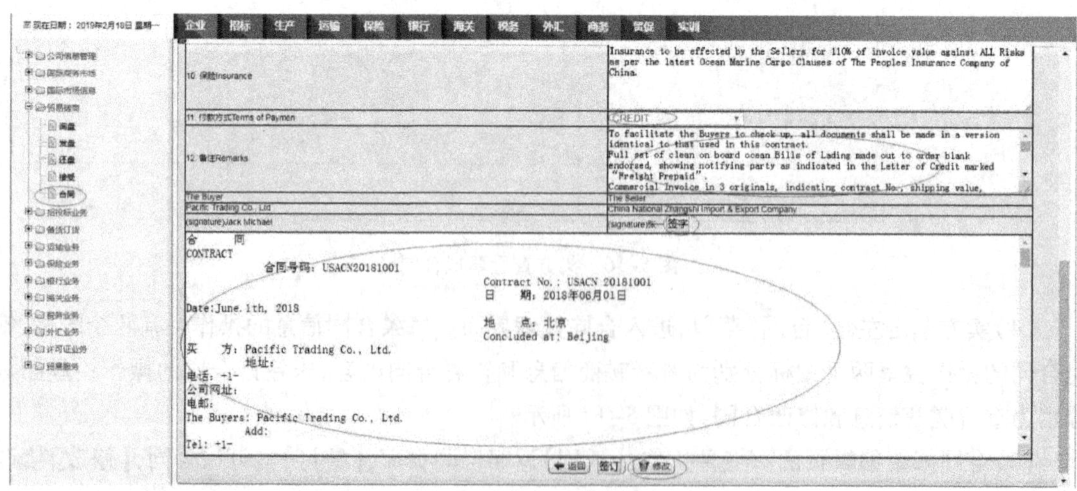

图 5-19　卖方修改合同 -2

单击【修改】,系统自动把修改后的合同显示给买方,系统返回合同页面,合同的状态栏显示"合同已拒绝"。

(6)如果买方或卖方对合同的内容不认可,单击每条信息右侧操作栏【编辑合同】图标,继续修改合同内容,系统将合同自动发送给对方。如果买方/卖方对合同内容认可,单击【签订】按钮,双方合同达成买方修改合同后,单击【发送】按钮,合同再次发送给卖方,如图 5-20 所示。

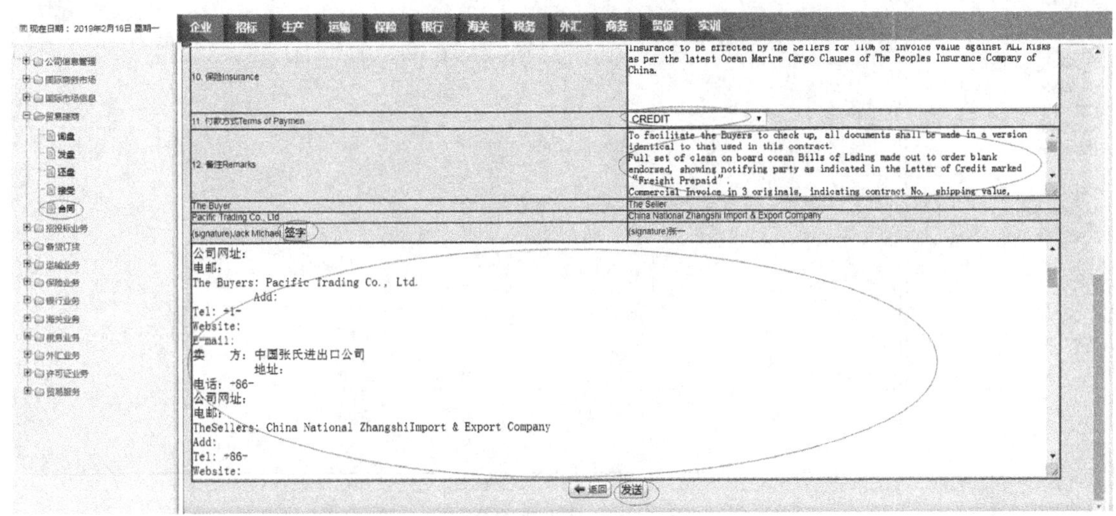

图 5-20　买方签订合同

卖方对合同内容认可,单击【签订】按钮,双方合同达成,如图 5-21 所示。合同达成后,系统返回到合同信息条界面。

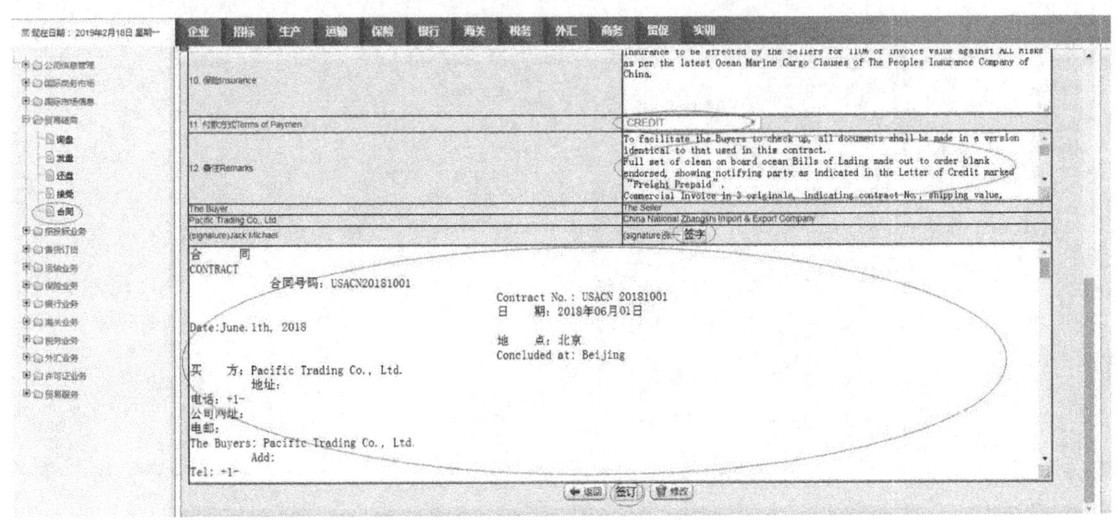

图 5-21　卖方签订合同

（7）买方/卖方单击“合同”菜单，在合同列表中，可以看到已经签订的合同，如图 5-22 和图 5-23 所示。

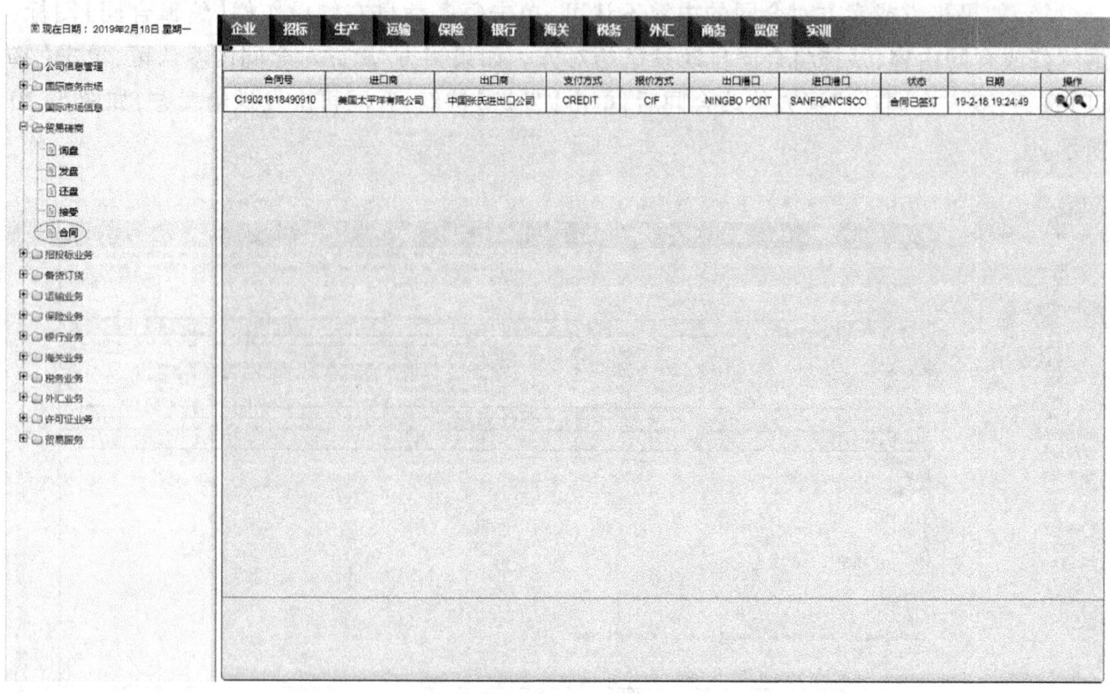

图 5-22　买方查看合同

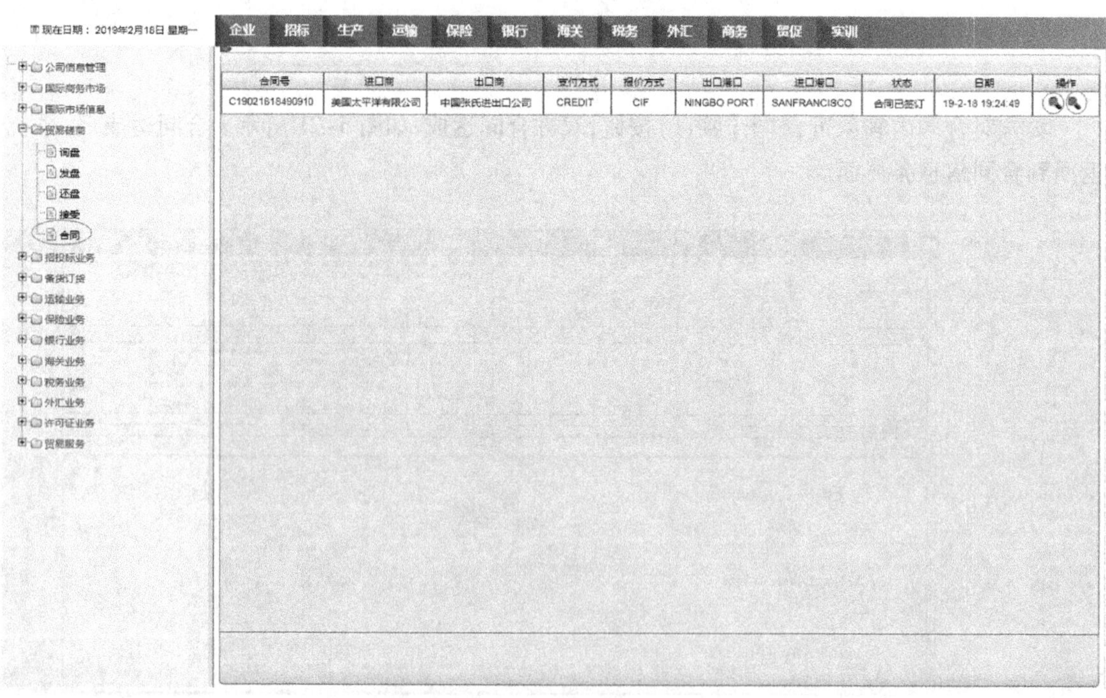

图 5-23　卖方查看合同

第 3 篇

跨境贸易实务操作基本流程

第6章 多种交易条件下的跨境贸易实务操作流程

教学目标：

掌握CIF贸易术语和信用证交易条件下的跨境贸易交易的实务操作流程；掌握FOB或EXW贸易术语和托收交易条件下的跨境贸易交易的实务操作流程；掌握DDP贸易术语和汇付交易条件下的跨境贸易交易的实务操作流程。

6.1 CIF术语、信用证方式下的实务流程

下面以CIF术语为条件，具体介绍在信用证方式下的跨境贸易的实务流程，并配套有图示，如图6-1所示。

6.1.1 双方磋商、签订合同阶段

卖方希望将自己的产品销往海外，买方希望在全球市场上获得物美价廉的商品，为此，贸易双方必然会不惜余力地实施推销活动，推销一切有利于自己的东西，进而展开贸易磋商，你来我往，寻求对双方合适的条款，最终达成协议，促成交易。

第一步：市场营销。买方和卖方通过市场营销，相互认识和了解，并产生相互合作的愿望。

第二步：询盘。买方欲购买某商品，向卖方发出询问交易该商品的各项交易条件，以期达成交易。

第三步：发盘、还盘。针对询盘，卖方向买方提出各项交易条件，并愿意按照此条件达成交易，订立合同。买方若对发盘内容不同意或不完全同意则向卖方提出修改或变更，如此双方反复往来，直至达成双方均认可的各项交易条件。

第四步：接受、签订合同。买方和卖方若对交易条件无异议，则双方按照接受的内容签订货物买卖合同。

6.1.2 开立信用证阶段

买方与卖方之间的货物买卖合同一旦成立，双方就必须按照合同规定履行应有的义务。因

此,按照合同规定在信用证支付条件下,买方必须向卖方提供保证付款的文件,即信用证,并完成国家有关对外付汇的规定手续(若中方为买方),以保证届时的顺利付汇。

第五步:申领进口许可证。为了有效管理进口货物,各个国家多实行进口许可证、进口配额等限制性管理制度。一旦进口货物执行进口许可证制度,买方需要尽快办理该商品的进口许可证。买方在商务部进出口许可证件申领平台进行申领。

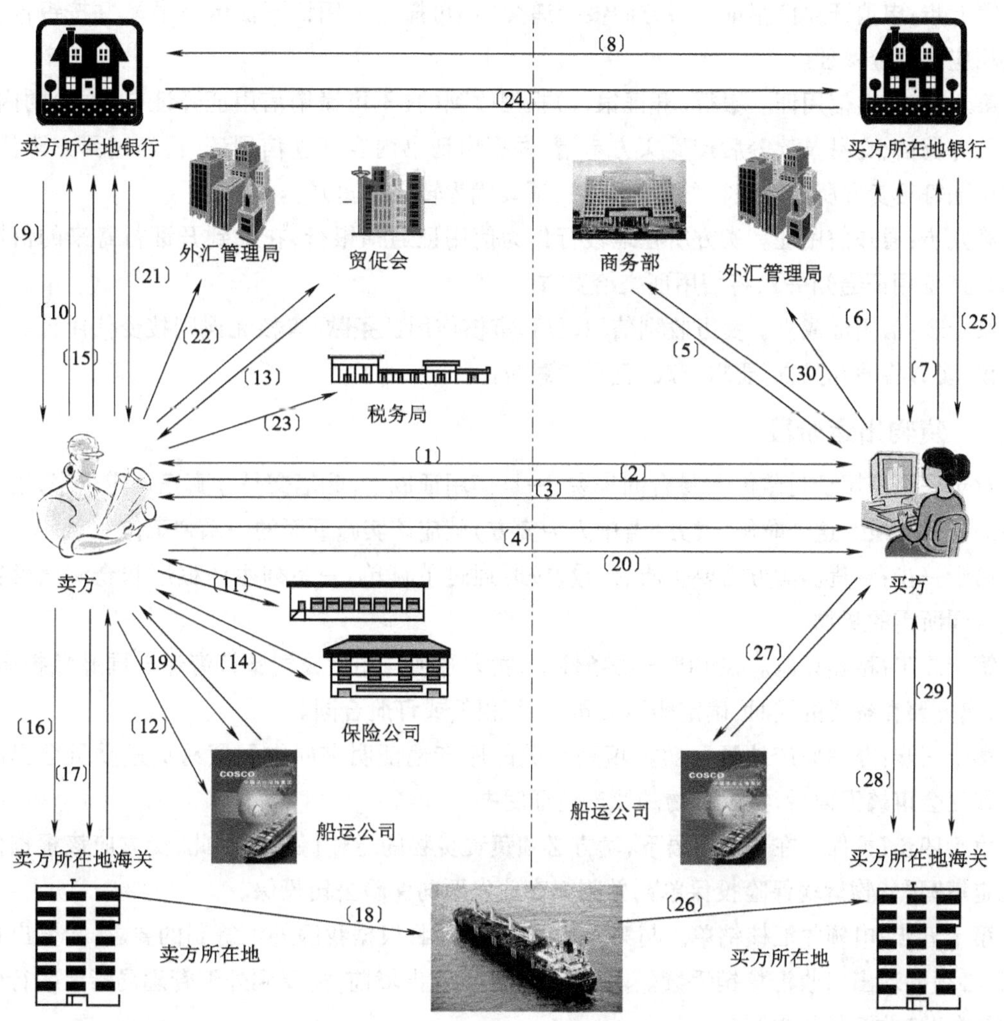

其中:〔1〕买方和卖方推销;〔2〕买方询盘;〔3〕卖方发盘,买方和卖方还盘;〔4〕双方接受、签订货物买卖合同;〔5〕买方向商务部申领进口许可证;〔6〕买方向银行申领付汇核销单;〔7〕买方向当地银行申请开立信用证;〔8〕买方所在地银行开出信用证并寄出;〔9〕卖方所在地银行送达信用证给卖方;〔10〕卖方审证、改证、确定信用证;〔11〕卖方备货或订货;〔12〕卖方租船订舱;〔13〕卖方向贸促会申领产品原产地证;〔14〕卖方到保险公司办理货物运输保险;〔15〕卖方到银行申领收汇核销单;〔16〕卖方请海关核销备案;〔17〕卖方向海关申请货物通关;〔18〕卖方将货物装船出运;〔19〕卖方换单取得海运提单;〔20〕卖方向买方发出装船通知;〔21〕卖方到银行办理议付,获得货款;〔22〕卖方到外管局办理收汇核销;〔23〕卖方向税务局申请出口退税;〔24〕卖方所在地银行向买方所在地银行交单、买方所在地银行拨款给卖方所在地银行;〔25〕买方向银行付款赎单;〔26〕卸货;〔27〕买方与船运公司办理交单提货手续;〔28〕买方向海关申报货物,办理通关手续;〔29〕买方提货;〔30〕买方向银行申领付汇核销单。

图6-1 CIF术语条件和信用证方式下的跨境贸易实务流程图

第六步:申领付汇核销单。为了杜绝各种形式的套汇、逃汇、骗汇等违法犯罪行为,我国当前实施严格的外汇管理制度,规定所有企业对外经营过程中,任何对外支付外汇必须要通过国家审核,实行进口付汇核销制度。因此,进口贸易一旦需要对外付汇,买方必须提前办理付汇核销手续。首先,买方需要在开立信用证之前到外汇管理局指定银行领取并填写《贸易进口付汇核销单(代申报单)》,以备后面的付汇核销。

第七步:申请开立信用证。买方向银行递交《不可撤销信用证开证申请书》,并按银行要求提供相应的资金保证。

第八步:开出信用证。银行(开证银行)根据收到的《不可撤销信用证开证申请书》的内容,审核买方资信、交易条款等后接受买方申请,根据申请书内容开立信用证,再经过买方确认后,将信用证寄给卖方所在地银行(通知银行),请其代为转交给卖方。

第九步:通知信用证。卖方所在地银行作为信用证通知银行,在收到开证行寄来的信用证后,填写《信用证通知书》,将信用证交给卖方。

第十步:信用证成立。卖方收到信用证后,审核信用证条款,审核无误则接受信用证。一旦有异议,卖方将通知买方,要求修改,直至满意为止。

6.1.3 货物出运阶段

对于采用信用证付款的贸易合同来说,一旦信用证成立,此笔交易才真正确定下来,进入实质性的履行阶段。这个时候,卖方(若中方为卖方)就应该实施下面的一系列工作:

第十一步:备货。卖方需要按质、按量、按时通过下订单、一系列生产程序和仓储获得货物买卖合同所需的货物。

第十二步:租船订舱。在CIF术语条件下,卖方必须与船运公司签订海运合同并负担运费。因此,卖方要在备货的同时,确定船运公司,签订租船或订舱合同。

第十三步:办理原产地证。卖方填妥相关的原产地证明书向中国贸易促进委员会提出申请。贸促会审核无误后,签发货物的原产地证明书。

第十四步:投保。在CIF术语下,卖方必须负责货物的运输保险。因此,卖方应该根据信用证规定填写《货物运输保险投保单》,并附上商业发票向保险公司投保。

第十五步:申领收汇核销单。与第六步同样的原因,根据我国外汇管制的要求,卖方出口货物时,必须办理出口收汇核销手续。因此,卖方在货物出境前,需要到外汇管理局指定银行申领并填写《出口收汇核销单》。

第十六步:核销备案。卖方向海关提示《出口收汇核销单》,请海关核销备案。

第十七步:出口通关。卖方填写《中华人民共和国海关出口货物报关单》或《中华人民共和国海关出境货物备案清单》,备妥所有相关文件向海关申请货物出口通关。海关审核卖方所交单证,并核实出口货物无误后,签发加盖验讫章的核销单和报关单或备案清单给卖方,以便其办理后续的核销和退税。

第十八步:装船出运。卖方安排货物运抵港口,根据货运代理公司的通知将货物装运上船,获得大副签发的收货单。

第十九步:换取提单。卖方凭收货单向货运代理公司换取已装船的《海运提单》。

第二十步:发出装船通知。卖方应该在装船后第一时间,向买方发出货已装船的充分通知。

6.1.4　卖方收汇阶段

开展跨境贸易的最本质的目的就是要获取利润，出口收汇工作对卖方来说是此项活动中最重要的部分。

第二十一步：议付。卖方备妥所有信用证规定的相关单证，并将此提交给卖方所在地银行（议付银行），请求银行支付货款。议付银行在严格审核所有单证无误后，向卖方支付货款，卖方则收汇成功。与此同时，银行将出具给卖方加盖有“出口收汇核销专用联章”的《出口收汇核销专用联》。若单证有不符点，银行可拒绝付款。

第二十二步：收汇核销。卖方凭上述《出口收汇核销专用联》和其他相关文件到外管局办理收汇核销。外管局核销后，发还《出口收汇核销单》（第三联）。

第二十三步：退税。卖方凭《出口收汇核销单》（第三联）、报关单（出口退税联）和商业发票到税务局办理出口退税手续。税务局审核无误后将退税款拨给卖方。就此，卖方的所有正常工作全部完成。

第二十四步：交单拨款。卖方所在地银行（议付银行）在支付给卖方货款后，将卖方交来的交易单证一并寄给买方所在地银行（付款银行）要求付款。付款银行收到单证，审核无误后向议付银行拨款。

6.1.5　付汇取货阶段

在卖方备货出运阶段，买方需要密切关注卖方所在地各项相关环节的进展情况以及安排接货的准备工作。一旦卖方发运货物，买方即进入付汇取货阶段。

第二十五步：付款赎单。当付款银行收到交易的所有单证后，即通知买方付款赎单。买方将货款支付给付款银行获取相关单证。

第二十六步：卸货。货物抵达目的港，装卸公司根据载货清单等相关单证将货物卸到由海关监管的码头仓库。

第二十七步：办理交单提货手续。买方在收到船运公司货到通知后，将从付款银行赎来的海运提单等相关单据交给船运公司换取《提货单》。

第二十八步：进口通关。买方填写《中华人民共和国海关进口货物报关单》或《中华人民共和国海关进境货物备案清单》，并备妥所有需要报关的文件向海关申请报关。海关根据相关规定对货物和单证进行核查，并告知收缴各项税款。买方须在规定的期限内缴纳包括进口关税、增值税和消费税等税款。所有通关手续完成后，海关将签发加盖验讫章的报关单或备案清单给买方，以便其办理后续的提货和核销工作。

第二十九步：提货。海关放行后，买方到码头仓库提取货物。

第三十步：付汇核销。买方凭进口付汇核销单和进口货物报关单等到外管局办理付汇核销手续。

6.2　FOB/EXW 术语、托收方式下的实务流程

本节以 FOB 或 EXW 术语条件分别介绍付款交单和承兑交单两种托收方式下的跨境贸易实务流程。

6.2.1 付款交单实务流程

下面以FOB术语条件介绍付款交单托收方式下的跨境贸易实务流程，配套图示如图6-2所示。

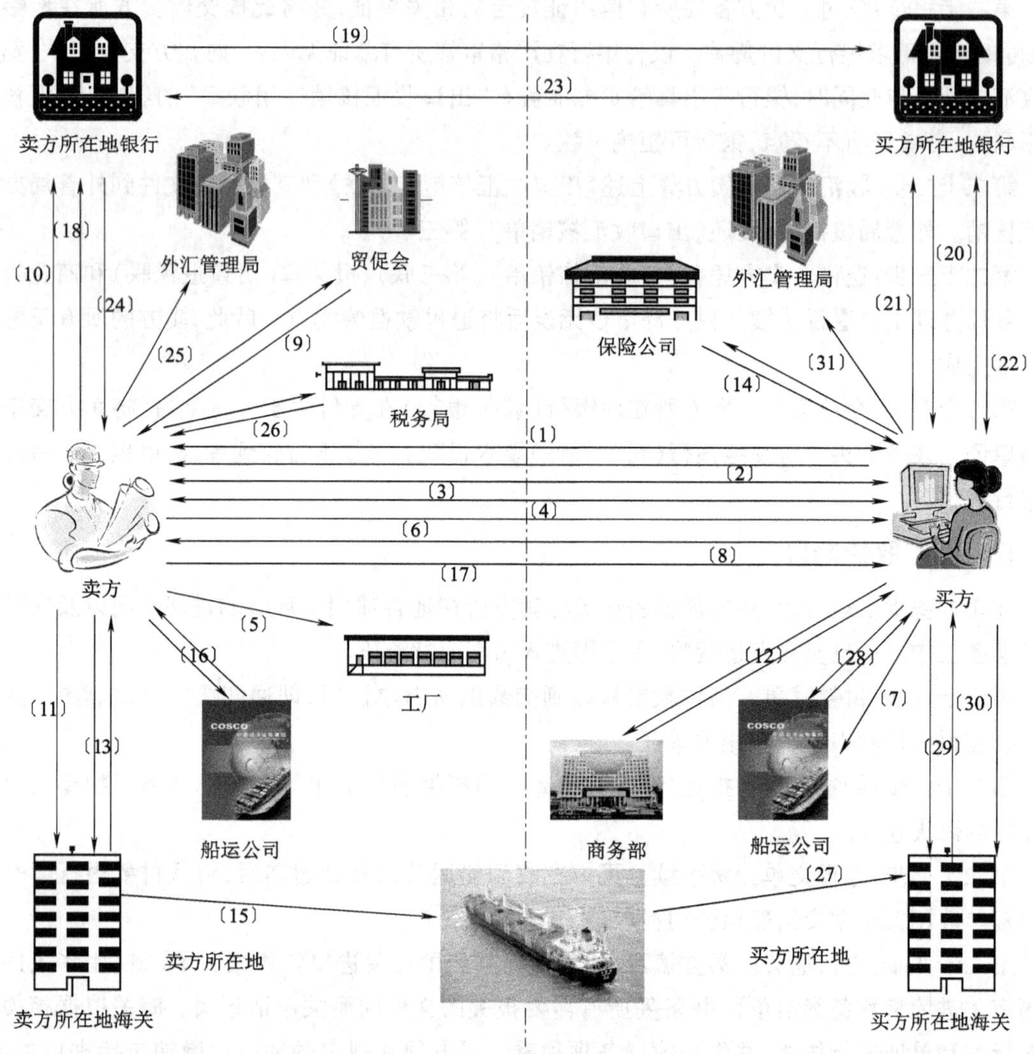

其中：〔1〕推销；〔2〕询盘；〔3〕发盘，还盘；〔4〕接受、签订货物买卖合同；〔5〕备货或订货；〔6〕发出货物及装船通知；〔7〕租船订舱；〔8〕运输通知；〔9〕申领产品产地证；〔10〕申领收汇核销单；〔11〕核销备案；〔12〕申领进口许可证；〔13〕出口通关；〔14〕投保；〔15〕货物装船出运；〔16〕取得海运提单；〔17〕发出装船出运通知；〔18〕托收；〔19〕寄出托收单据；〔20〕通知付款赎单；〔21〕申领付汇核销单；〔22〕付款，获取单据；〔23〕转汇货款；〔24〕支付货款；〔25〕收汇核销；〔26〕出口退税；〔27〕卸货；〔28〕办理交单提货手续；〔29〕进口通关；〔30〕提货；〔31〕付汇核销。

图6-2 FOB术语条件和D/P方式下的跨境贸易实务流程图

1. 双方磋商、签订合同阶段

此阶段的工作与6.1.1节“双方磋商、签订合同阶段”工作相同。

2. 备货、出运阶段

合同一旦成立，卖方即开始准备货物，并在买方的运输配合下出运货物，也就是说，FOB术语条件下，卖方与买方必须通力合作，相互协作才能顺利完成货物的出运工作。

第五步:备货。卖方需要按质、按量、按时通过下订单、一系列生产程序和仓储获得货物买卖合同所需的货物。

第六步:发出通知。一旦货物备妥,卖方立即给买方有关货物情况通知,以便买方租船订舱。

第七步:租船订舱。在FOB术语条件下,买方负责与船运公司签订海运合同并负担运费。因此,买方在接到卖方的通知后,马上确定船运公司,签订租船或订舱合同。

第八步:完成租船订舱后,买方须给予卖方租船订舱情况的充分通知。

第九步:办理原产地证。卖方向中国贸易促进委员会申请办理出口货物的原产地证明书。

第十步:申领收汇核销单。卖方到外汇管理局指定银行申领并填写《出口收汇核销单》。

第十一步:核销备案。卖方向海关提示《出口收汇核销单》,请海关核销备案。

第十二步:申领进口许可证。买方在商务部进出口许可证件申领平台申领进口许可证。

第十三步:出口通关。卖方向海关申请货物出口通关,办理出口通关手续。海关审核后,签发加盖验讫章的核销单和报关单(出口退税联)给卖方,以便其办理后续的核销和退税。

第十四步:投保。在FOB术语下,买方负责货物的运输保险。买方可以自行根据需要向保险公司投保。

第十五步:装船出运。卖方安排货物运抵港口,根据买方和货运代理公司的通知将货物装运上船,获得大副签发的收货单。

第十六步:换取提单。卖方凭收货单向货运代理公司换取已装船的《海运提单》。

第十七步:装船出运通知。卖方必须在装船后第一时间,向买方发出货已装船的充分通知。

3. 卖方收汇阶段

货物起运后,卖方即可办理收汇的各项手续。

第十八步:托收。卖方备齐所有单据,向卖方所在地银行(托收银行)办理托收手续。

第十九步:寄单。托收银行将卖方交来的单据寄出给买方所在地银行(代收银行),请其代为收缴货款。

第二十步:赎单通知。代收银行接到单据后,向买方发出通知,请其付款赎单。

第二十一步:申领付汇核销单。买方收到通知后,首先到外管局指定银行申领进口付汇核销单。

第二十二步:付款赎单。买方支付货款给代收银行。之后,赎回海运提单等货物单据。

第二十三步:拨款。代收银行将买方支付的货款拨付给托收银行。

第二十四步:收汇。托收银行将代收银行汇来的货款交给卖方,卖方即完成收汇任务。

第二十五步:收汇核销。卖方凭相关文件到外管局办理收汇核销。

第二十六步:出口退税。卖方凭商业发票和相关单据和文件到税务局办理出口退税手续。税务局审核无误后将退税款拨给卖方。就此,卖方的所有正常工作全部完成。

4. 买方提货阶段

第二十七步:卸货。货物抵达目的港后,装卸公司根据载货清单等相关单证将货物卸到由海关监管的码头仓库。

第二十八步:办理交单提货手续。买方在收到船运公司货到通知后,将海运提单等相关单据交给船运公司换取《提货单》。

第二十九步:进口通关。买方备妥所有需要报关的文件向海关申请报关,缴纳税费。海关对货物和单证进行核查。所有通关手续完成后,海关将签发加盖验讫章的报关单给买方,以便其办理后续的提货和核销工作。

第三十步:提货。海关放行后,买方到码头仓库提取货物。

第三十一步:付汇核销。买方凭进口付汇核销单和进口货物报关单等到外管局办理付汇核销手续。

6.2.2　承兑交单实务流程

下面以EXW术语条件介绍承兑交单托收方式下的跨境贸易实务流程,并配套有图示,如图6-3所示。

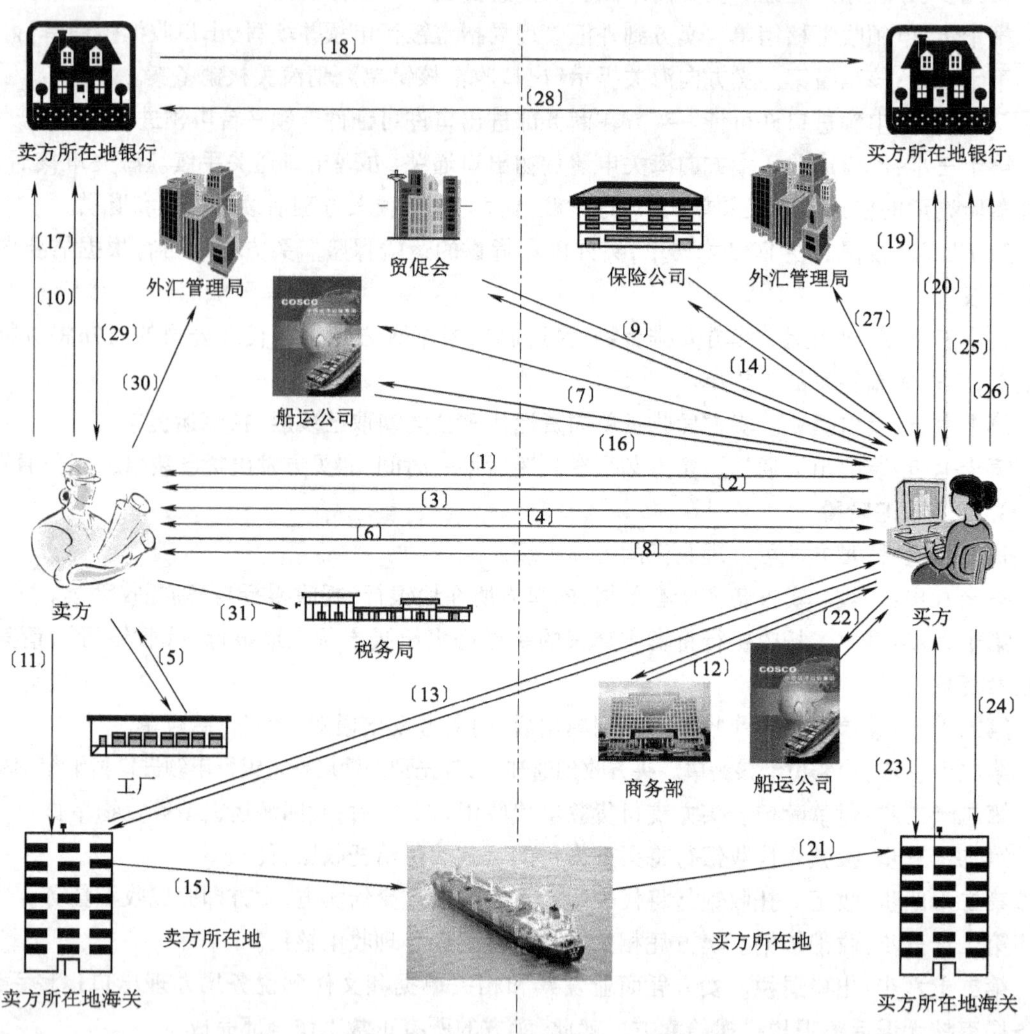

其中:〔1〕买方和卖方推销;〔2〕买方询盘;〔3〕卖方发盘,买方和卖方还盘;〔4〕双方接受、签订货物买卖合同;〔5〕卖方备货或订货,将货物放入仓库;〔6〕卖方向买方发出货物备妥通知;〔7〕买方租船订舱;〔8〕买方通知卖方租船订舱情况;〔9〕买方向贸促会申请货物的产品产地证;〔10〕卖方到银行申领收汇核销单;〔11〕卖方请海关核销备案;〔12〕买方向商务部申请进口许可证;〔13〕买方向海关申请货物通关;〔14〕买方到保险公司办理货物运输保险;〔15〕货物装船出运;〔16〕买方换单取得海运提单;〔17〕托收;〔18〕寄出托收单据;〔19〕买方所在地银行通知买方承兑;〔20〕买方承兑后获取单据;〔21〕卸货;〔22〕买方与船运公司办理交单提货手续;〔23〕买方向海关申报货物,办理通关手续;〔24〕买方提货;〔25〕买方向银行申领付汇核销单;〔26〕买方向银行付款;〔27〕买方到外管局办理付汇核销;〔28〕买方所在地银行向卖方所在地银行转汇货款;〔29〕卖方所在地银行将货款拨给卖方;〔30〕卖方到外管局办理收汇核销;〔31〕卖方向税务局申请出口退税。

图6-3　EXW术语条件和D/A方式下的跨境贸易实务流程图

承兑交单与付款交单的主要区别只是在于代收银行获得货物单据后与买方之间的交单、付款程序不同：当代收银行提示给买方单据时，买方只需要在汇票上进行承兑（不必支付货款），即可获得取货的所有单据。等到提货完毕，汇票到期时，买方在代收银行提示下才支付货款。

有关承兑交单的实务流程见下面介绍。

（1）双方磋商、签订货物买卖合同阶段。第一步至第四步，贸易双方通过推销、询盘、发盘、还盘、接受，最终签订货物买卖合同。

（2）备货、出运阶段。第五步至第十六步，卖方完成备货、通知、核销备案等任务，而买方的工作就要比 FOB、CIF 和 CFR 多一些：必须做好租船订舱、通知、领证、通关，出运、换单、投保等一系列工作。

（3）卖方收汇阶段和买方提货阶段。在 D/A 方式下，这两个阶段是交叉进行的。在许多情况下，买方提货要早于买方的付款和卖方的收汇。

第十七步：托收。卖方备齐所有单据，向卖方所在地银行（托收银行）办理托收手续。

第十八步：寄单。托收银行将卖方交来的单据寄出给买方所在地银行（代收银行），请其代为收缴货款。

第十九步：承兑通知。代收银行接到单据后，向买方发出通知，请其在汇票上承兑。

第二十步：承兑取单。买方在汇票上承兑后，从代收银行那里获得相关货物单据。

第二十一步至第二十四步是卸货、办理交单提货手续、进口通关、提货，与前面 D/P 条件下第二十七～三十一步的内容相同。

第二十五步：申领付汇核销单。买方到外管局指定银行申领进口付汇核销单。

第二十六步：付款。汇票到期时，代收银行向买方提示，买方支付货款。

第二十七步：付汇核销。买方凭进口付汇核销单和进口货物报关单等到外管局办理付汇核销手续。

第二十八步：拨款。代收银行将买方支付的货款拨付给托收银行。

第二十九步：收汇。托收银行将代收银行汇来的货款交给卖方。

第三十步：收汇核销。卖方凭相关文件到外管局办理收汇核销。

第三十一步：出口退税。卖方凭商业发票和相关单据和文件到税务局办理出口退税手续。税务局审核无误后将退税款拨给卖方。就此，卖方的所有正常工作全部完成。

6.3　DDP 术语、汇付方式下的实务流程

有关在 DDP 术语和预付货款条件下的具体贸易实务流程情况请见图 6-4。

6.3.1　双方磋商、签订合同阶段

第一步至第四步，跨境贸易双方通过推销、询盘、发盘、还盘、接受，最终签订货物买卖合同。

6.3.2　预付货款阶段

第五步：申领进口许可证。供方在商务部进出口许可证件申领平台申领进口许可证。

第六步：申领付汇核销单。因为需要提前支付货款，因此一旦合同签订，需方即刻需要主动先期支付货款，为此，首先到外管局指定银行申领进口付汇核销单。

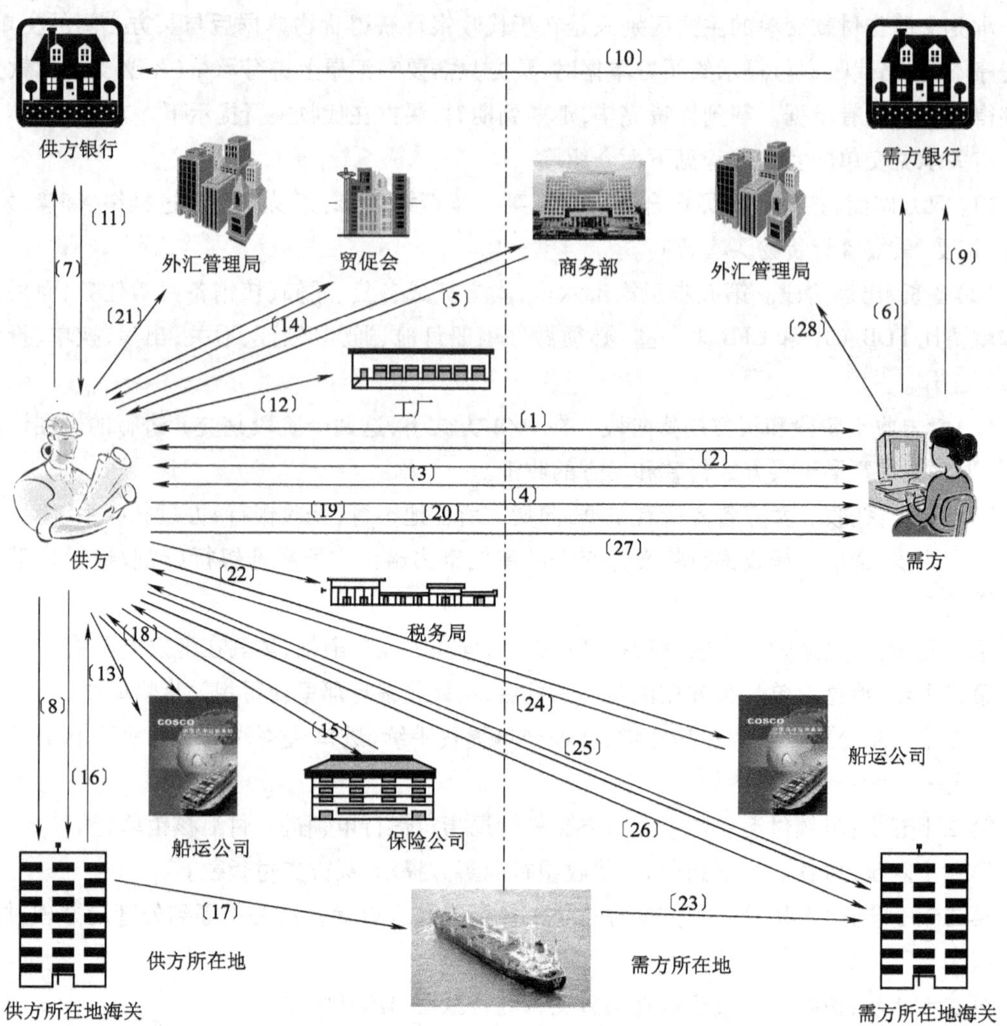

其中:〔1〕推销;〔2〕询盘;〔3〕发盘,还盘;〔4〕接受、签订货物买卖合同;〔5〕供方申领进口许可证;〔6〕需方申领付汇核销单;〔7〕供方申领收汇核销单;〔8〕核销备案;〔9〕需方向银行支付货款;〔10〕转汇货款;〔11〕拨款;〔12〕供方备货或订货;〔13〕供方租船订舱;〔14〕供方申请产品产地证;〔15〕供方投保;〔16〕供方出口通关;〔17〕供方装船出运;〔18〕供方换单取得海运提单;〔19〕供方发出装船通知;〔20〕供方寄出货物单据给需方;〔21〕收汇核销;〔22〕供方出口退税。〔23〕卸货;〔24〕供方办理交单提货手续;〔25〕供方办理进口通关;〔26〕供方在需方所在地提货;〔27〕需方在本地从供方处收货;〔28〕付汇核销。

图6-4 DDP术语条件和预付货款(T/T)方式下的跨境贸易实务流程图

第七步:申领收汇核销单。供方到外汇管理局指定银行申领并填写《出口收汇核销单》。

第八步:核销备案。供方向海关提示《出口收汇核销单》,请海关核销备案。

第九步:付款。需方支付货款给需方银行(汇款银行),请其电汇。

第十步:电汇。汇款银行以电汇指示供方银行(付款银行)向供方支付货款。

第十一步:收汇。付款银行通知供方收汇。供方前往银行结汇取款,银行给供方加盖有“出口收汇核销专用联章”的《出口收汇核销专用联》。

6.3.3 备货、出运阶段

第十二步至第十九步是备货、租船订舱、办理原产地证,装船通知、投标、出口通关、装船出运、获取海运提单、提交货物单据。这些步骤与前面信用证和 CIF 条件下第十一 ~ 十四步和第十七 ~ 二十步的内容相同。

第二十步:寄单。供方按合同规定,寄出货物所有单据给需方。

第二十一步:收汇核销。供方凭《出口收汇核销专用联》、《出口收汇核销单》、报关单、商业发票等到外管局办理收汇核销。

第二十二步:出口退税。供方凭商业发票和相关单据和文件到税务局办理出口退税手续。税务局审核无误后将退税款拨给供方。

6.3.4　供方提货交货阶段

第二十三步至第二十六步为供方提货阶段工作。供方此阶段的提货程序与信用证方式和 CIF 条件下需方的提货的实务流程一样。

第二十七步:交货。供方需要将货物按合同规定办理交货手续(给需方)。

第二十八步:付汇核销。需方凭进口付汇核销单和进口货物报关单等到外管局办理付汇核销手续。

第7章 跨境项目综合实验教学平台的贸易履行业务流程操作

教学目标：

掌握在《国际贸易术语解释通则®2010》中的11个贸易术语条件下，采用信用证、银行保函、托收交易和/或汇付付款方式下的跨境贸易履行的实务操作流程。

跨境贸易的交易条件确定并签订货物买卖合同后，跨境贸易进入履约阶段。在履约阶段中，贸易的卖方和买方都必须严格按照货物买卖合同的交易条件履行各自的权利、责任和义务。备货、租船订舱、保险、送货、关检、装船出运、交单、结汇、核销、退税，每笔贸易业务都需要经过许多复杂的环节。

就卖方而言，一般需要完成如下任务：

备货——保质保量地按时提交贸易。

交货——按照货物买卖合同中规定交货，包括可能的通关工作（负责交易商品的报关、上税和出关/进关）、出运任务（负责将交易商品运输到规定的地点并交付给买方）和上保险（负责提供运输环节的保险）。

通知——按照要求，将商品情况和履约情况充分通知买家，以便买家能够顺利接货。

提供必要的单据——卖方向买方提供货物买卖合同中所规定的所有付款单据，包括商品发票、装箱单、报关单、保险单、运单、产地证明等。

收款——按照货物买卖合同规定获得贸易应收款项。

后续工作——包括退税、成本核算等。

就买方而言，也需要按时进行如下工作：

支付预付款或开立信用证等——按货物买卖合同要求，及时足额支付贸易预付款或开立符合要求的信用证。

通知——按照要求，将履约情况充分通知卖家，以便卖家能够顺利交货。

接货——按照货物买卖合同规定交货，包括可能的出口和进口通关工作（负责交易商品的报关、上税和出关/进关）、出运任务（负责从卖方处收货并运输到目的地）、上保险（负责给货物上保险）以及按照贸易合同规定及时准确地接货。

付款——按照货物买卖合同规定支付货款，并进行必要的成本核算。

总之，货物买卖合同履行阶段的工作环节很多，专业且复杂，需要有高度专业素养的从业人员认真、负责任地按照货物买卖合同的规定完成各自的任务，以保证整个贸易的顺利完成，获得预先设定的经济目标。

跨境项目综合实验教学平台模拟了跨境贸易业务中最常用的支付方式（信用证、汇付、托收、银行保函）和不同贸易术语情况下的整个业务流程。下面将分节通过列表来介绍在不同的贸易术语条件下的一笔跨境贸易履约的整个业务流程情况。

7.1 EXW条件

表7-1 国际项目综合实验教学平台EXW条件下的贸易流程表

EXW、信用证(LC)				EXW、托收				EXW、汇付				EXW、银行保函			
序号	买方	卖方	前置条件	序号	买方	卖方	前置条件	序号	买方	卖方	前置条件	序号	买方	卖方	前置条件
1	签订合同	签订合同	0	1	签订合同	签订合同	0	1	签订合同	签订合同	0	1	签订合同	签订合同	0
2	付汇备案		1	2	付汇备案		1	2	付汇备案		1	2		履约保函	1
3	开立LC		2	3		备货订货	1	3		收汇备案	1	3	付汇备案		2
4		审核LC	3	4	租船订舱		3	4	支付货款		2,3	4		收汇备案	2
5		备货订货	4	5	办理保险		4	5		备货订货	4	5	保函贷款		3,4
6	租船订舱		5	6		收汇备案	1	6	租船订舱		5	6		备货订货	5
7	办理保险		6	7	出口通关		5,6	7	办理保险		6	7	租船订舱		6
8		收汇备案	4	8	货物装船		7	8	出口通关		7	8	办理保险		7
9	出口通关		7,8	9		银行托收	8	9	货物装船		8	9	出口通关		8
10	货物装船		9	10	付款赎单		2,9	10		收汇核销	9	10	货物装船		9
11		议付收款	10	11		收汇核销	10	11		出口退税	10	11	进口通关		10
12		收汇核销	11	12		出口退税	11	12	进口通关		11	12	提货入库		11
13		出口退税	12	13	进口通关		12	13	提货入库		12	13	支付货款		12
14	付款赎单		13	14	提货入库		13	14	付汇核销		13	14		收汇核销	13
15	进口通关		14	15	付汇核销		14	15				15		出口退税	14
16	提货入库		15	16				16				16	付汇核销		15
17	付汇核销		16	17				17				17	退还保函		16

7.2　FCA 条件

表 7-2　国际项目综合实验教学平台 FCA 条件下的贸易流程表

FCA、信用证(LC)				FCA、托收				FCA、汇付				FCA、银行保函			
序号	买方	卖方	前置条件	序号	买方	卖方	前置条件	序号	买方	卖方	前置条件	序号	买方	卖方	前置条件
1	签订合同	签订合同	0	1	签订合同	签订合同	0	1	签订合同	签订合同	0	1	签订合同	签订合同	0
2	付汇备案		1	2	付汇备案		1	2	付汇备案		1	2		履约保函	1
3	开立 LC		2	3		备货订货	1	3		收汇备案	1	3	付汇备案		2
4		审核 LC	3	4	租船订舱		3	4	支付货款		2,3	4		收汇备案	2
5		备货订货	4	5	办理保险		4	5		备货订货	4	5	保函贷款		3,4
6	租船订舱		5	6		收汇备案	1	6	租船订舱		5	6		备货订货	5
7	办理保险		6	7		出口通关	5,6	7	办理保险		6	7	租船订舱		6
8		收汇备案	4	8		货物装船	7	8		出口通关	7	8	办理保险		7
9		出口通关	7,8	9		银行托收	8	9		货物装船	8	9		出口通关	8
10		货物装船	9	10	付款赎单		9	10		收汇核销	9	10		货物装船	9
11		议付收款	10	11		收汇核销	10	11		出口退税	10	11	进口通关		10
12		收汇核销	11	12		出口退税	11	12	进口通关		11	12	提货入库		11
13		出口退税	12	13	进口通关		2,12	13	提货入库		12	13	支付货款		12
14	付款赎单		13	14	提货入库		13	14	付汇核销		13	14		收汇核销	13
15	进口通关		14	15	付汇核销		14	15				15		出口退税	14
16	提货入库		15	16				16				16	付汇核销		15
17	付汇核销		16	17				17				17	退还保函		16

7.3 FAS条件

表7-3 国际项目综合实验教学平台FAS条件下的贸易流程表

FAS、信用证(LC)				FAS、托收				FAS、汇付				FAS、银行保函			
序号	买方	卖方	前置条件	序号	买方	卖方	前置条件	序号	买方	卖方	前置条件	序号	买方	卖方	前置条件
1	签订合同	签订合同	0	1	签订合同	签订合同	0	1	签订合同	签订合同	0	1	签订合同	签订合同	0
2	付汇备案		1	2	付汇备案		1	2	付汇备案		1	2		履约保函	1
3	开立LC		2	3		备货订货	1	3		收汇备案	1	3	付汇备案		2
4		审核LC	3	4	租船订舱		3	4	支付货款		2,3	4		收汇备案	2
5		备货订货	4	5	办理保险		4	5		备货订货	4	5	保函贷款		3,4
6	租船订舱		5	6		收汇备案	1	6	租船订舱		5	6		备货订货	5
7	办理保险		6	7		出口通关	5,6	7	办理保险		6	7	租船订舱		6
8		收汇备案	4	8		货物装船	7	8		出口通关	7	8	办理保险		7
9		出口通关	7,8	9		银行托收	8	9		货物装船	8	9		出口通关	8
10		货物装船	9	10	付款赎单		9	10		收汇核销	9	10		货物装船	9
11		议付收款	10	11		收汇核销	10	11		出口退税	10	11	进口通关		10
12		收汇核销	11	12		出口退税	11	12	进口通关		11	12	提货入库		11
13		出口退税	12	13	进口通关		2,12	13	提货入库		12	13	支付货款		12
14	付款赎单		13	14	提货入库		13	14	付汇核销		13	14		收汇核销	13
15	进口通关		14	15	付汇核销		14	15				15		出口退税	14
16	提货入库		15	16				16				16	付汇核销		15
17	付汇核销		16	17				17				17	退还保函		16

7.4 FOB 条件

表 7-4 国际项目综合实验教学平台 FOB 条件下的贸易流程表

FOB、信用证(LC)				FOB、托收				FOB、汇付				FOB、银行保函			
序号	买方	卖方	前置条件	序号	买方	卖方	前置条件	序号	买方	卖方	前置条件	序号	买方	卖方	前置条件
1	签订合同	签订合同	0	1	签订合同	签订合同	0	1	签订合同	签订合同	0	1	签订合同	签订合同	0
2	付汇备案		1	2	付汇备案		1	2	付汇备案		1	2		履约保函	1
3	开立 LC		2	3		备货订货	1	3		收汇备案	1	3	付汇备案		2
4		审核 LC	3	4	租船订舱		3	4	支付货款		2,3	4		收汇备案	2
5		备货订货	4	5	办理保险		4	5		备货订货	4	5	保函贷款		3,4
6	租船订舱		5	6		收汇备案	1	6	租船订舱		5	6		备货订货	5
7	办理保险		6	7		出口通关	5,6	7	办理保险		6	7	租船订舱		6
8		收汇备案	4	8		货物装船	7	8		出口通关	7	8	办理保险		7
9		出口通关	7,8	9		银行托收	8	9		货物装船	8	9		出口通关	8
10		货物装船	9	10	付款赎单		9	10		收汇核销	9	10		货物装船	9
11		议付收款	10	11		收汇核销	10	11		出口退税	10	11	进口通关		10
12		收汇核销	11	12		出口退税	11	12	进口通关		11	12	提货入库		11
13		出口退税	12	13	进口通关		2,12	13	提货入库		12	13	支付货款		12
14	付款赎单		13	14	提货入库		13	14	付汇核销		13	14		收汇核销	13
15	进口通关		14	15	付汇核销		14	15				15		出口退税	14
16	提货入库		15	16				16				16	付汇核销		15
17	付汇核销		16	17				17				17	退还保函		16

7.5 CFR条件

表7-5 国际项目综合实验教学平台CFR条件下的贸易流程表

CFR、信用证(LC)				CFR、托收				CFR、汇付				CFR、银行保函			
序号	买方	卖方	前置条件	序号	买方	卖方	前置条件	序号	买方	卖方	前置条件	序号	买方	卖方	前置条件
1	签订合同	签订合同	0	1	签订合同	签订合同	0	1	签订合同	签订合同	0	1	签订合同	签订合同	0
2	付汇备案		1	2	付汇备案		1	2	付汇备案		1	2		履约保函	1
3	开立LC		2	3		备货订货	1	3		收汇备案	1	3	付汇备案		2
4		审核LC	3	4		租船订舱	3	4	支付货款		2,3	4		收汇备案	2
5		备货订货	4	5	办理保险		4	5		备货订货	4	5	保函贷款		3,4
6		租船订舱	5	6		收汇备案	1	6		租船订舱	5	6		备货订货	5
7	办理保险		6	7		出口通关	5,6	7	办理保险		6	7		租船订舱	6
8		收汇备案	4	8		货物装船	7	8		出口通关	7	8	办理保险		7
9		出口通关	7,8	9		银行托收	8	9		货物装船	8	9		出口通关	8
10		货物装船	9	10	付款赎单		9	10		收汇核销	9	10		货物装船	9
11		议付收款	10	11		收汇核销	10	11		出口退税	10	11	支付货款		10
12		收汇核销	11	12		出口退税	11	12	进口通关		11	12		收汇核销	11
13		出口退税	12	13	进口通关		12	13	提货入库		12	13		出口退税	12
14	付款赎单		13	14	提货入库		13	14	付汇核销		13	14	进口通关		13
15	进口通关		14	15	付汇核销		14	15				15	提货入库		14
16	提货入库		15	16				16				16	付汇核销		15
17	付汇核销		16	17				17				17	退还保函		16

7.6　CIF 条件

表 7-6　国际项目综合实验教学平台 CIF 条件下的贸易流程表

CIF、信用证(LC)				CIF、托收				CIF、汇付				CIF、银行保函			
序号	买方	卖方	前置条件	序号	买方	卖方	前置条件	序号	买方	卖方	前置条件	序号	买方	卖方	前置条件
1	签订合同	签订合同	0	1	签订合同	签订合同	0	1	签订合同	签订合同	0	1	签订合同	签订合同	0
2	付汇备案		1	2	付汇备案		1	2	付汇备案		1	2		履约保函	1
3	开立 LC		2	3		备货订货	1	3		收汇备案	1	3	付汇备案		2
4		审核 LC	3	4		租船订舱	3	4	支付货款		2,3	4		收汇备案	2
5		备货订货	4	5		办理保险	4	5		备货订货	4	5	保函贷款		3,4
6		租船订舱	5	6		收汇备案	1	6		租船订舱	5	6		备货订货	5
7		办理保险	6	7		出口通关	5,6	7		办理保险	6	7		租船订舱	6
8		收汇备案	4	8		货物装船	7	8		出口通关	7	8		办理保险	7
9		出口通关	7,8	9		银行托收	8	9		货物装船	8	9		出口通关	8
10		货物装船	9	10	付款赎单		9	10		收汇核销	9	10		货物装船	9
11		议付收款	10	11		收汇核销	10	11		出口退税	10	11	支付货款		10
12		收汇核销	11	12		出口退税	11	12	进口通关		11	12		收汇核销	11
13		出口退税	12	13	进口通关		2,12	13	提货入库		12	13		出口退税	12
14	付款赎单		13	14	提货入库		13	14	付汇核销		13	14	进口通关		13
15	进口通关		14	15	付汇核销		14	15				15	提货入库		14
16	提货入库		15	16				16				16	付汇核销		15
17	付汇核销		16	17				17				17	退还保函		16

7.7　CPT 条件

表 7-7　国际项目综合实验教学平台 CPT 条件下的贸易流程表

CPT、信用证(LC)				CPT、托收				CPT、汇付				CPT、银行保函			
序号	买方	卖方	前置条件	序号	买方	卖方	前置条件	序号	买方	卖方	前置条件	序号	买方	卖方	前置条件
1	签订合同	签订合同	0	1	签订合同	签订合同	0	1	签订合同	签订合同	0	1	签订合同	签订合同	0
2	付汇备案		1	2	付汇备案		1	2	付汇备案		1	2		履约保函	1
3	开立 LC		2	3		备货订货	1	3		收汇备案	1	3	付汇备案		2
4		审核 LC	3	4		租船订舱	3	4	支付货款		2,3	4		收汇备案	2
5		备货订货	4	5	办理保险		4	5		备货订货	4	5	保函贷款		3,4
6		租船订舱	5	6		收汇备案	1	6		租船订舱	5	6		备货订货	5
7	办理保险		6	7		出口通关	5,6	7	办理保险		6	7		租船订舱	6
8		收汇备案	4	8		货物装船	7	8		出口通关	7	8	办理保险		7
9		出口通关	7,8	9		银行托收	8	9		货物装船	8	9		出口通关	8
10		货物装船	9	10	付款赎单		9	10		收汇核销	9	10		货物装船	9
11		议付收款	10	11		收汇核销	10	11		出口退税	10	11	支付货款		10
12		收汇核销	11	12		出口退税	11	12	进口通关		11	12		收汇核销	11
13		出口退税	12	13	进口通关		2,12	13	提货入库		12	13		出口退税	12
14	付款赎单		13	14	提货入库		13	14	付汇核销		13	14	进口通关		13
15	进口通关		14	15	付汇核销		14	15				15	提货入库		14
16	提货入库		15	16				16				16	付汇核销		15
17	付汇核销		16	17				17				17	退还保函		16

7.8　CIP 条件

表 7-8　国际项目综合实验教学平台 CIP 条件下的贸易流程表

EXW、信用证(LC)				EXW、托收				EXW、汇付				EXW、银行保函			
序号	买方	卖方	前置条件	序号	买方	卖方	前置条件	序号	买方	卖方	前置条件	序号	买方	卖方	前置条件
1	签订合同	签订合同	0	1	签订合同	签订合同	0	1	签订合同	签订合同	0	1	签订合同	签订合同	0
2	付汇备案		1	2	付汇备案		1	2	付汇备案		1	2		履约保函	1
3	开立 LC		2	3		备货订货	1	3		收汇备案	1	3	付汇备案		2
4		审核 LC	3	4		租船订舱	3	4	支付货款		2,3	4		收汇备案	2
5		备货订货	4	5		办理保险	4	5		备货订货	4	5	保函贷款		3,4
6	租船订舱		5	6		收汇备案	1	6		租船订舱	5	6		备货订货	5
7	办理保险		6	7		出口通关	5,6	7		办理保险	6	7		租船订舱	6
8		收汇备案	4	8		货物装船	7	8		出口通关	7	8		办理保险	7
9	出口通关		7,8	9		银行托收	8	9		货物装船	8	9		出口通关	8
10	货物装船		9	10	付款赎单		9	10		收汇核销	9	10		货物装船	9
11		议付收款	10	11		收汇核销	10	11		出口退税	10	11	支付货款		10
12		收汇核销	11	12		出口退税	11	12	进口通关		11	12		收汇核销	11
13		出口退税	12	13	进口通关		2,12	13	提货入库		12	13		出口退税	12
14	付款赎单		13	14	提货入库		13	14	付汇核销		13	14	进口通关		13
15	进口通关		14	15	付汇核销		14	15				15	提货入库		14
16	提货入库		15	16				16				16	付汇核销		15
17	付汇核销		16	17				17				17	退还保函		16

7.9 DAP 条件

表 7-9 国际项目综合实验教学平台 DAP 条件下的贸易流程表

DAP、信用证(LC)				DAP、托收				DAP、汇付				DAP、银行保函			
序号	买方	卖方	前置条件	序号	买方	卖方	前置条件	序号	买方	卖方	前置条件	序号	买方	卖方	前置条件
1	签订合同	签订合同	0	1	签订合同	签订合同	0	1	签订合同	签订合同	0	1	签订合同	签订合同	0
2	付汇备案		1	2	付汇备案		1	2	付汇备案		1	2		履约保函	1
3	开立 LC		2	3		备货订货	1	3		收汇备案	1	3	付汇备案		2
4		审核 LC	3	4		租船订舱	3	4	支付货款		2,3	4		收汇备案	2
5		备货订货	4	5		办理保险	4	5		备货订货	4	5	保函贷款		3,4
6		租船订舱	5	6		收汇备案	1	6		租船订舱	5	6		备货订货	5
7		办理保险	6	7		出口通关	5,6	7		办理保险	6	7		租船订舱	6
8		收汇备案	4	8		货物装船	7	8		出口通关	7	8		办理保险	7
9		出口通关	7,8	9		银行托收	8	9		货物装船	8	9		出口通关	8
10		货物装船	9	10	付款赎单		9	10		收汇核销	9	10		货物装船	9
11		议付收款	10	11		收汇核销	10	11		出口退税	10	11	支付货款		10
12		收汇核销	11	12		出口退税	11	12	进口通关		11	12		收汇核销	11
13		出口退税	12	13	进口通关		2,12	13	提货入库		12	13		出口退税	12
14	付款赎单		13	14	提货入库		13	14	付汇核销		13	14	进口通关		13
15	进口通关		14	15	付汇核销		14	15				15	提货入库		14
16	提货入库		15	16				16				16	付汇核销		15
17	付汇核销		16	17				17				17	退还保函		16

7.10　DAT 条件

表 7-10　国际项目综合实验教学平台 DAT 条件下的贸易流程表

DAT、信用证(LC)				DAT、托收				DAT、汇付				DAT、银行保函			
序号	买方	卖方	前置条件	序号	买方	卖方	前置条件	序号	买方	卖方	前置条件	序号	买方	卖方	前置条件
1	签订合同	签订合同	0	1	签订合同	签订合同	0	1	签订合同	签订合同	0	1	签订合同	签订合同	0
2	付汇备案		1	2	付汇备案		1	2	付汇备案		1	2		履约保函	1
3	开立 LC		2	3		备货订货	1	3		收汇备案	1	3	付汇备案		2
4		审核 LC	3	4		租船订舱	3	4	支付货款		2,3	4		收汇备案	2
5		备货订货	4	5		办理保险	4	5		备货订货	4	5	保函贷款		3,4
6		租船订舱	5	6		收汇备案	1	6		租船订舱	5	6		备货订货	5
7		办理保险	6	7		出口通关	5,6	7		办理保险	6	7		租船订舱	6
8		收汇备案	4	8		货物装船	7	8		出口通关	7	8		办理保险	7
9		出口通关	7,8	9		银行托收	8	9		货物装船	8	9		出口通关	8
10		货物装船	9	10	付款赎单		9	10		收汇核销	9	10		货物装船	9
11		议付收款	10	11		收汇核销	10	11		出口退税	10	11	支付货款		10
12		收汇核销	11	12		出口退税	11	12	进口通关		11	12		收汇核销	11
13		出口退税	12	13	进口通关		2,12	13	提货入库		12	13		出口退税	12
14	付款赎单		13	14	提货入库		13	14	付汇核销		13	14	进口通关		13
15	进口通关		14	15	付汇核销		14	15				15	提货入库		14
16	提货入库		15	16				16				16	付汇核销		15
17	付汇核销		16	17				17				17	退还保函		16

7.11　DDP 条件

表 7-11　国际项目综合实验教学平台 DDP 条件下的贸易流程表

DDP、信用证(LC)				DDP、托收				DDP、汇付				DDP、银行保函			
序号	买方	卖方	前置条件	序号	买方	卖方	前置条件	序号	买方	卖方	前置条件	序号	买方	卖方	前置条件
1	签订合同	签订合同	0	1	签订合同	签订合同	0	1	签订合同	签订合同	0	1	签订合同	签订合同	0
2	付汇备案		1	2	付汇备案		1	2	付汇备案		1	2		履约保函	1
3	开立 LC		2	3		备货订货	1	3		收汇备案	1	3	付汇备案		2
4		审核 LC	3	4		租船订舱	3	4	支付货款		2,3	4		收汇备案	2
5		备货订货	4	5		办理保险	4	5		备货订货	4	5	保函贷款		3,4
6		租船订舱	5	6		收汇备案	1	6		租船订舱	5	6		备货订货	5
7		办理保险	6	7		出口通关	5,6	7		办理保险	6	7		租船订舱	6
8		收汇备案	4	8		货物装船	7	8		出口通关	7	8		办理保险	7
9		出口通关	7,8	9		进口通关	8	9		货物装船	8	9		出口通关	8
10		货物装船	9	10		银行托收	9	10		进口通关	9	10		货物装船	9
11		进口通关	10	11	付款赎单		2,10	11		收汇核销	10	11		进口通关	10
12		议付收款	11	12		收汇核销	11	12		出口退税	11	12	支付货款		11
13		收汇核销	12	13		出口退税	12	13		提货入库	12	13		收汇核销	12
14		出口退税	13	14		提货入库	13	14	付汇核销		13	14		出口退税	13
15	付款赎单		14	15	付汇核销		14	15				15		提货入库	14
16		提货入库	15	16				16				16	付汇核销		15
17	付汇核销		16	17				17				17	退还保函		16

第 4 篇

跨境贸易履约操作

第8章 贸易款项的确定

教学目标：

熟悉在信用证结算方式下接受和审核、修改、转让等程序；掌握信用证审核的要点和处理原则；熟悉托收支付方式的流程；熟悉汇付支付方式的流程；掌握上述实务的模拟操作过程。

8.1 信用证下的款项支付

8.1.1 开证、催证和审证

1. 开证

货物买卖合同的买方一旦与卖方签订货物买卖合同，就必须立刻进入角色，首先针对一些需要进口许可证的进口商品着手办理相关事宜，并按照合同所规定的时间及时开立信用证。

1）办理进口许可证

进口许可证（Import License）管理作为我国货物进口许可制度的核心管理，是我国限制进口的一种主要管理形式。我国对商务部发布的年度《进口许可证管理商品目录》中的进口货物实行进口许可证管理。货物买卖合同中的标的物属于《进口许可证管理商品目录》里的货物，买方或卖方就必须在进口前为该批货物办理进口许可证，海关凭进口许可证接受申报和验放。

进口许可证由商务部授权，由许可证事务局统一管理和签发，许可证事务局和商务部驻各地特派员办事处和各省、自治区、直辖市、计划单列市及商务部授权的其他省会城市商务厅（局）为进口许可证发证机构。

买方申请进口许可证时，应提交以下文件：①进口许可证申请表（正本）一份，并加盖印章。实行网上申领时，应在线填写电子申请表并传送给相应的发证机构。②加盖买方备案登记专用章的《对外贸易经营者备案登记表》或《中华人民共和国进出口企业资格证书》或外商投资企业批准证书（复印件）。③其他有关批准文件。

发证机构经审核同意后，在自收到合格的申请之日起3个工作日内签发相关进口货物的进口许可证（见表8-1）。

2）申请开立信用证

信用证申请的要求在统一惯例中有明确规定，买方必须确切地将其告知银行。信用证开立的指示必须完整和明确。

表 8-1　进口许可证样本

<table>
<tr><td colspan="6">中华人民共和国自动进口许可证
AUTOMATIC IMPORT LICENCE OF THE PEOPLE'S REPUBLIC OF CHINA
No.</td></tr>
<tr><td colspan="3">进口商
Importer</td><td colspan="3">自动进口许可证号
Automatic import license No.</td></tr>
<tr><td colspan="3">进口用户
Consignee</td><td colspan="3">自动进口许可证有效截止日期
Automatic import license expiry date</td></tr>
<tr><td colspan="3">贸易方式
Terms of trade</td><td colspan="3">贸易国(地区)
Country/Region of trading</td></tr>
<tr><td colspan="3">外汇来源
Terms of foreign exchange</td><td colspan="3">原产国(地区)
Country/Region of origin</td></tr>
<tr><td colspan="3">报关口岸
Place of clearance</td><td colspan="3">商品用途
Use of goods</td></tr>
<tr><td colspan="2">商品名称
Descriptions of goods</td><td colspan="2">商品编码
H. S. Code</td><td colspan="2">设备状态
Status of equipment</td></tr>
<tr><td>规格等级
Specification</td><td>单位
Unit</td><td>数量
Quantity</td><td>单价
Unit Price</td><td>总值
Amount</td><td>总值折美元
Amount in USD</td></tr>
<tr><td></td><td></td><td></td><td></td><td></td><td></td></tr>
<tr><td></td><td></td><td></td><td></td><td></td><td></td></tr>
<tr><td></td><td></td><td></td><td></td><td></td><td></td></tr>
<tr><td></td><td></td><td></td><td></td><td></td><td></td></tr>
<tr><td colspan="2">总计 Total</td><td></td><td></td><td></td><td></td></tr>
<tr><td colspan="3">备注
Supplementary details</td><td colspan="3">发证机关盖章
Issuing authority's stamp
经办人签字
Signature
发证日期
License date</td></tr>
<tr><td colspan="6">中华人民共和国商务部监制(2018)</td></tr>
</table>

(1)买方申请开立信用证的步骤：

①向开证银行索取银行印制的信用证开证申请书，填制并盖章好后提交给开证银行。

②提交给开证银行相关货物买卖合同复印件备案。若需要，还须提交相关进口许可证正本。

③交纳开证担保给开证银行。

④向开证银行支付开证手续费。

⑤填制进口付汇核销单[请参阅本书第 12 章中“表 12-2　贸易进口付汇核销单(代申报单)样本”]。

(2)信用证中请书的填制。信用证申请书填制的正确与否关系到开立的信用证内容的正确，甚至最终会影响到贸易的成败，因此要求信用证申请书中填制的内容严格与货物买卖合同条款一致，以保证最终开出的信用证内容与合同条款一致。

在实际业务中，信用证申请书一式三份，一份交开证行，一份留业务部门，一份留财务部门。信用证申请书的格式各有不同，但其内容及填制方法基本一致。表 8-2 是信用证申请书样本。

表 8-2　信用证申请书样本

<table>
<tr><td colspan="4">IRREVOCABLE DOCUMENTARY CREDIT APPLICATION</td></tr>
<tr><td colspan="2">TO: (name of issuing/opening bank)</td><td colspan="2">Date: (date of issuing L/C)</td></tr>
<tr><td colspan="2">☐Issue by airmail ☐With brief advice by teletransmission</td><td colspan="2">Credit No.</td></tr>
<tr><td colspan="2">☐Issue by express delivery</td><td colspan="2"></td></tr>
<tr><td colspan="2">☐Issue by teletransmission(which shall be the operative instrument)</td><td>Date and place of expiry</td><td></td></tr>
<tr><td colspan="2">Applicant</td><td colspan="2">Beneficiary(Full name and address)</td></tr>
<tr><td colspan="2">(full name & detailed address of the importer)</td><td colspan="2">(full name & detailed address of the exporter)</td></tr>
<tr><td colspan="2">Advising Bank</td><td colspan="2">Amount</td></tr>
<tr><td colspan="2">(full name & detailed address of a local bank in the export area)</td><td colspan="2">(≤Contract amount in figures and words)</td></tr>
<tr><td></td><td></td><td colspan="2">Credit available with</td></tr>
<tr><td>Partial shipments</td><td>Transhipment</td><td colspan="2"></td></tr>
<tr><td>☐allowed ☐not allowed</td><td>☐allowed ☐not allowed</td><td colspan="2">By</td></tr>
<tr><td colspan="2">Loading on board/dispatch/taking in charge at/from</td><td colspan="2">☐sight payment ☐acceptance
☐negotiation</td></tr>
<tr><td colspan="2"></td><td colspan="2">☐deferred payment at</td></tr>
<tr><td>not later than</td><td></td><td colspan="2">against the documents detailed herein</td></tr>
<tr><td>For transportation to:</td><td></td><td colspan="2">☐and beneficiary's draft(s) for ___% of invoice value</td></tr>
<tr><td colspan="2">☐FOB ☐CFR ☐CIF</td><td colspan="2">at ________ sight</td></tr>
<tr><td colspan="2">☐or other terms</td><td colspan="2">drawn on</td></tr>
<tr><td colspan="4">Documents required: (marked with X)</td></tr>
<tr><td colspan="4">1. (　　)Signed commercial invoice in ____ copies indicating L/C No. and Contract No.</td></tr>
<tr><td colspan="4">2. (　　)Full set of clean on board Bills of Lading made out to order and blank endorsed, marked "freight [　] to collect/[　] prepaid [　] showing freight amount" notifying ____.
(　　)Airway bills/cargo receipt/copy of railway bills issued by ____ showing "freight [　] to collect/[　] prepaid [　] indicating freight amount" and consigned to ____________.</td></tr>
<tr><td colspan="4">3. (　　)Insurance Policy/Certificate in ____ copies for ____% of the invoice value showing claims payable in ____ in currency of the draft, blank endorsed, covering All Risks, War Risks and ____.</td></tr>
<tr><td colspan="4">4. (　　)Packing List/Weight Memo in ____ copies indicating quantity, gross and weights of each package.</td></tr>
<tr><td colspan="4">5. (　　)Certificate of Quantity/Weight in ____ copies issued by ____________.</td></tr>
<tr><td colspan="4">6. (　　)Certificate of Quality in ____ copies issued by [　] manufacturer/[　] public recognized surveyor ________.</td></tr>
<tr><td colspan="4">7. (　　)Certificate of Origin in ____ copies.</td></tr>
<tr><td colspan="4">8. (　　)Beneficiary's certified copy of fax/telex dispatched to the applicant within ____ days after shipment advising L/C No., name of vessel, date of shipment, name, quantity, weight and value of goods.</td></tr>
<tr><td colspan="4">Other documents, if any</td></tr>
<tr><td colspan="4"></td></tr>
<tr><td colspan="4">Description of goods:</td></tr>
<tr><td colspan="4"></td></tr>
<tr><td colspan="4">Additional instructions:</td></tr>
<tr><td colspan="4">1. (　　)All banking charges outside the opening bank are for beneficiary's account.</td></tr>
<tr><td colspan="4">2. (　　)Documents must be presented within ____ days after date of issuance of the transport documents but within the validity of this credit.</td></tr>
<tr><td colspan="4">3. (　　)Third party as shipper is not acceptable, Short Form/Blank back B/L is not acceptable.</td></tr>
<tr><td colspan="4">4. (　　)Both quantity and credit amount ____% more or less are allowed.</td></tr>
<tr><td colspan="4">5. (　　)All documents must be sent to issuing bank by courier/speed post in one lot.</td></tr>
<tr><td colspan="4">(　　)Other terms, if any</td></tr>
</table>

(3)银行开立信用证。开证银行将根据买方信用证申请书的内容开立信用证。开立信用证时银行会要求申请人(买方)交出一定数额的资金或其财产的其他形式。在实际业务中,银行通常将冻结申请人在银行账户中相当于信用证金额的资金作为开证保证金。若申请人在开证行没有账号,开证行在开立信用证之前会要求申请人在其银行存入一笔相当于全部信用证金额的资金。这种担保可以通过抵押或典押获得。银行还可以通过用于交易的货物作为担保,提供融资。

2. 催证

通常卖方是从其所在地的信用证通知银行那里得到信用证的。这个信用证是由买方所在地的开证银行以电报或邮递寄至通知银行,再由通知银行转送给卖方。另外,还有两种不常见的途径:一是由开证银行将信用证直接寄给卖方;二是由开证银行将信用证交给开证申请人(买方),再由买方把信用证寄给卖方。后两种方式因缺乏可靠性而少见使用。

催证指卖方通知或催促买方按合同规定尽早开出信用证。按合同规定及时开立信用证是买方在信用证支付方式合同中的一项主要义务,也是卖方顺利履行合同、安全及时收汇的前提。但在实际业务执行中,买方常常会因市场变化、资金短缺或其他原因,不能或不愿意在合同规定的时间内及时或及早开出信用证。具体来说,在以下情况下,卖方就应该注意向买方实施催证:

(1)在合同规定的期限内,买方未及时开证。若卖方不希望因这一买方违约行为而中断贸易,可在保留索赔权的前提下,催促对方开证。

(2)买方资信欠佳,卖方提前去函提示,督促买方履行合同义务。

(3)签约日期和履约日期相隔较远。卖方应在合同规定开证之前去函表示对该笔交易的重视,并提醒买方及时开证。

(4)卖方货已备妥,并打算提前装运,可去函征求买方同意提前开证。

3. 信用证的审核

信用证是依据合同开立的,信用证的内容理应与合同的条款相一致。但在实际业务操作中,由于买方或开证银行工作的疏忽和差错,或对方国家对开立信用证有特别规定以及对卖方国家政策不了解,或买方或开证银行的故意行为等,往往买方开来的信用证与合同不完全相符。无论是哪种原因造成不符,都会给卖方履行合同、安全收汇造成隐患。因此,卖方必须提高警惕,认真做好对来证的审核工作。

1)信用证审核的依据

审核信用证的依据主要有合同、《UCP600》、业务实际情况与商务习惯三个方面。在实际业务操作中,卖方收到信用证后,应综合运用这三个依据以其内在关系对信用证进行较为全面和系统的审核。

2)审证的内容和要点

审核信用证是银行与卖方的共同责任,只是各有侧重。银行重点审核开证银行的政治背景、资信能力、付款责任、索汇路线及信用证的真伪等。卖方则应对信用证的文字、条款逐一进行审核,其重点则侧重于:

(1)开证申请人、受益人。开证申请人的名称和地址必须仔细审核,以防错发错运;受益人的名称和地址必须正确无误,以免影响收汇。

(2)信用证金额与货币。即信用证金额是否与合同规定的金额一致、信用证使用的货币是否与合同规定的计价和支付货币一致。

(3)有关货物条款。信用证里对商品的品质、规格、数量和包装等是否与合同有关条款一致。如发现不符点,不应轻易接受,应要求买方修改。

(4)信用证的装运期、有效期和到期地点。信用证的装运期必须与合同规定相同;信用证的有效期一般要在装运期后7~15天,以方便卖方制单;信用证的到期地点通常规定在卖方所在地。因此,对在其他地点到期的信用证,一般不接受,应要求买方修改。

(5)单据。对信用证中要求提供的单据种类、份数及制单方法等进行审核。对不正常或卖方难以办到的要求,应请买方修改。

(6)运输、保险、商检等其他条款。信用证对分批装运、转船、保险险别、投保加成率及商检条款的规定是否与合同规定一致。如有不符点,应要求买方修改。

(7)特殊条款。对信用证超越合同规定的附件或特殊条款,一般不轻易接受,要求买方修改。但对卖方无太大影响的条款,卖方也可酌情处理。

8.1.2 信用证的修改

信用证虽基于货物买卖合同开立,但一经开立就成为独立于该货物买卖合同之外的另一种法律文件。在信用证支付方式下付款人只能是银行,银行处理的只是单证。因此,信用证一旦经受益人(卖方)接受,即使其中条款与原贸易合同有不符点,仍须按信用证执行。这种情况下,若买方接到与货物买卖合同不符的货物,买方可以按合同条款追究卖方责任;海关若发现单货不符,可依据海关条例处罚、拒关,甚至追究刑事责任。所以,卖方在收到信用证后,必须以货物买卖合同为依据进行认真的审核工作,一旦发现问题,必须请开证行修改信用证。

1. 信用证修改的一般程序

修改信用证的程序是:受益人审证后发现问题→受益人给开证申请人去函要求就问题进行修改→开证申请人确定是否同意修改→在同意的情况下,开证申请人向开证行提出修改申请→开证行同意改证并将修改书发给通知行→通知行收到修改书通知受益人。

《UCP600》规定:凡未经开证行、保兑行以及受益人同意,信用证既不能修改也不能撤销;自发出信用证修改书之时起,开证行就不可撤销地受其发出修改的约束;受益人应发出接受或拒绝修改的通知,在受益人向通知修改的银行表示接受修改之前,原信用证的条款对受益人有效。受益人对信用证的修改作出接受或拒绝的表示方法有两种:一是向通知行发出明确的通知;二是在交单时表示,若提交的单据与信用证及修改书一致,则表示接受修改。若提交的单据仅与原信用证的条款一致,则表示拒绝修改。

2. 要求改证的原则及注意事项

(1)卖方审证发现与合同不符而又不能接受的条款,应及时向开证申请人提出修改要求。在改证函中,必须注明原信用证号、合同号、货物的名称,以避免混淆;如不能接受应尽早退回信用证,说明情况,否则等于默认。对可改可不改的内容,则可酌情处理。

(2)若同一信用证需要多处修改,应向买方一次提出,尽量避免多次改证。对通知行转来的同一修改书,如修改内容有两处或两处以上,卖方只能全部接受或全部拒绝,不能只接受其中的一部分。

(3)要避免信用证的文字、条款有不明确的表示,将“不能做到、不易做到”的信用证条款删除或修改。

3. 信用证改证函的拟订

一封规范的改证函通常包括以下内容:感谢对方通过银行开立信用证;列明信用证中不符点,不能接受的条款,并说明如何改证;感谢对方的合作,提醒信用证修改书应于某日前到达,以便按时装运等。表 8-3 所示为就后面训练中开出的信用证内容而提交的信用证改证函。

表 8-3 信用证改证函

To: *Pacific Trading Co., Ltd.*

Fm: *China National Zhangshi Import & Export Company*

Attn: ……

Date: *June 19, 2018*

Re: *Amendment for LC098765432111, Contract No. USACN20181001*

Dear Sir or Madam,

We are pleased to inform you that L/C No. *LC098765432111* issued by the *Bank of America* for our Contract No. *USACN20181001* has just arrived. However, on examining the clauses, we regretfully find that certain points are not in conformity with the terms stipulated in the Contract and please amend your L/C No. *LC098765432111* as follows:

Total　was: *USD60,900.00*
　Becomes: *USD69,000.00*

Currency code, amount　was: *USD60900, US Dollar*
　Becomes: *USD69000, US Dollar*

Latest date of shipment　was: *180910 2010-09-10*
　Becomes: *181001 2018-10-01*

Thank you for your kind cooperation, please see to it that the L/C amendment reach us before *June 25, 2018*, failing which we shall not be able to effect punctual shipment.

Yours truly,

XXX

4. 修改信用证

遇到受益人提出修改信用证的要求,申请人,即买方须根据具体情况进行处理。

1)一般情况下尽量避免修改信用证

修改信用证会直接或间接地影响货物买卖合同的履行,加之银行修改信用证需要收取改证手续费,因此,若受益人提出改证,申请人须仔细研究,慎重处理。若审核后认为对方要求不合理,或根本没有修改的必要,申请人(买方)可以拒绝修改信用证。

2)必须改证时按国际惯例处理

若受益人改证意见有充分理由,并且其申请手续和具体做法符合相关国际惯例,申请人应该同意改证,并按照国际惯例具体处理。

3)买方填制《信用证修改申请书》

信用证申请人(买方)若认为已开出的信用证有修改的必要,可填制《信用证修改申请书》(见表8-4),向开证行申请修改原信用证,并缴交改证手续费。

表8-4 信用证修改申请书例样

<table>
<tr><td colspan="3">信用证修改申请书
APPLICATION FOR AMENDMENT
修改日期
Date of amendment:</td></tr>
<tr><td>致:(开证行)
To:</td><td>原信用证号
Amendment to our Documentary credit number:</td><td>修改号
Amendment No.:</td></tr>
<tr><td>申请人:(买方)
Applicant:</td><td colspan="2">通知行:
Advising Bank:</td></tr>
<tr><td>受益人:(卖方)
Beneficiary:</td><td colspan="2">金额:
Amount:</td></tr>
<tr><td colspan="3">请将上述信用证用_______修改如下:
The above mentioned credit is amended as follows:

其他条款保持不变。
All other terms and conditions remain unchanged.

经办人(签字):

Tel: Fax:</td></tr>
</table>

8.1.3 信用证的接受和转让

1.信用证的接受

通常,受益人(卖方)对信用证作出接受的表示方法有两种:

(1)向通知行发出明确接受信用证的通知。

(2)根据信用证的规定发运货物。

2.信用证的转让

信用证原则上是一种非让渡性(不可转让)的证券,即信用证未注明可转让就是不可转让的信用证。根据《UCP600》规定,只有信用证上确切注明"可转让(Transferable)"字样,这种信用证的受益人才能将该信用证的权益依法转让给他人。

可转让信用证通常适用于有中间商的交易贸易,这时,受益人可通过款项让渡或信用证转让的方法将其权利转让给第三者。在款项让渡下,受益人根据现行法律规定,将信用证项下应得款项让渡或转让给第三者;而在可转让信用证项下,受益人将信用证项下的执行权利转让给第三者。

信用证的转让是由原受益人填写信用证转让申请书(Application for transfer of credit),带上原信用证正本(以及原信用证项下修改书、函电等文件)到转让银行办理相关手续。

8.1.4　信用证的一般流程

关于信用证的一般流程在本书第 2 章 2.4 节的“图 2-3　信用证收付的一般流程图”中有详细介绍。简单说来,货物买卖合同签订后,开证申请人/开证人(Applicant/Opener,通常为买方)向开证行(Opening Bank/Issuing Bank,通常为买方所在地银行)申请开立贸易所需信用证并提交开证需要的押金等;开证行按章审核同意后,开立信用证转给通知行(Advising Bank/Notifying Bank,通常为卖方所在地银行);通知行收到信用证后通知受益人(Beneficiary,通常为卖方);受益人审核并接受信用证;之后,受益人按照货物买卖合同和信用证的规定备货、出货,并准备好所有信用证议付所需的单据、票证,到议付行(Negotiating Bank,通常为卖方所在地银行)进行议付;议付行检查核对这些单据票证无误后,向受益人支付款项(金额为信用证上规定的金额);议付行将收到的单据票证转给付款行(Paying Bank/Drawee Bank,通常为买方所在地银行);付款行再将这些单据票证提示给开证人,要求其支付款项;开证人接受要求,付款赎单。最后,开证人向承运人(货物运输公司)交单取货。有关信用证的一般流程见图 8-1。

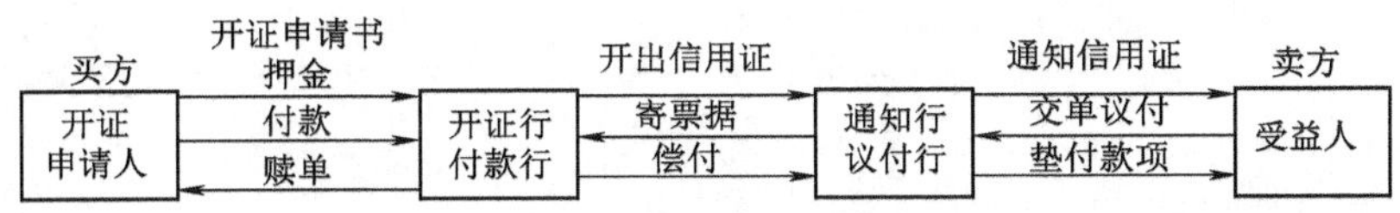

图 8-1　信用证业务的一般流程

在实际业务操作中,买方在收到卖方的结汇单据后,审单无误后再进行付汇。审核单据的要点有:

汇票:大、小写金额和货币种类;付款人和付款日期;出票人、抬头人(受款人)名称和地址;出票条款内容;出票日期和付款日期;份数等,以及信用证开证日期、开证行名称、信用证号码等。

商业发票:开票人、抬头人名称和地址;商品名称、规格、单价和总值、包装、价格条款;所列相关的合同编号、信用证编号、唛头、号码、货名、装运日期、起运地、运输条款等;开票日期(不应迟于汇票的出票日期,也不应迟于信用证的议付有效期)、份数、签字等。

海运提单:提单种类,是否“已装船”和“清洁”;发货人、抬头人和被通知人名称和地址;商品情况和运输标志;起运地、转运地、目的地、装运日期/出单日期(不应迟于信用证规定的最迟装运日期);运费条款;份数、签字和盖章等。

保险单:保险单种类、份数、签字;被保险人名称和地址;货物名称、唛头、件数;保险金额、投保险别;运输工具、起运地和目的地、起运日期;生效日期(不得迟于运单单据的签发日期)等。

当单据审核无误后,买方付汇:在规定期限内,携带有关证件和相关文件(包括进口付汇核销单,见第 12 章内容)到付款行付款或承兑(待承兑汇票到期时即刻付款),并缴交有关费用,凭以领取全套单据提货。

案例分析训练：

1. 见本书5.3节中表5-8中货物买卖合同。

训练任务：请为买方Pacific Trading Co.，Ltd. 向旧金山的美国银行填制一份该合同项下的信用证申请书（信用证申请书格式见表8-2）。

2. 根据本书5.3节中表5-8中的货物买卖合同，下面是买方Pacific Trading Co.，Ltd. 从美国银行开出的信用证：

* * * * * * NETWORK ACKNOWLEDGMENT * * * * * * * *2018-06-15 15:20* page no:…… Status: MESSAGE DELIVERED Station: 1 SAN FRANCISCO OF MESSAGE
FIN/Session/ISN : …… …… …… Own Address : BOA…… BANK OF AMERICA SAN FRANCISCO Input Message Type : …… ISSUE OF A DOCUMENTARY CREDIT Sent to : …… …… …… Input Time : MIR : BOA………… Priority : Normal
SEQUENCE OF TOTAL: 1/1 FORM OF DOCUMENTARY CREDIT: IRREVOCABLE DOCUMENTARY CREDIT NUMBER: *LC098765432111* DATE OF ISSUE: *180615 2018-06-15* DATE AND PLACE OF EXPIRY: *190110CN 2019-11-10* APPLICANT: PACIFIC TRADING CO., LTD. (ADDRESS SEE TAG……) BENEFICIARY-NAME & ADDRESS: CHINA NATIONAL ZHANGSHI IMPORT &EXPORT COMPANY …… …… TEL:…… CURRENCY CODE, AMOUNT: *USD60900, US Dollar 60900.00* AVAILABLE WITH…BY.-NAME&ADDR: *ANY BANK, BY NEGOTIATION* DRAFTS AT…: *AT SIGHT FOR 100 PERCENT OF INVOICE VALUE* DRAWEE-NAME & ADDRESS: *ISSUING BANK* PARTIAL SHIPMENTS: *NOT ALLOWED* TRANSHIPMENT: *NOT ALLOWED* ON BOARD/DISP/TAKING CHARGE AT/F: *BEILUN PORT, NINGBO, CHINA* FOR TRANSPORTATION TO.: *SAN FRANCISCO SEAPORT* LATEST DATE OF SHIPMENT: *180910 2018-09-10* DESCRIPTN OF GOODS &/OR SERVICES COMMODITY: *LANGSHA BOARD WOOL AUTUMN AND WINTER STYLE THICKENED MEN'S SOCKS (GB5972-2)*

续表

MATERIAL：WOOL 34.7%，POLYESTER 64.1%，SPANDEX 1.2%. *STYLE：5972，5972－1，3610，3613，3614，3615* *COLOUR：TIBETAN BLUE，DARK GREY，LIGHT GREY，BLACK，COFFEE* …… PACKING：*SUITABLE FOR OCEAN SHIPMENT，SUFFICIENTLY STRONG AND WITH ADEQUATE PROTECTION OF THE GOODS. EACH PACKAGE SHALL BE STENCILED WITH UNFADING PIGMENT THE GROSS AND WEIGHT，PACKAGE NO.，MEASUREMENT AND SHIPPING MARKS* SHIPPING MARK：*USACN20181001* *San Francisco seaport，U. S. A.* MANUFACTURER：*LANGSHA KNITTING CO.，LTD.* PRICE TERM：*CIF SAN FRANCISCO SEAPORT，U. S. A.* TOTAL：*USD60，900.00* DOCUMENTS REQUIRED： **SIGNED COMMERCIAL INVOICE IN 3 ORIGINALS INDICATING L/C NO.，CONTRACT NO. USACN20181001，SHIPPING VALUE，SHIPPING MARKS AND NAME OF CARRYING VESSEL* ** FULL SET OF CLEAN ON BOARD OCEAN BILLS OF LADING MADE OUT TO ORDER AND BLANK ENDORSED MARKED "FREIGHT PREPAID"* **PACKING LIST/WEIGHT MAMO IN 3 COPIES INDICATING QUANTITY OF EACH PACKAGE，CONTRACT NO.，SHIPPING MARK AND PACKING CONDITIONS AS CALLED FOR BY THE L/C* **CERTIFICATE OF QUANTITY OF THE CONTRACTED GOODS IN 3 COPIES ISSUED BY MANUFACTURER* **CERTIFICATE OF QUALITY IN 3 COPIES ISSUED BY MANUFACTURER* **BENEFICIARY'S CERTIFIED COPY OF EMAIL DISPATCHED TO THE ACCOUNTEES WITHIN 12 HOURS BEFORE SHIPMENT ADVISING NAME OF VESSEL，B/L NO.，SHIPPING DATE，CONTRACT NO.，COMMODITY，GROSS AND NET WEIGHTS，INVOICE VALUE，NUMBER OF PACKAGES* **CERTIFICATE OF COUNTRY OF ORIGIN* ** CERTIFICATE OF QUARANTINE OF WOODEN PACKAGES ISSUED BY THE CONCERNING AUTHORITIES IN THE MANUFACTURER'S COUNTRY OR CERTIFICATE OF NO WOODEN PACKAGES ISSUED BY THE MANUFACTURER IN 2 ORIGINALS AND 2 COPIES* ADDITIONAL CONDITIONS： **DOCUMENTS ISSUED EARLIER THAN L/C ISSUING DATE ARE NOT ACCEPTABLE* CHARGES：*ALL BANKING CHARGES OUTSIDE THE ISSUING BANK，IF ANY，ARE FOR THE ACCOUNT OF THE BEFEFICIARY.* CONFIRMATION INSTRUCTIONS：*WITHOUT* INSTR TO PAYG/ACCPTG/NEGOTG BAN：*ALL DOCUMENTS ARE TO BE DESPATCHED IN ONE SET TO US AT ROOM ……，TOWER ……，……，SAN FRANCISCO，U. S. A.* AN EXTRA COPY OF SHIPPING DOCUMENTS AND INVOICE FOR ISSUING BANK'S FILE IS REQUIRED UPON RECEIPT OF THE DOCUMENTS COMPLIED WITH L/C TERMS，WE WILL REMIT THE PROCEEDS IN ACCORDANCE WITH THE NEGOTIATING BANK'S INSTRUCTIONS *USD50.00* OR EQUIVALENT WILL BE DEDUCTED FROM THE PROCEEDS WHEN DOCUMENTS ARE PRESENTED WITH DISCREPANCY (IES) SENDER TO RECEIVER INFORMATION：…… *TEL* ：……*EMAIL* ：……
Authentication Code …… Check Sum ……

训练任务:根据合同内容审核信用证,指出不符点。

3.江西农产品进出口公司(卖方)与日本东京A公司(买方)签订有大蒜贸易合同。为此江西农产品进出口公司收到了日本富士银行开来的信用证(L/C No. MC9873250)。经过审核信用证,发现下面的情况:①信用证大小写金额不一致,合同金额是USD80,000.00,但大写金额错误;②投保加成率在合同中规定为10%,但信用证中却规定为30%;③信用证中规定出运后5日内银行交单,交单日期太短,要求改为正常的15天内。

训练任务:请根据上述情况替江苏农产品进出口公司拟订一封改证函,并要求信用证修改书在2018年12月30日前开到。

4.A公司向日本出口大蒜,双方签订的合同规定:单价480美元/公吨,数量2000公吨,允许3%的数量增减。对方如期开来了信用证。信用证中规定:总金额为960,000.00美元,数量2000公吨。A公司未要求改证,直接发货2050公吨。

训练任务:

(1)A公司是否能安全收汇?为什么?

(2)请为A公司拟订一份信用证改证函。

8.2 托收下的款项支付

卖方在委托银行收款时,指示银行只有在付款人(买方)付清货款时,才能向其交出货运单据,即交单以付款为条件,称为付款交单。按付款时间的不同,又可分为即期付款交单(买方见票和单据后立即付款)和远期付款交单(买方见票审单无误后在汇票上承兑,于汇票到期日付清货款,然后从银行处取得货运单据);卖方按合同规定日期发货后,开具远期汇票连同全套货运单据,委托银行向买方提示,买方见票审单无误后在汇票上承兑并从银行处取得货运单据,再于汇票到期日付清货款,即交单以承兑为条件,称为承兑交单。

8.2.1 托收的一般程序

第一,卖方在规定的装运期装运货物后,缮制好整套的货运单据,开立即期(或远期)汇票,出具托收申请书委托当地的可以从事托收业务的银行(托收行)收取货款。第二,托收行根据托收申请书的指示,委托其在买方当地的分支行或代理行(即代收行)代收货款,同时,将全套货运单据及汇票寄交代收行。第三,代收行通知付款人(即买方),汇票及单据已到(即提示)。第四,如果使用的是即期汇票,买方立即支付货款,取得象征货物所有权的全套货运单据(接着就可以提货、销售)。如果使用的是远期汇票,买方立即承兑汇票,在汇票到期日支付货款,取得全套货运单据。如果是承兑交单,则买方承兑汇票后,银行即把象征货物所有权的全套货运单据交给买方,再等到汇票到期日时买方才支付货款。第五,代收行收到货款后,应立即通知托收行货款已收妥并转账。第六,托收行收到货款后,立即通知委托人货款已收妥并转账。图8-2所示为托收业务的一般流程。

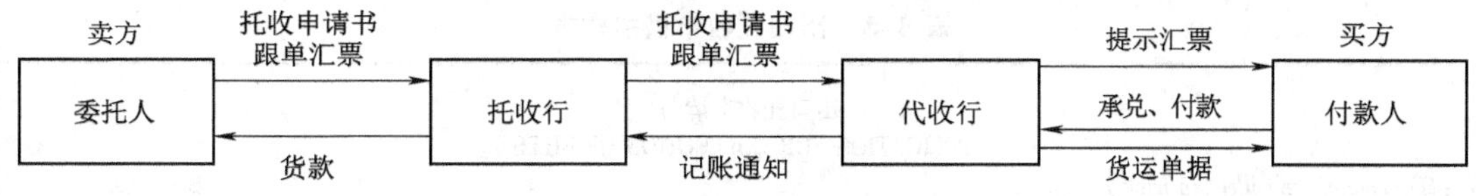

图 8-2 托收业务的一般流程

买方在付款前需要审核所有的单证,审核单证的要点有:

汇票:大、小写金额和货币种类;付款人和付款日期;出票人、抬头人(受款人)名称和地址;出票条款内容;出票日期和付款日期;份数等;以及合同号码、商品名称和数量等。

商业发票:开票人、抬头人名称和地址;商品名称、规格、单价和总值、包装、价格条款;所列相关的合同编号、唛头、号码、货名、装运日期、起运地、运输条款等;开票日期(不应迟于汇票的出票日期)、份数、签字等。

海运提单:提单种类,是否"已装船"和"清洁";发货人、抬头人和被通知人名称和地址;商品情况和运输标志;起运地、转运地、目的地、装运日期/出单日期;运费条款;份数、签字和盖章等。

保险单:保险单种类、份数、签字;被保险人名称和地址;货物名称、唛头、件数;保险金额、投保险别;运输工具、起运地和目的地、起运日期;生效日期(不得迟于运单单据的签发日期)等。

买方付汇时应携带有银行的到单通知书和有关证件(包括进口付汇核销单,见第 12 章内容),前往代收行支付货款并缴交相关手续费。

8.2.2 托收申请书

结算托收申请书(Application for Collection of Bills)是卖方委托银行办理托收时所填制的书面申请文件,是申请人(卖方)与托收银行之间关于该笔托收业务的契约性文件,也是银行进行该笔托收业务的依据。托收银行接受申请,则卖方和托收银行双方的权利和义务都要由托收申请书来确定。托收银行必须按照托收申请书的指示行事,如果无法照办,应立即通知发出委托申请的一方。

托收申请书的内容包括:付款人(买方)姓名、地址、单据种类及数量、托收金额;支付条件是付款交单还是承兑交单;票款收妥后的汇付方式,即信汇还是电汇;远期付款交单托收在货到后是否委托代收行代为管理;付款交单方式下是否准许付款人按比例拨配分批付款、分批提货;如果付款人拒绝付款或拒绝承兑,是否要作成拒绝证书,或仅以航邮或电报通知托收行即可;付款人逾期付款是否加收罚息;提前付款是否给予贴息;对方一切费用及银行手续费是否向付款人收取,可否放弃。表 8-5 所示为出口托收申请书样本。

表8-5 出口托收申请书样本

出口托收申请书
APPLICATION FOR COLLECTION OF BILLS

To: ①(*name of the collection bank*)　　　　Bank No.
Dear Sirs,　　　　Date:
We enclose for COLLECTION the undermentioned draft:

Draft No.	Date of Draft	Due Date/Tenor	Amount	Drawee(name & Address)
②	②	②	②	③(*name &address of the Importer*)

The following documents are attached to the draft: ④

Invoice	B/L	Ins. Policy	Cons. Invoice	Cert of Origin	Insp. Cert.	Weight List	Packing List				

Shipped per S. S.
Covering shipment of
Collection instructions are marked "x"⑦

□	Deliver document against Payment	□	Do not protest for non-acceptance and/or non-payment.
□	Deliver document against Acceptance		
□	If Paid before maturity allow rebate of @　　% p. a.	□	Protest for non-acceptance and/or non-payment.
□	Collect interest from Drawee(s) @　　% p. a. (360 days in a year) to approximate date proceed arrive in.	□	All charges including your collection commission are to be paid by the Drawee.
□	In case of dishonor the goods may, in the option of your correspondent or agents, be landed, cleared through the customs warehouse and insured at our expense.	□	All charges will be paid by us.

Instruct your collecting bank to
BANK NAME:⑤ (*name of the collecting bank*)
BANK ADDRESS: ⑤(*address of the collecting bank*)
Who will endeavor to obtain the honoring of this draft.
Unless otherwise instructed, interest bill stamp and/or collection expenses are to be borne by us.
Where the currency of the bills is other than that of the drawees locality, it is understood that the drawees may be allowed to settle exchange after he has accepted the bill.
It is understood and agreed that, having exercised due care in the selection of any correspondent to whom the above mentioned items may be sent for collection, you shall not be responsible for any act, omission, default, suspension, insolvency or bankruptcy of any such correspondent or sub-agent thereof or for any delay in remittance, loss in exchange or loss of items or their proceeds during transmission or in the course of collection, but your responsibility shall be only for your own acts.
Special instructions:
Except so far as otherwise expressly stated, this COLLECTION is subject to the "Uniform Rule for Collections" (1995Revision), International Chamber of Commerce, Publication No. 522.
本笔托收,一旦托收款项收妥后之处理方式如下:(于□内选择一注记)
□全部结售贵行并将款项拨入本公司设于贵行之人民币＿＿＿＿＿账户。
□全部拨入本公司设于贵行之外汇＿＿＿＿＿活期存款账户。
□金额＿＿＿＿结售于贵行,并将款项拨入本公司设于贵行之人民币＿＿＿＿＿账户,其余金额＿＿＿＿请拨入本公司设于贵行之外汇＿＿＿＿＿活期存款账户
□
委托人声明:本笔托收,若托收款项超过本公司委托日或该汇票到期日后六个月仍未接获国外入账,基于一般合理托收期限已届,贵行考虑予以结案时,一经通知,本公司愿立即支付贵行托收有关费用,绝无异议。

Applicant: ⑥ (*name of the Exporter*)
Address: ⑥ (*address of the Exporter*)

(请委托人签名、盖章)

主　管
核　章

表 8-5 所示的出口托收申请书中：

(1)托收行(Collection Bank)：卖方在该栏内填写本地托收银行(一般为卖方的开户银行)的名称。

(2)汇票的时间和期限等(Issue date and tenor of draft…)：申请书上的汇票的有关内容要与汇票上的一致。

(3)付款人(Drawee)：付款人为买方，应填写详细的名称、地址、电话、传真号码。如果买方的资料不详细，容易造成代收行工作的难度，使卖方收到款项的时间较长。

(4)单据(Documents)：提交给银行的各种单据名称和数量。

(5)代收行(Collecting Bank)：卖方在该栏内填写国外代收银行(一般为买方的开户银行)的名称和地址，这样有利于国外银行直接向付款方递交单据，有利于早收到钱。如果没有填写或不知道买方的开户银行，则托收银行将为申请人选择买方所在国家或地区的一家银行进行通知，这样卖方收到款项的时间将会较长。因此卖方最好知道买方所在的国外开户银行。

(6)申请人(Applicant)：申请人为卖方，应填写详细的名称、地址、电话、传真号码。

(7)托收条款(Terms and conditions of collection)一般包括以下几项内容，如果需要就注明一个标记(×)：

收到款项后办理结汇或收到款项后办理原币付款。

要求代收方付款交单(D/P)或要求代收行承兑交单(D/A)。

银行费用由付款人承担或银行费用由申请人承担。

如果付款延期，向付款人收取____% 的延期付款利息。

付款人拒绝付款或拒绝承兑，通知申请人并说明原因。

付款人拒绝付款或拒绝承兑，代收行对货物采取仓储或加保，费用由申请人支付。

其他。

8.2.3　托收注意事项

已跟单托收为例，卖方为能够尽快收到货款，应注意以下事项：

(1)正确、完整填写托收申请书。卖方向银行提交托收申请书(一式两联)，并且按照相关格式和内容要求正确、完整地填写需要的信息。

(2)若托收申请书中需要提供货物买卖合同号码(Contract Number)，则申请书上的合同号码要与该贸易双方签订的货物买卖合同上的号码保持一致。

(3)单证相符、单单相符。因为托收申请书是银行进行托收业务的依据，因此货物买卖合同、全套托收单据和托收申请书之间必须保证：汇票金额、出票人、签发人等一致；汇票与发票等单据保持一致；价格条款与相应的单据及其内容匹配；运输条款与价格条款保持匹配；各种单据中的货物描述保持一致。

8.3　汇付下的款项支付

8.3.1　汇付的一般程序

在办理汇付业务时，需要由汇款人(Remitter，通常为买方)向汇出行(Remitting Bank)填交汇款申请书，并交付汇款金额、支付银行费用，汇出行有义务根据汇款申请书的指示向汇入行

(Paying Bank)发出付款书;汇入行收到汇出行付款书后,有义务向收款人(Payee or Beneficiary,通常为卖方)解付款项。汇付的一般流程见图 8-3。但汇出行和汇入行对不属于自身过失而造成的损失(如付款委托书在邮递途中遗失或延误等致使收款人无法或迟期收到货款)不承担责任,而且汇出行对汇入行工作上的过失也不承担责任。

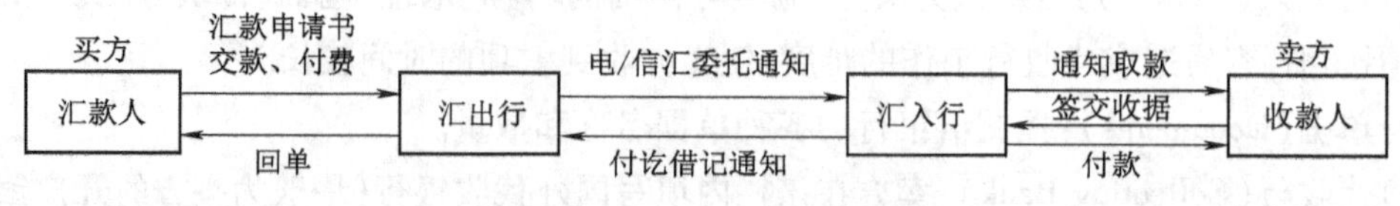

图 8-3　汇付业务的一般流程

汇款可以分为预付货款和货到付款两种。预付货款是指买方先将货款的全部或者一部分通过银行汇交卖方,卖方收到货款后,根据贸易双方事先约定好的合同规定,在一定时间内或立即将货物发运给买方;货到付款是卖方先发货、买方后付款的结算方式。

8.3.2　汇款申请书

汇款申请书是汇款人委托银行(汇出行)办理向海外汇款业务时所填制的书面申请文件,是申请人与该汇出行之间关于具体汇付业务的契约性文件,也是汇出行进行具体汇付业务的依据。境外汇款申请书样本见表 8-6。

表 8-6 境外汇款申请书填写说明:

致:填写汇款人申请委托汇款的银行(汇出行)名称。

日期:汇款人填写此申请书的日期。

汇款方式:在三种方式中选择一种,通常为电汇。电汇是汇出行应汇款人的申请,拍发加押电报或电传(Tested Cable/Telex)或者通过 SWIFT 给境外汇入行,指示其解付一定金额给收款人的一种汇款结算方式。

发电等级:根据汇款人需要选择一种(普通或加急)。

申报号码:根据国家外汇管理局有关申报号码的编制规则,由银行编制(此栏由银行填写)。

银行业务编号:该笔业务在银行的业务编号(此栏由银行填写)。

收电行/付款行:(此栏由银行填写)。

汇款币种及金额:汇款人申请汇出的实际付款币种及金额。

金额大写:汇款币种及金额大写(英文),与小写一致。例如:USD TWO HUNDRED AND FOURTEEN ONLY。

现汇金额:汇款人申请汇出的实际付款金额中,直接从汇款币种对应的外汇账户中支付的金额。现汇金额与购汇金额之和必须等于汇款金额。

外汇账号:如果现汇金额填了,则本栏填相应外汇账户账号。

购汇金额:汇款人申请汇出的实际付款金额中,向银行购买外汇直接支付的金额。现汇金额与购汇金额之和必须等于汇款金额。

购汇账号:如果购汇金额填了,则本栏填本币账号。

其他金额:汇款人除现汇和购汇以外对境外支付的金额。包括跨境人民币交易以及记账贸易项下交易等的金额。

表8-6　境外汇款申请书样本

境　外　汇　款　申　请　书
APPLICATION FOR FUNDS TRANSFERS (OVERSEAS)

致:(汇出行)
To:(*Name of the Remitting Bank*)

日　期
Date

□电汇 T/T　□票汇 D/D　□信汇 M/T	发电等级 Priority	□普通 Normal　□加急 Urgent

申报号码 BOP Reporting No.	□□□□□□ □□□□ □□ □□□□□□ □□□□		
20　银行业务编号 Bank Transac. Ref. No.		收电行/付款行 Receiver/Drawn on	
32A　汇款币种及金额 Currency & Interbank Settlement Amount		金额大写 Amount in Words	
其中　现汇金额 Amount in FX		账号 Account No./Credit Card No.	
其中　购汇金额 Amount of Purchase		账号 Account No./Credit Card No.	
其中　其他金额 Amount of Others		账号 Account No./Credit Card No.	
50a　汇款人名称及地址 Remitter's Name & Address		□对私	个人身份证号码 Individual ID No.
□ 对公 组织机构代码 Unit Code □□□□□□□□□ - □		□对私	□中国居民个人 Resident Individual □中国非居民个人 Non-Resident Individual
54/56a　收款银行之代理行 名称及地址 Correspondent of Beneficiary's Bank Name & Address			
57a　收款人开户银行 名称及地址 Beneficiary's Bank Name & Address	收款人开户银行在其代理行账号 Bene's Bank A/C No.		
59a　收款人名称及地址 Beneficiary's Name & Address	收款人账号 Bene's A/C No.		
70　汇款附言 Remittance Information	只限140个字符 Not Exceeding 140 Characters	71A　国内外费用承担 All Bank's Charges If Any Are To Be By	□汇款人 OUR □收款人 BEN □共同 SHA

收款人常驻国家(地区)名称及代码 Resident Country/Region Name & Code					□□□
请选择:□预付货款 Advance Payment　□货到付款 Payment Against Delivery　□退款 Refund　□其他 Others					
交易编码 BOP Transac. Code	□□□□□□	相应币种及金额 Currency & Amount		交易附言 Transac. Remark	
	□□□□□□				
本笔款项是否为保税货物项下付款	□是　□否	合同号		发票号	
外汇局批件号/备案表号/业务编号					

银行专用栏 For Bank Use Only		申请人签章 Applicant's Signature	银行签章 Bank's Signature
购汇汇率 Rate		请按照贵行背页所列条款代办以上汇款并进行申报 Please Effect The Upwards Remittance, Subject To The Conditions Overleaf:	
等值人民币 RMB Equivalent			
手续费 Commission			
电报费 Cable Charges			
合计 Total Charges		申请人姓名 Name of Applicant	核准人签字 Authorized Person
支付费用方式 In Payment of the Remittance	□现金 by Cash □支票 by Check □账户 from Account	电话 Phone No.	日期 Date
核印 Sig. Ver.		经办 Maker	复核 Checker

填写前请仔细阅读各联背面条款及填报说明
Please read the conditions and instructions overleaf before filling in this application.

汇款人名称及地址:对公项下指汇款人预留银行印鉴或国家质量监督检验检疫总局颁发的组织机构代码证或国家外汇管理局及其分支局签发的特殊机构赋码通知书上的名称和地址。

组织机构代码:按国家质量监督检验检疫总局颁发的组织机构代码证或国家外汇管理局及其分支局签发的特殊机构赋码通知书上的单位组织机构代码或特殊机构代码填写。

收款银行之代理行名称及地址:中转银行的名称,所在国家、城市及其在清算系统中的识别代码。如没有可不填。

收款人开户银行名称及地址:收款人开户银行名称,以及所在国家、城市及其在清算系统中的识别代码。

收款人名称及地址:收款人全称及所在国家、城市。

收款人账号:收款人的开户银行账号。

汇款附言:汇款人所汇款项的必要说明,可用英文填写且不超过140字符(受SWIFT系统限制)。

国内外费用承担:由汇款人确定办理对境外汇款时发生的国内外费用由何方承担,并在所选项前的□中打√。

收款人常驻国家(地区)名称及代码:该笔境外汇款的实际收款人常驻的国家或地区。代码根据"国家(地区)名称代码表"填写。

交易编码:根据本笔对境外付款交易性质对应的"国际收支交易编码表(支出)"填写。如果本笔付款为多种交易性质,则在第一行填写最大金额交易的国际收支交易编码,第二行填写次大金额交易的国际收支交易编码;如果本笔付款涉及进口核查项下交易,则核查项下交易视同最大金额交易处理;如果本笔付款为退款,则填写本笔付款对应原涉外收入的国际收支交易编码。

相应币种及金额:填写汇款的币种及金额。因根据填报的交易编码填写,若本笔对境外付款为多种交易性质,则在第一行填写最大金额交易相应的币种及金额,第二行填写其余币种及金额。两栏合计数应等于汇款币种及金额;如果本笔付款涉及进口核查项下交易,则核查项下交易视同最大金额交易处理。

交易附言:应对本笔对境外付款交易性质进行详细描述。如果本笔付款为多种交易性质,则应对相应的对境外付款交易性质分别进行详细描述;如果本笔付款为退款,则应填写本笔付款对应原涉外收入的申报号码。

本笔款项是否为保税货物项下付款:根据本笔付款所交易的货物是否为保税货物进行填写。汇款申请书用于支付运费时,此处可不填。

外汇局批件号/备案表号/业务编号:指外汇局签发的,银行凭以对外付款的各种批件号、付汇备案表号、业务编号。若本笔付款涉及外汇局核准件,则优先填写该核准件编号。

申请人姓名、电话:填写申请汇款人公司名称及电话。

8.3.3 汇付的注意事项

在跨境贸易中,采用汇付付款时,需要考虑的事项如下:

(1)如跨境贸易双方商定以预付货款的方式成交,则应在货物买卖合同中明确规定汇款日期和汇款方式。如果合同中没有规定汇款日期,无法约束买方在交货前付款,也影响卖方按时交货;如果是采用货到付款方式结算,也应在合同中规定买方的汇款时间和汇款方式。

(2)相对于其他付款方式,汇付具有手续简单、费用较低的特点,同时也具有较大的风险性,因此,采用汇付支付时需要慎重。

(3)在分期付款和延期付款的贸易中,买方往往用汇款方式支付货款,但通常需辅以银行保函或备用信用证,所以并不是单纯的汇付方式。

作为收款人,如果想更快收妥款项,则应提示汇款人注意以下汇款申请书的填写:

①正确填列收款人全称、账号(必须注明收款人开户银行的交换行号)及开户银行全称。

②收款人银行名称要准确,最好要有银行 SWIFT 号码。

③收款人账号要填写收款人在账户行的相对应的币种的有关账号。

④备注或附言中应注明实际的收款单位名称和账号(收款人单位账号组成必须是行号 + 收款人账号,A/C No: ×××----××××××××)。

(4)根据国际惯例,汇款汇出后,转汇行或解付行一般要从本金中收取一定的费用,此类费用需要汇款人或收款人负担,任何一方银行不负责偿付。

8.4　在跨境项目综合教学实验平台上付款的操作

8.4.1　实训目的及要点

(1)熟悉并掌握信用证开立、审核流程。

(2)了解托收流程、汇付和银行保函收汇的操作。

(3)了解议付收款的流程。

(4)了解付款赎单的流程。

8.4.2　场景模拟操作说明

在跨境项目综合实验教学平台上,虚拟角色可以完成信用证、托收、汇付以及银行保函四种支付方式的货款支付。现以信用证为例,虚拟角色能够完成信用证的开立(包括开证、审证和接受)、议付收款和付款赎单程序。

1.开立信用证

(1)买方登录系统,单击“银行业务”菜单下“信用证业务”项下的“信用证申请”,如图 8-4 所示。

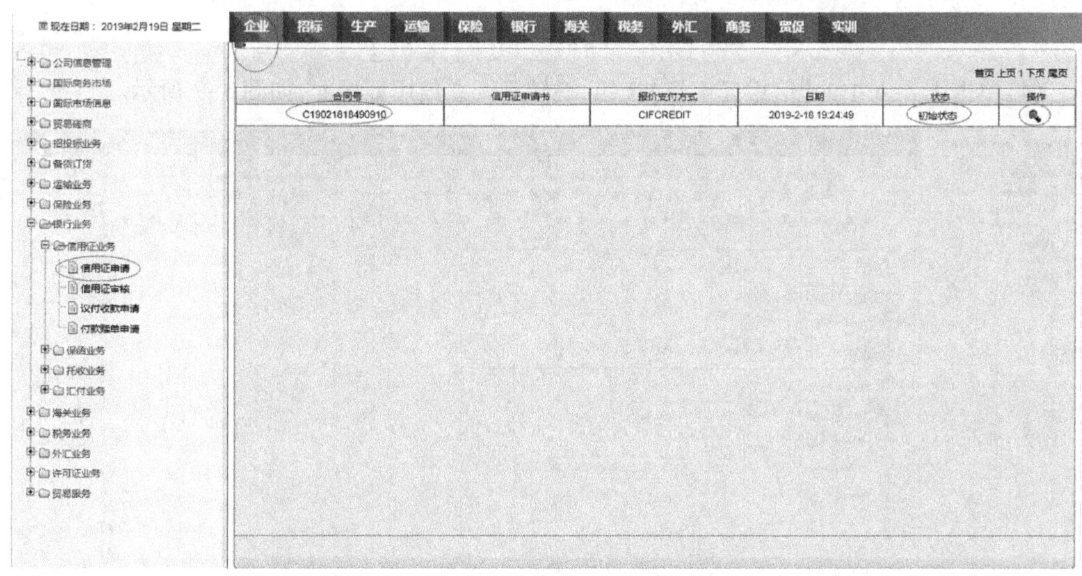

图 8-4　开立信用证 - 买方 - 进入申请

（2）单击相关信息条后的【信用证申请】按钮后，跳转到信用证申请界面——进行信用证申请编辑操作按钮，如图8-5所示。编辑完成后，单击【信用证申请】界面显示“处理中”。

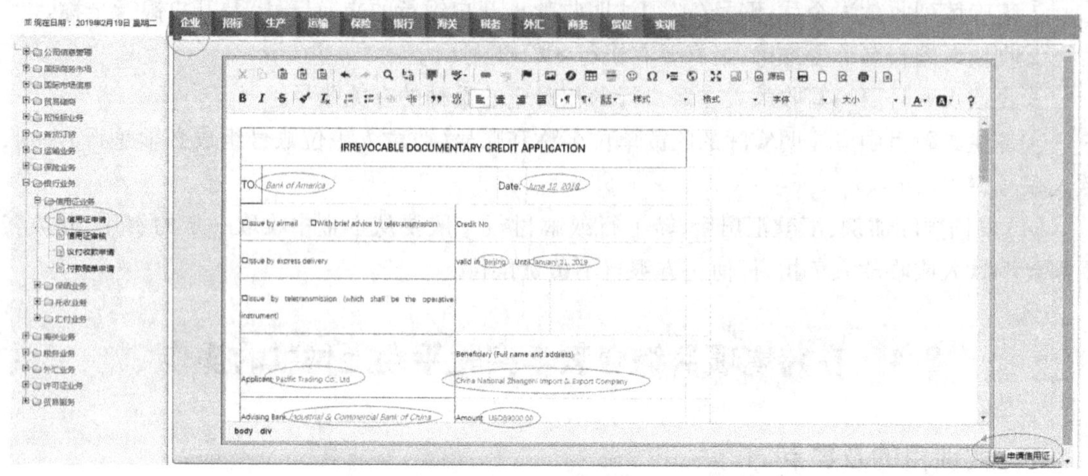

图8-5 开立信用证－买方－编辑并提交申请

（3）银行权限用户单击导航栏【银行】，以及左侧菜单中“信用证业务”菜单下“信用证开立/审核”，如图8-6所示。

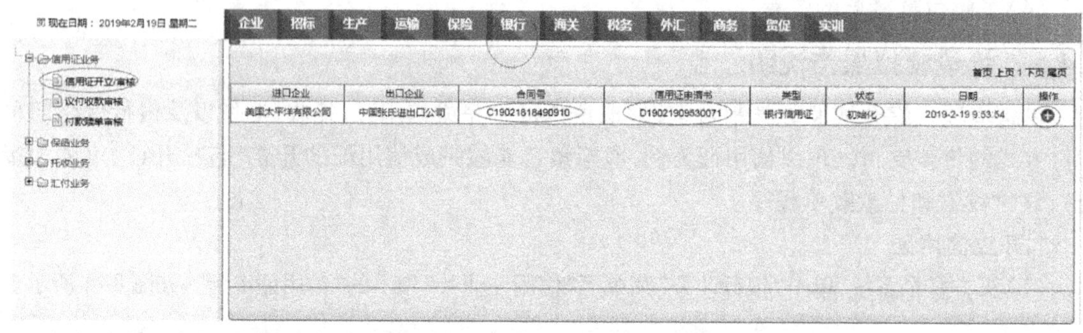

图8-6 开立信用证－银行－提取申请

（4）单击图8-6中的【信用证审核】按钮，跳转到开立信用证界面，如图8-7所示。

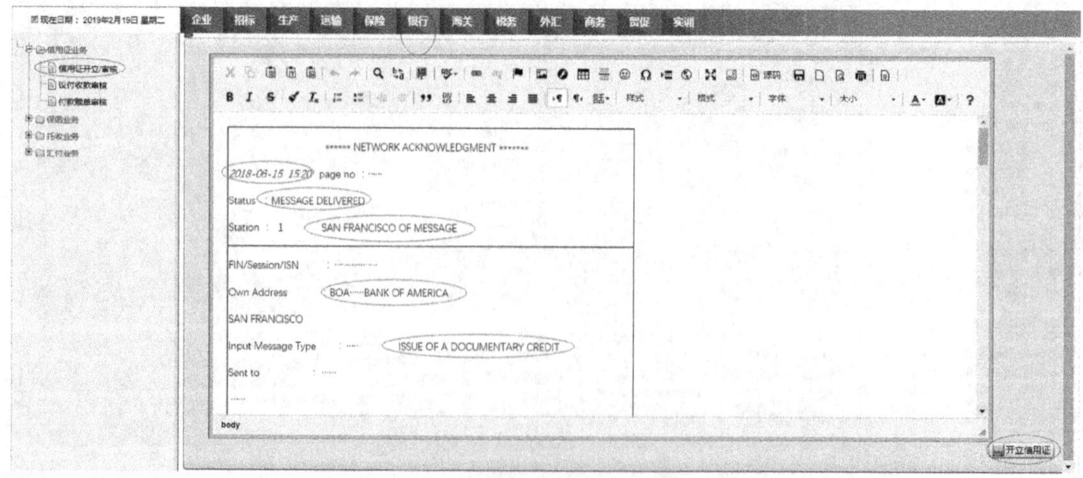

图8-7 开立信用证－银行－开立信用证

(5)审核完成后,单击【开立信用证】按钮,界面状态显示"审核通过",如图8-8所示。

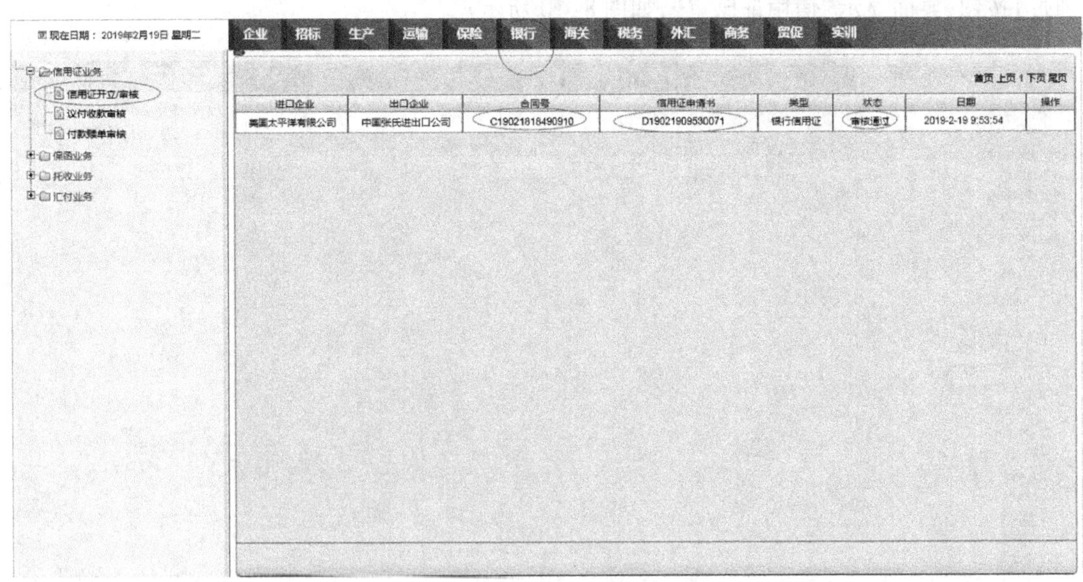

图8-8　开立信用证-银行-信用证开出

2. 卖方审核信用证

(1)卖方登录系统,单击"银行业务"菜单下"信用证业务"项下的"信用证审核",如图8-9所示。

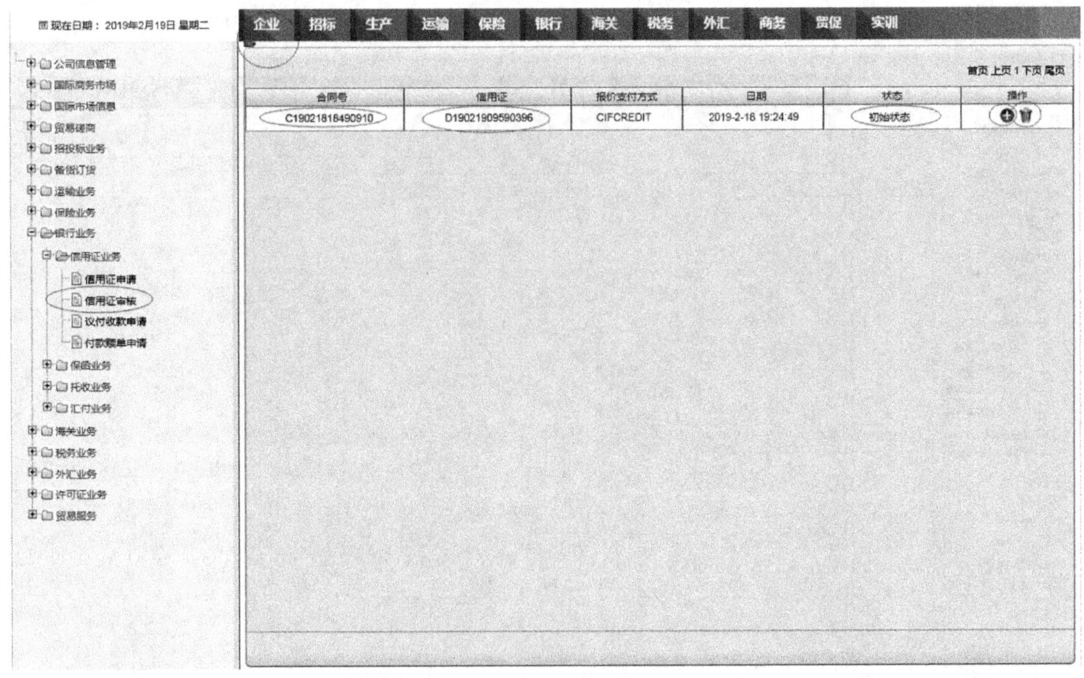

图8-9　开立信用证-卖方-查看信用证

（2）若审核有误，单击【打回】按钮，当前买方需要重新进行信用证申请；若审核无误后，单击【通过】按钮，界面显示“信用证已审”，如图 8-10 所示。

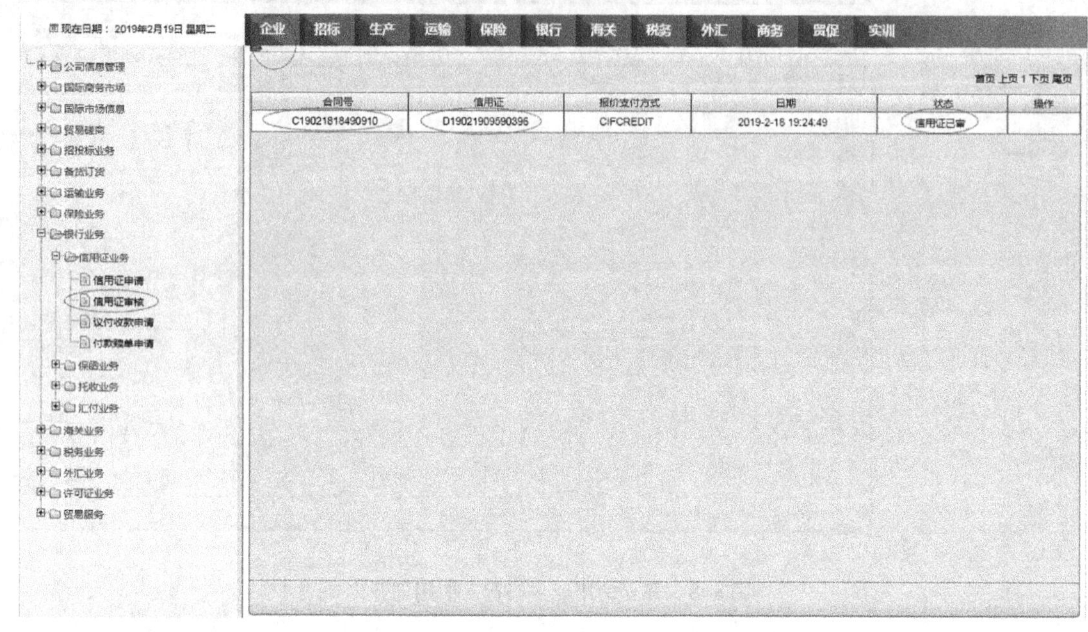

图 8-10　开立信用证－卖方－信用证已审

3. 议付收款

（1）卖方登录系统，单击“银行业务”菜单下“信用证业务”项下的“议付收款申请”，找到相应的信息条。单击【议付收款】按钮，如图 8-11 所示，界面将显示为“处理中”。

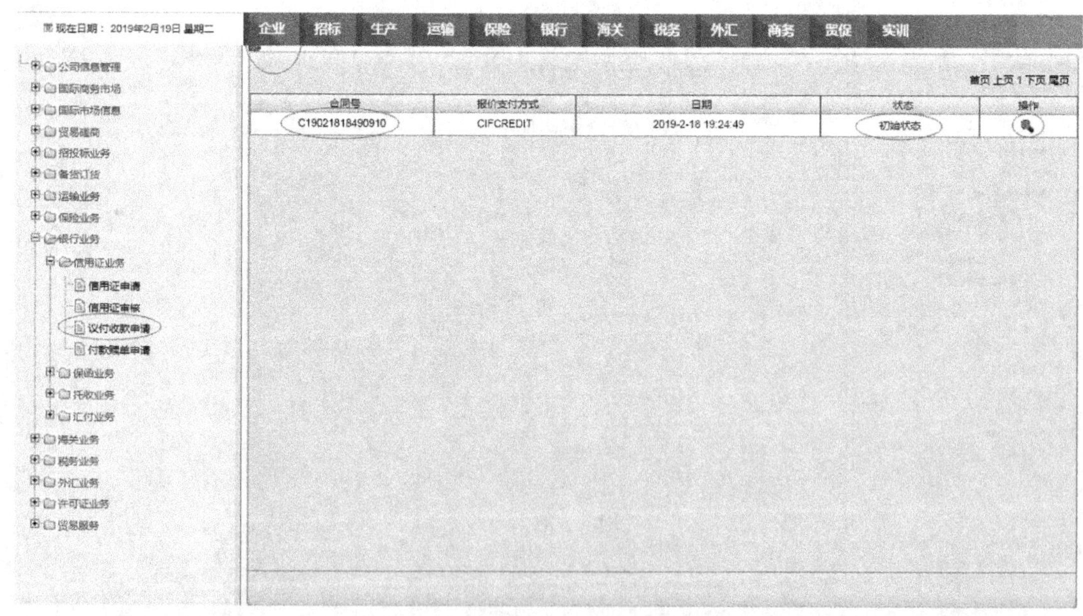

图 8-11　议付收款－卖方－申请

(2)银行权限用户，单击导航栏【银行】，以及菜单下“议付收款审核”，找到相应的信息条，如图 8-12 所示。

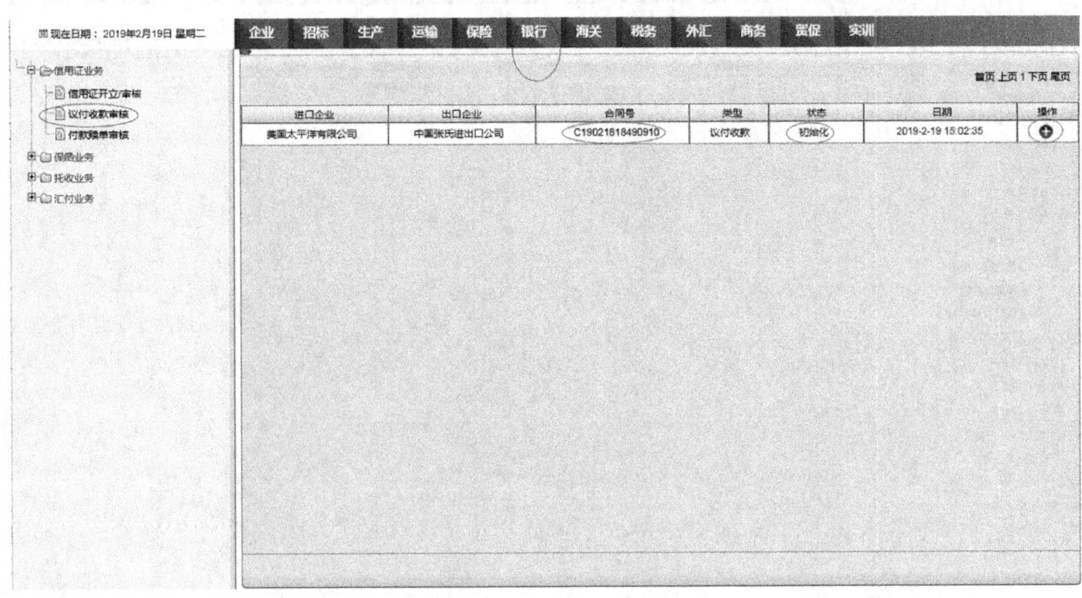

图 8-12　议付收款 - 银行 - 议付审核

(3)审核完成后，单击【审核】按钮，界面显示“信用证已支付”，如图 8-13 所示。

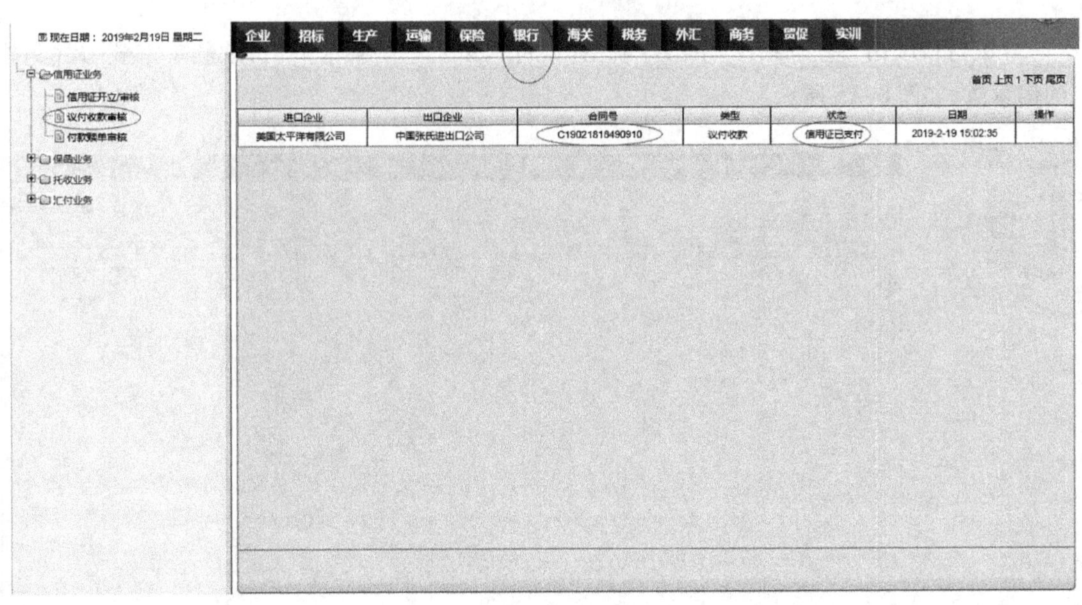

图 8-13　议付收款 - 银行 - 议付

4. 付款赎单

(1)买方权限用户登录系统后，单击“银行业务”菜单下“信用证业务”项下“付款赎单申请”，找到相应的信息条,如图 8–14 所示。单击【申请付款赎单】按钮,界面状态将改为“处理中”。

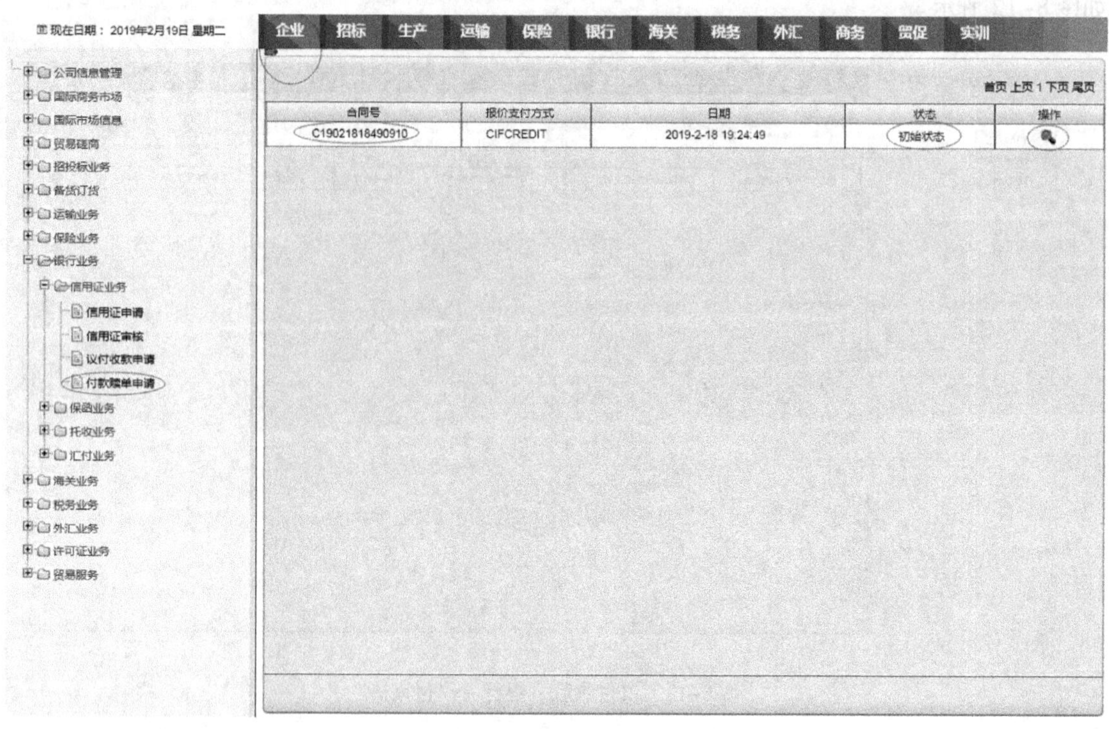

图 8–14　付款赎单 – 买方 – 申请

(2)银行权限用户登录系统,单击导航栏【银行】,以及左侧菜单下“付款赎单审核”,找到相应的信息条,如图 8–15 所示。

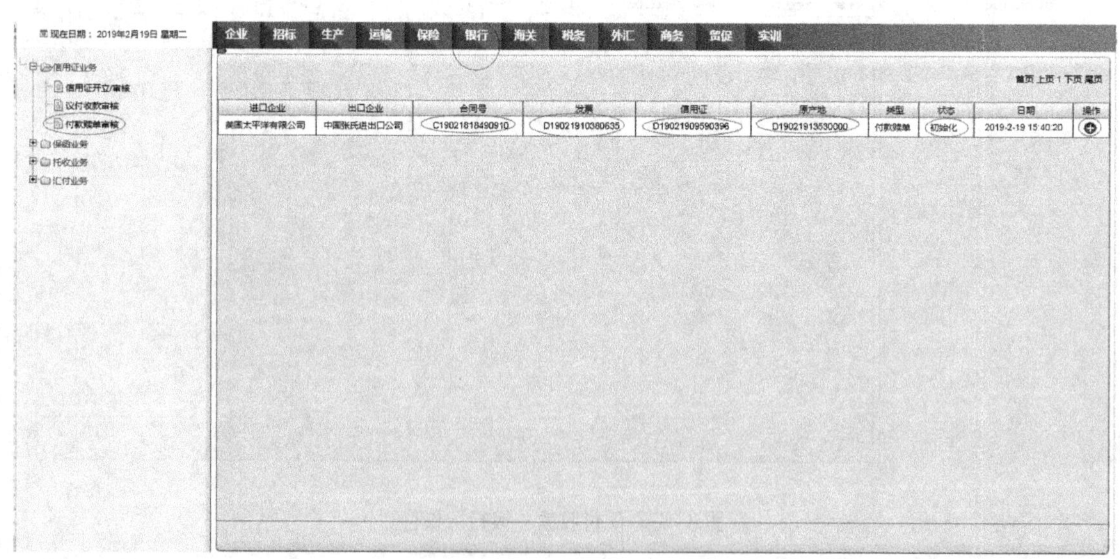

图 8–15　付款赎单 – 银行 – 付款审核

(3)单击图 8-15 中的【收证并换证】按钮,界面显示“已扣款”,如图 8-16 所示。

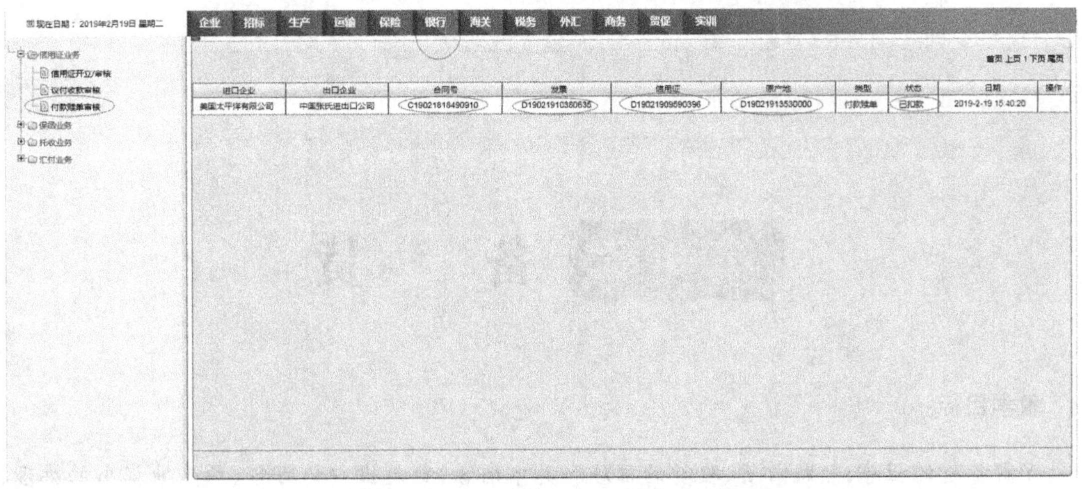

图 8-16　付款赎单 - 银行 - 已扣款

第9章 备　货

教学目标：

了解备货的程序；熟悉订货、验货的程序和具体内容；熟悉出口许可证、原产地证书的办理；掌握上述实务的模拟操作过程。

备货是卖方企业履行合同的第一步，也是最基础的一个环节。卖方是否能够按照合同或信用证的内容（合同以信用证为支付方式时，以信用证为准；合同以其他方式结算时，以合同为准）按质、按量、按时地准备应交付的货物，是合同履行成败的基础，是卖方顺利完成合同义务最重要的工作。

备货工作内容因卖方企业类型不同而有所变化，但无论是哪种类型，有关部门都要对交付的货物进行生产、清点、加工整理、商检、刷制运输标志、制单和领证等项工作。

9.1 订　货

在订货环节上，不同类型的企业工作内容有所不同：流通型的贸易企业根据货物买卖合同或信用证规定，与生产企业签订采购商品的合同；生产贸易兼备的企业，应直接向生产部门和有关部门下达生产任务和联系单。

9.1.1 企业采购商品

没有生产加工实体的流通型贸易企业通常是通过与有关生产企业签订采购合同（见表9-1）来落实备货。对贸易企业来说，采购合同是它与生产厂商之间关于购销货物之权利和义务的法律文件，是完成和落实货物买卖合同货物的基础和证明。采购合同与货物买卖合同内容大致相同，比较简单，用中文填写。

9.1.2 生产贸易兼备型企业下达备货通知单

生产贸易兼备型企业的备货，一般由贸易部门向生产加工部门以及包装、仓储等部门下达产品生产加工通知，即备货通知单，表9-2所示为出口产品备货通知单。由此，企业各个相关部门根据备货通知单对交付的货物进行生产加工、清点、刷制运输标志以及仓储等工作。

表9-1 贸易企业商品采购合同

工 矿 产 品 购 销 合 同

供方：浪莎针织有限公司　　合同编号：20180716

需方：中国张氏进出口公司　　签订时间：2018.07.13

签订地点：浙江义乌

一、产品名称、商标、型号、厂家、数量、金额、供货时间及数量

产品名称	牌号商标	规格型号	生产厂家	计量单位	数量	单价（元）	总金额（元）	交（提）货时间及数量
浪莎羊毛秋冬款加厚男短袜(GB5972－2)，6 双/盒 材料成分：羊毛34.7%、聚酯纤维64.1%、氨纶1.2% 款式：5972、5972－1、3610、3613、3614、3615 颜色：藏青、深灰、浅灰、黑、咖啡					6000 盒 （其中：每种款式各1000 盒，每种颜色200 盒/款）	60 元/盒	360000.00	2018 年09 月01 日前一次性所有货物集装箱交货至宁波北仑港仓库（注：出厂日：2018 年8 月）
合计人民币金额（大写）					叁拾陆万元整			

二、质量要求技术标准、供方对质量负责的条件和期限　符合产品技术条件

三、交（提）货地点、方式　宁波北仑港仓库、送货现场验收

四、运输方式及到达站港和费用负担　集装箱运输　费用供方负担

五、合理损耗及计算方法　无

六、包装标准、包装物的供应与回收　纸箱，不回收

七、验收标准、方法及提出异议期限　按产品技术指标验收

八、随机备品、配件工具数量及供应办法　无

九、结算方式及期限　银行汇款，货到付款

十、如需提供担保，另立合同担保书，作为本合同附件　无

十一、违约责任　按合同法处理

十二、解决合同纠纷方式　协商

十三、其他约定事项　本合同有效期从2018 年07 月13 日至本合同执行完毕为止

供　方	需　方	鉴（公）证意见
单位名称（章）浪莎针织有限公司	单位名称（章）中国张氏进出口公司	
单位地址：	单位地址：	经办人：
法定代表人：	法定代表人：	
委托代理人：	委托代理人：	鉴（公）证机关（章）
电　话：	电　话：	
邮箱地址：	邮箱地址：	年　月　日
开户银行：	开户银行：	
账　号：	账　号：	（注：除国家另有规定外，鉴（公）证实行自愿原则）
邮政编码：	邮政编码：	

（注：空格如不够用，可以另接）　　有效期限：　年　月　日至　年　月　日

表 9-2 出口产品备货通知单

<table>
<tr><td colspan="6">出口产品备货通知单
出口国别/地区：美国
合同号：USACN20181001
2018 年 07 月16 日第2018－07－108 号</td></tr>
<tr><td colspan="2">商品名称</td><td colspan="3">规格</td><td>数量</td></tr>
<tr><td colspan="2">浪莎牌羊毛秋冬款
加厚男短袜</td><td colspan="3">GB5972－2 材料成分：羊毛34.7%、聚酯纤维64.1%、氨纶1.2%
款式：5972、5972－1、3610、3613、3614、3615
颜色：藏青、深灰、浅灰、黑、咖啡
内包装：6 双/盒
（盒尺寸：200mm *100mm *100mm）</td><td>6000 盒
（其中：每种款式各 1000 盒，每种颜色 200 盒/款）</td></tr>
<tr><td colspan="2"></td><td colspan="3"></td><td></td></tr>
<tr><td colspan="2"></td><td colspan="3"></td><td></td></tr>
<tr><td colspan="2"></td><td colspan="3"></td><td></td></tr>
<tr><td rowspan="6">整装要求</td><td>包装</td><td colspan="2">唛头</td><td colspan="2">注意事项</td></tr>
<tr><td rowspan="5">400 *500 *500
出口纸箱</td><td colspan="2" rowspan="5">USACN20181001
San Francisco seaport, U. S. A.</td><td>信用证号码</td><td></td></tr>
<tr><td>装运期</td><td>2018.10.01 前</td></tr>
<tr><td>有效期</td><td>装船后15 天</td></tr>
<tr><td>装运港</td><td>宁波北仑港</td></tr>
<tr><td>目的港</td><td>美国旧金山港</td></tr>
<tr><td rowspan="3">整装结果</td><td>件数</td><td colspan="2">毛重</td><td>净重</td><td>体积</td></tr>
<tr><td rowspan="2">120 箱
（每箱50 盒）</td><td>每件</td><td></td><td rowspan="2"></td><td rowspan="2"></td></tr>
<tr><td>总计</td><td></td></tr>
<tr><td>备注</td><td colspan="5"></td></tr>
</table>

9.2 对产品生产过程和出货的跟单

卖方完成订货后，还必须对产品的生产过程以及出货进行跟单。具体工作包括确认样品，跟踪产品的整个物料采购、生产、仓储、检验和包装等过程，制作形式发票/装箱单，并对产品进行验收和出货。

9.2.1 审单、确定样品

一旦确定采购或生产业务，卖方首先应该审核相关资料，如产品名称、规格、包装、数量、单价、总价、交货期、交货方式、支付方式等。

之后，需要进行样品的制作，即在产品批量生产之前，要求生产企业或部门按照合同的质量条款首先进行样品试制。卖方需要将试制的样品寄交买方，请买方确认样品。

9.2.2 生产跟踪

买方确认样品后，生产企业或部门即可开始产品的生产。首先，生产企业或部门需要将备货通知单转化为工厂生产通知单、材料耗用明细表和仓库发料通知单。工厂将严格按照这些通知单或明细表进行生产加工，有特殊要求的，要在生产通知单上注明。只有这些资料明确，各相关部门才能凭此安排备料生产，做好生产计划。

卖方应该根据上述三种通知单或明细表来跟踪产品的整个物料采购、物料进仓、和生产加工全过程。通过材料耗用明细表可以了解采购物料的情况，对物料进仓的跟踪可以清楚每一项物料采购量与送货时间，由此，跟踪物料采购和使用情况使得卖方能够从产品生产源头把握产品的质量和数量；而按照生产通知单进行生产跟踪最主要是看生产进度是否能够满足订单交货期，产品的品种、数量、质量是否按订单要求进行生产，再根据生产部门的最新生产排程中相应订单完工日来确定是否能按期交货。卖方在进行生产跟踪时，须经常到车间查看产品是否按订货要求进行生产，检验生产部门每生产一种产品的首件是否与订单要求一致。若发现异常，要立即请求生产部门及时修正。

9.2.3　验收入库产品

产品生产加工完成后，需要进行包装。包装必须严格按照货物买卖合同/信用证要求进行，无论是单件包装、集合包装、包装材料还是包装标志等。整装刷唛头应按合同/信用证的要求整理货物的包装、刷制包装唛头。

产品须按照厂商规定和合同要求进行入库验收。卖方通过认真核对产品购进入库单（见表9-3）以及可能有的承运部门的货运记录、供货部门提供的产品质量合格证明、发票来验收货物，以保证货物的数量准确、质量完好。

表9-3　出口产品购进入库（通知）单

产 品 购 进 入 库 通 知 单

第201808060号　　　　2018年08月16日

<table>
<tr><td>供货部门</td><td colspan="2">浪莎针织有限公司</td><td colspan="4">摘　要</td><td colspan="2">仓库名称：龙星仓库</td></tr>
<tr><td rowspan="2">编号</td><td rowspan="2">合同号</td><td rowspan="2">品名及规格</td><td colspan="2">单位</td><td colspan="2">数量</td><td rowspan="2">单价（元）</td><td rowspan="2">金额（元）</td></tr>
<tr><td colspan="2">包装数量</td><td colspan="2">包装件数</td></tr>
<tr><td>1</td><td>20180716</td><td>浪莎牌羊毛秋冬款加厚男短袜（GB5972－2）
材料：
羊毛34.7%、聚酯纤维64.1%、氨纶1.2%
款式：
5972、5972-1、3610、3613、3614、3615
颜色：藏青、深灰、浅灰、黑、咖啡</td><td>盒</td><td>6000
其中：
1000盒/款，
200盒/
颜色/款</td><td>纸箱</td><td>120
（50盒/箱，
6双/盒）</td><td>60元/盒</td><td>360000.00</td></tr>
<tr><td></td><td></td><td></td><td></td><td></td><td></td><td></td><td></td><td></td></tr>
<tr><td colspan="3">合计</td><td>盒</td><td>6000</td><td>箱</td><td>120</td><td></td><td>360000.00</td></tr>
</table>

9.2.4　出货

出货工作虽然主要是生产厂商的任务，由他们主抓完成这个环节的每个活动，但卖方应该密切关注整个出货过程,做好有关沟通和衔接工作,以保证货物能够安全、准时地出运。

1. 出货联系

出货前几天,卖方应该联系出货相关事宜,把生产单位提供的货物形式发票、准确的装箱单、拖柜装货的具体地址、电话、联系人以及路线图等信息传真给货运公司,同货运公司一起查询最近的一班航线以确定船期。

2. 选择货柜

现有的货柜种类很多,在规格上分有20尺柜、40尺柜和60尺柜,又分为干货柜、冷冻柜、框架式、罐式、吊挂式等样式。因此,货物出运需要选择适合的货柜,为此,卖方需要与生产厂商和货运公司一起根据所装货物的性质、功能,结合货物包装箱的尺寸以及摆放方式等,选择货柜适合的样式和规格。

3. 出货跟踪

卖方须提醒、监督生产厂商出货前后的工作,确保出货时间准时、出货内容和数量无误、装货顺利,尽早获得货柜车的车牌号码和货柜号码等信息,以方便后续的工作。

9.2.5　商业发票和装箱单的制作

按信用证付款方式成交时,在货物装船发运之后,卖方应按照信用证规定,及时备妥缮制的各种单证,并在信用证规定的交单有效期内交给银行办理议付和结汇手续。在制单工作中,必须高度认真,要十分细致、勤勤恳恳地做到"单证(信用证)相符"和"单单一致",以便及时、安全收汇。下面介绍商业发票和装箱单的制作。

1. 商业发票

商业发票(Commercial Invoice)是结算单据中最主要的单据之一,它是卖方开出的凭以向买方收款的发货价目清单,是卖方对于一笔交易的全面说明,同时它也是买方和卖方记账的依据以及办理通关、纳税等的凭证。通常情况下,一笔交易应该先开出商业发票,其他贸易单据将以此为依据缮制。

商业发票没有固定的格式,但基本栏目大致相同,有首文、本文和结文三部分组成。表9-4给出了商业发票的一种样式。

表9-4所示商业发票中的每项内容都应该严格按照信用证或合同的相关规定填写,其中包括:

Seller's Name & Address 一般由卖方提前印就,包括卖方的中英文名称、地址、联系方式等内容,应与信用证中受益人保持一致。

Buyer's Name & Address 是发票的抬头,为买方,即信用证的开证申请人。因此,按信用证规定详细填写买方名称、地址等。

COMMERCIAL INVOICE 是本单据的名称——商业发票;No. 是发票号码,由卖方编写;Date 是开发票日期。该日期不能迟于装运期;Page 是发票的页码。

Our order No. 是卖方的订单号码。

Transport details 主要规定启运地、目的地及使用的运输工具。

SPECIAL CONDITIONS 为特殊条款。此项是根据信用证中是否要求在发票中证明某些事项的条款而制作。

表9-4 商业发票样本

(*Seller's Name & Address*) **ORIGINAL**

COMMERCIAL INVOICE

No.:

Date:

Page:

(*Buyer's Name & Address*)

Contract No.: L/C No.: Our order No.:

(*Transport details*)

Country of destination:

Station of destination:

Dispatch station:

Freight notice:

Price based on delivery:

Item No.	Description of goods & Shipping mark	Quantity delivered	Unit Price	**Amount**
			Total Amount	

SAY TOTAL:

PAYMENT:

(*SPECIAL CONDITIONS*)

We certify that the invoice is true and correct. (SIGNATURE)

We certify that the invoice is true and correct. 文句以证明发票的真实和正确。否则,此处可换为 E. & O. E. (Errors and Omissions Excepted),即"错漏当查"。

SIGNATURE 一般是卖方公司的名称及负责人的签字和盖章。

另外,发票的份数应该与信用证或合同规定一致,其中至少有一份为正本(在发票上加注"ORIGINAL"字样)。

在托收方式下,发票内容应按合同规定并结合实际装货情况填制;在信用证付款方式下,发票内容应与信用证的各项规定和要求相符。如信用证规定由买方负担选港费或港口拥挤费等费用,可加在发票总额内,并允许凭本证一并向开证行收款,卖方可照此办理,但应注意,发票总金额不得超过信用证规定的最高金额,因按银行惯例,开证行可以拒绝接受超过信用证所许可金额的商业发票。

2. 装箱单

装箱单(Packing List)是对商业发票的补充,也是卖方缮制的。装箱单主要反映货物的包装情况，标明装箱货物的名称、规格、数量、唛头、箱号、件数和重量等。若是定量装箱，需要说明总件数、每箱重量、合计重量；若来证要求提供详细包装单，则必须提供尽可能详细的装箱内容，描述每件包装的细节，包括商品货号、色号、尺寸搭配、毛净重、包装尺码等。

表9-5是本书5.3节中表5-8中的货物买卖合同项下的装箱单。

表9-5　装箱单

China National Zhangshi Import & Export Company

(Seller's address)

(Seller's tel. & email)

ORIGINAL

PACKING LIST

Pacific Trading Co. , Ltd.

(Buyer's address)

(Buyer's tel. & email)

PL-No. :*5215/08/2018*　　　*18. 08. 20*

Contract No. :*USACN20181001*　　　LC No. :*LC098765432111*　　　Order No. :*2018 - 07 - 108*

Quantity/Gross weight:*120 Cartons /5. 00KG per carton*

Packing : Suitable for ocean shipment , sufficiently strong and with adequate protection of the goods. Each package shall be stenciled with unfading pigment the gross and net weight , package no. , measurement and shipping marks.

Shipping mark: *USACN20181001*

San Francisco seaport , U. S. A.

Dimension:　*400mm ×500mm ×500mm*　——*for each carton*

Package No.	*Pieces*	*style*	*Color (per style)*	*Remarks*
1 ~20	*20*	*5972*	*Tibetan blue : 4 cartons (#1 ~ #4)* *Dark grey : 4 cartons (#5 ~ #8)* *Light grey : 4 cartons (#9 ~ #2)* *Black : 4 cartons (#3 ~ #6)* *Coffee : 4 cartons (#7 ~ #0)* *Notes :* *" ? " —Even number ;"#" —Odd number*	*50boxes/ carton* *6 pairs/box*
21 ~40	*20*	*5972 - 1*		
41 ~60	*20*	*3610*		
61 ~80	*20*	*3613*		
81 ~100	*20*	*3614*		
101 ~120	*20*	*3615*		

案例分析训练：

Pacific Trading Co. , Ltd. 作为买方与卖方 China National Zhangshi Import and Export Company 签订了货物买卖合同（见本书5.3节中表5-8中的货物买卖合同）。

训练任务：请根据货物买卖合同以及本节“表9-5　装箱单”中的信息，按表9-4的格式为卖方 China National Zhangshi Import and Export Company 制作一份商业发票。

9.3 备货的注意事项

为了保证按时、按质、按量交付约定的货物，在订立合同之后，卖方必须及时落实货源，备妥交付的货物。货物的生产加工虽然不是签订货物买卖合同的卖方或贸易部门的任务，但此环节一旦出现问题，必然牵连其贸易任务是否能够顺利完成，因此，产品生产加工环节上的任何闪失对卖方或贸易部门来说都是不能接受的，需要避免。

9.3.1 严查货物的品质、规格和数量

卖方必须按货物买卖合同和信用证的要求严格检查货物的品质、规格，必要时应进行加工整理，以确保其与合同和信用证规定一致。若货物买卖合同中明示需要提供货物商检报告的，应及时到相关机构办理货物检验证书。

应保证满足合同和信用证对货物数量的要求。备货的数量应适当留有余量，用于装运时可能发生的包装损坏而换货和适应舱容。如约定可以溢短装百分之若干时，则应考虑满足溢装部分的需要。

9.3.2 核实货物的包装

卖方要认真检查和核实货物的包装，使之符合合同和信用证的规定，并要做到保护产品和适应运输的要求。若发现包装不良或损坏，应及时进行修补或换装。

卖方应按合同和信用证规定的样式在包装的明显部位给货物刷制唛头。卖方要特别注意，防止唛头的错刷、漏刷，英文字母颠倒、倒置，保证唛头清楚、醒目、位置大小适当，避免“白板”交货。对包装上的其他各种标志是否符合要求也应注意。

9.3.3 保证货物出运时间

为了保证按时交货，卖方要特别注意备货的时间问题。应根据合同/信用证规定，密切关注船期信息，结合船期安排，统筹计划，做好船货衔接工作，以防止出现船等货的情况。

9.4 在跨境项目综合实验教学平台上备货订货的操作

9.4.1 实训目的及要点

(1)了解备货的流程。

(2)熟悉和掌握合同发票、装箱单等单证的格式制作。

9.4.2 场景模拟操作说明

在跨境项目综合实验教学平台上，可以实现备货的大致流程，并且能够生成所需的发票、装箱单单证。具体情况如下。

1. 卖方按照合同要求加工备货

(1)卖方登录系统，单击“备货订货”菜单下的“商品订货”，找到相应信息条，如图9-1所示。

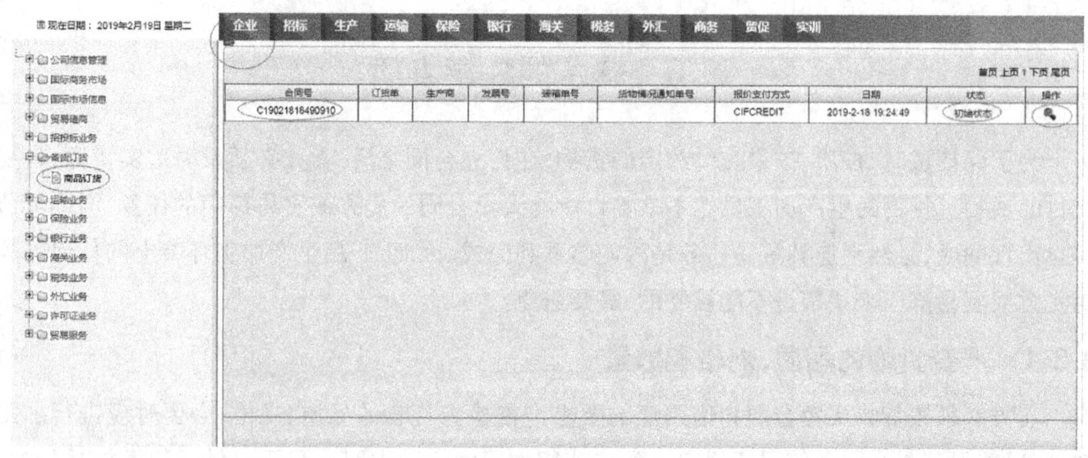

图9-1　备货订货－卖方－进入订货

（2）单击图9-1上的【订货】按钮，跳转到订货界面——进行订货编辑操作，如图9-2所示。编辑完成后，单击【确认订货】按钮，界面将显示“已订货”。

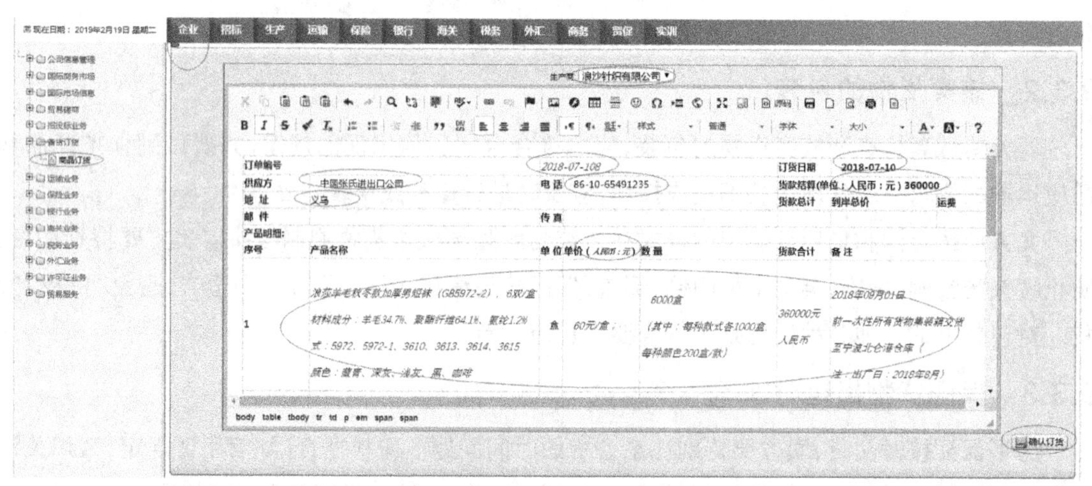

图9-2　备货订货－卖方－订货信息确认

（3）生产商用户登录系统，单击导航栏【生产】，以及左侧菜单“订单管理”，找到相应信息条，如图9-3所示。

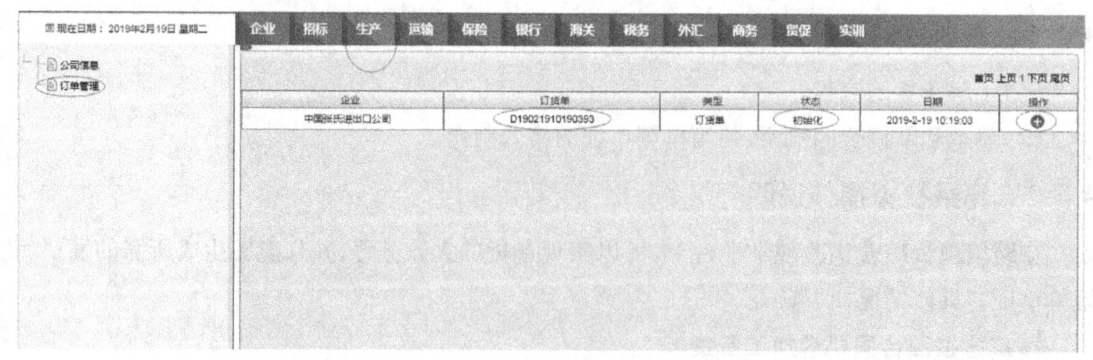

图9-3　备货订货－生产商－备货

（4）单击图9-3 中的【生产装箱出厂交货】按钮，界面状态显示“生产装箱出厂交货”，如图9-4所示。

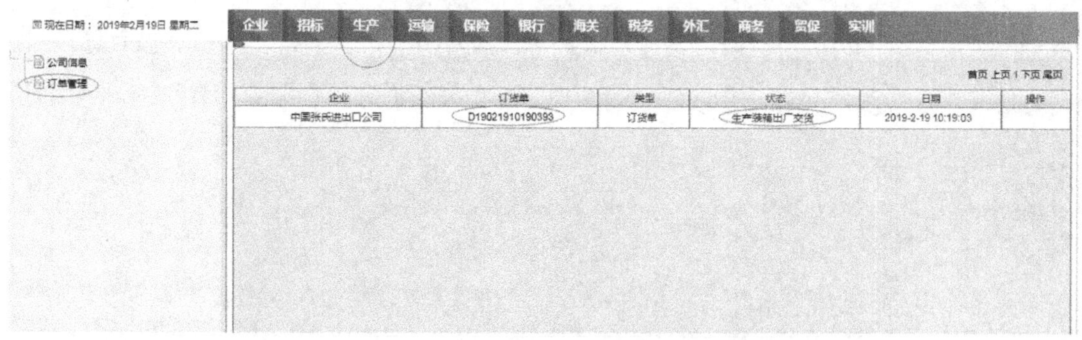

图9-4　备货订货－生产商－出厂交货

2. 卖方制作发票和装箱单

（1）卖方登录系统，单击“备货订货”菜单下的“商品订货”，找到相应信息条，如图9-5所示。

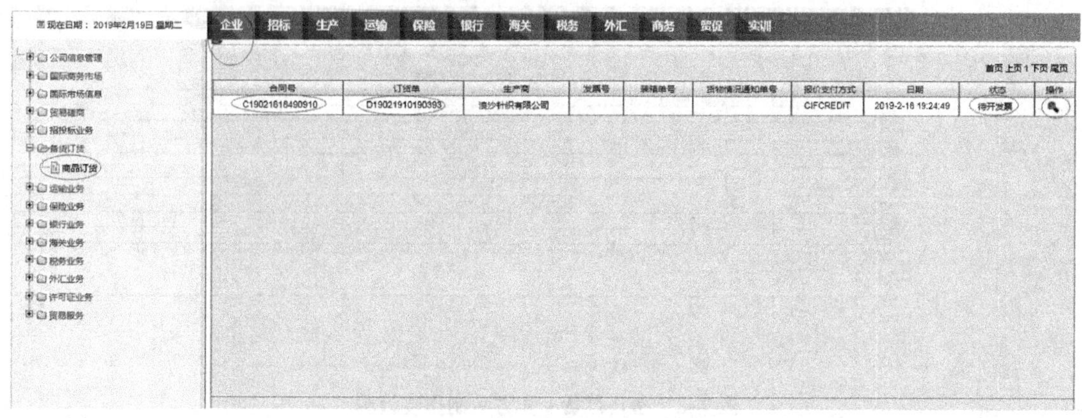

图9-5　备货订货－卖方－制作单据－1

（2）单击图9-5 中的【开发票】按钮，跳转到开发票页面——进行发票编辑操作，如图9-6所示。

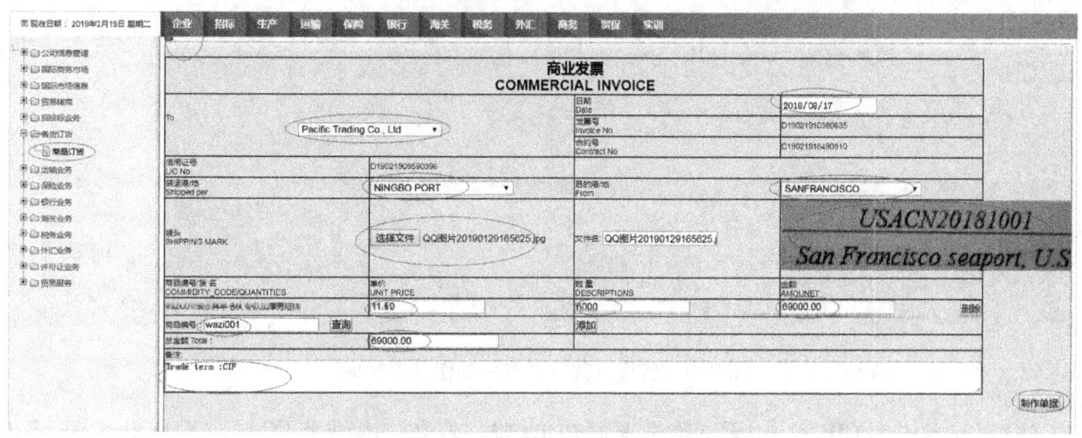

图9-6　备货订货－卖方－制作发票

（3）编辑完成后，单击图 9-6 中的【制作单据】按钮，界面状态显示“装箱单未开”，如图 9-7 所示。

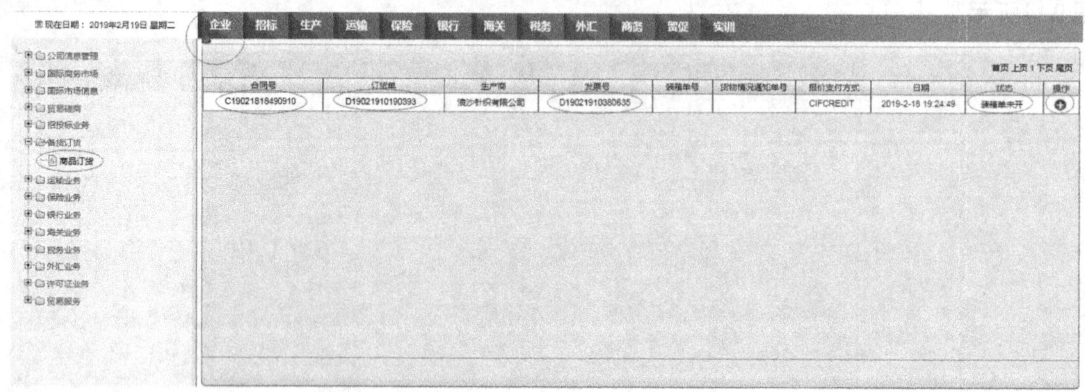

图 9-7　备货订货 - 卖方 - 制作单据 - 2

（4）单击图 9-7 中的【编辑装箱单】按钮，界面跳转到装箱单页面——进行装箱单编辑操作，如图 9-8 所示。

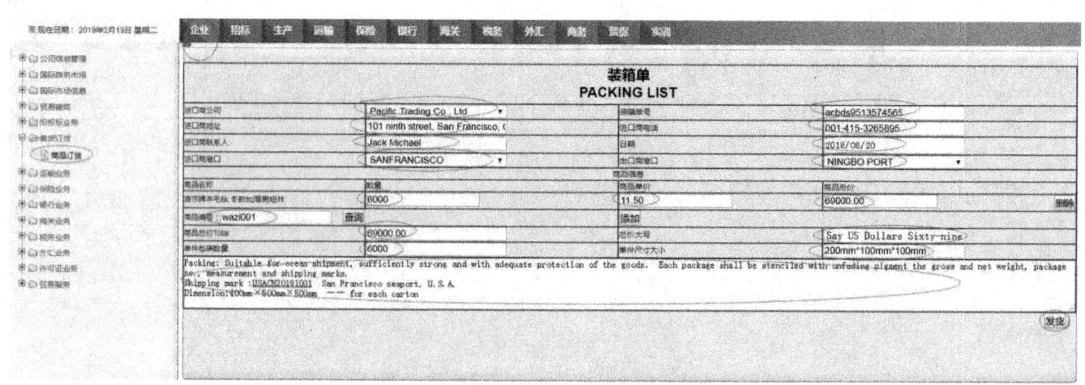

图 9-8　备货订货 - 卖方 - 制作装箱单

（5）编辑完成后，单击图 9-8 中的【发货】按钮，界面状态显示“已备货装箱”，如图 9-9 所示。

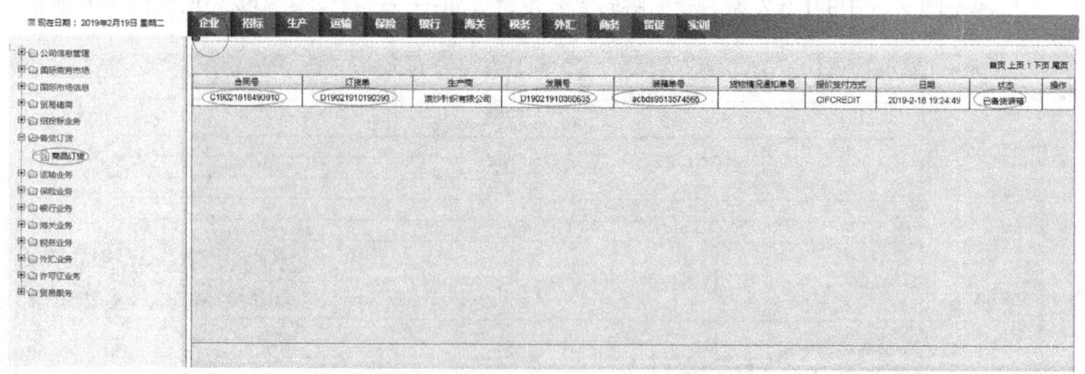

图 9-9　备货订货 - 卖方 - 制作单据完成

注：当前术语为 CIF 术语，无货物情况通知单填写；若当前术语为 FCA、FAS、FOB 术语，务必填写货物情况通知单。

第 10 章 货物运输及保险的安排

教学目标：

熟悉班轮运输、租船运输、集装箱运输以及它们的运费计算；熟悉货运保险办理的程序和各种价格条件下保险金额和保险费的计算；掌握上述实务的模拟操作过程。

货物的买卖必须通过运输来实现，因此买方和卖方应该遵循“安全、迅速、准确、节省、方便”的原则选择适当的运输方式，组织合理的运输，并且及时为运输货物办理一定险别的保险手续。

货物运输方式种类很多，选择合理的运输方式需根据货物的性质、市场需求缓急、货运量大小、路途远近、运费高低、气候等自然条件等因素来决定。根据运输方式的不同选用海上货运保险、路上货运保险、航空货运保险等货运保险。

10.1 货物运输安排

10.1.1 海洋运输

1. 海洋运输航线

世界现在有四大航区：大西洋航区（Atlantic Ocean Routing Area）、太平洋航区（Pacific Ocean Routing Area）、印度洋航区（Indian Ocean Routing Area）和北冰洋航区（Arctic Ocean Routing Area）。

目前，世界上规模最大的集装箱航线主要有三条，见表 10-1。

表 10-1 世界集装箱主要航线

集装箱主要航线	习惯称呼	包括航线
远东—北美航线	（泛）太平洋航线	远东—北美西岸航线
		远东—北美东岸航线
远东—欧洲、地中海航线	欧地航线	远东—欧洲航线
		远东—地中海航线
		北美东岸、海湾—地中海航线
北美—欧洲、地中海航线	大西洋航线	北美东岸、海湾—欧洲航线
		北美西岸—欧洲、地中海航线

中国内地以外的世界主要港口见表 10-2。

表 10-2 世界主要港口

港口英文名称	港口中文名称	所属国家或地区	港口英文名称	港口中文名称	所属国家或地区
AARHUS	奥尔胡斯	丹麦	ABU DHABI	阿布扎比	阿联酋
ADELAIDE	阿德莱德	澳大利亚	ADEN	亚丁	也门
AMSTERDAM	阿姆斯特丹	荷兰	ANTWERP	安特卫普	比利时
AQABA	亚喀巴	约旦	ATHENS	雅典	希腊
ATLANTA	亚特兰大	美国	AUCKLAND	奥克兰	新西兰
BALTIMORE	巴尔的摩	美国	BANGKOK	曼谷	泰国
BARCELONA	巴塞罗那	西班牙	BELFAST	贝法斯特	英国
BERMINGHAN	伯明翰	英国	BILBAO	毕尔巴鄂	西班牙
BOMBAY	孟买	印度	BOSTON	波士顿	美国
BREMEN	不来梅	德国	BRISBANE	布里斯班	澳大利亚
BUSAN	釜山	韩国	CASABLANCE	卡萨布兰卡	摩洛哥
CAPE TOWN	开普敦	南非	CEBU	宿务	菲律宾
CHENNAI	诚乃	印度	CHICAGO	芝加哥	美国
COLOMBO	科伦坡	斯里兰卡	COLON FREE ZONE	科隆	巴拿马
DAMAN	达曼	印度	DALLAS	达拉斯	美国
DOHA	多哈	卡塔尔	DUBAI	迪拜	阿联酋
DUBLIN	都柏林	爱尔兰	DURBAN	德班	南非
FELIXSTOWN	费力克斯托	英国	FREMANTLE	富利曼托	澳大利亚
GDANSK	格但斯克	波兰	GDYNIA	格丁尼亚	波兰
GENOA	热那亚	意大利	GHITTAGONG	吉大港	孟加拉
GOTENBURG	歌德堡	瑞典	HAIPHONG	海防	越南
HAMBURG	汉堡	德国	HELSINKI	赫尔辛基	芬兰
HO CHI MINH CITY	胡志明市	越南	HONGKONG	香港	中国
HOUSTON	休斯敦	美国	INCHON	仁川	韩国
ISTANBUL	伊斯坦布尔	土耳其	JAKARTA	雅加达	印尼
JOHANNESBURG	约翰内斯堡	南非	KAOHSIUNG	高雄	中国
KARACHI	卡拉奇	巴基斯坦	KEELUNG	基隆	中国
KOBE	神户	日本	KUCHING	古晋	马来西亚
KUWAIT	科威特	科威特	LAEM CHABANG	令查邦	泰国
LAGOS	拉各斯	尼日利亚	LA SPEZIA	拉斯佩西亚	意大利
LEGHORN	莱戈恩	意大利	LE HAVRE	勒阿费尔	法国
LISBON	里斯本	葡萄牙	LIVERPOOL	利物浦	英国
LIVORNO	里窝那	意大利	LONDON	伦敦	英国
LONG BEACH	长滩	美国	LOS ANGELES	洛杉矶	美国
MACAO	澳门	中国	MADRID	马德里	西班牙
MALTA	马耳他	马耳他	MANCHESTER	曼彻斯特	英国
MANILA	马尼拉	菲律宾	MARSEILLES	马赛	法国
MELBOURNE	墨尔本	澳大利亚	MIAMI	迈阿密	美国

续表

港口英文名称	港口中文名称	所属国家或地区	港口英文名称	港口中文名称	所属国家或地区
MILANO	米兰	意大利	MOJI	门司	日本
MOMBASA	蒙巴萨岛	肯尼亚	MONTREAL	蒙特利尔	加拿大
NAGOYA	名古屋	日本	NAPLES	那不勒斯	意大利
NEW YORK	纽约	美国	OAKLAND	奥克兰	美国
OPORTO	波尔图	葡萄牙	OSAKA	大阪	日本
OSLO	奥斯陆	挪威	PENANG	滨城	马来西亚
PERTH	珀斯	澳大利亚	PHILADELPHIA	费城	美国
PHNOM PENH	金边	柬埔寨	PORT KELANG	巴生港	马来西亚
PORT SUDAN	苏丹	苏丹	ROTTERDAM	鹿特丹	荷兰
RANGOON	仰光	缅甸	RIYADH	利雅得	沙特阿拉伯
SAN FRANCISCO	旧金山	美国	SEATTLE	西雅图	美国
SEMARANG	三宝垄	印尼	SEOUL	首尔	韩国
SIBU	诗巫	马来西亚	SINGAPORE	新加坡	新加坡
SOUTHAMPTON	南安普顿	英国	STOCKHOLM	斯德哥尔摩	瑞典
SURABAYA	泗水	印尼	SUVA	苏瓦	斐济
SYDNEY	悉尼	澳大利亚	TALLIN	塔林	爱沙尼亚
TOKYO	东京	日本	TORONTO	多伦多	加拿大
SANTOS	桑托斯	巴西	TRIESTE	的利亚斯特	意大利
TUNIS	突尼斯	突尼斯	VALENCIA	瓦伦西亚	西班牙
VANCOUVER	温哥华	加拿大	VENICE	威尼斯	意大利
WARSAW	华沙	波兰	WELLINGTON	惠灵顿	新西兰

2. 货物运输业务流程

在跨境贸易中，卖方或买方采用委托货运代理人运输或直接委托远洋公司运输方式。以卖方委托货运代理人运输为例，图 10-1 给出了货物运输的业务流程。

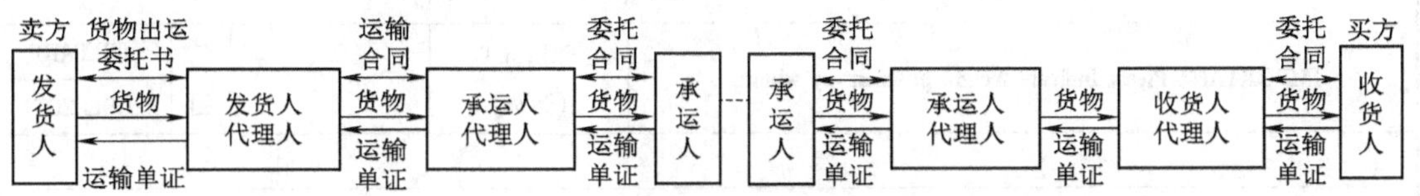

图 10-1　卖方委托代理人货物运输的业务流程

如图 10-1 所示，卖方（现实情况也可以是买方）委托出运货物需要填写货物出运委托书，委托书是发货人根据货物买卖合同和信用证条款内容填写的向发货人代理人办理货物托运的文件（有关货物海运委托书的内容见表 10-3）。发货人代理人再根据这份委托书，与承运人代理人（或承运人）办理运输合同，即托运单（Booking Note，B/N）俗称下货纸。船方根据托运单内容，并结合航线、船期和舱位情况，如认为可以承运，即在托运单上签章，留存一份，退回托运人一份，至此，订舱手续即告完成，运输合同即告成立。

船公司或其代理人在接受托运人（发货人等）的托运申请之后，即发给托运人装货单，凭以办理装船手续。装货单的作用有三：一是通知托运人已配妥××船舶、航次，并确认装货日期，让其备货装船；二是便于托运人向海关办理出口申报手续；三是作为命令船长接受该批货物装船的通知。

表10-3 货物出运委托书样本

<table>
<tr><td colspan="8">INSTRUCTION FOR CARGO BY SEA</td></tr>
<tr><td colspan="6">SHIPPER(发货人):</td><td colspan="2">TEL:</td></tr>
<tr><td colspan="8">ADDRESS(地址):</td></tr>
<tr><td colspan="8"></td></tr>
<tr><td colspan="8">DATE(日期):</td></tr>
<tr><td colspan="6">CONSIGNEE(收货人):</td><td colspan="2">TEL:</td></tr>
<tr><td colspan="8">ADDRESS(地址):</td></tr>
<tr><td colspan="8"></td></tr>
<tr><td colspan="6">ALSO NOTIFY(通知人):</td><td colspan="2">TEL:</td></tr>
<tr><td colspan="8">ADDRESS(地址):</td></tr>
<tr><td colspan="4">PORT OF LOADING (装运港):</td><td colspan="4">PORT OF DESTINATION(目的港):</td></tr>
<tr><td colspan="8">OCEAN VESSEL(船名):</td></tr>
<tr><td>Choice</td><td>DESCRIPTION OF GOODS
货物名称及描述</td><td>MARKS & NUMBERS
唛头</td><td>NO. OF PACKAGE
件数</td><td>GROSS WEIGHT/KG
毛重</td><td colspan="2">NET WEIGHT/KG
净重</td><td>Meas.
体积</td></tr>
<tr><td colspan="8">○</td></tr>
<tr><td colspan="8">[添加][修改][删除]</td></tr>
<tr><td colspan="3">RETE AGREED 运费协议</td><td colspan="5">SPECIAL INSTRUCTIONS 特别附注</td></tr>
<tr><td>□</td><td>货柜</td><td></td><td colspan="5"></td></tr>
<tr><td>□</td><td>拼箱</td><td></td><td colspan="5"></td></tr>
<tr><td rowspan="4">柜形及数量</td><td colspan="2">□20′CONTAINER ×</td><td colspan="3">□40′CONTAINER ×</td><td colspan="2">□40′HQ ×</td></tr>
<tr><td colspan="2">□20′REEFER ×</td><td colspan="3">□40′REEFER ×</td><td colspan="2">□40′REEFER HIGH ×</td></tr>
<tr><td colspan="2">□20′Platform ×</td><td colspan="3">□40′Platform ×</td><td colspan="2"></td></tr>
<tr><td colspan="2">□20′Car ×</td><td colspan="3">□40′Car ×</td><td colspan="2"></td></tr>
<tr><td colspan="3" rowspan="2">IMPORTANT-Please indicate freight payment by whom.</td><td rowspan="2">FREIGHT
(运费)</td><td rowspan="2"></td><td>□</td><td colspan="2">PREPAID</td></tr>
<tr><td>□</td><td colspan="2">COLLECT</td></tr>
<tr><td colspan="8"></td></tr>
<tr><td rowspan="2">DOCUMENT 文件单据:</td><td colspan="3">INVOICE 发票#:</td><td colspan="4"></td></tr>
<tr><td colspan="3">PACKING LIST 装箱单#:</td><td colspan="4"></td></tr>
<tr><td colspan="8">CONSIGNOR'S DETAIL 委托人资料</td></tr>
<tr><td>CONSIGNOR'S
NAME & ADDRESS
(公司名称及地址)</td><td colspan="2"></td><td colspan="2">INSTRUCTION BY:
(经手人)
SIGNED & CHIPPED:
(签字及盖章)</td><td colspan="3"></td></tr>
</table>

货物装船以后,船长或大副则应该签发收货单,即大副收据作为货物已装妥的临时收据,托运人凭此收据即可向船公司或其代理人交付运费并换取正式提单(见表10-4),如收货单上有大副经注,换取提单时应将大副批注在提单上。

表 10-4　海运提单样本

<table>
<tr><td colspan="2">Shipper
(2)</td><td rowspan="3">B/L No. (1)

中远集装箱运输有限公司
COSCO CONTAINER LINES
TLX: 33057 COSCO CN
FAX: +86(021)65458984
ORIGINAL</td></tr>
<tr><td colspan="2">Consignee
(3)</td></tr>
<tr><td colspan="2">Notify Party
(4)</td></tr>
<tr><td>Pre Carriage by
(5)</td><td>Port of Receipt
(6)</td><td rowspan="3">Port-to-Port or Combined Transport
BILL OF LADING
RECEIVED in external apparent good order and condition except as otherwise noted. The total number of packages or unites stuffed in the container. The description of the goods and the weights shown in this Bill of Lading are furnished by the Merchants, and which the carrier has no reasonable means of checking and is not a part of this Bill of Lading contract. The carrier has issued the number of Bill of Lading must be surrendered and endorsed or signed against the delivery of the shipment and whereupon any other original Bills of Lading shall be void. The Merchants agree to be bound by the terms and conditions of this Bill of Lading as if each had personally signed this Bill of Lading. SEE clause 4 on the back of this Bill of Lading(Terms continued on the back hereof, please red carefully).</td></tr>
<tr><td>Ocean Vessel Voy. No.
(7)</td><td>Port of Loading
(8)</td></tr>
<tr><td>Port of Discharge
(9)</td><td>Place Delivery
(10)</td></tr>
</table>

Container/ Seal No.	Marks & Nos.	Number & Kind of Packages	Description of Goods	Gross Weight	Measurement
(11)	(12)	(13)	(14)	(15)	(16)

Total Number of Containers and/or Packages (in words)　(17)

Freight & Charges (18)	Revenue Tons	Rate	Per	Prepaid	Collect

<table>
<tr><td rowspan="2">Ex. Rate:</td><td>Prepaid at</td><td>Payable at</td><td>Place and Date of Issue
(20)</td></tr>
<tr><td>Total Prepaid</td><td>No. of Original B(s)/L
(19)</td><td>Signed for the Carrier
(21)</td></tr>
</table>

(1)提单编号,是承运人或其代理人规定的提单编号;(2)托运人,即与承运人签订运输契约的人,也是发货人;(3)收货人。分为记名式、指示式和不记名式。记名式提单收货人为信用证指定的收货人名称。指示式提单的收货人可制成"To Order of"、"×××Co."、"To Order of XXX Bank"和"To Order of Shipper"等。不记名式提单的收货人为"To Bearer"(交持票人),即空白抬头;(4)被通知人,为接受船方发出货到通知的人,一般为收货人的代理人;(5)前程运输工具,指第一程船的船名(当货物需转运时)。无转运情况下为空白;(6)收货港口,指收货的港口名称或地点(当货物需转运时);无转运情况下为空白;(7)船名,指实际船名,如系班轮加注航次号。当货物需转运时,指第二程船的船名;(8)装运港,指实际装运港名称。当货物需转运时,指中转港口名称;(9)卸货港,指实际卸下货物的最终港口名称;(10)最后目的地,信用证上所规定的目的地;(11)集装箱号,为所有集装箱号码;(12)唛头,指信用证上所规定的唛头;(13)件数、包装种类。与发票或信用证相关内容一致;(14)货物描述,指货物大类总称,但不能与信用证规定的名称相抵触;(15)毛重,为总毛重,且与发票、装箱单和托运单等有关单据一致;(16)尺码,为货物的体积,且与托运单一致;(17)大写数件,为英文大写包装件数,且与(13)栏的包装件数相符;(18)运费,为运费率或运费总额;(19)提单正本份数,指按信用证规定出具的正本提单份数;(20)提单签发地点及提单日期。提单签发地点是装货港地点,提单签发日期为装完货的日期;(21)有效的签章。海运提单必须经装载船只的船长或其船代签字才能生效。

海运提单的格式很多,每个船公司有自己的提单格式。但其内容和项目基本一致。

出口货物在装船出运之前,需向海关办理报关手续。海关查验有关单据后,即在装货单上盖章放行,凭以装船出口。

货物一旦装船,卖方需向买方发出装船通知(见表10-5)。

表10-5 装船通知样本

(Seller's name & address)

SHIPPING ADVICE

Contract No.: Date:

L/C No.:

Invoice No.:

TO: *(Buyer's name & address)*

Dear Sir or Madam,

We are pleased to advise you the details of the shipment as follows:

Commodity:

Packing:

Quantity:

Gross Weight:

Net Weight:

Total value:

Name of Vessel:

Voy No.:

Shipping Marks:

Please be informed that these goods have been shipped from _______ to _______

Shipment date:

B/L No.:

Beneficiary's signature:

装船通知(Shipping Advice),或称"装运通知",包括货物详细装运情况的通知。装船通知以英文制作,无统一格式,其内容通常包括合同或信用证编号、货名、装运数量/重量/体积、尺寸、船名、装船日期、装货港、目的港等,且一定要符合信用证或合同的规定。

3. 运费的计算

1)班轮运费的计算

班轮运费由基本运费和各种附加运费构成。基本运费和各种附加费均按班轮运价表计算。使用单项费率运价表的班轮运费只要找到商品列名,就能查到运价和计算单位,再加上有关的各种附加费即是货物的总运价。而使用等级运价表的班轮运费计算程序相对复杂,其程序如下。

(1)根据商品的名称,从货物分级表(见表10-6)中的货名栏内查明商品等级的计收标准(BASIS)和等级(CLASS)。

(2)根据货物的等级计收标准从航线港口划分栏内查找基本费率。表10-7所示为中国-东非航线等级费率表。

表 10-6　货物分级表

货名	等级	计收标准
农业机械	W/M	9
小五金及工具	W/M	10
钟及零件	M	10
玩具	M	20
棉布及棉织品	M	10
人参	AV/M	20
未列名豆	W	3

表 10-7　中国 - 东非航线等级费率表

等级	费率(Rates)/美元
1	41.80
⋮	⋮
9	67.30
10	73.90
⋮	⋮
20	187.70
Ad Val	49.50

(3)从附加费部分查出所有应收(付)的附加费项目和数额或百分比及货币种类。

(4)根据基本费率和附加费求出货物的实际总运费：

$$总运费 = 基本运费 + \sum 附加费 = 运费吨 \times 等级运费率 \times (1 + 附加费率) \qquad (10\text{-}1)$$

2)租船运费的计算

定程租船的运费是按货物的数量计算。租船人只付运费，隔垫费、装卸费等视租船合同内容而定，其中装卸费的规定有四种：船方管装卸(liner terms)、船方管装不管卸(F. O.)、船方管卸不管装(F. I.)、船方不管装卸(F. I. O.)。

定期租船的租金是按船舶的夏季满载载重吨计算。

3)集装箱运输运费的计算

(1)集装箱的规格。运输市场上所采用的集装箱种类很多，最常用的是干货集装箱(Dry Cargo Container)。图 10-2 所示为集装箱外部标志示意图。

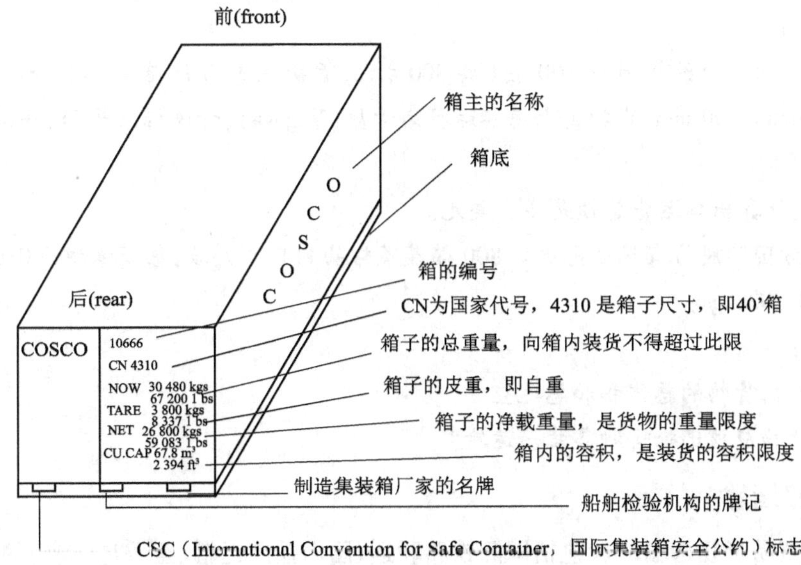

图 10-2　集装箱外部标志示意图

国际上是以“20 英尺集装箱单位”(Twenty foot Equivalent Unit, TEU)或“40 英尺集装箱单位”(Forty foot Equivalent Unit, FEU)为计算集装箱数量的标准单位。常见集装箱的规格见表 10-8。

表10-8 20’和40’干货集装箱规格

	长(mm)	宽(mm)	高(mm)	箱门开度尺寸		容积(m^3)	最大有效承载(kg)*
				宽(mm)	高(mm)		
20’	5897	2348	2385	2337	2272	33	28000
40’	12301	2348	2385	2337	2272	67	26000

*集装箱内可承载重量以船公司根据实际情况确定。

(2)集装箱海运运费的计算。集装箱运费包括内陆运输费、拼箱服务费、堆场服务费、海运运费、集装箱及其设备使用费等。集装箱运费计收方法主要有两种。

①件杂货基本费率加附加费。

基本费率。参照传统件杂货运价,以运费吨为计算单位,多数航线上采用等级费率。

附加费。除传统件杂货所收的常规附加费外,还要加收一些与集装箱货物运输有关的附加费。

②包箱费率。包箱费率将逐步取代件杂货基本费率加附加费。

案例分析训练:

1. 见本书5.3节表5-8货物买卖合同,卖方China National Zhangshi Import and Export Company拟打算请浙江义乌东方货运代理公司来代理该合同项下的货物出运工作。

训练任务:请代卖方China National Zhangshi Import and Export Company按货物买卖合同要求并根据第9章“表9-5 装箱单”以及第10章“表10-10 货物运输保险单”中提供的相关内容,按照“表10-3 货物出运委托书样本”的格式填写一份海运出口货物代理委托书给浙江义乌东方货运代理公司。

2. 上海某公司出口纯棉衬衫100箱(共800打),货物毛重为每箱45.12 kgs,每箱尺码为600 mm×400 mm×400 mm,货物由上海港运往名古屋(Nagoya),计收标准为M,每运费吨(F/T)为110美元。

训练任务:计算出口运费总额是多少美元。

3. 天津东方国际股份有限公司出口800箱蔬菜罐头到日本大阪,每箱体积为0.02638 CBM,每箱毛重为20.293 kgs。

训练任务:

(1)计算本批货物的总体积和总毛重。

(2)本批货物应该选择哪种集装箱运输?

10.1.2 铁路运输

我国跨境贸易货物运输一般包括国际铁路联运、国内铁路运输、至香港、澳门的铁路运输三部分。

1. 国际铁路货物联运

1)国际铁路货物联运运货的一般程序

(1)托运与承运。发货人在托运货物时,向车站提交货物运单和运单副本,车站审核通过后，在运单上签证表示受理托运。发货人按指定日期将货物运到指定货位，装车完毕，车站在货物运单上加盖承运日期，即为承运。

(2)发运。货物进站、请车、拨车、装车、加固和密封。

(3)取得运单和运单副本。运单是发货人与铁路之间的运输契约，运单副本是进出口买卖双方结算货款的依据。

2)国际铁路货物联运运费计算的原则

(1)发送国家和到达国家铁路的运费，均按铁路所在国家的国内规章办理。

(2)过境国铁路的运费，均按承运当日统一货价格规定计算，由发货人或收货人支付。如在参加国际货协的国家与未参加国际货协国的国家之间运送货物，则有关未参加货协国家铁路的运费，可按其所参加的另一种联运协定计算。

(3)我国出口的联运货物，交货共同条件一般均规定在卖方车辆上交货，因此我方仅负责至出口国境站一段的运送费用。但联运进口货物，则要负担过境运送费和我国铁路段的费用。

2. 国内铁路货物运输

在本国范围内，按国内铁路部门的《铁路货物运输规程》的规定对货物运输规程、规则和计价来办理货物运输。

国内段运费按《国内价规》计算，其程序是：

(1)根据货物运价里程表确定发到站间的运价里程。一般应根据最短路径确定，并需将国境站至国境线的里程计算在内。

(2)根据运单上所列货物品名，查找货物运价分号表，确定适用的运价号。

(3)根据运价里程与运价号，在货物运价表中查出适用的运价率。

(4)计费重量与运价率相乘，即得出该批货物的国内运费。

3. 至香港等的铁路运输

对香港的货物铁路运输由两段组成，即自内地发站至深圳北站的内地段铁路运输和自罗湖至香港到站的港段铁路运输。托运人委托当地外运公司或直接向铁路办理托运，使用内地铁路运单将货物运至深圳北站，由托运人委托深圳外运接货，与铁路办理货物运送票据的交接，向铁路租车，办理报关手续，海关放行后过轨至香港。

货车过轨后，由深圳外运在香港的代理——香港中旅货运有限公司(简称中旅货运)在罗湖车站向九广铁路公司办理港段铁路运输，使用港段铁路运输票据将货物运至到站。货物到达后，由中旅货运向铁路办理货物接卸，并将货物交付收货人。

10.1.3　航空运输

1. 航空运输的运价的计算

$$运费 = 基本运费 + 附加费 \tag{10-2}$$

普通货物运费计算方法为：

第一步，运费 F1 = 计费重量 × 相应重量等级的运价。

第二步，运费 F2 = 较高重量等级的起始重量 × 相应的运价。

第三步，比较运费 F1 和 F2，实收运费 F = Min(运费 F1，运费 F2)。

例如：从北京到鹿特丹空运一批货物，其毛重为43.8 kgs，运价如下：

M(起码运价)	320.00 元
N(标准运价)	50.22 元/kg
Q45	41.53 元/kg
Q300	37.52 元/kg

则：第一步，因43.8 kg < 45 kg，使用N运价号，故F1 = 43.8 × 50.22 = 2199.64(元)。

第二步，选用高一级的运价号Q45计算运费，故F2 = 45 × 41.53 = 1868.85(元)。

第三步，因F2 < F1，故该批货物运费应该是F = F2 = 1868.85(元)。

2. 航空货物运输业务流程

一般情况下，卖方采用委托航空运输代理人运输或直接委托航空公司运输两种方式。以卖方委托航空运输代理人运输为例，图10-3给出了跨境航空货物运输的业务流程。

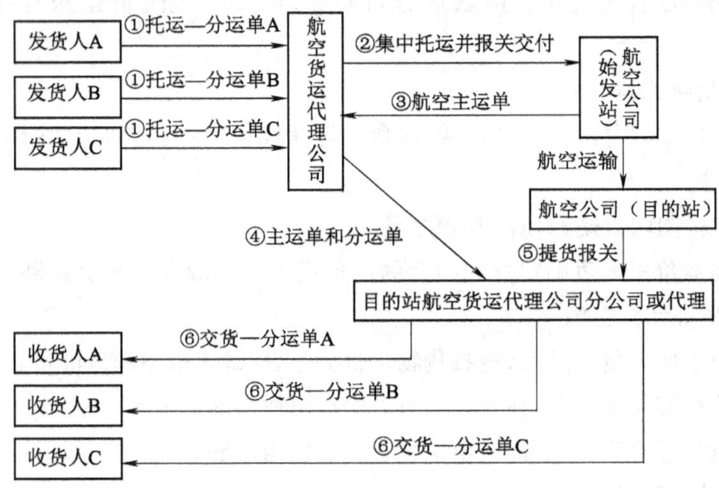

①发货人(即卖方)填写货物托运委托书，作为委托货运代理承办航空货物托运的依据；②货运代理缮制托运单向航空公司办理所有货物的订舱手续，在确定航班、日期、运价后通知各货主交单交货；③航空公司向航空货运代理公司签发航空主运单；④航空货物代理将总运单和分运单寄往目的地分公司或代理机构；⑤货到目的站后，目的地航空货运代理分公司或代理机构凭主运单提货、报关；⑥目的站航空货运代理分公司或代理机构凭分运单向不同的收货人交货

图10-3 跨境航空货物运输流程

案例分析训练：

1. 从北京至新加坡空运一批货物，其毛重为38.9 kgs，体积为1500 mm × 600 mm × 400 mm，某航空公司的运价为：

M(起码运价)	230.00 元
N(标准运价)	37.70 元/kg
Q45	28.50 元/kg
Q300	24.32 元/kg

训练任务：计算本批货物的运费。

2. 上海祥云货运代理公司代理几票货物，其中有 4 票精密仪器均需要从上海空运到新加坡。它们的重量分别是 15 kgs，25 kgs，32 kgs，41 kgs。从上海空运至新加坡的货物的起码运费为 30USD，45kgs 以下 0.9USD/kg，45kgs 以上 0.75USD/kg。

训练任务：只单纯考虑运费的情况下，上海祥云货运代理公司应该采取何种空运方式最合理？

10.2　货运保险安排

10.2.1　货运保险基本操作

1. 货运保险基本流程

卖方或买方对货物运输保险安排的基本步骤是：合同中订立保险条款，确定由谁投保→办理投保手续→选择投保险别→申报投保金额→填写投保单→报销单生效→保险索赔。货物运输保险的投保一般采用逐笔投保方式，投保的日期不应晚于货物装船的日期。以 CIF 成交方式为例，在基本确定船次和船期后，卖方即可开始投保。

(1)卖方据实填写投保单(见表 10-9)，并附上有关单据(如信用证、发票等)，将这些单证一并交给保险公司。投保单的内容须按照信用证或合同的规定填写。

(2)卖方根据具体情况选择合适的险别，以达到既节约保险费又能获得足够的经济保障的目的。由此应考虑的主要因素是货物本身的状况、包装情况、运输情况等。

(3)卖方确定投保货物的保险金额，交付保险费。

(4)卖方与保险公司签订保险合同(保险单)，见表 10-10。

2. 投保的基本原则

投保人和保险人(保险公司)签订保险合同、履行各自义务以及办理索赔和理赔工作必须遵循以下原则。

(1)可保利益原则(Principle of Insurable Interest)。投保人必须对保险标的具有可保利益，才能同保险人订立有效的合同。

(2)最大诚信原则(Utmost Good Faith)。在保险义务中，保险合同的签订必须以双方当事人的"最大诚信"为基础。对投保人来说，最大诚信原则主要涉及告知(Disclosure)、陈述(Representation)、保证(Warranty)三方面的内容。

(3)补偿原则(Principle of Indemnity)。当保险标的物发生保险责任范围内的损失时，保险人应按照合同条款履行赔偿责任。

(4)代为追偿原则(Principle of Subrogation)。当保险标的物发生保险责任范围内的由第三者责任造成的损失时，保险人向被保险人履行了损失赔偿的责任后，有权在其已赔付的金额限度内取得被保险人在该项损失中向第三者责任方要求索赔的权利，保险人取得该权利后，即可站在被保险人的地位上向责任方进行追偿。

(5)重复保险(Double Insurance)分摊原则。在出现重复保险的情况下，当保险标的发生损失时，把保险标的损失赔偿责任在各保险人之间进行分摊。

表 10-9　货物运输投保单样本

PICC　　中国人民保险公司浙江分公司
货物运输保险投保单

被保险人:
INSURED:
发票号(INVOICE NO.)
合同号(CONTRACT NO.)
信用证号(L/C NO.)
发票金额(INVOICE AMOUNT)　　投保加成(PLUS)
兹有下列物品向中国人民保险公司浙江分公司投保:
(INSURANCE IS REQUESTED ON THE FOLLOWING COMMODITIES:)

MARKS & NOS.	QUANTITY	DESCRIPTION OF GOODS	AMOUNT INSURED

启运日期:　　装载运输工具:
DATE OF COMMENCEMENT:　　PER CONVERANCE:
自　　经　　至
FROM　　VIA　　TO
提单号　　赔款偿付地点
B/L NO.　　CLAIM PAYABLE AT
投保险别:(PLEASE INDICATE THE CONDITIONS &/OR SPECIAL COVERAGES:)

请如实告知下列情况:(如"是"打"√","不是"打"×")
1. 货物种类:　袋装　散装　冷藏　液体　活动物　机器/汽车　危险品等级
GOODS　BAG/JUMBO　BULK　REFR　LIQUID　LIVE ANIMAL　MACHINE/AUTO　DANGEROUS CLASS

2. 集装箱种类:　普通　开顶　框架　平板　冷藏
CONTAINER:　ORDINARY　OPEN　FRAME　FLAT　REFRIGERATOR

3. 转运工具:　海轮　飞机　驳船　火车　汽车
BY TRANSIT:　SHIP　PLANE　BARGE　TRAIN　TRUCK

4. 船舶资料:　船舶　船龄
PARTICULAR OF SHIP:　REGISTRY　AGE

备注:被保险人确认本保险合同条款和内容已经完全了解。
THE ASSURED CONFIRMS HEREWITH THE TERMS AND CONDITIONS OF THIS INSURANCE CONTRACT FULLY UNDERSTOOD.
投保日期:(DATE:)

投保人(签名盖章)
APPLICANT'S SIGNATURE
电话:(TEL)
地址:(ADD)

本公司自用(FOR OFFICE USE ONLY)

费率:　　**保费:**
RATE:　　**PREMIUM:**
经办人:　**核保人:**　**负责人:**　**联系电话:**　**承保公司签章**
BY:　　**INSURANCE COMPANY'S SIGNATURE**
TEL:

表 10-10　货物运输保险单

PICC

中国人民保险公司

The People's Insurance Company of China

总公司设于北京　　　一九四九年创立

Head Office Beijing　　　Established in 1949

货物运输保险单

CARGE TRANSPORTATION INSURANCE POLICY

发票号(INVOICE NO.)……

合同号(CONTRACT NO.) *USACN20181001*　　　保单号次

信用证号(L/C NO.) *LC098765432111*　　　*POLICY NO. CY000005*

被保险人:

INSURED: *Pacific Trading Co. , Ltd.*

中国人民保险公司(以下简称公司)根据被保险人的要求,由被保险人向本公司缴付约定的保险费,按照本保险单承保险别和背面所载条款与下列特款承保下述货物运输保险,特立本保险单。

THIS POLICY OF INSURANCE WITNESSES THAT THE PEOPLE'S INSURANCE COMPANY OF CHINA (HEREINAFTER CALLED "THE COMPANY") AT THE REQUEST OF THE INSURED AND IN CONSIDERATION OF THE AGREED PREMIUM PAID TO THE COMPANY BY THE INSURED, UNDERTAKES TO INSURE THE UNDERMENTIONED GOODS IN TRANSPORTATION SUBJECT OT THE CONDITIONS OF THIS POLICY AS PER THE CLAUSES PRINTED OVERLEAF AND OTHER SPECIAL CLAUSES ATTACHED HEREON.

标记 MARKS & NOS.	包装及数量 QUANTITY	保险货物贸易 DESCRIPTION OF GOODS	保险金额 AMOUNT INSURED
USACN20181001 *San Francisco seaport , U. S. A.*	120 PIECES	*LangSha board Wool Autumn and Winter Style Thickened Men's Socks (GB5972 – 2)*	USD69000.00

总保险金额:

TOTAL AMOUNT INSURED: *U. S. DOLLARS SIXTY-NINE THOUSAND ONLY*

保费:　　　启运日期:　　　转载运输工具:

PERMIUM: *AS ARRANGED*　　DATE OF COMMENCEMENT: *AS Per B/L*　　PER CONVEYANCE: *APL CYPRINE 119E*

自:　　　经:　　　至:

FROM: *BEILUN PORT*　　VIA:　　TO: *SAN FRANCISCO*

承保险别:

CONDITIONS: *WAR RISKS ;ICC CLAUSE A ;*

所保货物,如发生保险单项下可能引起索赔的损失或损坏,应立即通知本公司下述代理人查勘。如有索赔,应向本公司提交保险正本(本保险单共有　1　份正本)及有关文件。如一份正本已用于索赔,其余正本自动失效。

IN THE EVENT OF LOSS OR DAMAGE WHICH MAY RESULT IN A CLAIM UNDER THIS POLICY. IMMEDIATE NOTICE MUST BE GIVEN TO THE COMPANY'S AGENTS AS MENTIONED HEREUNDER. CLAIM, IF ANY, ONE OF THE ORIGINAL POLICY WHICH HAS BEEN ISSUED IN 1 ORIGINAL(S) TOGETHER WITH THE RELEVENT DOCUMENTS SHALL BE SURRENERED TO THE COMPANY. IF ONE OF THE ORIGINAL POLICY HAS BEEN ACCOMPLISHED, THE OTHERS TO BE VOID.

中国人民保险公司

The People's Insurance Company of China

赔款偿付地点

CLAIM PAYABLE AT　*YIWU , ZHEJIANG*

出单日期

ISSUING DATE　2018-09-12

Authorized Signature

地址(ADD):中国浙江义乌　　　**电话(TEL):……**

邮编(POST CODE):……　　　**邮箱(EMAIL):……**

3. 保险费的计缴

$$保险费 = CIF价格 \times (1 + 保险加成率) \times 保险费率 \quad (10-3)$$

$$保险费 = CFR \times (1 + 保险加成率) \times 保险费率 \div [1 - (1 + 保险加成率) \times 保险费率] \quad (10-4)$$

10.2.2 保险单

保险单(Marine Cargo Policy)记载保险人与被保险人之间的保险合同内容,是由保险公司根据投保单内容制作而成的。保险单正面列有各项保险条款内容,背面则详细规定了保险人和被保险人的权利与义务。因此,投保人应该严格按信用证或合同的相关规定填制投保单,而之后保险公司核发保险单给投保人。表10-10是由中国人民保险公司签发的"货物运输保险单"。

保险单的内容应与有关单证的内容衔接。例如:保险险别与保险金额,应与信用证的规定相符;保险单上的船名、装运港目的港、大约开航日期以及有关货物的记载,应与提单内容相符;保险单的签发日期不得晚于提单日期,保险单上的金额,一般应相当于发票金额加一成的金额。

案例分析训练:

1. 宁波北仑进出口公司按CIF条件出口一批玩具,投保一切险,由北仑港经香港转运至伦敦。货运抵港后,由华润公司办理转运时,因多数包装袋破损,船方拒绝承运,为赶船期,华润公司在香港雇工重新包装,更换包装交运,共花费4300美元。

训练任务:华润公司之后应该如何解决此笔花销?为什么?

2. 浙江西湖有限公司出口茶叶600箱(cartons),USD1100.00/carton CIF Sydney。该公司为此向中国人民保险公司杭州分公司投保了水渍险、串味险和淡水雨淋险,其保险费率分别为0.07%、0.03%、0.02%,按发票金额110%投保。

训练任务:该批茶叶的投保金额和保险费各是多少?

3. 根据本书5.3节表5-8中的货物买卖合同内容(信用证号:LC098765432111)以及前面的各种信息内容,China National Zhangshi Import and Export Company订妥了APL CYPRINE 119E轮的舱位后,于2018年09月10日向中国人民保险公司浙江分公司按CIC条款投保。

训练任务:按"表10-9 货物运输投保单样本"填制该批货物的投保单。

10.3 在跨境项目综合实验教学平台上运输保险的操作

10.3.1 实训目的及目标

(1)了解跨境贸易中办理运输业务的流程。

(2)了解跨境贸易中保险业务的办理。

10.3.2 场景模拟操作说明

贸易方式为EXW/CIF/FOB/DDP,则由买方/卖方/买方/卖方负责向船公司租船订舱,并办理保险。跨境项目综合实验教学平台可以模仿不同贸易方式条件下的租船订舱情况。下面介绍跨境项目综合实验教学平台在 CIF 的情况下,卖方的租船订舱和投保操作。

1. 卖方租船订舱

(1)卖方用户登录系统,单击“运输业务”菜单下的“运输订单业务”,找到相应的信息条,如图 10-4 所示。

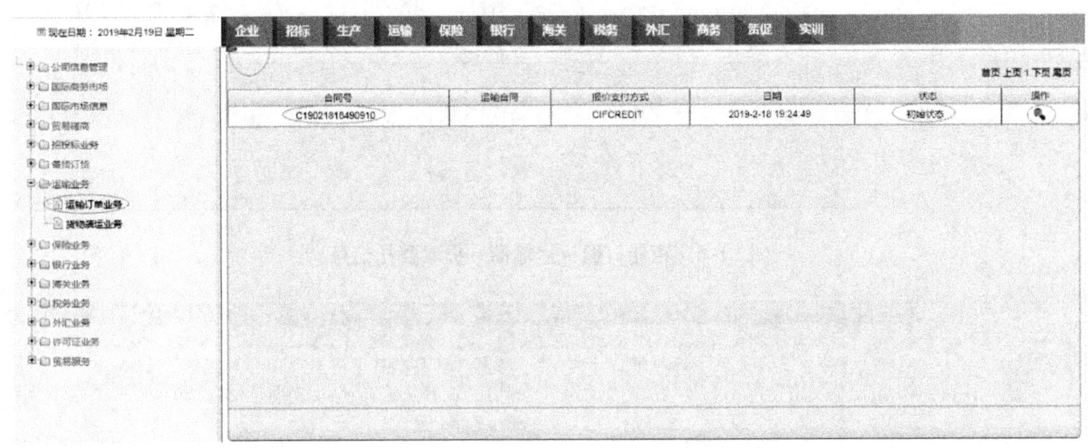

图 10-4　租船订舱 - 卖方 - 进入委托

(2)单击图 10-4 中的【租船订舱申请】按钮,跳转到编辑货物委托书界面——进行货运委托编辑操作,如图 10-5 所示。编辑完成后,单击【租船订舱申请】按钮,界面将显示“处理中”。

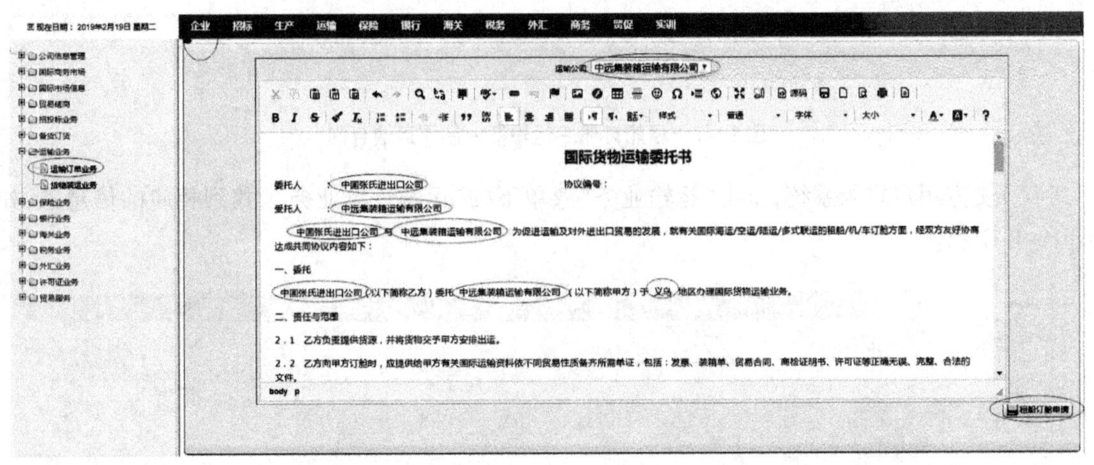

图 10-5　租船订舱 - 卖方 - 租船委托

(3)运输商登录系统,单击导航栏【运输】,以及左侧菜单下的“租船订舱”,找到相应信息条,如图 10-6 所示。

(4)单击图 10-6 中的【运输合同确认】按钮,跳转到编辑运输合同界面——进行货运合同审核操作,如图 10-7 所示。审核完成后,单击【生成运输合同】按钮,界面将显示“审核通过”。

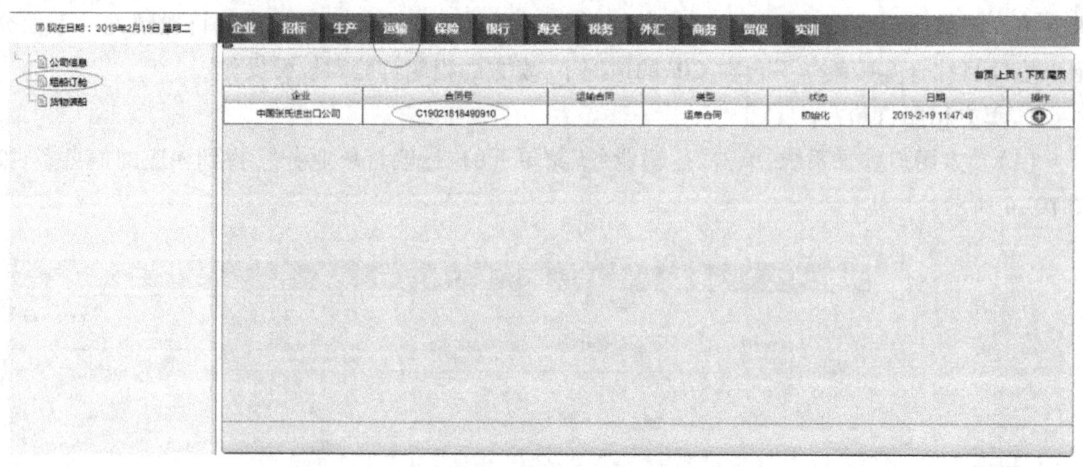

图 10-6　租船订舱－运输商－提取委托信息

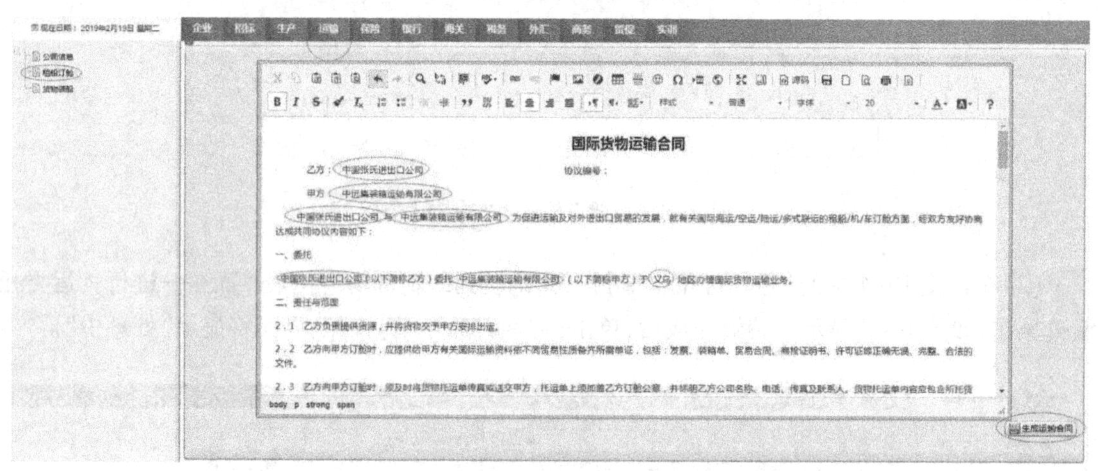

图 10-7　租船订舱－运输商－制作运输合同

(5)卖方用户登录系统,单击“运输业务”菜单下的“运输订单业务”,找到相应的信息条,如图 10-8 所示。

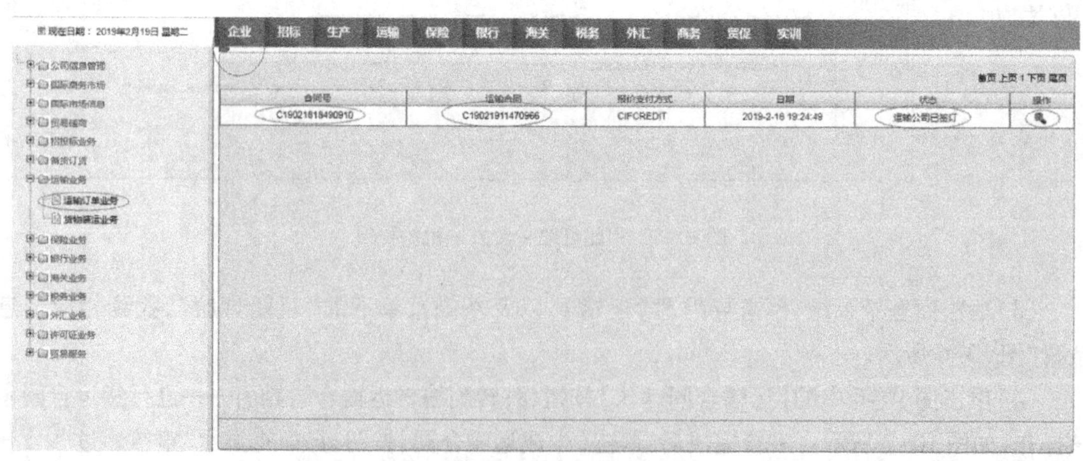

图 10-8　租船订舱－卖方－提取运输合同

(6)单击图 10-8 中的【签订合同】界面,跳转到签订运输合同界面,进行审核,如图 10-9 所示。

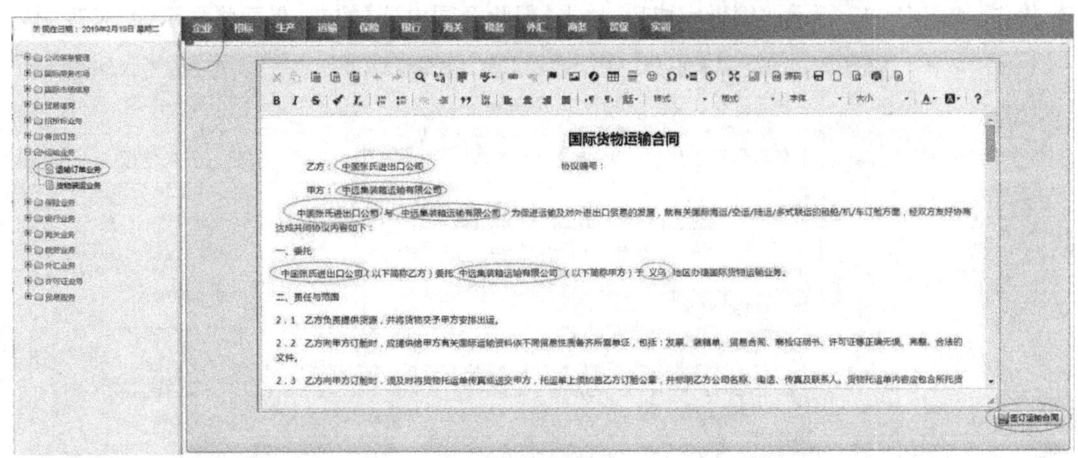

图 10-9　租船订舱 - 卖方 - 签订运输合同

(7)审核完成后,单击图 10-9 中的【签订运输合同】按钮。界面显示“已租船订舱”,如图 10-10 所示。

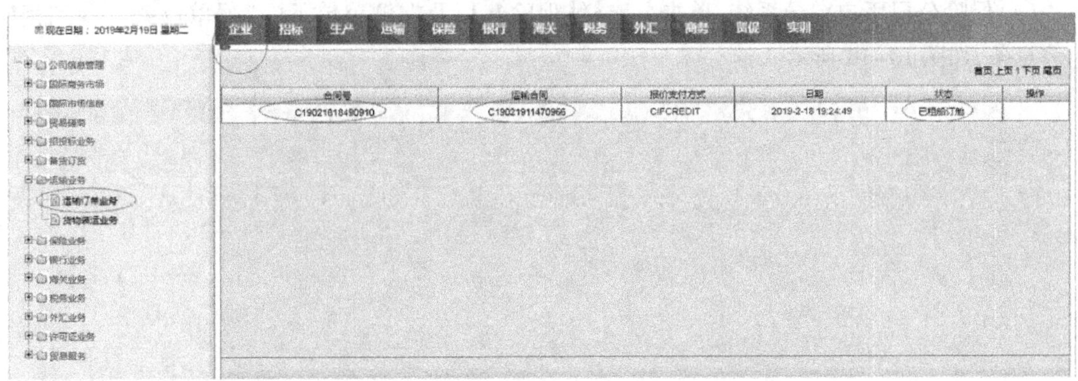

图 10-10　租船订舱 - 卖方 - 已租船订舱

注:当前术语是 CIF 术语,没有发送租船情况通知的步骤;若当前术语是 FCA、FAS、FOB 术语,则会有发送租船情况通知步骤。

2. 卖方办理保险

(1)卖方用户登录系统,单击“保险业务”菜单下的“保险业务处理”,找到相应的信息条,如图 10-11 所示。

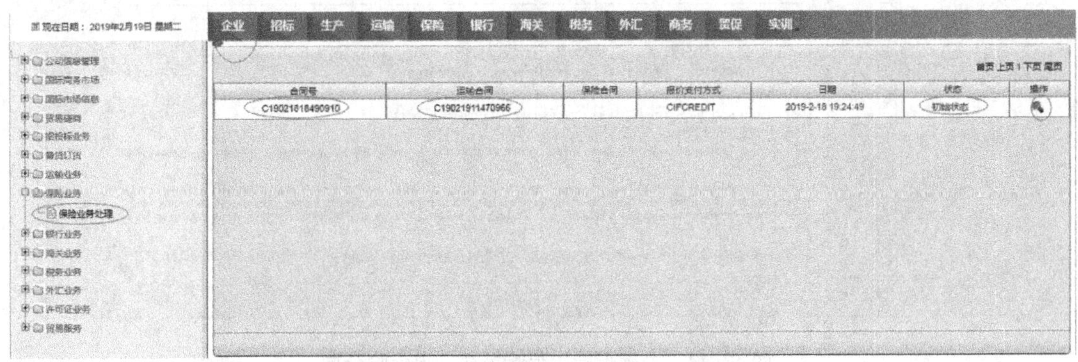

图 10-11　办理保险 - 卖方 - 申请

(2)单击图10-11中的【保险合同申请】按钮,跳转到编辑保险合同界面——进行投保申请编辑操作,如图10-12所示。编辑完成后,单击【保险合同申请】按钮,界面将显示为“处理中”。

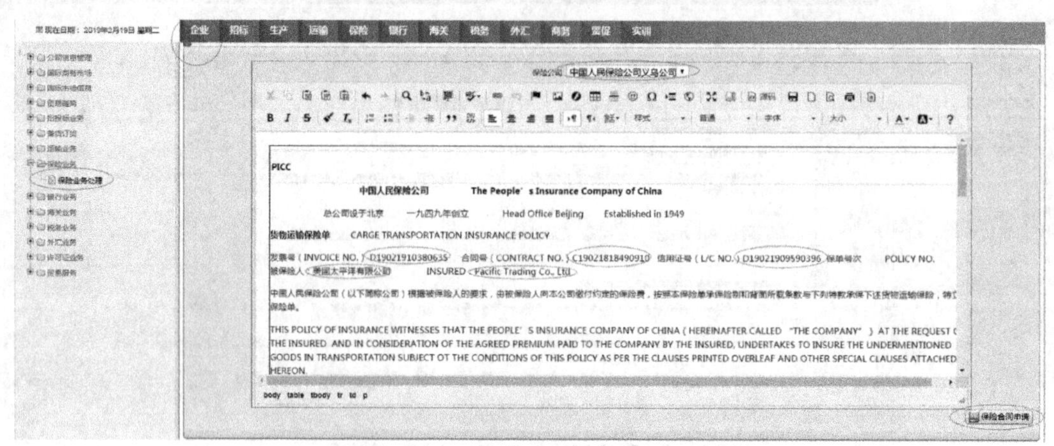

图10-12 办理保险-卖方-提交投保单

(3)保险公司用户登录系统,单击导航栏【保险】,以及左侧菜单下的“保单业务”,找到相应的信息条,如图10-13所示。

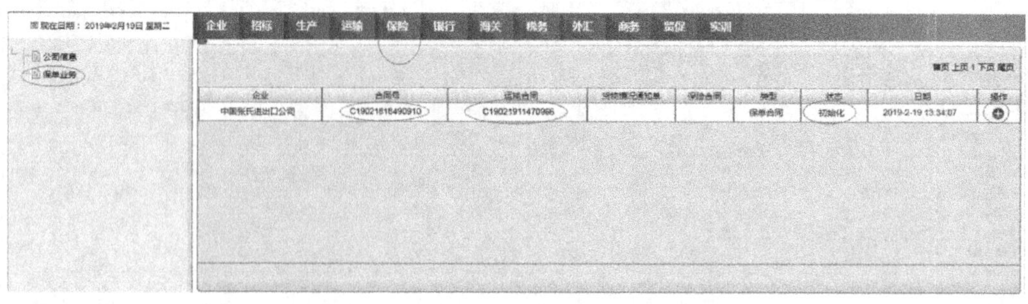

图10-13 办理保险-保险公司-提取申请

(4)单击图10-13中的【生成保险单】按钮,跳转到编辑保险合同界面——进行保险合同编辑审核操作,如图10-14所示。编辑审核完成后,单击【确认保险单合同】按钮,界面将显示“审核通过”。

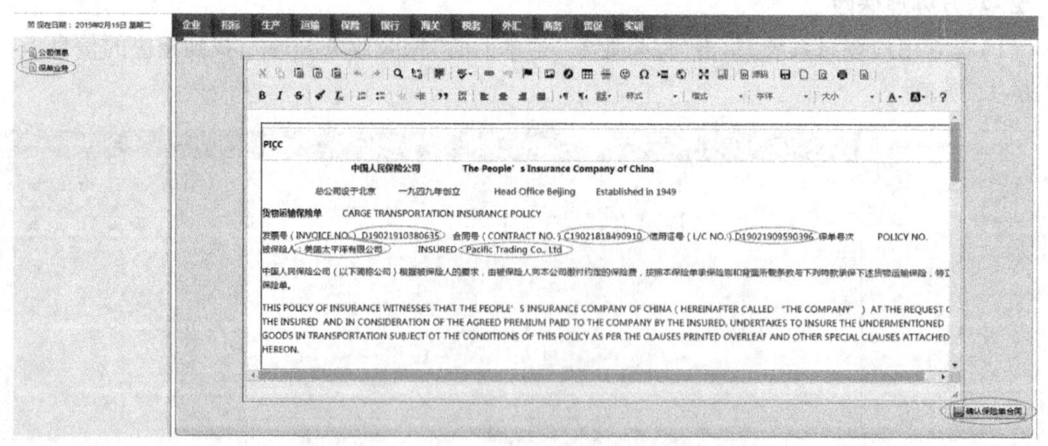

图10-14 办理保险-保险公司-出保险合同

（5）卖方登录系统后，单击“保险业务”菜单下的“保险业务处理”，找到相应的信息条，如图 10-15 所示。

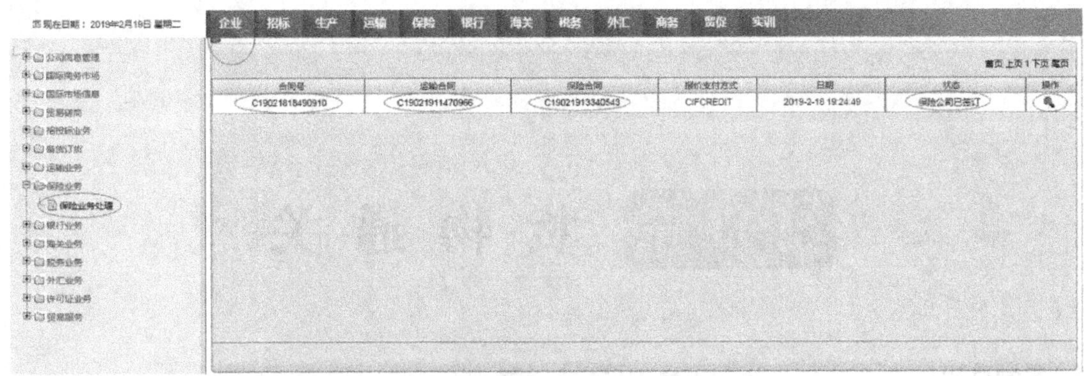

图 10-15　办理保险－卖方－提取保险合同

（6）单击图 10-15 中的【签订保险合同】按钮，跳转到编辑保险合同界面，进行审核，如图 10-16 所示。

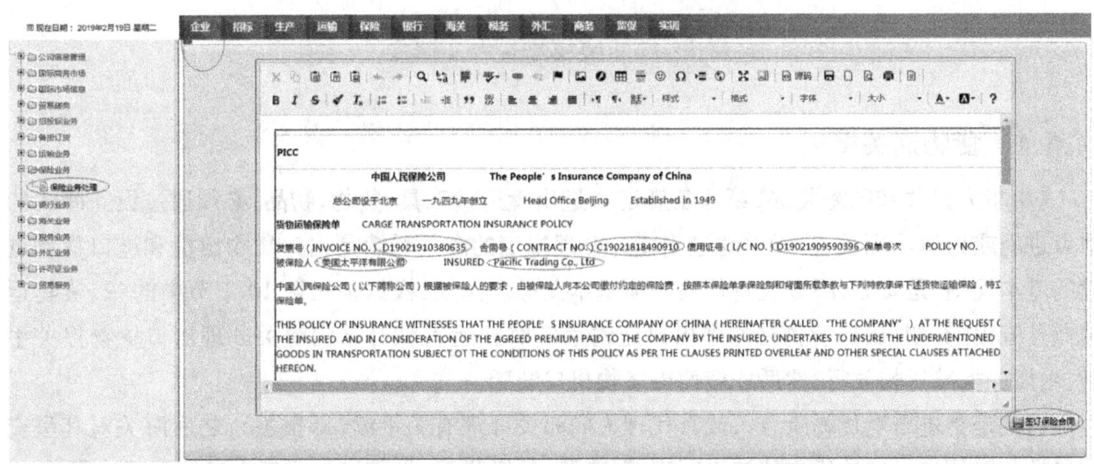

图 10-16　办理保险－卖方－签订保险合同

（7）审核完成后，单击图 10-16 中的【签订保险合同】，界面显示“已产生保险合同”，如图 10-17 所示。

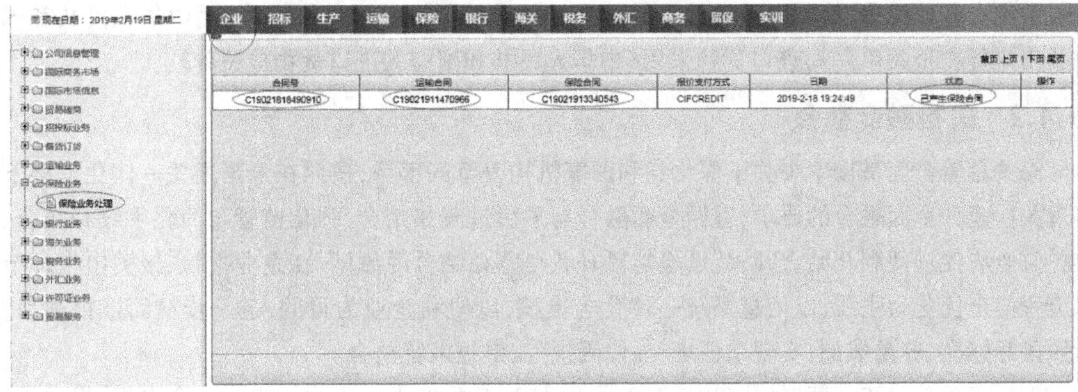

图 10-17　办理保险－卖方－已生成保险单

第11章 货物通关

教学目标：

熟悉如何办理货物报关手续；掌握进出口综合关税的缴纳；掌握上述实务的模拟操作过程。

11.1 货物通关介绍

11.1.1 货物通关概述

《中华人民共和国海关法》第八条规定："进出境运输工具、货物、物品，必须通过设立海关的地点进境或出境。"因此，由设关地进出境并办理规定的海关手续是出口货物出境和进口货物进境的基本规则，是卖方、买方或货代的一项基本义务。比如，根据本书第10.1节中的"2.货物运输业务流程"介绍，出口货物在办理出口运输手续时托运人就必须向海关办理出口货物报关手续，由海关批准货物放行，然后才能使得货物出口装船。

通关是指进出境货物所有人或其代理人向海关办理有关手续（即报关），之后海关对其呈交的单证和申请进出口的货物依法进行审核、查验、征缴税费、批准进口或者出口的管理过程。

进出口货物报关单等是由海关总署规定统一格式和填制规范，由报关人填制，并由报关员代表进出口方向海关提交办理进出口货物申报手续的法律文件，是海关依法监管货物进出口、征收关税和其他税费、编制海关统计及其他事务的重要凭证。出口货物采用《中华人民共和国海关出口货物报关单》等，进口货物采用《中华人民共和国海关进口货物报关单》。

11.1.2 关检融合整合

海关总署全面贯彻中央关于深化党和国家机构改革的部署，按照在全国通关一体化框架下实现关检业务全面融合的要求，遵循全面融合与平稳过渡相结合、强化监管与简化手续相结合、维护安全与促进便利相结合、防范风险与提升获得感相结合的原则，在企业报检、报关申报环节以流程整合优化为主线，以信息系统一体化为支撑，以便利企业为目的，进一步精简申报项目，参照国际标准，尊重惯例，实现单证统一、代码规范、申报系统整合。

按照海关总署统一部署，从2018年8月1日起，海关进出口货物将实行整合申报，报关单、报检单合并为一张报关单。此次整合申报项目是关检业务融合标志性的改革举措，将改变企业原有报关流程和作业模式，实现报关报检"一张大表"。

整合申报项目主要是对海关原报关单申报项目和检验检疫原报检单申报项目进行梳理，报关报检面向企业端整合形成"四个一"，即"一张报关单、一套随附单证、一组参数代码、一个申报系统"。同步编写并对外发布《进出口货物报关单填制规范》(2018 年 60 号)、《进出口货物报关单和进出境货物备案清单格式》(2018 年 61 号)、《进出口货物报关单申报电子报文格式》(2018 年 67 号)等公告。

1. 整合原报关、报检申报数据项

按照"依法依规、去繁就简"原则，对海关原报关单和检验检疫原报检单申报项目进行梳理整合，通过合并共有项、删除极少使用项，将原报关、报检单合计 229 个货物申报数据项精简到 105 个，大幅减少企业申报项目。

2. 原报关报检单整合形成为一张报关单

整合后的新版报关单以原报关单 48 个项目为基础，增加部分原报检内容形成了具有 56 个项目的新报关单打印格式。此次整合对进口、出口货物报关单和进境、出境货物备案清单布局结构进行优化，版式由竖版改为横版，与国际推荐的报关单样式更加接近，纸质单证全部采用普通打印方式，取消套打，不再印制空白格式单证。

3. 原报关报检单据单证整合为一套随附单证

整合简化申报随附单证，对企业原报关、报检所需随附单证进行梳理，整理随附单证类别代码及申报要求，整合原报关、报检重复提交的随附单据和相关单证，形成统一的随附单证申报规范。

4. 原报关报检参数整合为一组参数代码

对原报关、报检项目涉及的参数代码进行梳理，参照国际标准，实现现有参数代码的标准化。梳理整合后，统一了 8 个原报关、报检共有项的代码，包括国别(地区)代码、港口代码、币制代码、运输方式代码、监管方式代码、计量单位代码、包装种类代码、集装箱规格代码等。

5. 原报关报检申报系统整合为一个申报系统

在申报项目整合的基础上，将原报关报检的申报系统进行整合，形成一个统一的申报系统。用户由"互联网 + 海关"、跨境贸易"单一窗口"接入。新系统按照整合申报内容对原有报关、报检的申报数据项、参数、随附单据等都进行了调整。

在官方网站上，可以进行下面这些关检融合部分通关参数的查询及下载：

- 关区代码表
- 运输方式代码表
- 监管方式代码表
- 征免性质代码表
- 国别(地区)代码表
- 港口代码表
- 企业产品许可类别代码表
- 中华人民共和国行政区划代码表
- 成交方式代码表
- 货币代码表
- 集装箱规格代码表
- 计量单位代码表
- 包装种类代码表
- 征减免税方式代码表
- 国内口岸代码表
- 检验检疫机关代码表
- 关联理由代码表
- 监管证件代码表
- 国内地区代码表
- 用途代码表
- 原产地区代码表
- 危包规格代码表
- 货物属性代码表
- 检验检疫名称参数

11.1.3 海关进出口货物报关单的填制

中华人民共和国海关出口货物报关单样本如表11-1所示。

表11-1 中华人民共和国海关出口货物报关单样本

中华人民共和国海关出口货物报关单

预录入编号：　　　　　海关编号：　　　　　（××海关）　　　　　页码/页数：

境内发货人	出境关别		出口日期		申报日期		备案号
境外收货人	运输方式		运输工具名称及航次号		提运单号		
生产销售单位	监管方式		征免性质		许可证号		
合同协议号	贸易国(地区)		运抵国(地区)		指运港		离境口岸
包装种类	件数	毛重(千克)	净重(千克)	成交方式	运费	保费	杂费
随附单证及编号							
标记唛码及备注							
项号　商品编号　商品名称及规格型号　数量及单位　单价/总价/币制　原产国(地区)　最终目的国(地区)　境内货源地　征免							
报关人员　报关人员证号　电话　兹申明对以上内容承担如实申报、依法纳税之法律责任 申报单位　　　　申报单位(签章)						海关批注及签章	

为规范进出口货物收发货人的申报行为，统一进出口货物报关单的填制，海关总署发布有2018年第60号公告，即"关于修订《中华人民共和国海关进出口货物报关单填制规范》的公告"，就填制进出口货物报关单等进行了重新定义，其填制的主要要求有：

预录入编号：预录入报关单的编号，一份报关单对应一个预录入编号，由系统自动生成。报关单预录入编号为18位，其中第1~4位为接受申报海关的代码（海关规定的《关区代码表》中相应海关代码），第5~8位为录入时的公历年份，第9位为进出口标志（"1"为进口，"0"为出口；集中申报清单"I"为进口，"E"为出口），后9位为顺序编号。

海关编号：海关接受申报时给予报关单的编号，一份报关单对应一个海关编号，由系统自动生成。报关单海关编号为18位，其中第1~4位为接受申报海关的代码（海关规定的《关区代码表》中相应海关代码),第 5 ~ 8 位为海关接受申报的公历年份,第 9 位为进出口标志("1"为进口,"0"为出口;集中申报清单"I"为进口,"E"为出口),后 9 位为顺序编号。

境内收发货人:填报在海关备案的对外签订并执行跨境贸易合同的中国境内法人、其他组织名称及编码。编码填报 18 位法人和其他组织统一社会信用代码,没有统一社会信用代码的,填报其在海关的备案编码。

进出境关别:根据货物实际进出境的口岸海关,填报海关规定的《关区代码表》中相应口岸海关的名称及代码。其他无实际进出境的货物,填报接受申报的海关名称及代码。

进出口日期:进口日期填报运载进口货物的运输工具申报进境的日期。出口日期指运载出口货物的运输工具办结出境手续的日期,在申报时免予填报。无实际进出境的货物,填报海关接受申报的日期。进出口日期为 8 位数字,顺序为年(4 位)、月(2 位)、日(2 位)。

申报日期:海关接受进出口货物收发货人、受委托的报关企业申报数据的日期。以电子数据报关单方式申报的,申报日期为海关计算机系统接受申报数据时记录的日期。以纸质报关单方式申报的,申报日期为海关接受纸质报关单并对报关单进行登记处理的日期。本栏目在申报时免予填报。申报日期为 8 位数字,顺序为年(4 位)、月(2 位)、日(2 位)。

备案号:填报进出口货物收发货人、消费使用单位、生产销售单位在海关办理加工贸易合同备案或征、减、免税审核确认等手续时,海关核发的《加工贸易手册》、海关特殊监管区域和保税监管场所保税账册、《征免税证明》或其他备案审批文件的编号。一份报关单只允许填报一个备案号。

境外收发货人:境外收货人通常指签订并执行出口贸易合同中的买方或合同指定的收货人,境外发货人通常指签订并执行进口贸易合同中的卖方。填报境外收发货人的名称及编码。

运输方式:根据实际运输方式和海关规定的特殊运输方式,按照海关规定的《运输方式代码表》填报。实际运输方式指货物实际进出境的运输方式,按进出境所使用的运输工具分类;海关规定的特殊运输方式指货物无实际进出境的运输方式,按货物在境内的流向分类。

运输工具名称及航次号:填报载运货物进出境的运输工具名称或编号及航次号。填报内容应与运输部门向海关申报的舱单(载货清单)所列相应内容一致。

提运单号:填报进出口货物提单或运单的编号。一份报关单只允许填报一个提单或运单号,一票货物对应多个提单或运单时,应分单填报。

货物存放地点:填报货物进境后存放的场所或地点,包括海关监管作业场所、分拨仓库、定点加工厂、隔离检疫场、企业自有仓库等。

消费使用单位/生产销售单位:消费使用单位填报已知的进口货物在境内的最终消费、使用单位的名称;生产销售单位填报出口货物在境内的生产或销售单位的名称。

监管方式:以跨境贸易中进出口货物的交易方式为基础,结合海关对进出口货物的征税、统计及监管条件综合设定的海关对进出口货物的管理方式。按海关规定的《监管方式代码表》选择填报相应的监管方式简称及代码。其代码由 4 位数字构成,前两位是按照海关监管要求和计算机管理需要划分的分类代码,后两位是参照国际标准编制的贸易方式代码。一份报关单只允许填报一种监管方式。

征免性质:根据实际情况按海关规定的《征免性质代码表》选择填报相应的征免性质简称及代码,持有海关核发的《征免税证明》的,按照《征免税证明》中批注的征免性质填报。一份报关单只允许填报一种征免性质。加工贸易货物报关单按照海关核发的《加工贸易手册》中批注的征免性质简称及代码填报。

许可证号：填报进（出）口许可证、两用物项和技术进（出）口许可证、两用物项和技术出口许可证（定向）、纺织品临时出口许可证、出口许可证（加工贸易）、出口许可证（边境小额贸易）的编号。一份报关单只允许填报一个许可证号。

启运港：填报进口货物在运抵我国关境前的第一个境外装运港。根据实际情况，按海关规定的《港口代码表》填报相应的港口名称及代码，未在《港口代码表》列明的，填报相应的国家名称及代码。货物从海关特殊监管区域或保税监管场所运至境内区外的，填报《港口代码表》中相应海关特殊监管区域或保税监管场所的名称及代码，未在《港口代码表》中列明的，填报"未列出的特殊监管区"及代码；其他无实际进境的货物，填报"中国境内"及代码。

合同协议号：填报货物买卖合同（包括协议或订单）编号。未发生商业性交易的免予填报。

贸易国（地区）：发生商业性交易的进口填报购自国（地区），出口填报售予国（地区）。未发生商业性交易的填报货物所有权拥有者所属的国家（地区）；按海关规定的《国别（地区）代码表》选择填报相应的贸易国（地区）中文名称及代码。

启运国（地区）/运抵国（地区）：启运国（地区）填报进口货物启始发出直接运抵我国或者在运输中转国（地）未发生任何商业性交易的情况下运抵我国的国家（地区）；运抵国（地区）填报出口货物离开我国关境直接运抵或者在运输中转国（地区）未发生任何商业性交易的情况下最后运抵的国家（地区）；不经过第三国（地区）转运的直接运输进出口货物，以进口货物的装货港所在国（地区）为启运国（地区），以出口货物的指运港所在国（地区）为运抵国（地区）；经过第三国（地区）转运的进出口货物，如在中转国（地区）发生商业性交易，则以中转国（地区）作为启运/运抵国（地区）。按海关规定的《国别（地区）代码表》选择填报相应的启运国（地区）或运抵国（地区）中文名称及代码；无实际进出境的货物，填报"中国"及代码。

经停港/指运港：经停港填报进口货物在运抵我国关境前的最后一个境外装运港；指运港填报出口货物运往境外的最终目的港；最终目的港不可预知的，按尽可能预知的目的港填报。按海关规定的《港口代码表》选择填报相应的港口名称及代码。经停港/指运港在《港口代码表》中无港口名称及代码的，可选择填报相应的国家名称及代码；无实际进出境的货物，填报"中国境内"及代码。

入境口岸/离境口岸：入境口岸填报进境货物从跨境运输工具卸离的第一个境内口岸的中文名称及代码。采取多式联运跨境运输的，填报多式联运货物最终卸离的境内口岸中文名称及代码。过境货物填报货物进入境内的第一个口岸的中文名称及代码。从海关特殊监管区域或保税监管场所进境的，填报海关特殊监管区域或保税监管场所的中文名称及代码。其他无实际进境的货物，填报货物所在地的城市名称及代码；离境口岸填报装运出境货物的跨境运输工具离境的第一个境内口岸的中文名称及代码。采取多式联运跨境运输的，填报多式联运货物最初离境的境内口岸中文名称及代码。过境货物填报货物离境的第一个境内口岸的中文名称及代码。从海关特殊监管区域或保税监管场所出境的，填报海关特殊监管区域或保税监管场所的中文名称及代码。其他无实际出境的货物，填报货物所在地的城市名称及代码。

按海关规定的《国内口岸编码表》选择填报相应的境内口岸名称及代码。

包装种类：填报进出口货物的所有包装材料，包括运输包装（提运单所列货物件数单位对应的包装）和其他包装（包括货物的各类包装，以及植物性铺垫材料等），按海关规定的《包装种类代码表》选择填报相应的包装种类名称及代码。

件数：填报进出口货物运输包装的件数（按运输包装计）。

成交方式:根据进出口货物实际成交价格条款,按海关规定的《成交方式代码表》选择填报相应的成交方式代码。无实际进出境的货物,进口填报 CIF,出口填报 FOB。

运费:填报进口货物运抵我国境内输入地点起卸前的运输费用,出口货物运至我国境内输出地点装载后的运输费用。按海关规定的《货币代码表》选择填报相应的币种代码。

保费:填报进口货物运抵我国境内输入地点起卸前的保险费用,出口货物运至我国境内输出地点装载后的保险费用。按海关规定的《货币代码表》选择填报相应的币种代码。

杂费:填报成交价格以外的、按照《中华人民共和国进出口关税条例》相关规定应计入完税价格或应从完税价格中扣除的费用。按海关规定的《货币代码表》选择填报相应的币种代码。

随附单证及编号:分有随附单证代码和随附单证编号两栏,分别在代码栏和随附单证编号栏按海关规定的《监管证件代码表》和《随附单据代码表》选择填报相应证件(除许可证件以外的其他进出口许可证件或监管证件、随附单据)代码和编号。

标记唛码及备注:标记唛码中除图形以外的文字、数字,无标记唛码的填报 N/M。

项号:分两行填报。第一行填报报关单中的商品顺序编号;第二行填报"备案序号",专用于加工贸易及保税、减免税等已备案、审批的货物,填报该项货物在《加工贸易手册》或《征免税证明》等备案、审批单证中的顺序编号。有关优惠贸易协定项下报关单填制要求按照海关总署相关规定执行。

商品编号:填报由 13 位数字组成的商品编号。前 8 位为《中华人民共和国进出口税则》和《中华人民共和国海关统计商品目录》确定的编码;9、10 位为监管附加编号,11 ~ 13 位为检验检疫附加编号。

商品名称及规格型号:分两行填报。第一行填报进出口货物规范的中文商品名称,第二行填报规格型号。

数量及单位:分三行填报。第一行按进出口货物的法定第一计量单位填报数量及单位,法定计量单位以《中华人民共和国海关统计商品目录》中的计量单位为准。凡列明有法定第二计量单位的,在第二行按照法定第二计量单位填报数量及单位。无法定第二计量单位的,第二行为空。成交计量单位及数量填报在第三行。

单价:填报同一项号下进出口货物实际成交的商品单位价格。无实际成交价格的,填报单位货值。

总价:填报同一项号下进出口货物实际成交的商品总价格。无实际成交价格的,填报货值。

币制:按海关规定的《货币代码表》选择相应的货币名称及代码填报,如《货币代码表》中无实际成交币种,需将实际成交货币按申报日外汇折算率折算成《货币代码表》列明的货币填报。

原产国(地区):原产国(地区)依据《中华人民共和国进出口货物原产地条例》、《中华人民共和国海关关于执行〈非优惠原产地规则中实质性改变标准〉的规定》以及海关总署关于各项优惠贸易协定原产地管理规章规定的原产地确定标准填报。同一批进出口货物的原产地不同的,分别填报原产国(地区)。进出口货物原产国(地区)无法确定的,填报"国别不详"。按海关规定的《国别(地区)代码表》选择填报相应的国家(地区)名称及代码。

最终目的国(地区):最终目的国(地区)填报已知的进出口货物的最终实际消费、使用或进一步加工制造国家(地区)。不经过第三国(地区)转运的直接运输货物,以运抵国(地区)为最终目的国(地区);经过第三国(地区)转运的货物,以最后运往国(地区)为最终目的国(地区)。按海关规定的《国别(地区)代码表》选择填报相应的国家(地区)名称及代码。

境内目的地/境内货源地:境内目的地填报已知的进口货物在国内的消费、使用地或最终运抵地,其中最终运抵地为最终使用单位所在的地区;境内货源地填报出口货物在国内的产地或原始发货地。按海关规定的《国内地区代码表》选择填报相应的国内地区名称及代码,并根据《中华人民共和国行政区划代码表》选择填报境内目的地对应的县级行政区名称及代码。无下属区县级行政区的,可选择填报地市级行政区。

征免:按照海关核发的《征免税证明》或有关政策规定,对报关单所列每项商品选择海关规定的《征减免税方式代码表》中相应的征减免税方式填报。

特殊关系确认:根据《中华人民共和国海关审定进出口货物完税价格办法》(以下简称《审价办法》)第十六条,填报确认进出口行为中买卖双方是否存在特殊关系。出口货物免予填报,加工贸易及保税监管货物(内销保税货物除外)免予填报。

价格影响确认:根据《审价办法》第十七条,填报"是"或"否",以确认纳税义务人是否可以证明特殊关系未对进口货物的成交价格产生影响。出口货物免予填报,加工贸易及保税监管货物(内销保税货物除外)免予填报。

支付特许权使用费确认:根据《审价办法》第十一条和第十三条,填报确认买方是否存在向卖方或者有关方直接或者间接支付与进口货物有关的特许权使用费,且未包括在进口货物的实付、应付价格中。出口货物免予填报,加工贸易及保税监管货物(内销保税货物除外)免予填报。

自报自缴:进出口企业、单位采用"自主申报、自行缴税"(自报自缴)模式向海关申报时,填报"是";反之则填报"否"。

申报单位:自理报关的,填报进出口企业的名称及编码;委托代理报关的,填报报关企业名称及编码。编码填报18位法人和其他组织统一社会信用代码。报关人员填报在海关备案的姓名、编码、电话,并加盖申报单位印章。

海关批注及签章:供海关作业时签注。

在官方网站上,可以通过下面这些通关参数对照表来完成新海关进出口报关单的填制。

- 运输方式代码表 - 对原报关代码
- 监管方式代码表 - 对原报关代码
- 国别(地区)代码表 - 对原报关代码
- 港口代码表 - 对原报关代码
- 货币代码表 - 对原报关代码
- 集装箱规格代码表 - 对原报关代码
- 包装种类代码表 - 对原报关代码
- 运输方式代码表 - 对原报检代码
- 监管方式代码表 - 对原报检代码
- 国别(地区)代码表 - 对原报检代码
- 港口代码表 - 对原报检代码
- 货币代码表 - 对原报检代码
- 集装箱规格代码表 - 对原报检代码
- 包装种类代码表 - 对原报检代码

11.2 货物出口通关程序

出口货物出境时,卖方或其货代必须按规定将货物送到海关指定的仓库向进出境口岸海关请求申报,交验规定的单证,接受海关人员对其所报货物的查验,依法缴纳海关关税和其他由海关代征的税款,之后才能由海关批准货物的放行。放行后,卖方方可办理货物出口装船事宜。

11.2.1 申领出口许可证

根据我国出口许可证管理制度规定,卖方对出口许可证管理范围内的商品,必须在货物出口前向出口许可管理部门取得货物出口许可证,在货物出口报关时将其向海关提供,否则海关将不接受报关。

1. 卖方申请出口许可证的程序

目前,我国卖方申请办理出口许可证有下列程序。

(1)明确合同项下货物确实属于出口许可证管理范围内的商品,确定该货物的出口许可证签发机构。目前我国商务部负责制定出口许可证管理办法及规章制度,商务部驻各地特派员办事处和各省、自治区、直辖市及计划单列市经贸委、厅、局为出口许可证发证机构。

(2)填写出口许可证申请表,于货物出口报关前向有权签发该货物出口许可证的发证机关办理出口许可证申请手续。申请时,应提交以下文件:

①加盖印章的出口许可证申请表(正本)1 份。实行网上申领的,应认真如实在线填写电子申请表并传送给相应发证机构。

②加盖对外贸易经营者备案登记专用章的《对外贸易经营者备案登记表》或《中华人民共和国进出口企业资格证书》或外商投资企业批准证书(复印件)。

③若需要,有关出口货物配额或其他有关批准文件。

④出口报关合同一式两份。其中,一份发证机关留存,一份加盖出口许可证专用章后退回卖方。

(3)发证机构审核卖方申请。经审核同意后,一般在申请之日起 3 个工作日内签发出口许可证一式三份,一份申报人留存,一份海关留存,一份由海关签印后送当地银行凭以检查结汇。

2. 出口许可证申请表的制作

表 11-2 展示了出口许可证申请表的项目、结构和内容。

表 11-2　出口许可证申请表样本

<table>
<tr><td colspan="3">1. 出口商　　代码
电话:(领证人签名)</td><td colspan="3">3. 出口许可证号</td></tr>
<tr><td colspan="3">2. 发货人　　代码</td><td colspan="3">4. 许可证有效截止日期</td></tr>
<tr><td colspan="3">5. 贸易方式</td><td colspan="3">8. 进口国(地区)</td></tr>
<tr><td colspan="3">6. 合同号</td><td colspan="3">9. 支付方式</td></tr>
<tr><td colspan="3">7. 报关口岸</td><td colspan="3">10. 运输方式</td></tr>
<tr><td colspan="6">11. 商品名称　　　　商品编码</td></tr>
<tr><td>12. 规格等级</td><td>13. 单位</td><td>14. 数量</td><td>15. 单价(币别)</td><td>16. 总值(币别)</td><td>17. 总值折美元</td></tr>
<tr><td></td><td></td><td></td><td></td><td></td><td></td></tr>
<tr><td></td><td></td><td></td><td></td><td></td><td></td></tr>
<tr><td></td><td></td><td></td><td></td><td></td><td></td></tr>
<tr><td></td><td></td><td></td><td></td><td></td><td></td></tr>
<tr><td>18. 总计</td><td></td><td></td><td></td><td></td><td></td></tr>
<tr><td colspan="3">初审意见:
经办人:</td><td colspan="3" rowspan="2">19. 备注
申请单位(盖章)
申请日期</td></tr>
<tr><td colspan="3">终审意见:</td></tr>
</table>

出口许可证申请表用中文填写，按货物买卖合同规定和实际情况填写，其中，“1. 出口商”和“2. 发货人”两栏一般填写卖方（出口商）和发货人全称，将卖方（出口商）代码写在规定的方格内（每格一个数字）；“3. 出口许可证编码”、“初审意见”和“终审意见”栏由发证机关填写；“4. 许可证有效截止日期”一般为3个月或6个月。

表11-3是发证机关审核通过卖方提交的出口许可证申请表后，签发的出口许可证。

表11-3　出口许可证样本

<table>
<tr><td colspan="6">中华人民共和国出口许可证
EXPORT LICENSE OF THE PEOPLE'S REPUBLIC OF CHINA</td></tr>
<tr><td colspan="3">1. 出口商
Exporter</td><td colspan="3">3. 出口许可证号
Export license No.</td></tr>
<tr><td colspan="3">2. 发货人
Consignor</td><td colspan="3">4. 许可证有效截止日期
Export license export date</td></tr>
<tr><td colspan="3">5. 贸易方式
Terms of trade</td><td colspan="3">8. 进口国（地区）
Country/Region of purchase</td></tr>
<tr><td colspan="3">6. 合同号
Contract No.</td><td colspan="3">9. 支付方式
Payment conditions</td></tr>
<tr><td colspan="3">7. 报关口岸
Place of clearance</td><td colspan="3">10. 运输方式
Mode of transport</td></tr>
<tr><td colspan="3">11. 商品名称 Description of goods</td><td colspan="3">商品编码 Code of goods</td></tr>
<tr><td>12. 规格等级
Specification</td><td>13. 单位
Unit</td><td>14. 数量
Quantity</td><td>15. 单价（币别）
Unit price</td><td>16. 总值（币别）
Amount</td><td>17. 总值折美元
Amount in USD</td></tr>
<tr><td></td><td></td><td></td><td></td><td></td><td></td></tr>
<tr><td></td><td></td><td></td><td></td><td></td><td></td></tr>
<tr><td></td><td></td><td></td><td></td><td></td><td></td></tr>
<tr><td></td><td></td><td></td><td></td><td></td><td></td></tr>
<tr><td></td><td></td><td></td><td></td><td></td><td></td></tr>
<tr><td></td><td></td><td></td><td></td><td></td><td></td></tr>
<tr><td></td><td></td><td></td><td></td><td></td><td></td></tr>
<tr><td>18. 总计 Total</td><td></td><td></td><td></td><td></td><td></td></tr>
<tr><td colspan="3">19. 备注：
Supplementary details</td><td colspan="3">20. 发证机关签章
Issuing authority's stamp & signature
21. 发证日期
License date</td></tr>
</table>

11.2.2　办理产地证明书

产地证明书是一种证明货物原产地或制造地的证明文件,是供进口国海关实行差别关税、采取不同的国别政策,或对某些国家采取控制进口配额的依据。产地证明书通常由卖方所在地的公证行或工商团体签发,我国的出证机构为中国国际贸易促进委员会等。

1. 我国产地证的种类

我国出口商品所使用的产地证种类较多,除了像对美国出口的原产地声明书、中国—东盟自由贸易区优惠原产地证明书等我国针对不同国家或地区出口时所需要的产地证明书外,主要的产地证有:

(1)普通原产地证(Certificate of Origin,C/O)。该证用于证明货物的生产国别,进口国海关凭以核定应征收的税率。

(2)普惠制产地证(Generalized System of Preference Certificate of Origin Form A)。有几十个国家给予我国普惠制待遇,因此,凡是向给惠国出口受惠商品,均须提供普惠制产地证。

(3)纺织品产地证(Certificate of Origin Textile Products)。我国对某些国家出口纺织品时,须提供纺织品产地证。

2. 产地证申请程序

(1)注册登记。卖方持营业执照、主管部门批准的对外贸易经营权证明文件及证明货物符合出口货物原产地的有关文件,向所在地签证机构办理注册登记手续。经签证机构审核合格后享有申办产地证资格。

(2)申报。企业申领员最迟于货物报关出运前 5 天向签证机构申请办理产地证,并严格按签证机构要求,真实、完整、正确地填写以下材料:

①产地证申请书一份。

②卖方自行按标准填制的产地证一套。

③出口货物商业发票一份。

④签证机构认为必要的其他文件。

(3)签发产地证。签证机构受理卖方申请,确认无误后,盖章签发产地证。一般一正本三副本,其中一正本二副本交卖方,一副本和申请书、商业发票等文件由签证机构存档。

3. 普通原产地证申请书和普通原产地证

在我国,普通原产地证是由贸促会等机构签发的。表 11-4 展示了卖方办理普通原产地证所需要填写的相应申请书,表 11-5 则是贸促会核发的普通原产地证样本。两表均需要卖方自行填写后交签发机构,其中普通原产地证申请书用中文填写,普通原产地证用英文或其他外文填写。

表11-4 普通原产地证申请书样本

一般原产地证明书/加工装配证明书申请书

申请单位注册号： 证书号：

发票日期： 发票号：

申请人郑重声明：

本人被正式授权代表本企业办理和签署本申请书。本申请书及《中华人民共和国出口货物原产地证明书/加工装配证明书》所列内容正确无误，如发现弄虚作假，冒充证书所列货物，擅改证书，本人愿按《中华人民共和国进出口货物原产地条例》的有关规定接受处罚并承担法律责任，现将有关情况申报如下：

商品名称（中英文）		H.S.编码（不少于六位数）	
该批货物实际生产企业			
含进口成分主要制造加工工序			
商品FOB总值（以美元计）		最终目的国/地区	
拟出运日期		转口国（地区）	
包装数量或重量			
贸易方式（请选择□打钩）	A. 一般贸易 □ B. 灵活贸易 □ C. 其他贸易 □		
证书种类（请选择□打钩）	A. 一般原产地证 □ B. 加工装配证明书 □		
同时申请认证单证名称与份数			

现提交中国出口货物商业发票副本一份，《中华人民共和国出口货物原产地证明书/加工装配证明书》一正三副及其他附件 份，请予以审核签证。

申请单位签章：

申领员签名：

电话或手机：

日 期： 年 月 日

备注	

说明：1. 灵活贸易包括来料加工、补偿贸易、进料加工贸易。

2. 其他贸易指一般贸易和灵活贸易以外的贸易，如展卖、易货、租赁等贸易方式。

3. 本表适用于CO网上签证遇特殊情况，办理手工制单申请或申办加工装配证明书时填写，同期办理相配套的单证认证只需一并填写，不需另填《涉外商业单证认证申请书》。

4. 申请单位注册号指本单位在×××贸促会的注册号。

5. 申请书请用水笔或钢笔或打字机填写，须填报1式1份。

表 11-5　普通原产地证样本

<table>
<tr><td colspan="2">1. Exporter(full name and address)</td><td colspan="3" rowspan="2">Certificate No.
CERTIFICATE OF ORIGIN
OF
THE PEOPLE'S REPUBLIC OF CHINA</td></tr>
<tr><td colspan="2">2. Consignee(full name and address)</td></tr>
<tr><td colspan="2">3. Means of transport and route</td><td colspan="3" rowspan="2">5. For certifying authority use only</td></tr>
<tr><td colspan="2">4. Destination port</td></tr>
<tr><td>6. Marks and numbers of packages</td><td>7. Description of goods; Number and kind of packages</td><td>8. HS Code</td><td>9. Quantity or weight</td><td>10. Number and date of invoices</td></tr>
<tr><td colspan="2">11. Declaration by the exporter
The undersigned hereby declares that the above details and statements are correct; that all the goods were produced in China and that they comply with the Rules of Origin of the People's Republic of China.

Place and date, signature and stamp of authorized signatory</td><td colspan="3">12. Certification
It is hereby certified that the declaration by the exporter is correct.

Place and date, signature and stamp of certifying authority</td></tr>
</table>

11.2.3　出口通关

1. 出口通关的基本流程

卖方在报关前须做好事前准备工作,包括在指定地点备齐出口货物,取得报关资格;若委托报关,需办理报关委托;准备报关单证,包括基本单证(出口货物发票、装箱单、提单、出口收汇核销单、海关签发的进出口货物征免税证明)、特殊单证(配额出口许可证等各类特殊管理证件)和预备单证(货物买卖合同、货物原产地证明书、委托单位工商执照等有关单证);填制报关单及其他报关单证;报关单预录入。

出口货物的类别不同,其通关的流程略有不同。一般情况下,出口货物的通关可为申报、查验、征税及放行四个基本环节。加工贸易以及其他在放行后一定期限内仍须接受海关监管的货物的通关分为五个基本环节,即申报、查验、征税、放行及结关。图 11-1 给出了出口货物整个通关的基本环节。

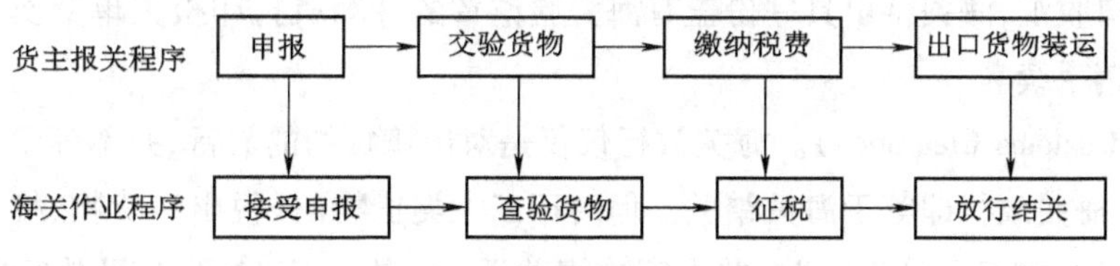

图 11-1　出口货物通关的流程图

(1)申报(Declare cargo's details at Customs)。卖方或其代理人向海关交验规定的单据、证件,请海关办理出口的有关手续。目前,海关接受申报的方式有三种:口头申报、书面申报及电子数据交换(EDI)申报,其中后两种是常用的申报方式。

申报工作必须在规定的时间和地点内进行。出口货物一般运抵出境地海关监管区或海关指定的监管地点后,运输工具装货的 24 小时前向海关申报。目前对集装箱货物通常在装货的 3

天前开始申报。

(2)查验(Physical check by Customs)。海关在接受报关单位报关员申报后,为确定出境货物、运输工具和物品的品名、数量、价值、用途、原产地、货物状况等是否与报关单上填报的内容一致,依法对货物实施调查或检查的行政执法行为。查验分为彻底查验、抽查和外形查验三种方式,具体视申报货物性质、类别和发货人的资信商誉情况而定。

报关单位在收到“查验通知”时,应及时通知相关部门并共同协助海关查验出口货物。报关员或出口货物的发货人应按海关查验计划时间到达查验现场配合海关查验货物,按海关要求如实答复海关提问并负责搬移、开拆或重封被查验货物的工作等。

海关也可在报关人不在现场时自行开拆货物进行查验。届时,海关一般通知货物存放场所的管理人并有见证人在场,见证人会被要求在海关的查验记录上签字。

(3)缴纳税费(Payment of export tax & duty)。出口税费主要包括出口关税、船舶吨位税、海关监管税、超期申报滞报金和逾期缴纳滞纳金等。

出口关税是海关根据国家有关政策、法规对出口货物征收的税费。目前除少数商品外,大部分货物出口免征关税。对于采用从价税方式来征收出口税的商品,其出口关税税额是:

$$出口关税税额 = 出口货物完税价格 \times 出口关税税率 \tag{11-1}$$

其中:

$$出口货物完税价格 = 商品\ FOB\ 价格 \div (1 + 出口关税税率) \tag{11-2}$$

报关人接到海关发出的《×××海关出口关税专用缴款书》后,在海关规定的时间内,向海关指定银行办理税费缴纳手续,由银行再缴入海关指定的专门账户。逾期缴纳的,除依法追缴外,由海关按规定收取滞纳金。按《海关法》和《关税条例》规定,纳税人或其代理人应当自海关填发税款缴款书之日起15天日内缴纳税款,逾期缴纳的出口货物关税等,由海关征收0.05%的滞纳金,滞纳金起征额为50元。

$$关税滞纳金金额 = 滞纳应征收税额 \times 0.05\% \times 滞纳天数 \tag{11-3}$$

(4)放行(Release Cargos by Customs)。放行即海关在接受申报、查验和申报单位缴纳税费完成后,对出口货物作出结束海关出境现场监管的决定,允许货物离开海关监管现场的工作环节。在实际工作中,海关的放行方式是在出口货物的海运装货单(或空运总运单)上签盖“海关放行章”。对于需出口退税的货物,海关在报关单上加盖“验讫章”,并将其退回给报关单位。为使卖方办理出口收汇,海关将出具一份盖有海关验讫章的计算机打印报关单交卖方专门用于办理出口收汇核销手续。

(5)结关(Customs Clearance)。海关放行仅仅是对出境货物的放行,并不等于结关。对于一般货物的出口,海关放行即等于海关结关。但对于三大类货物(保税出口货物、特定减免税后货物、暂准出口货物)放行不等于结关,并未完成海关手续。在一定时间内,已放行的货物仍在海关监管之下,直到发货人或其代理人按规定向海关办理出口货物的核销、销案、申请解除监管手续为止。

总之,报关是放行和结关的前提,放行是结关的前提。没有报关就谈不上放行和结关,但放行和结关不是报关的必然结果。在实际工作中,常常会因单证问题、单货不一致问题等,虽然办了报关但实际没有及时被海关放行;而有的货物虽已放行,但没办理核销、销案等手续,因此也不能结关。

2. 报关单的填制和使用

出口货物办理报关时必须填写出口货物报关单，必要时还需要提供出口合同副本、发票、装箱单、重量单、商品检验证书，以及其他有关证件。出口货物报关单（表 11-1）的填制要点在上节中已经介绍。但是，海关特殊监管区域企业向海关申报货物出境、出区时，则应填制《中华人民共和国海关出境货物备案清单》（见表 11-6）。

表 11-6　海关出境货物备案清单样本

中华人民共和国海关出境货物备案清单

预录入编号：　　　海关编号：　　　（× × 海关）　　　页码/页数：

境内发货人	出境关别		出口日期		申报日期		备案号
境外收货人	运输方式		运输工具名称及航次号		提运单号		
生产销售单位	监管方式				许可证号		
合同协议号	贸易国(地区)		运抵国(地区)		指运港		离境口岸
包装种类	件数	毛重(千克)	净重(千克)	成交方式	运费	保费	杂费
随附单证及编号							
标记唛码及备注							
项号　商品编号	商品名称及规格型号	数量及单位	单价/总价/币制	原产国(地区)	最终目的国(地区)	境内货源地	
报关人员　报关人员证号　电话 申报单位	兹申明对以上内容承担如实申报、依法纳税之法律责任 申报单位(签章)					海关批注及签章	

3. 出口报关注意事项

（1）涉及法定检验检疫要求的出口商品申报时，企业不需在报关单随附单证栏中填写原通关单代码和编号，应当填写报检电子回执上的企业报检电子底账数据号，并填写代码“B”；对出口集中申报等特殊货物，或者因计算机、系统等故障问题，根据需要出具纸质《出境货物检验检疫工作联系单》。

（2）海关统一发送一次放行指令，海关监管作业场所经营单位凭海关放行指令为企业办理货物提离手续。

4. 电子通关

电子报关(Electronic Customs Clearance)是指进出口货物收发货人或其代理人通过计算机系统,按照《中华人民共和国海关进出口货物报关单填制规范》有关要求向海关传送报关单电子数据,并备齐随附单证的申报方式。

电子通关包括3种系统,分别是海关H883/EDI通关系统、海关H2000通关系统和口岸电子执法系统。海关H883/EDI通关系统是海关早期开发的电子通关系统,现在基本上已经不用了。海关H2000通关系统是H883通关系统的升级替代系统,是全国范围的海关信息数据库和作业平台,借助于这套系统,报关单位可以在其办公场所办理有关的海关申报、备案工作。中国电子口岸系统又叫口岸电子执法系统,简称电子口岸,由与进出口有关的12个国家部委(海关总署、商务部、国家税务总局、国家外汇管理局等这些部委)利用计算机和互联网技术,将各自管理的进出口业务信息电子底账数据集中存放到公共数据中心,向政府管理机关提供跨部门、跨行业联网数据核查,同时,企业可以网上办理各种进出口业务。

报关单位在计算机终端或计算机上输入与纸质报关单相同格式的数据,通过计算机将报关单输入海关的报关自动化系统以向海关申报。海关的计算机对报关单预审后,凡符合海关规定的,海关审单中心就自动地发出海关放行指令或者签发海关“出口查验/放行通知书”(俗称OK单)。

电子通关模式的基本程序见图11-2,其中电子报关单(Electronic Customs Declaration Form)的格式与纸质报关单的格式完全相同。电子报关单打印出来时,一般其正面空白处有海关指令性记录。

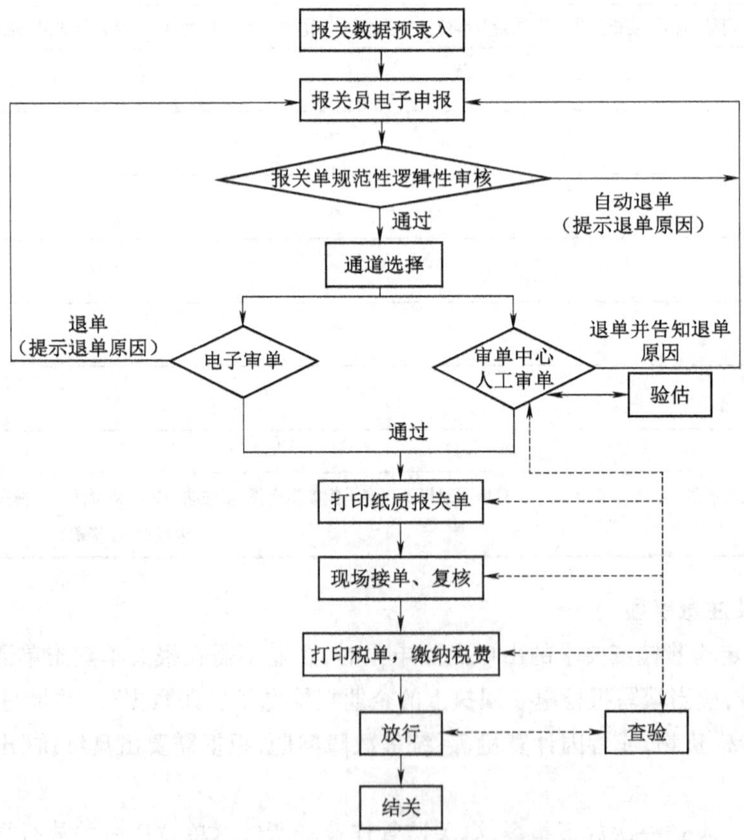

图11-2 电子通关模式的基本程序

案例分析训练：

1. 东方进出口有限公司出口某货物，成交单价为 CIF 大阪 USD2000.00。已知运费为 USD120.00，保费为 USD4.60，出口税率为 15%（1 美元 =6.80 人民币）

训练任务：应征关税税额是多少？

2. 根据 5.3 节中表 5-8 中的货物买卖合同内容（信用证号：LC098765432111）以及前面的各种信息内容，China National Zhangshi Import and Export Company 或其代理人于 2018 年 09 月 25 在宁波北仑港海关申请报关。

训练任务：请按“表 11-1　中华人民共和国海关出口货物报关单样本”的格式填写出口货物报关单。

11.3　进口货物通关

进口通关是进口货物的收货人或其代理人向海关办理有关手续，海关对其呈交的单证和申请进口的货物依法进行审核、查验、征缴税费、批准货物进口的整个过程。

11.3.1　进口货物通关程序

图 11-3 所示为进口货物的整个通关程序。

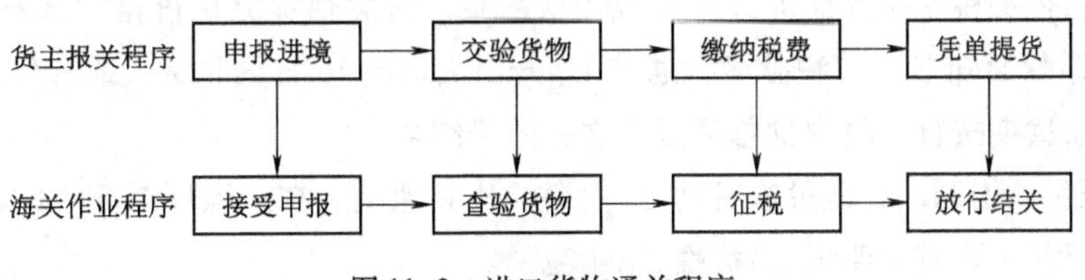

图 11-3　进口货物通关程序

具体做法如下：

1. 申报进境

进口报关必须由海关准予注册登记的报关企业或有进口经营权的企业指派经海关考核认可的报关员直接办理。进口货物到达目的地后，进口货物的收货人或其代理人必须在运输工具申报进境之日算起 14 日内向海关申报验放。过期申报，海关将根据时长按进口货物的 CIF 或 CIP 价格征收一定比例的滞报金（滞纳金 = 进口货物完税价格 ×0.05% ×滞报天数）；超过 3 个月未申报，海关可将其变卖，以弥补运输、装卸、储存等费用及税款。若尚有余款，还给已申请的收货人；超过一年尚无人申请，变卖款项则上缴国库。

收货人或其代理人在申报货物进境时，需如实填写《中华人民共和国海关进口货物报关单》（见表 11-7）或《中华人民共和国海关进境货物备案清单》（见表 11-8）。

收货人或其代理人在申报货物进境并提交货物报关单或备案清单时，还必须向海关同时递交有关单证。报关有关单证包括基本单证、特殊单证和预备单证。

（1）基本单证是因进口交易而产生的货物成交、包装、运输、结算和保险等商业单据。主要有发票、装箱单、提单、保险单等。

(2)特殊单证是国家规定实行特殊管制的证件。主要包括进口货物许可证、重要工业品进口申请书、特殊贸易减免税证明及其他各类特殊管理证件。

(3)预备单证是在办理进口货物手续时,海关可能需要查阅或收取的证件。主要有进口合同、原产地证明等。

2. 审单查验

收到申报后,海关对进口货物收货人或其代理人提交的报关单/备案清单及有关单证在形式和内容上进行全面而详细地审核。

对报关单/备案清单和有关单证审核无误后,除海关批准免验进口货物外,海关将对进口货物实施查验(为此,海关将打印《查验通知单》给收货人或其代理人)。进口货物的收货人或其代理人须事先将进口货物放置海关规定的场所。海关将在规定的时间和场所对货物进行查验,此时进口货物的收货人或其代理人必须在场陪同并按要求配合查验工作。海关查验工作结束时,收货人或其代理人需在《查验记录单》上签名确认。

3. 缴纳税费

进口货物的收货人或其代理人还必须按相关规定计算进口货物的关税和其他税费,取得《税款缴款通知书》,在规定期限内缴纳进口税费。进口货物的进口税费包括:进口货物关税、海关代征税和其他税费。

海关根据《进出口税则》对进口货物征收进口关税。海关有权利对进口货物进行分类估价,核算到岸价格,依关税税率计征进口关税或依法减免。海关估算完税价格并计算好关税后,海关开出《税款缴款通知书》。《税款缴款通知书》开出之日起15日内收货人或其代理人须按通知规定缴纳税款,逾期按日征收税款总额万分之一的滞纳金。

海关代征税是由国内其他税法所规定,由海关代其他机关在进境环节征收的税项。代征税代征的是国内税,主要有增值税、消费税、船舶吨税。

其他税费是海关征收的监管手续费、反倾销税、反补贴税等其他税费。

4. 放行

进口货物的收货人或其代理人凭报关单/备案清单和完税凭证向海关申请放行。海关在前期审单和验货无误后,在报关单/备案清单及货运单据(或者由海关签发提货单)上签章放行,以示海关同意货物进境。海关统一发送一次放行指令,海关监管作业场所经营单位凭海关放行指令为企业办理货物提离手续。

海关对享受特定减免税待遇的进口货物,在放行后仍将进行后续监管。

5. 提货

海关放行后,进口货物的收货人或其代理人即可凭有海关放行章的报关单/备案清单及相关单证到海关监管仓库或指定场所提货。

11.3.2 进口货物报关单/备案清单的填制

买方的报关员必须能够按照《中华人民共和国进出口货物报关单填制规范》的要求,完整、准确、有效地完成《中华人民共和国海关进口货物报关单》(见表11-7)的填制任务。

表 11-7　进口货物报关单样本

中华人民共和国海关进口货物备案清单

预录入编号：　　　　　　　　　　　海关编号：　　　　　　（××海关）　　　　　　　　　　页码/页数：

<table>
<tr><td>境内收货人</td><td colspan="2">进境关别</td><td colspan="2">进境日期</td><td>申报日期</td><td colspan="2">备案号</td></tr>
<tr><td>境外发货人</td><td colspan="2">运输方式</td><td colspan="2">运输工具名称及航次号</td><td>提运单号</td><td colspan="2">货物存放地点</td></tr>
<tr><td>消费使用单位</td><td colspan="4">监管方式</td><td>许可证号</td><td colspan="2">启运港</td></tr>
<tr><td>合同协议号</td><td colspan="2">贸易国(地区)</td><td colspan="2">启运国(地区)</td><td>经停港</td><td colspan="2">入境口岸</td></tr>
<tr><td>包装种类</td><td>件数</td><td>毛重(千克)</td><td>净重(千克)</td><td>成交方式</td><td>运费</td><td>保费</td><td>杂费</td></tr>
<tr><td colspan="8">随附单证及编号</td></tr>
<tr><td colspan="8">标记唛码及备注</td></tr>
<tr><td colspan="8">项号　商品编号　商品名称及规格型号　数量及单位　单价/总价/币制　原产国(地区)　最终目的国(地区)　境内目的地</td></tr>
<tr><td colspan="8"></td></tr>
<tr><td colspan="8"></td></tr>
<tr><td colspan="8"></td></tr>
<tr><td colspan="8"></td></tr>
<tr><td colspan="8"></td></tr>
<tr><td colspan="8"></td></tr>
<tr><td colspan="8"></td></tr>
<tr><td colspan="6">报关人员　报关人员证号　电话　兹申明对以上内容承担如实申报、依法纳税之法律责任
申报单位　　　　　　　　　　　　　　　　　　　　　　　　申报单位(签章)</td><td colspan="2">海关批注及签章</td></tr>
</table>

海关特殊监管区域企业向海关申报货物进境、进区时，则应填制《中华人民共和国海关进境货物备案清单》(见表 11-8)。

涉及法定检验检疫要求的进口商品申报时，企业可以通过“单一窗口”(包括通过“互联网+海关”接入“单一窗口”)报关报检合一界面向海关一次申报。如需使用“单一窗口”单独报关、报检界面或者报关报检企业客户端申报的，企业应当在报关单随附单证栏中填写报检电子回执上的检验检疫编号，并填写代码“A”；对入境动植物及其产品，在运输途中需提供运递证明的，出具纸质《入境货物调离通知单》。

表 11-8 进境货物备案清单样本

中华人民共和国海关进境货物备案清单

预录入编号： 海关编号： （××海关） 页码/页数：

境内收货人	进境关别	进口日期	申报日期	备案号
境外发货人	运输方式	运输工具名称及航次号	提运单号	货物存放地点
消费使用单位	监管方式	征免性质	许可证号	启运港
合同协议号	贸易国(地区)	启运国(地区)	经停港	入境口岸

包装种类	件数	毛重(千克)	净重(千克)	成交方式	运费	保费	杂费

随附单证及编号
标记唛码及备注

项号	商品编号	商品名称及规格型号	数量及单位	单价/总价/币制	原产国(地区)	最终目的国(地区)	境内目的地	征免

报关人员 报关人员证号 电话 兹申明对以上内容承担如实申报、依法纳税之法律责任 申报单位 申报单位(签章)	海关批注及签章

11.3.3 进口货物关税的计算

目前，我国对进口关税采取的计征标准主要有：从价关税、从量关税和复合关税等。

1. 进口从价关税的计算

1）计算公式

进口货物应纳关税税额＝完税价格×适用的进口关税税率 （11-4）

其中：

完税价格＝CIF 价格

＝CFR 价格÷（1－保险费率）

＝（FOB 价格＋运费）÷（1－保险费率）

2)计算步骤

(1)按照归类原则确定税则归类,将应税货物归入恰当的税目税号。

(2)确定进口关税类别对应的应税货物所适用的税率。

(3)按照完税价格审定办法和上述完税价格公式,确定应税货物的完税价格,并将其折算成人民币。

(4)按上述计算公式计算应征税款。

2. 进口从量关税的计算

1)计算公式

$$进口货物应纳关税税额 = 进口货物数量 \times 适用的单位税额 \tag{11-5}$$

2)计算步骤

(1)按照归类原则确定税则归类,将应税货物归入恰当的税目税号。

(2)确定进口关税类别,找到应税货物所适用的单位税额。

(3)确定实际进口量。

(4)按上述计算公式计算应征税款。

3. 进口复合关税的计算

1)计算公式

$$进口货物应纳关税税额 = 完税价格 \times 适用的进口关税税率 + 进口货物数量 \times 适用的单位税额$$

其中:

$$\begin{aligned} 完税价格 &= CIF\ 价格 \\ &= CFR\ 价格 \div (1 - 保险费率) \\ &= (FOB\ 价格 + 运费) \div (1 - 保险费率) \end{aligned} \tag{11-6}$$

2)计算步骤

(1)按照归类原则确定税则归类,将应税货物归入恰当的税目税号。

(2)确定进口关税类别,找到应税货物所适用的税率和单位税额。

(3)按照完税价格审定办法和上述完税价格公式,确定应税货物的完税价格,并将其折算成人民币。

(4)确定实际进口量。

(5)按上述计算公式计算应征税款。

案例分析训练:

1. 训练任务:

请根据 11.2 节的“案例分析训练”中的第 2 题所提供的所有内容,按照表 11-7 格式填写《中华人民共和国海关进口货物报关单》中应该能够填写的主要内容。

2. 2019 年大连机电设备进出口公司从韩国进口机电设备 8 台,成交价格为 3300 美元/台 CIF 大连。已知:设备价格高于或等于 4000 美元/台时税率为 3%,否则征收 5000 元从量税,另加 5% 的从价税。(假设 1 美元 =6.80 元人民币)

训练任务:计算该设备进口的关税税款。

11.4　在跨境项目综合实验教学平台上货物通关的操作

11.4.1　实训目的及目标

(1)了解办理出口许可证和原产地证的过程。

(2)了解办理托运和出口报关的程序。

(3)了解办理进口许可证的过程。

(4)了解办理进口通关的程序。

11.4.2　模拟操作说明

在跨境项目综合实验教学平台上,可以进行出口出运的各项工作,包括办理出口许可和原产地证、报关、货物装船、通知等。具体步骤如下。

1. 办理原产地证和出口许可证

(1)卖方单击"贸易服务"菜单下的"原产地证明",找到相应的信息条,如图 11-4 所示。

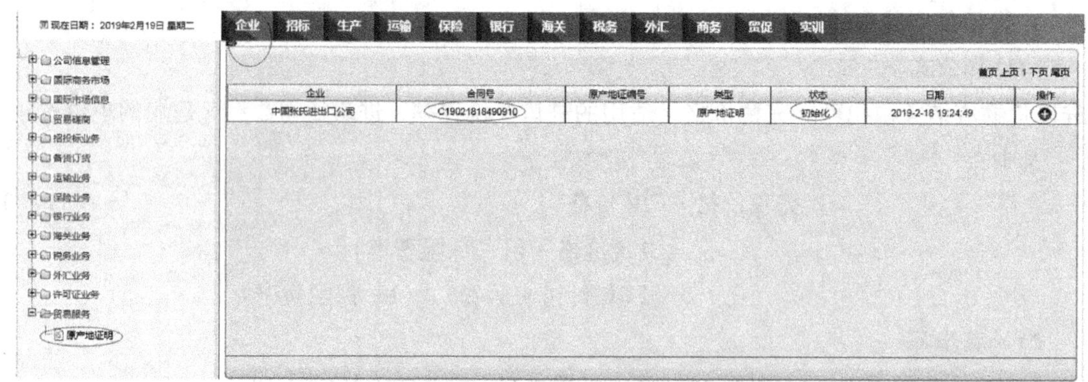

图 11-4　出口通关 - 卖方 - 申请原产地证书

(2)单击图 11-4 中的【原产地证明】按钮,跳转到"原产地证书"界面——进行原产地证申请编辑操作,如图 11-5 所示。编辑完成后,单击【申请原产地证明】按钮,界面将显示"处理中"。

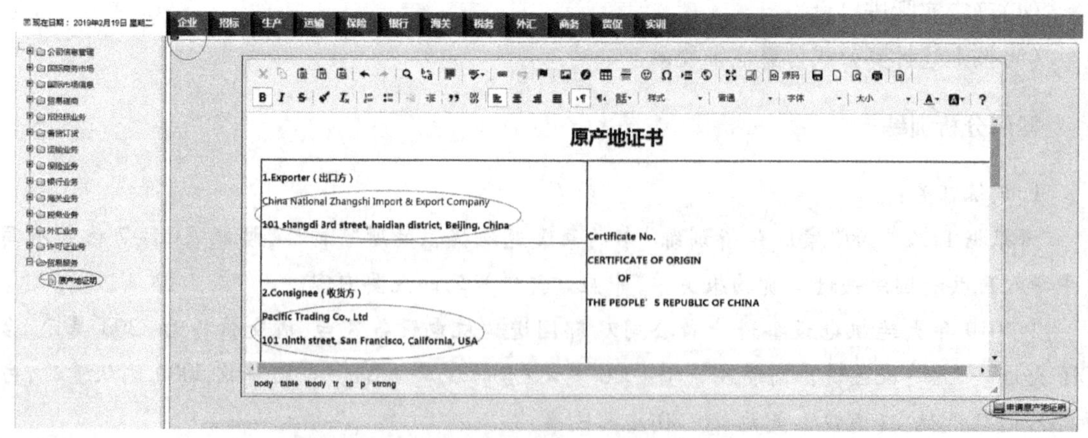

图 11-5　出口通关 - 卖方 - 完成申请原产地证书

(3)进入贸促权限用户登录系统。单击导航栏【贸促】,以及左侧菜单下的“原产地证明审核”,找到相应的信息条,如图 11-6 所示。

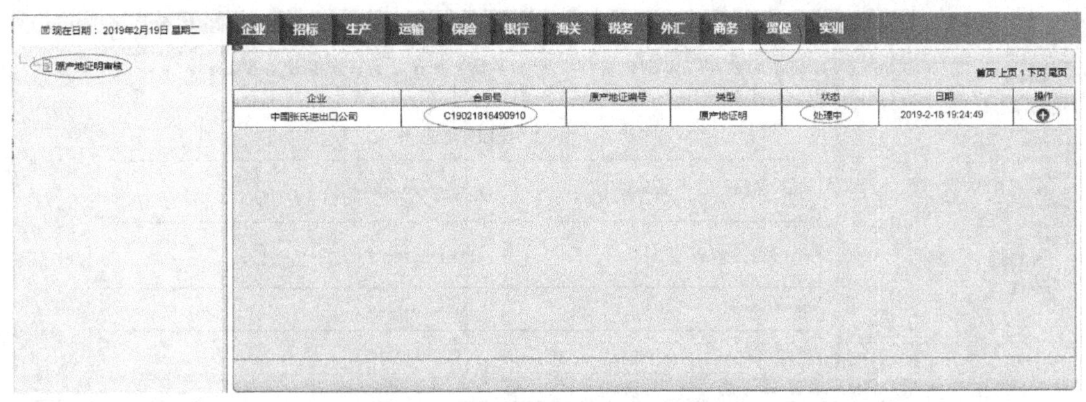

图 11-6　出口通关 - 贸促会 - 审核原产地证书

(4)审核完成后,单击【原产地证明】按钮,界面显示“审核通过”,如图 11-7 所示。

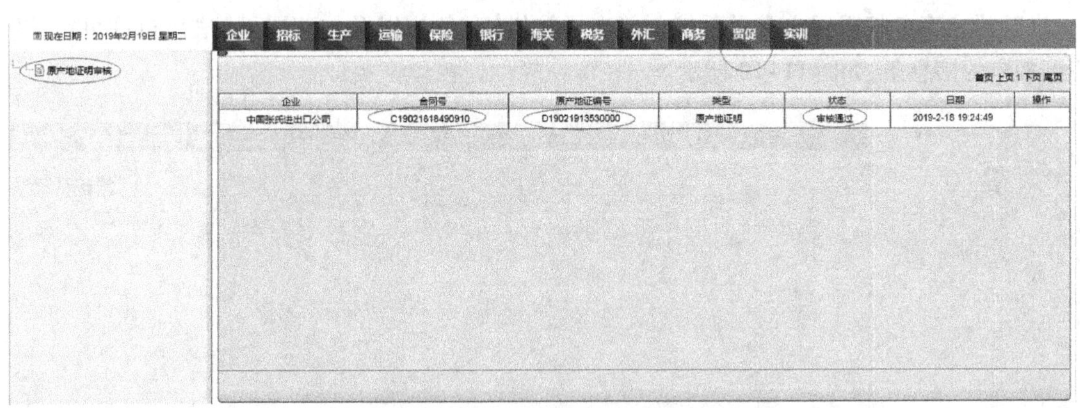

图 11-7　出口通关 - 贸促会 - 颁发原产地证书

(5)卖方用户登录系统后,单击“许可证业务”菜单下的“出口许可证”,找到相应的信息条,如图 11-8 所示。

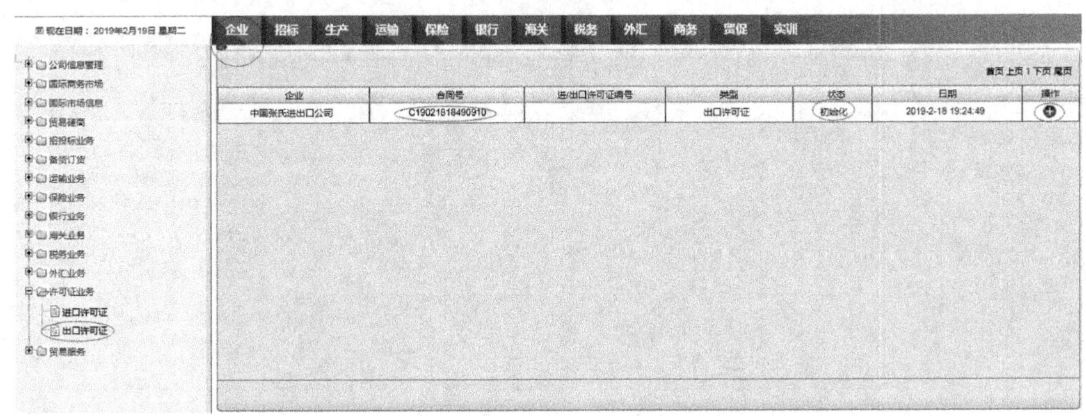

图 11-8　出口通关 - 卖方 - 申请出口许可证

（6）单击图 11-8 中的【申请许可证】按钮，跳转到编辑出口许可证界面——进行出口许可证申请编辑操作，如图 11-9 所示。编辑完成后，单击【申请许可证】按钮，界面将显示“处理中”。

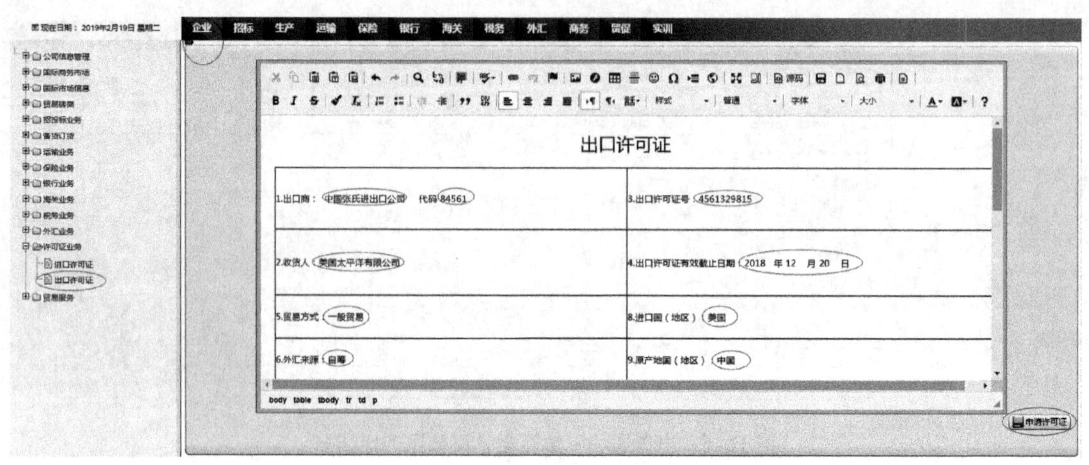

图 11-9　出口通关 - 卖方 - 完成申请出口许可证

（7）进入商务权限用户登录系统。单击导航栏【商务】，以及左菜单下的“出口许可审核”，找到相应的信息条，如图 11-10 所示。

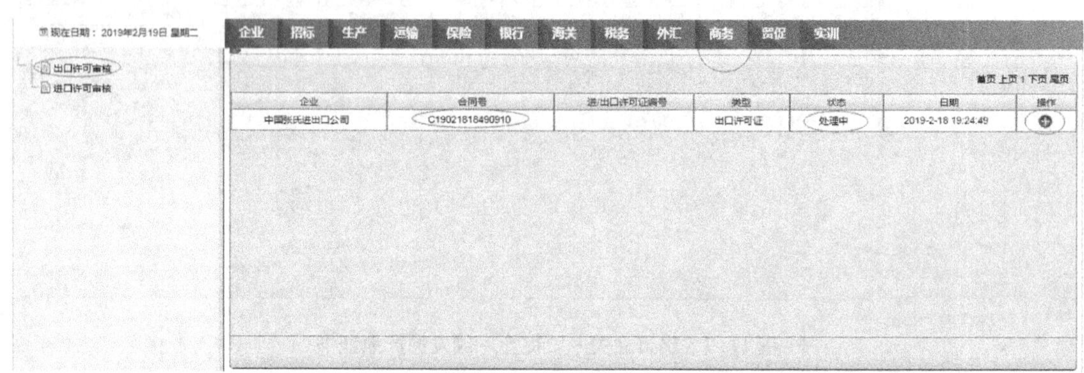

图 11-10　出口通关 - 商务部 - 审核出口许可证申请

（8）审核完成后，单击【出口许可证】按钮，界面显示“审核通过”，如图 11-11 所示。

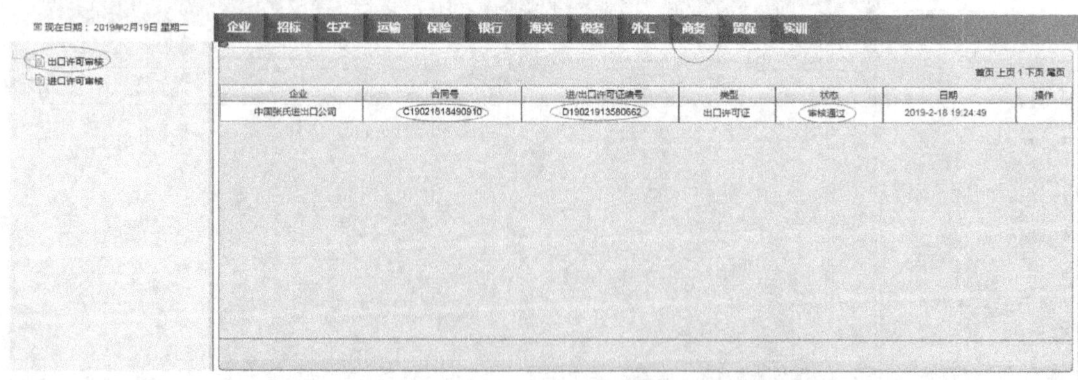

图 11-11　出口通关 - 商务部 - 颁发出口许可证

2. 出口通关

(1)卖方用户登录系统,单击“海关业务”菜单下“出口通关”,找到相应的信息条,如图 11–12 所示。

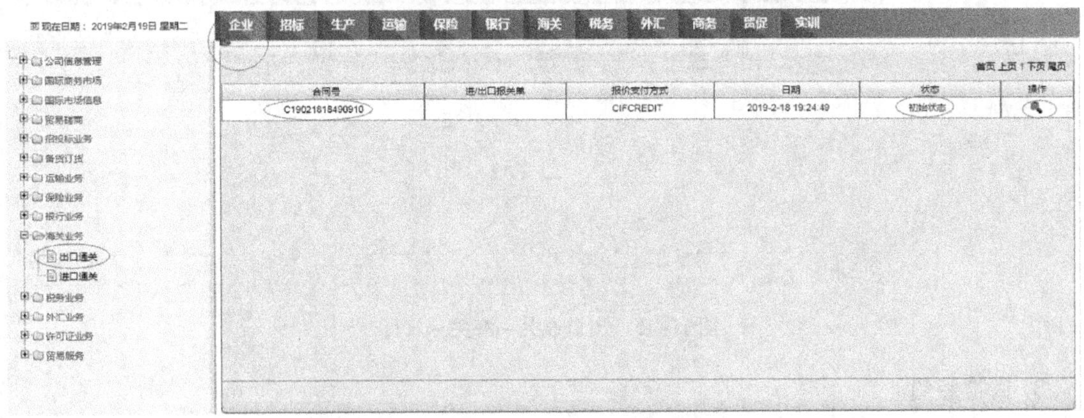

图 11–12　出口通关 – 卖方 – 申请

(2)单击图 11–12 中的“出口通关”按钮,跳转到出口通关界面——进行出口报关单编辑操作,如图 11–13 所示。编辑完成后,单击【报关】按钮,界面将显示“处理中”。

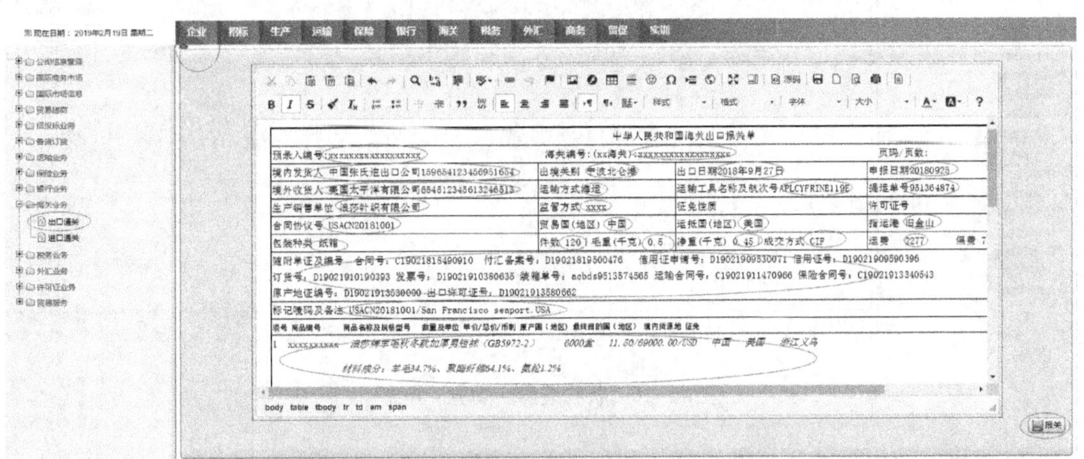

图 11–13　出口通关 – 卖方 – 填写并提交出口报关单

(3)海关权限用户,单击导航栏【海关】,以及左侧菜单下“出口通关审核”,找到相应的信息条,如图 11–14 所示。

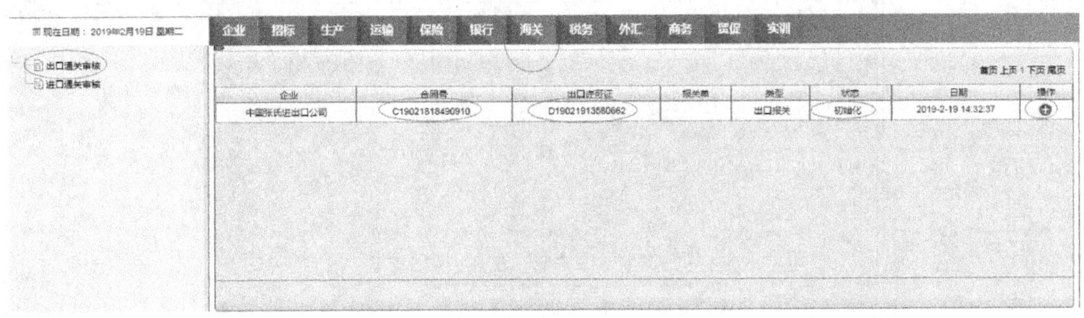

图 11–14　出口通关 – 海关 – 出口通关审核

(4)审核完成后,单击【通过】按钮,界面显示“审核通过”,如图 11-15 所示。

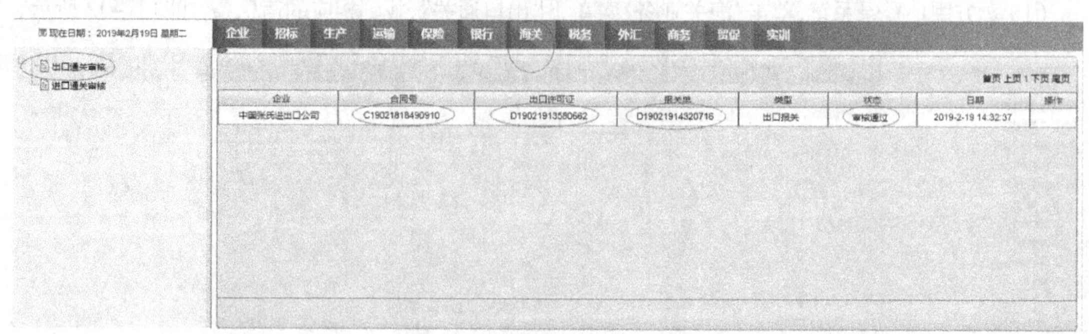

图 11-15　出口通关-海关-放行

3. 货物装船

(1)卖方用户登录系统后,单击“运输业务”菜单下的“货物装运业务”,找到相应的信息条,如图 11-16 所示。单击【货物装船】按钮,界面将显示“处理中”。

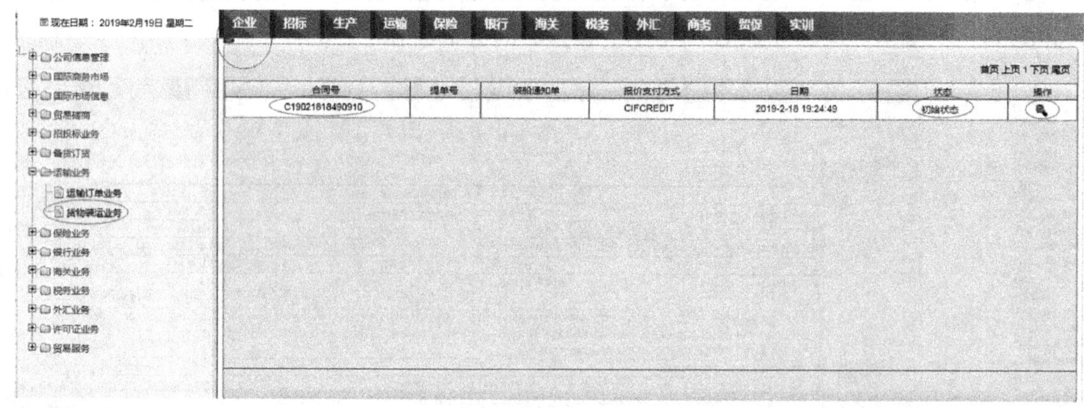

图 11-16　货物装船-卖方-申请

(2)运输公司用户登录系统后,单击导航栏【运输】,以及左侧菜单下“货物装船”,找到相应的信息条,如图 11-17 所示。

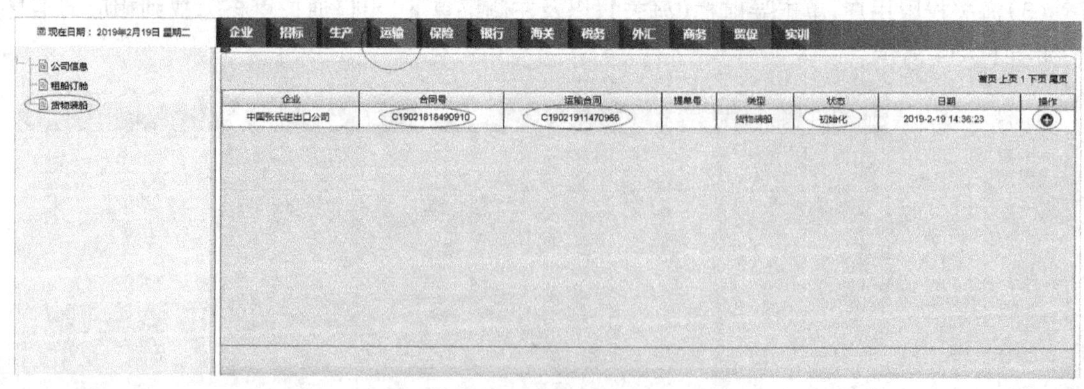

图 11-17　货物装船-运输公司-装运

（3）单击图 11-17 中的【编写提单】按钮，跳转到编写提单界面——进行提单编辑操作，如图 11-18所示。

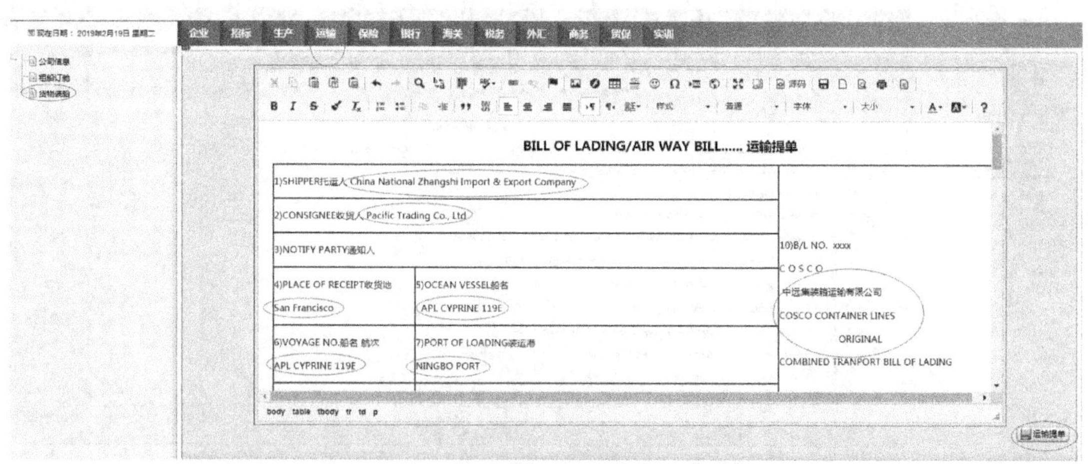

图 11-18　货物装船 - 运输公司 - 生成提单

（4）编辑完成后，单击图 11-18 中的【运输提单】按钮，界面显示“已发提单”，如图 11-19 所示。

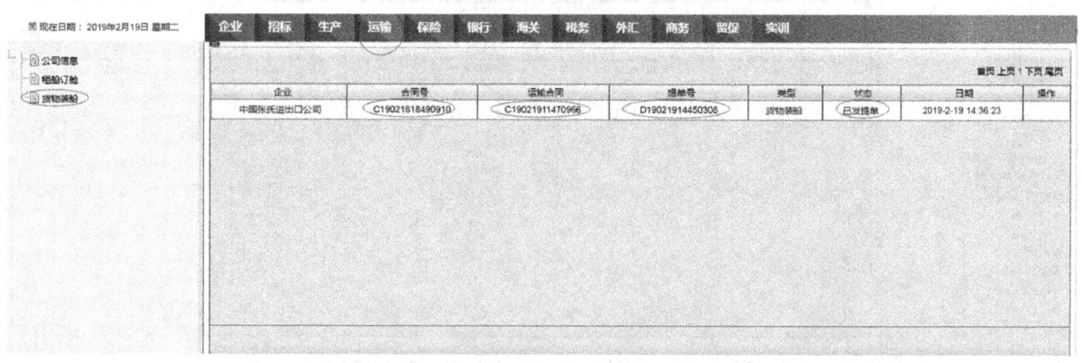

图 11-19　货物装船 - 运输公司 - 已发提单

（5）卖方用户登录系统后，单击“运输业务”菜单下“货物装运业务”，找到相应的信息条，如图 11-20 所示。

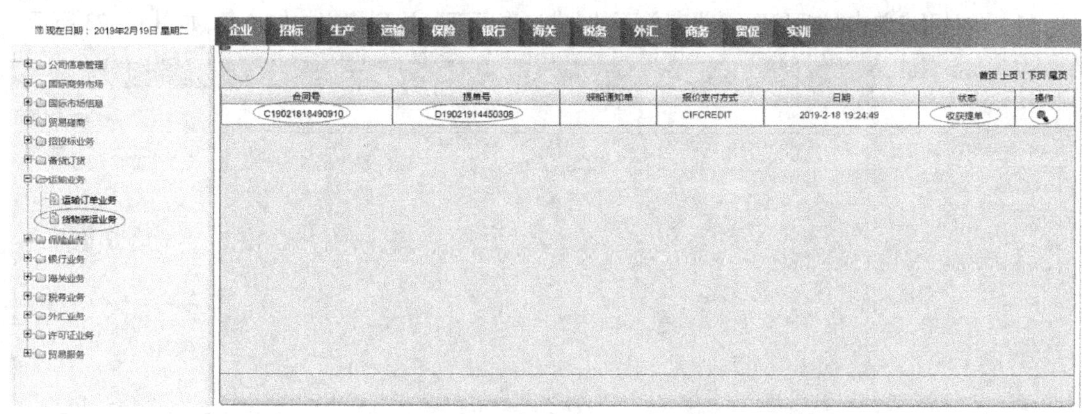

图 11-20　货物装船 - 卖方 - 已换提单

(6)单击图11-20中的【装船通知】按钮,跳转到装船通知界面——进行装船通知编辑操作,如图11-21所示。

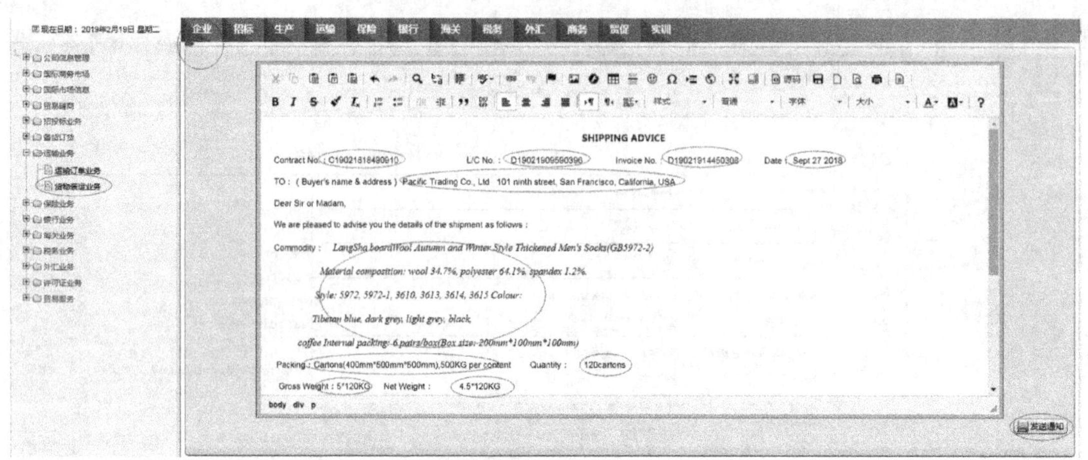

图11-21 货物装船-卖方-制作装船通知

(7)编辑完成后,单击图11-21中的【发送通知】按钮,界面显示"已发装船通知",如图11-22所示。

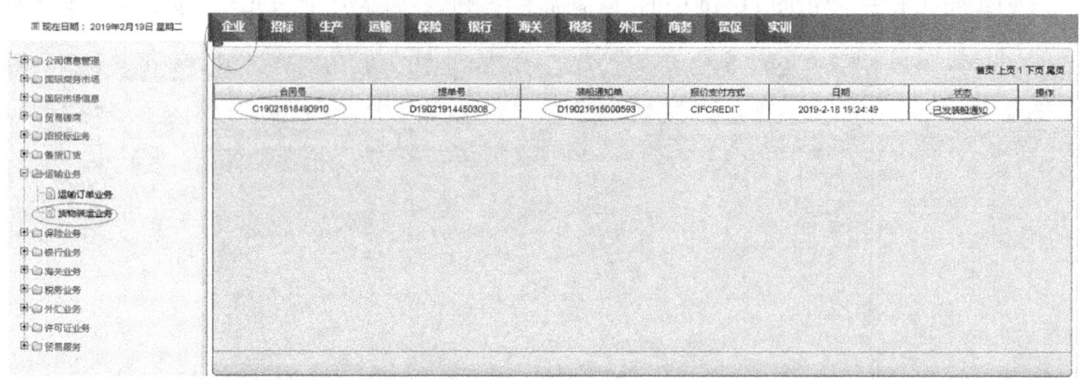

图11-22 货物装船-卖方-已发装船通知

与此同时,在跨境项目综合实验教学平台上,也可以进行进口通关的各项工作,包括办理进口许可、报关等。具体步骤如下。

1. 办理进口许可证

(1)买方用户单击"许可证业务"菜单下的"进口许可证",找到相应的信息条,如图11-23所示。

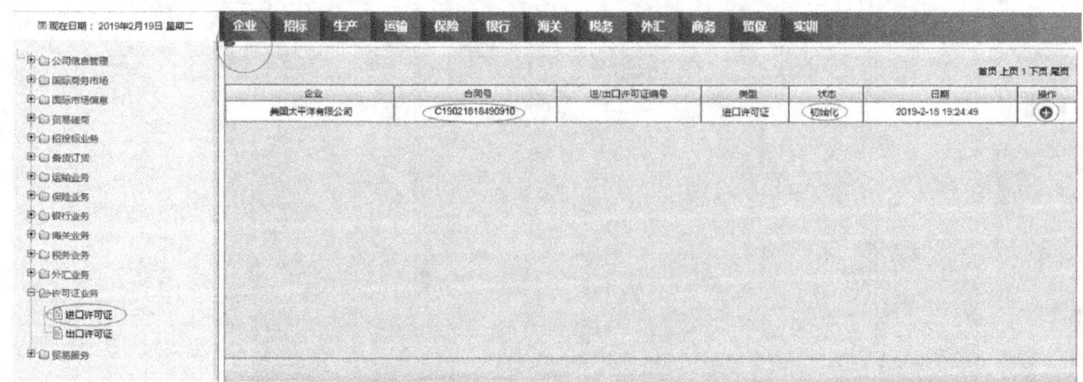

图11-23 进口通关-买方-申请进口许可证

（2）单击图 11-23 中的【进口许可证】按钮，跳转到进口许可证界面——进行进口许可证申请编辑操作，如图 11-24 所示。编辑完成后，单击【申请许可证】按钮，界面将显示“处理中”。

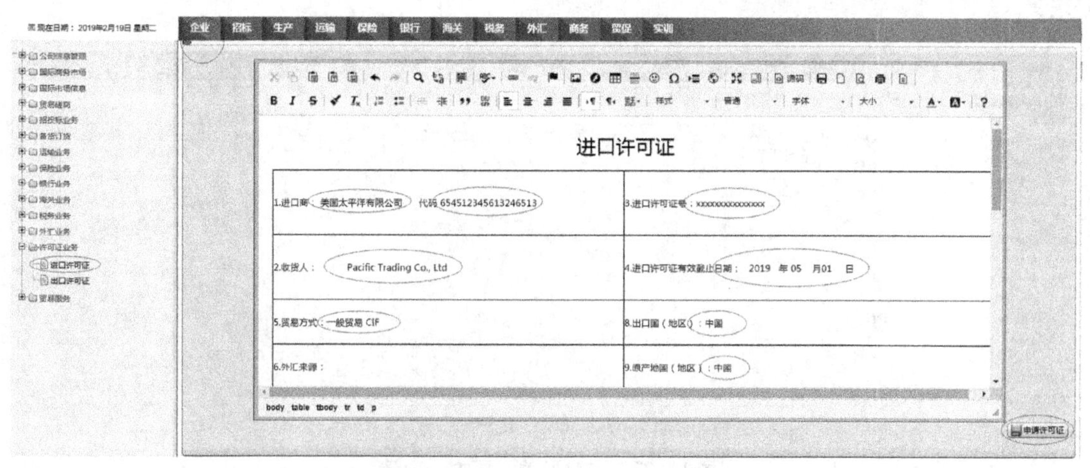

图 11-24　进口通关－买方－完成申请进口许可证

（3）商务权限的用户，单击导航栏【商务】，以及左侧菜单下“进口许可审核”，找到相应的信息条，如图 11-25 所示。

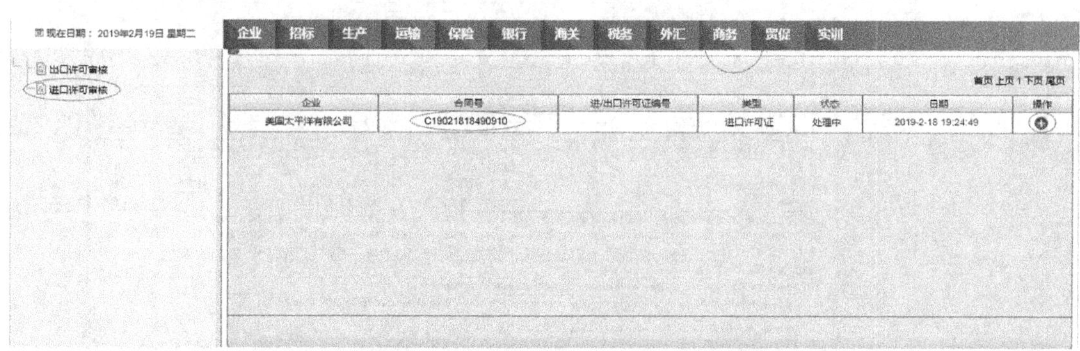

图 11-25　进口通关－商务部－审核进口许可证申请

（4）审核完成后，单击【进口许可证审核】按钮，界面显示“审核通过”，如图 11-26 所示。

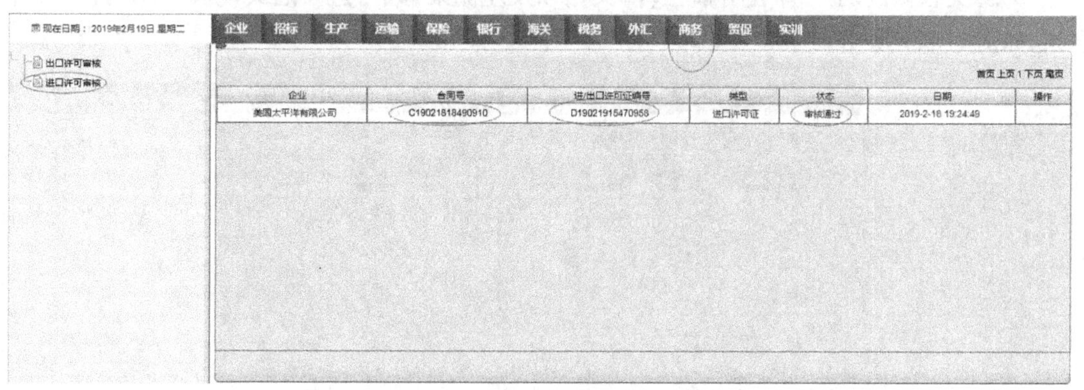

图 11-26　进口通关－商务部－颁发进口许可证

2. 进口通关

（1）买方用户登录系统后，单击“海关业务”菜单下的“进口通关”，找到相应信息条，如图 11-27 所示。

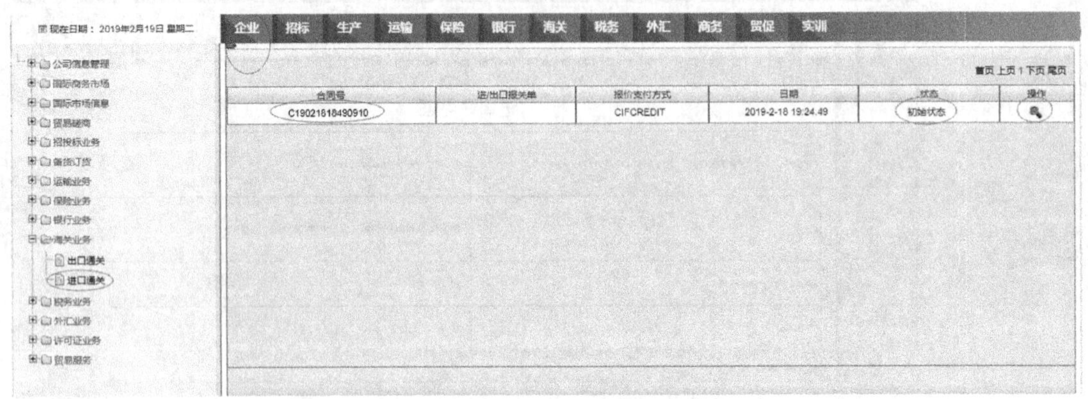

图 11-27　进口通关 - 买方 - 申请

（2）单击图 11-27 中的【进口通关】按钮，跳转到进口货物报关单界面——进行进口报关单编辑操作，如图 11-28 所示。所有内容编辑完成后，单击【申请报关单】按钮，界面将显示“处理中”。

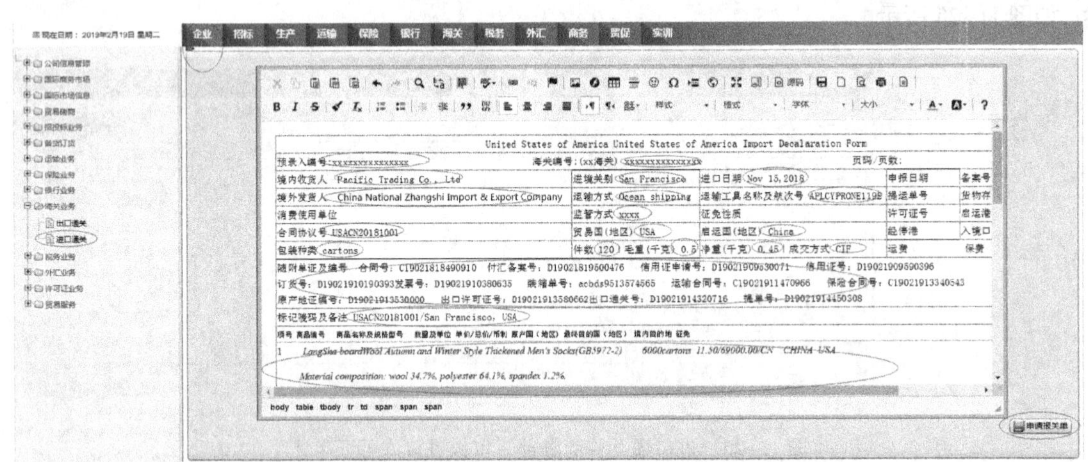

图 11-28　进口通关 - 买方 - 填写并提交进口报关单

（3）海关权限的用户，单击导航栏【海关】，以及左侧菜单下“进口通关审核”，找到相应的信息条，如图 11-29 所示。

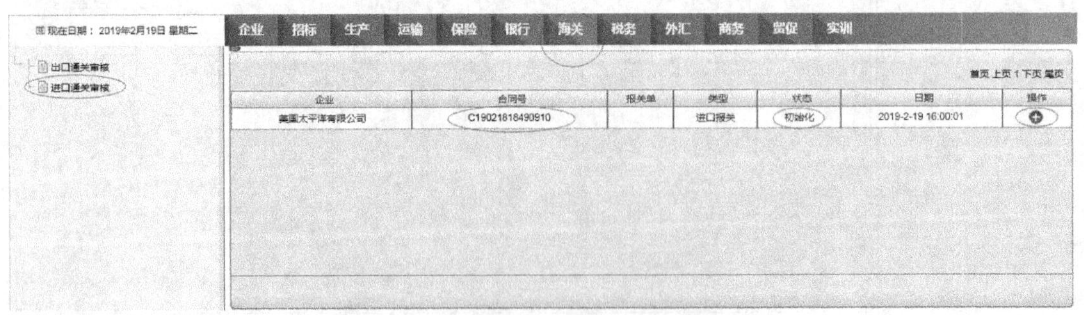

图 11-29　进口通关 - 海关 - 进口通关审核

(4)审核完成后,单击【通过】按钮,界面显示为“审核通过”,如图 11-30 所示。

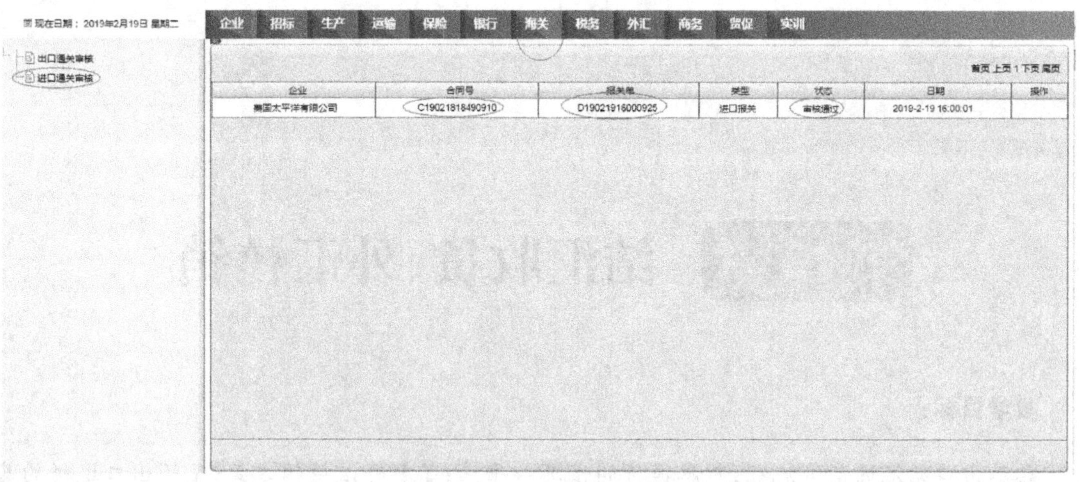

图 11-30　进口通关-海关-放行

第 12 章 结汇收货、外汇核销

教学目标：

熟悉出口结汇的基本流程；熟悉提货的情况和手续；了解外汇核销方式；了解出口退税的基本步骤和基本做法；掌握上述实务的模拟操作过程。

12.1 出口结汇、买方提货

12.1.1 出口结汇

卖方将货物出运取得提单后，即可办理出口结汇手续。出口结汇是指卖方按相关要求，在规定的时间内将全套单据送交银行，通过银行收取外汇，并将取得的外汇出售给银行换取人民币的过程。在不同的支付方式下，出口结汇的程序有所不同。

1. 信用证方式下的出口结汇

信用证项下的出口单据经银行审核无误后，银行按信用证规定的付汇条件将外汇结付给卖方。

1）卖方交单

交单以卖方在信用证规定的交单有效期内向银行提交出口结汇申请书及信用证规定的各种结汇单据方式进行。交单应注意以下几点：一是单据的种类或份数必须与信用证规定一致；二是单据内容正确，保证单证相符、单单相符、单内相符；三是交单时间必须在信用证规定的交单期和有效期内。

越早交单，越有利于卖方早日收汇。提交单据的期限由三种因素决定：一是信用证的失效日期；二是装运日期后所特定的交单日期；三是银行在其营业时间外，无接受提交单据的义务。根据《UCP600》规定，若信用证未规定装运日后必须交单的特定期限，银行则不接受迟于装运日期后 21 天提交的单据。

卖方在提交整套单据时应留一套副本单据存档。当付款人或付款行对单据提出异议时有据可查。

2）单证不符时应采取的措施

在实际业务中，会出现因种种原因造成单据不符的情况。为此，在没有过多时间的情况下，卖方可以采用下列措施：

(1)要求修改信用证。

(2)电提,即请议付行用电传将不符点通知开证行,请求其同意付款。

(3)表提,即请议付行把不符点开列在寄单函上,征求开证行和开证申请人意见以求同意付款。

(4)凭保议付,即受益人出具保证书承认单据的不符点,声明若开证行拒付则即偿还款项和费用。

3)结汇

目前,我国出口业务中有收妥结汇、出口押汇和定期结汇三种结汇方法。

(1)收妥结汇。议付行寄出出口单据,待收到开证行或付款行票款后才按当天外汇牌价将货款折成人民币划入受益人账户。

(2)出口押汇(买单结汇)。议付行收到出口单据时,在扣除手续费和利息后将货款按当日外汇牌价折成人民币付给受益人。

(3)定期结汇。议付行收到出口单据审核无误寄给开证行或付款行后,按交单日起在规定期限内将货款结算成人民币交付给受益人。

2. 托收方式下的出口结汇

托收,即卖方委托银行向买方收取货款。在进出口交易中采用托收的付款方式时基本上都是属于跟单托收,也就是附带有商业单据的托收。

1)卖方备齐单据申请托收

托收方式下,银行不负责货款是否能够从买方处收取,因此卖方必须要检附单据向银行申请托收。卖方检附的单据一般包括汇票、商业发票、提单、装箱单、保险单、原产地证书、商检证书等。其中汇票是由卖方签发的,并一式两份,两份性质相同,一份流转后,另一份自动失效。

托收方式下,卖方交单比较灵活,在单价种类、交单时间上没有强制规定,以买卖双方先前的商定为准。但交单时间不宜太迟,保证买方在货物运抵前能从代收行取到用以清关提货的单据。

2)结清款项

国外代收行收到买方付款后通知国内托收行,再由托收行通知卖方办理结清款项手续。

12.1.2　买方提货

买方获得货物的货运单据后,即可办理提货手续。

买方持提单(B/L)、应付费用发票等有关单据到船公司换领小提单(Delivery Order,D/C),即提货单。

若货物已放置在仓库,则买方或其代理人办妥通关后,即可备妥货车,凭海关放行凭证和提货单到仓库缴纳相关费用,办理货物出库手续。之后,买方或其代理人将货物装车运走;若货物为集装箱整箱运输,则买方或其代理人须前往集装箱堆场(CY),待办妥通关,凭小提单和拖车公司的提箱申请书等到箱管部办理相关费用的押款手续后,用拖车将集装箱运走。空箱返回指定堆场后,买方或其代理人及时凭押款凭证办理集装箱费用的结算手续;若货物为集装箱拼箱运输,则买方或其代理人应前往集装箱集散站(CFS),待办妥通关,按照集装箱运输业务部的通知单到箱管部缴纳相关费用后,凭小提单和相关单据提货,雇卡车将货物运走。

对于货物是危险品、易腐品、活动物或数量庞大无法进仓的货物,一般实施船边提货:买方或其代理人将小提单交给船长或大副,直接以船上的吊杆将货物吊到买方或其代理人的货车或驳船上,待海关查验通关完成后直接运走。

12.2 收汇核销

12.2.1 外汇核销制度

我国实行外汇管制,进出口企业从外汇管理局申领的每一张核销单,都在外汇管理局的数据库中有备案和留档。核销单跟随进出口业务一路走过海关、银行和税务局,被烙上各种印章或撕开。最终的存根必须回到外汇管理局,以核对原来数据库的电子档案并注销此核销单号码。这一过程就叫作“核销”,表示核销单记录的买卖在外汇的收支上是合法的,准予一笔勾销。核销可分为出口收汇核销和进口付汇核销。

1. 出口收汇核销制度

出口收汇核销制度是国家外汇管理部门根据国家外汇管制的要求,对出口方的出口货物实施跟踪监管直到该货物的全部货款(外汇)收回国内进行核销的一种事后监管制度。为此,国家外汇管理局发布了《出口收汇核销管理办法》和《出口收汇核销管理办法实施细则》以作为相关当事人贯彻执行的法规。

1)出口收汇核销制度的规定

(1)以出口收汇核销单为核心的管理办法。外汇管理部门通过核销单的发放与收回并办理核销的方式来管理和监督出口方的收汇情况。货物出口通关时,海关见核销单才能受理货物的出口验讫手续。

(2)实行先收汇后核销的方法。出口方出货结汇后,凭银行结汇水单才能办理外汇核销手续。

(3)实行“三单管理”。“三单”即出口收汇核销单、出口货物报关单(外汇核销联)、结汇水单。通过“三单管理”实现外汇管理部门、海关、外汇指定银行之间既分工协作又相互监管的管理目标。

2)出口收汇核销的原则和期限

出口收汇核销的原则如下:

(1)属地管理,即在何地申领核销单就由何地办理核销。

(2)谁“单”谁用,即谁申领核销单就由谁用。

(3)领用衔接,即多用多发、不用不发。

(4)单单对应,即一份核销单对应一份报关单。

我国规定出口方在办理货物装运出口以及制单结汇后,应及时地办理出口收汇核销。出口方出口货物后应在不迟于预计收汇日期起30天内,持结汇水单或货记通知以及有关证明文件,到当地外管局办理核销手续。

2. 出口收汇核销的基本程序

1）传统方式下的出口收汇核销

（1）开户。初次申领出口收汇核销单前须到外汇管理局办理登记手续。为此，所需要的材料有：单位介绍信、申请书；单位被批准经营进出口业务的批件正本和复印件；工商营业执照副本及复印件；海关注册登记证明书及复印件；出口合同复印件。

（2）申领空白核销单。出口方凭单位介绍信、开户单位印鉴卡到外汇管理局领取核销单（见表 12-1），并当场填写单位名称或加盖单位名称章。核销单自领单日起两个月内报关有效。出口方应在时效日前将未使用的核销单退回外汇局注销。

表 12-1　出口收汇核销单样本

<table>
<tr><td>出口收汇核销单
存根
（京）编号：</td><td rowspan="9">出口单位盖章</td><td colspan="5">出口收汇核销单
监制章
（京）编号：</td><td rowspan="7">出口单位盖章</td><td colspan="3">出口收汇核销单
出口退税专用
（京）编号：</td></tr>
<tr><td>出口单位：</td><td colspan="5">出口单位：</td><td colspan="3">出口单位：</td></tr>
<tr><td>单位编号：</td><td colspan="5">单位编号：</td><td colspan="3">单位编号：</td></tr>
<tr><td>出口币种总价：</td><td rowspan="4">银行签注栏</td><td>类别</td><td>币种金额</td><td>日期</td><td>盖章</td><td>货物名称</td><td>数量</td><td>币种总价</td></tr>
<tr><td>收汇方式：</td><td rowspan="3"></td><td rowspan="3"></td><td rowspan="3"></td><td rowspan="3"></td><td colspan="3" rowspan="3"></td></tr>
<tr><td>预计收款日期：</td></tr>
<tr><td>报关日期：</td></tr>
<tr><td>备注：</td><td colspan="5">海关签注栏</td><td rowspan="2">海关盖章</td><td colspan="3">报关单编号：</td></tr>
<tr><td>此单报关有效期截止到
年　月　日</td><td colspan="5">外汇局签注栏
年　月　日（盖章）</td><td colspan="3">外汇局签注栏
年　月　日（盖章）</td></tr>
</table>

（3）提交核销单报关出运。出口方在有效期内按出口货物报关单上记载的有关内容填写核销单后，持加盖出口单位公章的核销单和相关单据办理报关手续，将出口货物按时出运。一份报关单只能申领一份核销单，且不能互相借用。

海关受理出口方报关后，核对核销单号码，在核销单"出口退税专用"联签注出口货物名称、数量及总价，并在"海关签注栏"加盖"验讫章"后，将核销单退给出口方。

（4）向外汇指定银行交单，银行申报收汇信息。出口方在出口货物出运后，将包括核销单在内的结汇文件向外汇指定银行交单议付或托收。

银行收汇后，制作结汇水单，并在水单上注明核销单号码和国际收支申报号码。与此同时，银行通过"国际收支统计申报系统"向外汇管理部门申报出口方收汇情况。银行根据实际收汇情况签退申报第三联给出口方，而第一联交外汇管理部门，第二联银行留底。

（5）收汇核销。出口方应在收到货款之日起 30 天内凭核销单、银行出具的结汇水单（"出口收汇核销专用联"）、海关退回的盖有验讫章的出口货物报关单等向外汇管理部门办理外汇核销手续。外汇管理部门通过“出口收汇核报系统”以及其他相关系统核对出口方申报数据的真实性后在核销单“外管局签注栏”上加盖“出口收汇已核销”印章,并将核销单“出口退税专用”联退给出口方。

2)电子口岸下的出口收汇核销

出口收汇子系统是电子口岸下的出口收汇核销系统。它包括企业网上核销单申领、核销单出口口岸备案、核销单交单、核销单挂失等操作功能。出口方可通过本系统向外汇管理局提交网上申领和提交核销单,对核销单进行出口报关口岸备案、出口收汇核销单挂失处理,以及对核销单各项信息进行综合查询。

出口方采用出口收汇子系统进行收汇核销的基本步骤是:

(1)网上申请所需领用的核销单数量,之后到外汇管理局领取纸质核销单。外汇管理局将发放的核销单电子底账数据存放到公共数据库。

(2)在出口货物报关前,预先将核销单编号向出口报关地海关备案。

(3)货物出运后上网将已用于出口报关的核销单向外汇管理局交单。

(4)出口收汇后,持核销单、报关单、结汇水单到外汇管理局办理核销手续。

3)核销单遗失及补办

若遗失了核销单,应在15天内向外汇管理局书面说明情况,申请挂失。外汇管理局核实后会统一登报声明作废。

空白核销单遗失将予以注销;已报关的核销单遗失则凭有关出口凭证办理核销;需要补办出口退税专用联的,出口方凭税务部门签发的与该核销单对应的出口未退税证明,向外汇管理局书面申请后,外汇管理局出具“出口收汇核销单退税联补办证明”。

12.2.2 进口付汇核销

1. 进口付汇核销制度

根据我国外汇管理的规定,进口业务的对外付汇必须进行核销。进口付汇核销制度是国家外汇管理局在海关的配合和外汇指定银行的协助下,对进口方的进口付汇实施跟“单”(核销单),直至报关到货的全部过程进行监管、核查的外汇管理制度。随着银行、海关与外管局的联网,核销工作逐渐形成手工操作与网上操作并存的局面。

我国对进口方实行“名录”管理。在外管局公布的“对外付汇进口单位名录”中的进口方对外付汇时,一般情况下不需要事先到外管局备案。

进口方必须在进口货物到货办理通关后一个月内,到所在地外汇管理局办理进口到货付汇核销。具体核销方式有三种:同步核销、跟踪核销和其他核销。

在货到付款情况下,进口方凭正本进口货物报关单(付汇核销联)到外汇指定银行办理进口付汇的同时,银行将在加盖有海关放行章的报关单上标注“已供汇”字样,即表明进口方已办妥核销手续;以信用证、托收和预付货款结算方式的进口业务,进口方在外汇指定银行办理付汇后,待进口货物到货且通关完成后,凭正本进口货物报关单、货款付汇核销单及备案表等到外汇管理局办理核销报审手续;对转口贸易的进口付汇则凭转口所得的有关结汇水单到外汇管理局办理核销手续。

2. 进口付汇核销的程序

进口方事先应持营业执照等到所在地外汇管理局办理列入“对外付汇进口单位名录”。进口方列入“名录”后，向主管海关领取付汇核销用的 IC 卡。发生下列进口付汇情况之一的进口方还需要办理《进口付汇备案表》手续：进口方不在“对外付汇进口单位名录”上；进口方被列入“由部门审核真实性的进口单位名单”中；进口付汇后 90 天内不能到货保管的；进口方到其所在地部门管辖范围外的外汇指定银行办理进口付汇的。

针对每笔进口业务，进口付汇核销的具体程序如下。

1）领取进口核销单

进口方到外汇指定银行领取《贸易进口付汇核销单（代申报单）》（见表 12-2），并按规定如实填写核销单（一式三联）。

2）对外付汇

进口方将填妥的核销单及备案表（若有）连同其他付汇单证一并提交外汇指定银行审核。银行审核无误后，填写核销单（和备案表）上由银行填写的项目，并加盖印章，按核销单上进口方的实际付汇需要对外支付外汇。一份核销单只能凭以办理一次付汇。

外汇指定银行办理付汇手续后，将核销单第二联退交给进口方，第三联与其他付汇单证银行留存备查，第一联将按周向进口方所在地部门报送。

外汇指定银行对凭备案表付汇的，将备案表第一联与核销单第三联一并留存备查，将第二联与核销单第二联退交给进口方，第三联与核销单第一联报送银行所在地部门。一份备案表只能凭以办理一次进口付汇。

3）核销

进口方根据实际到货或未到货情况，依据核销单和备案表及相应栏目的有关数据，如实填写《贸易进口付汇到货核销表》或《贸易进口付汇未到货核销表》，并持操作员 IC 卡，将有关单证及时报送所在地部门审查。

报送部门审查的单证有：①《贸易进口付汇到货核销表》（一式三份，加盖公司章）或《贸易进口付汇未到货核销表》；②贸易进口付汇核销单（第二联）；③进口付汇备案表（若为“正常付汇”，进口方可不提供备案表）；④进口货物报关单正本（付汇证明联）（若为“货到付汇”，进口方可不提供报关单）；⑤结汇水单及收账通知单（除“境外工程使用物资”及“转口贸易”情况外，进口方可不提供该单据）；⑥外汇管理局要求提供的其他凭证和文件。

外汇管理局检查进口方各项进口付汇业务内容无误后为其办理核销手续，允许进口方继续进行进口付汇业务。

进口方办理完进口付汇核销手续后，应将核销表第二联、核销单第二联、备案表第二联以及所附其他单证妥善保存，以备检查。核销单证的保存期限为 5 年。

3. 进口付汇核销单和核销表

1）进口付汇核销单的缮制

《贸易进口付汇核销单（代申报单）》是由国家外汇管理局制定格式、进口方填写、外汇指定银行审核并凭以办理进口付汇的凭证。

《贸易进口付汇核销单（代申报单）》的格式和具体栏目见表 12-2。

表 12-2　贸易进口付汇核销单(代申报单)样本

贸易进口付汇核销单(代申报单)			
印单局代码：			核销单编号：
单位代码	单位名称		所在地外汇局名称
付汇银行名称	收汇人国别		交易编码
收款人是否在保税区：是☐　否☐		交易附言	
对外付汇币种　　对外付汇总额 其中：购汇金额　　现汇金额　　其他方式金额 人民币账号　　外汇账号			
付汇性质 ☐ 正常付汇 ☐ 不在名录　☐ 90 天以上信用证　☐ 90 天以上托收　☐ 异地付汇 ☐ 90 天以上到货　☐ 转口贸易 备案表编号			
预计到货日期	进口批件号		合同/发票号
信用证　90 天以内☐　90 天以上☐	承兑日期　/　/	付汇日期　/　/	期限　天
托收　90 天以内☐　90 天以上☐	承兑日期　/　/	付汇日期　/　/	期限　天
汇款	预付货款 ☐　货到付汇(凭报关单付汇)☐	付汇日期　/　/	
	报关单号　报关日期　/　/	报关单币种	金额
	报关单号　报关日期　/　/	报关单币种	金额
	报关单号　报关日期　/　/	报关单币种	金额
	报关单号　报关日期　/　/	报关单币种	金额
	报关单号　报关日期　/　/	报关单币种	金额
	(若报关单填写不完,可另附纸。)		
其他 ☐		付汇日期　/　/	
以下由付汇银行填写 申报号码： 业务编号：　审核日期：　/　/　(付汇银行签章)			
进口单位签章			

其中：

"印单局代码"为 6 位外汇管理局代码。

"核销单编号"由各印制本核销单的外汇局自行编制。

"单位代码"为企业统一社会信用代码。

"交易编码"是根据每笔付汇交易的性质对应国家外汇管理局国际收支交易编码表编写。常见的交易编码见表 12-3。

"交易附言"是付款人对每笔付款用途的描述,可不填。

"申报号码"共 22 位。第 1～6 位为地区标识码,第 7～10 位为银行标识码,第 11、12 位为金融机构顺序号,第 13～18 位为每笔贸易进口付汇的付汇日期或付汇的申报日期,最后 4 位是银行营业部的当日业务流水码。

表 12-3　常见的交易编码表

贸易名称	交易编码	贸易名称	交易编码
一般贸易	0101	来料加工装配进口的设备	0109
国家间、国际组织无偿援助和赠送的物质	0102	租赁贸易	0111
华侨、港澳台同胞、外籍华人捐赠物质	0103	免税外汇商品	0112
补偿贸易	0104	出料加工贸易	0113
来料加工装配贸易	0105	易货贸易	0114
进料加工装配贸易	0106	外商投资企业的进口加工内销的料、件	0115
寄售代销贸易	0107	其他	0116
边境小额贸易	0108	预付货款	0201

2)进口付汇到货核销表

以进口付汇到货核销表为例,表 12-4 展示了核销表的格式和相关贸易。

表 12-4　进口付汇到货核销表

<table>
<tr><td colspan="16">年　　月贸易进口付汇到货核销表
进口单位名称：　　　　　　　　进口单位编码：
核销表编号：</td></tr>
<tr><td colspan="8">付汇情况</td><td colspan="8">报关到货情况</td></tr>
<tr><td rowspan="2">序号</td><td rowspan="2">核销单号</td><td rowspan="2">备案表号</td><td rowspan="2">付汇币种金额</td><td rowspan="2">付汇日期</td><td rowspan="2">结算方式</td><td rowspan="2">付汇银行名称</td><td rowspan="2">应到货日期</td><td rowspan="2">报关单号</td><td rowspan="2">到货企业名称</td><td rowspan="2">报关币种金额</td><td rowspan="2">报关日期</td><td colspan="2">与付汇差额</td><td rowspan="2">凭报关单付汇</td><td rowspan="2">备注</td></tr>
<tr><td>退汇</td><td>其他</td></tr>
<tr><td></td><td></td><td></td><td></td><td></td><td></td><td></td><td></td><td></td><td></td><td></td><td></td><td></td><td></td><td></td><td></td></tr>
<tr><td></td><td></td><td></td><td></td><td></td><td></td><td></td><td></td><td></td><td></td><td></td><td></td><td></td><td></td><td></td><td></td></tr>
<tr><td></td><td></td><td></td><td></td><td></td><td></td><td></td><td></td><td></td><td></td><td></td><td></td><td></td><td></td><td></td><td></td></tr>
<tr><td colspan="3">付汇合计笔数：</td><td colspan="3">付汇合计金额：</td><td colspan="3">到货报关合计笔数：</td><td colspan="2">到货报关合计金额：</td><td colspan="3">退汇合计金额：</td><td colspan="2">凭报关单付汇合计金额：</td></tr>
<tr><td colspan="3">至本月累计笔数：</td><td colspan="3">至本月累计金额：</td><td colspan="3">至本月累计笔数：</td><td colspan="2">至本月累计金额：</td><td colspan="3">至本月累计金额：</td><td colspan="2">至本月累计金额：</td></tr>
<tr><td colspan="16">填表人：　　　　　　　　负责人：
填表日期：　年　　月　　日
第二联：进口单位留存
本核销表内容无讹</td></tr>
</table>

案例分析训练：

1. 见本书“表 5-8　货物买卖合同”、第 11.2 节的“案例分析训练”中的第 2 题答案所提供的所有内容。卖方中国张氏进出口公司已按期装运,并通过银行转来全套单据。

训练任务:请代买方 Pacific Trading Co., Ltd.,按照表 12-2 格式填写《贸易进口付汇核销单(代申报单)》中应该能够填写的主要内容。

12.3　出口退税

按我国相关规定,出口方应及时地办理出口退税手续。逾期没有核销的业务不能办理出口退税。

12.3.1　出口退税概述

出口退税是指已报关离境的产品,由税务机关将其出口前在生产和流通环节中已征收的中间税款返还给出口方的政策制度。我国出口退税的基本原则是"征多少,退多少,不征不退和彻底退税"。

准予退(免)税的出口货物,除另有规定外,必须同时具备以下条件:

(1)属于增值税或消费税征收范围的出口货物。

(2)已报关离境的货物。

(3)已收汇并经核销的货物。

(4)在财务上作出出口销售处理的货物。

原油、援外出口产品以及国家禁止出口的产品等是不予以退税的。

12.3.2　办理出口退税的相关手续

出口方在办理出口货物退税申报之前,必须申请出口退税登记:具有进出口产品经营许可的出口方应于工商登记证书核发后30日内填写《出口企业退税登记表》,并将其报送税务机关审核无误后获得税务机关核发的《出口企业退税登记证》。

1. 出口退税的基本程序

出口退税的基本程序如图12-1所示。

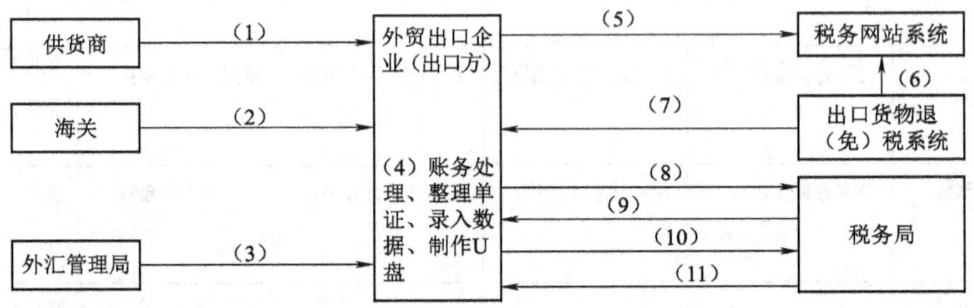

(1)出口方从供货商处购进商品,取得增值税专用发票、税收(出口退税专用)缴款书;(2)出口方将出口货物报关,取得出口货物报关单退税联;(3)出口方在银行结汇后向外汇管理局办理出口收汇核销手续,取得外汇管理局盖章的出口收汇核销单出口退税专用联;(4)出口方对有关单证资料进行处理,包括审核财务、单证审核和整理等;(5)进入国税系统输入报表及纳税申报表;(6)将出口货物退(免)税申报系统中的免税数据上传至税务网站;(7)出口货物退(免)税系统进行退税申报(申报成功后另存入U盘备份);(8)准备出口退税具体纸质材料并携带U盘前往税务局申报;(9)等税务局电话通知拿退税批复;(10)等税务局电话通知前往办理退税申请手续(需携带退税批复、公司公章及印鉴章);(11)退税手续办理一周内账款入户。

图12-1　外贸企业出口退税流程图

2. 出口退税提交的单据

出口方向税务局申报退税时,须向税务局提供相关凭证。

(1)"两单三票"。"两单",即盖有"验讫章"的报关单(出口退税专用联)、由外汇管理局盖章的出口收汇核销单(出口退税专用);“三票”为进货增值税发票(税款抵扣联)或普通发票、税收(出口产品专用)缴款书(第二联)或出口产品完税分割单(第二联)、出口商业发票。

(2)出口货物退(免)税申报表。包括出口退税进货凭证申报表(一式两份)、出口货物退税申报明细表(一式四份)和出口退税汇总申报表(一式四份),并经商务主管部门稽核盖章。

(3)出口货物销售明细账。

(4)退税申报 U 盘。

12.3.3　出口退税的计算

1. 计税依据和退税率

计算出口退税首先要确定计税依据和适用退税率。

出口退税的计税依据是指按照出口货物适用退税率计算应退税额的计税金额或计税数量。进出口企业出口货物退增值税的计税依据为出口产品增值税专用发票上所注明的进项金额;生产企业出口货物退增值税的计税依据为出口产品离岸价折成人民币的金额。出口方的退消费税的计税依据为出口消费税应税货物的购进金额或实际出口数量。

出口退税的退税率是根据出口货物退税计税依据计算应退税款的比例,包括增值税退税率、消费税退税率或单位产品退税额。我国目前出口货物增值税退税率基本上为 16%、10% 和 6% 三档,消费税仍按照征税率(税额)退税或免税。随国家产业政策和税收政策不断调整,出口货物的退税率也会有所变化。

2. 计税方法

出口方出口货物应退增值税的计算公式有:

(1)对于一般贸易、加工补偿贸易和易货贸易出口货物:

$$\text{应退税额} = \text{计税依据} \times \text{适用退税率} \tag{12-1}$$

(2)委托加工的出口货物:

$$\text{应退税额} = \text{原材料金额} \times \text{适用退税率} + \text{工缴费金额} \times \text{适用退税率} \tag{12-2}$$

(3)进料加工复出口货物:

$$\text{应退税额} = \text{计税依据} \times \text{适用退税率} - \text{销售进口料件应抵减退税额} \tag{12-3}$$

其中:

$$\text{销售进口料件应抵减退税额} = \text{销售进口料件金额} \times \text{适用退税率} - \text{海关对进口料件实征增值税税额} \tag{12-4}$$

出口方出口货物应退消费税的计算公式有:

从价定率征收公式:　应免消费税税额 = 出口销售收入 × 税率　(12-5)

从量定额征收公式:应免消费税税额 = 出口销售数量 × 单位税额　(12-6)

案例分析训练:

某企业生产并出口纺织原料,其离岸价为 40 万美元(汇率为 6.80),征税率为 16%,退税率为 16%。

训练任务:请计算该企业出口纺织原料的应退税额。

12.4　在跨境项目综合实验教学平台上的操作

12.4.1　实训目的及要点

(1)了解收汇核销和付汇核销的流程。

(2)了解如何出口退税。

(3)了解提货等。

12.4.2　场景模拟操作说明

在跨境项目综合实验教学平台上,可以简单地进行收汇核销和出口退税操作。

1. 出口收汇核销流程

1)收汇备案

(1)卖方用户登录系统后,单击“外汇业务”菜单下的“收汇备案”,找到相应的信息条,如图 12-2 所示。单击【收汇备案】按钮后,界面将显示“处理中”。

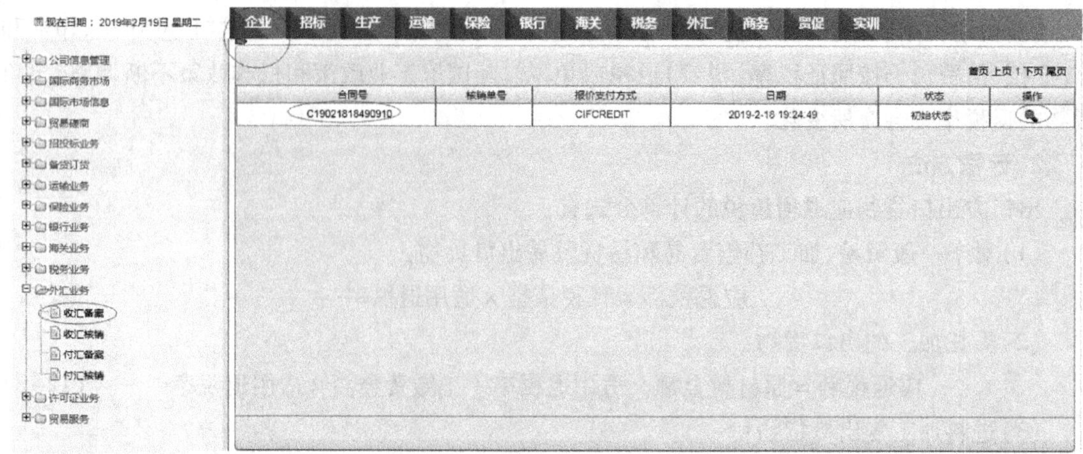

图 12-2　收汇备案 - 卖方 - 申请

(2)外汇权限用户登录系统,单击导航栏【外汇】,以及左侧菜单下“收汇备案”,找到相应的信息条,如图 12-3 所示。

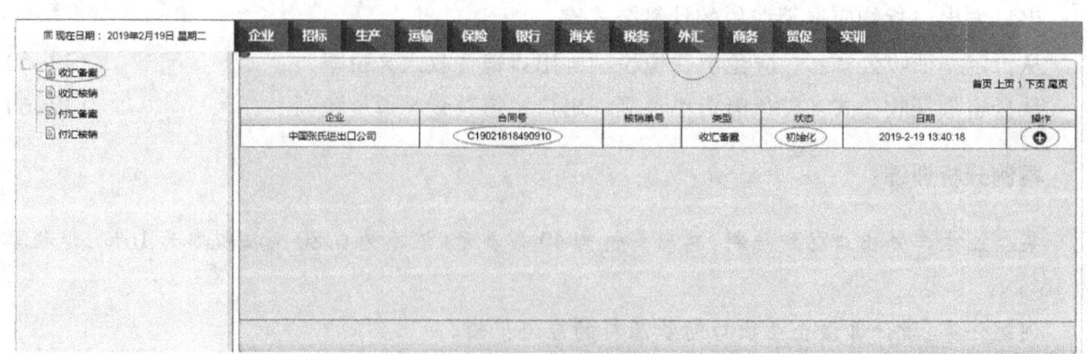

图 12-3　收汇备案 - 外管局 - 提取申请

(3)单击图 12-3 中的【收汇核销单】按钮,跳转到出口收汇核销单界面——进行收汇核销单填写操作,如图 12-4 所示。

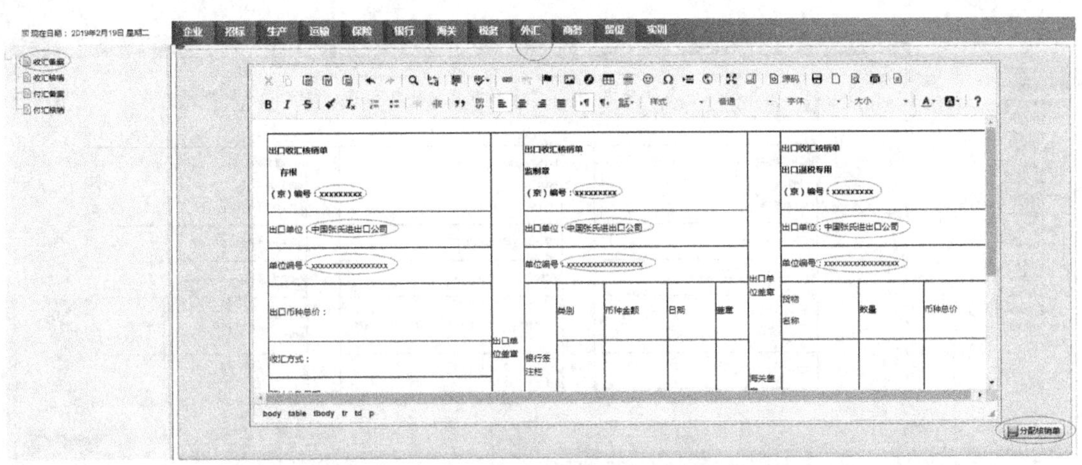

图 12-4　收汇备案 - 外管局 - 核准备案

(4)核销单上的单位等填写完成后,单击图 12-4 中的【分配核销单】按钮,界面显示"审核通过",如图 12-5 所示。

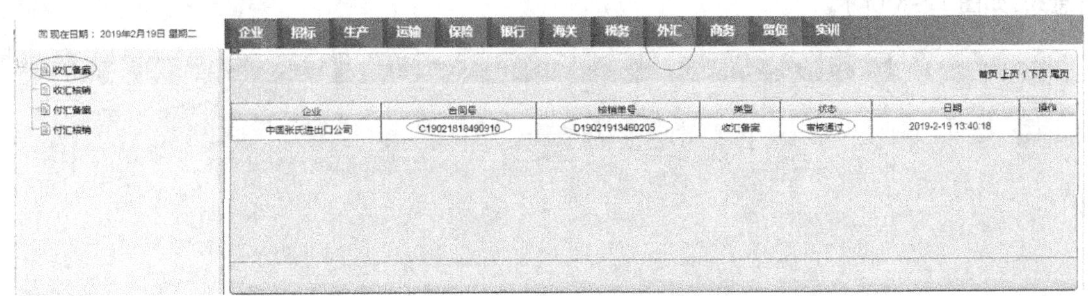

图 12-5　收汇备案 - 外管局 - 颁发核销单

2)收汇核销

(1)卖方用户登录系统后,单击"外汇业务"菜单下的"收汇核销",找到相应的信息条,如图 12-6 所示。

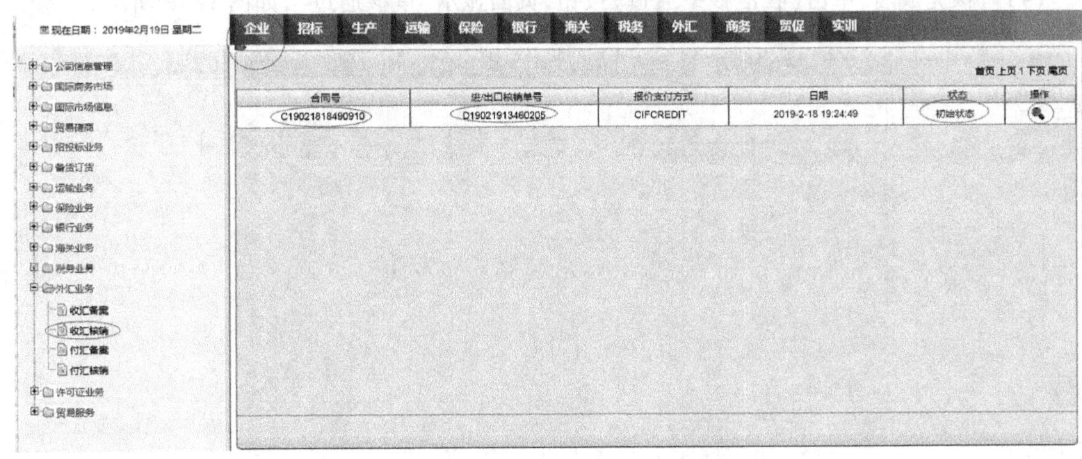

图 12-6　收汇核销 - 卖方 - 申请

（2）单击图 12-6 中的【收汇核销申请】，跳转到收汇核销申请单页面——进行收汇核销单编辑操作，如图 12-7 所示。全部编辑完成后，单击【收汇核销单提交】按钮，页面将显示为“处理中”。

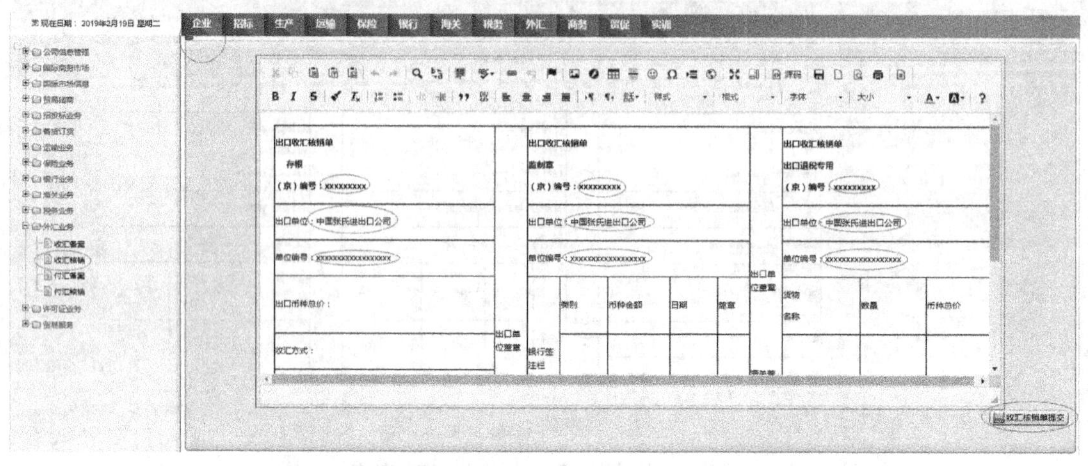

图 12-7　收汇核销 - 卖方 - 填写并提交核销单

（3）外汇权限的用登录系统，单击导航栏【外汇】，以及左侧菜单下“外汇核销”，找到相应的信息条，如图 12-8 所示。

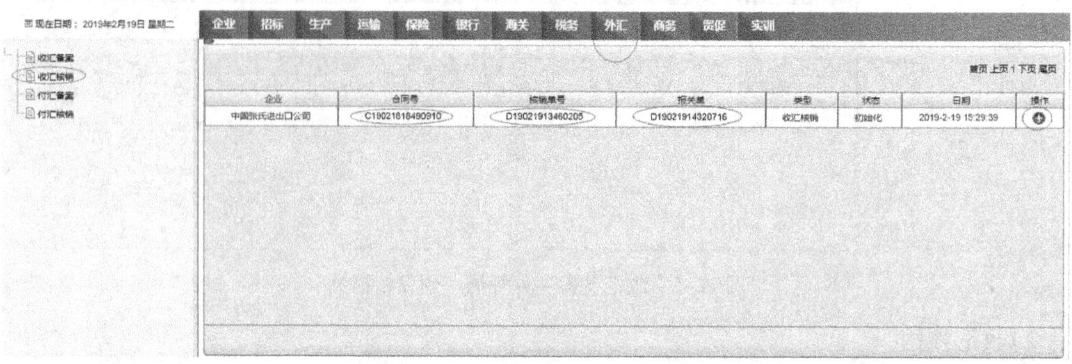

图 12-8　收汇核销 - 外管局 - 核销审核

（4）审核完成后，单击【收汇核销通过】按钮，页面显示“审核通过”，如图 12-9 所示。

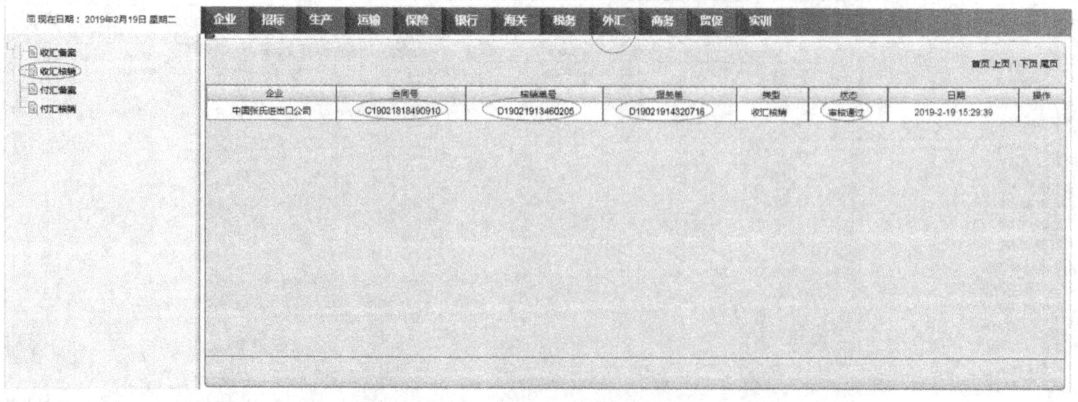

图 12-9　收汇核销 - 外管局 - 核销通过

2. 出口退税

(1)卖方权限用户登录系统,单击“税务业务”菜单下的“退税业务”,找到相应的信息条。单击【出口退税申请】按钮,如图 12-10 所示,界面将显示为“处理中”。

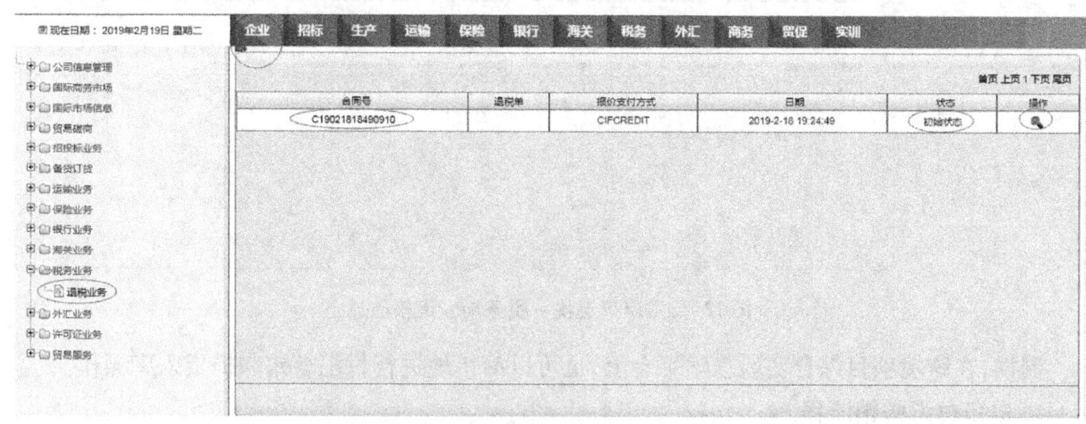

图 12-10　出口退税 - 出口商 - 申请

(2)税务权限用户登录系统后,单击导航栏的【税务】,以及左侧菜单下“出口退税批准”,找到相应的信息条,如图 12-11 所示。

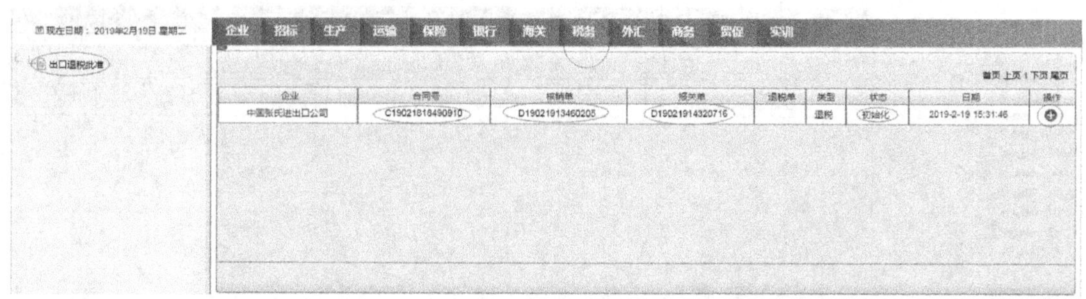

图 12-11　出口退税 - 税务局 - 提取退税申请

(3)单击图 12-11 中的【确认退税】按钮,跳转到出口退税申请单界面——进行出口退税编辑审核操作,如图 12-12 所示。

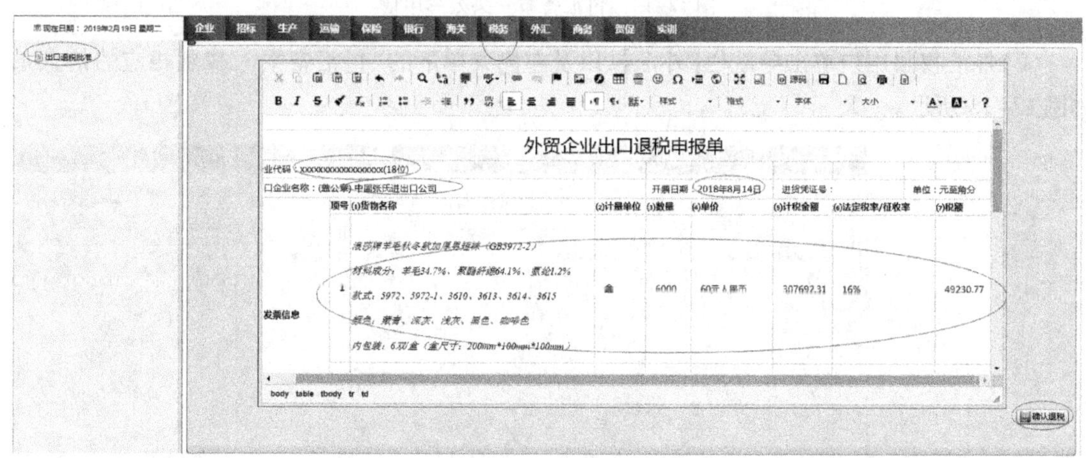

图 12-12　出口退税 - 税务局 - 退税审核

(4)编辑审核完成后，单击图 12–12 中的【确认退税】按钮，界面状态为“审核通过”，如图 12–13 所示。

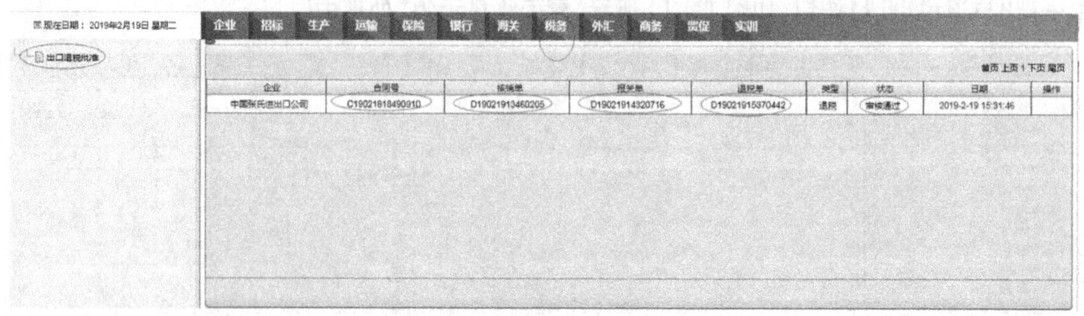

图 12–13　出口退税 – 税务局 – 审核通过

同样，在跨境项目综合实验教学平台上，也可以简单地进行付汇核销和提货入库操作。

1. 进口付汇核销流程

1)付汇备案

(1)买方用户登录系统，单击“外汇业务”菜单下的“付汇备案”，找到相应的信息条，如图 12–14 所示。单击【付汇备案申请】按钮，界面状态将显示“处理中”。

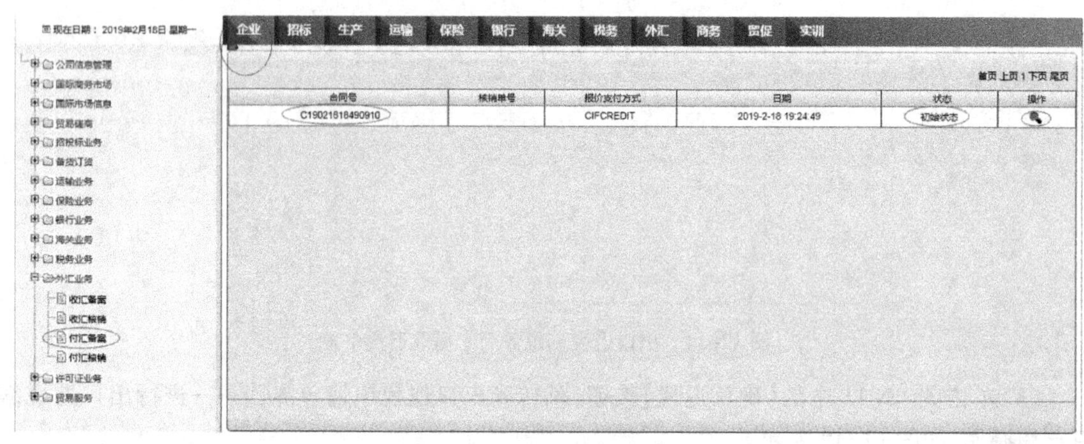

图 12–14　付汇备案 – 买方 – 申请

(2)外汇权限用户单击导航栏【外汇】，以及左侧菜单下的“付汇备案”，找到相应的信息条，如图 12–15 所示。

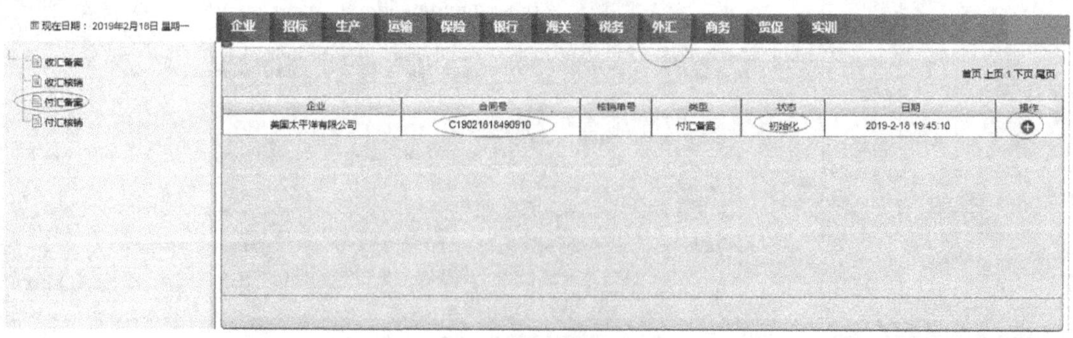

图 12–15　付汇备案 – 外管局 – 提取申请

(3)单击图 12-15 中的【通过】按钮,跳转到编写付汇核销单界面——进行付汇核销单填写操作,如图 12-16 所示。

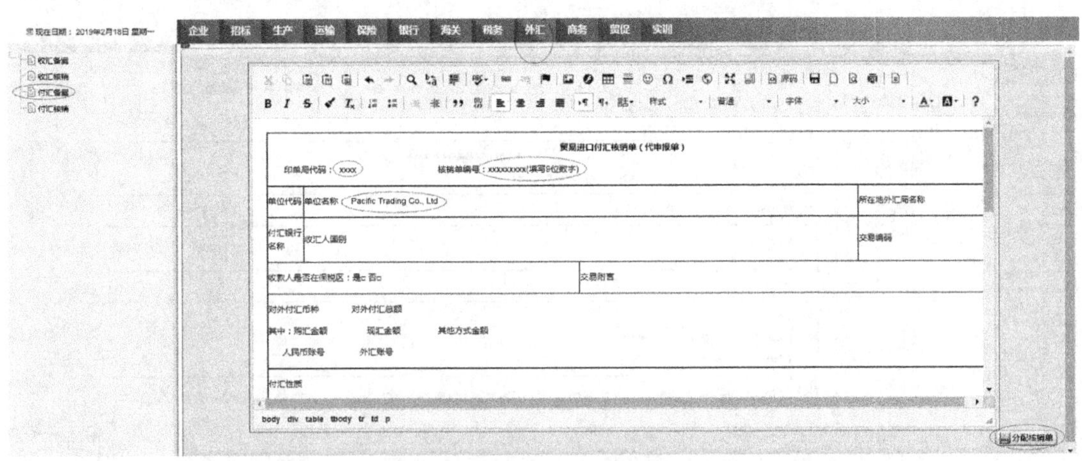

图 12-16　付汇备案 - 外管局 - 核准备案

(4)核销单上的单位等填写完成后,单击图 12-16 中的【分配核销单】按钮,界面显示“审核通过”,如图 12-17 所示。

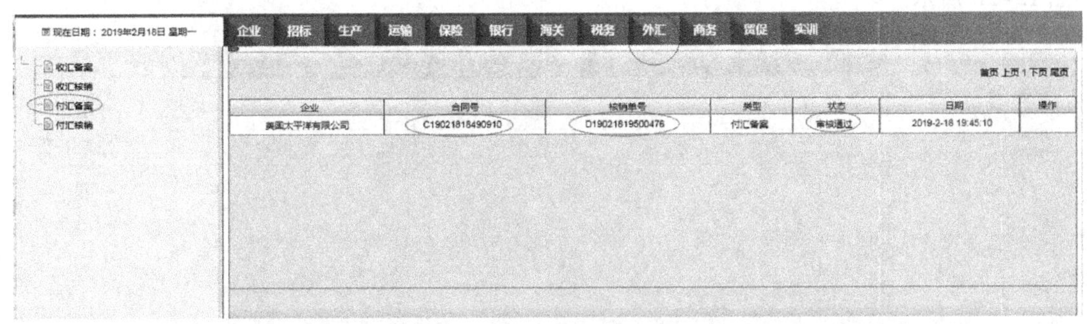

图 12-17　付汇备案 - 外管局 - 颁发核销单

2)付汇核销

(1)买方登录系统,单击“外汇业务”菜单下的“付汇核销”,找到相应的信息条,如图 12-18 所示。

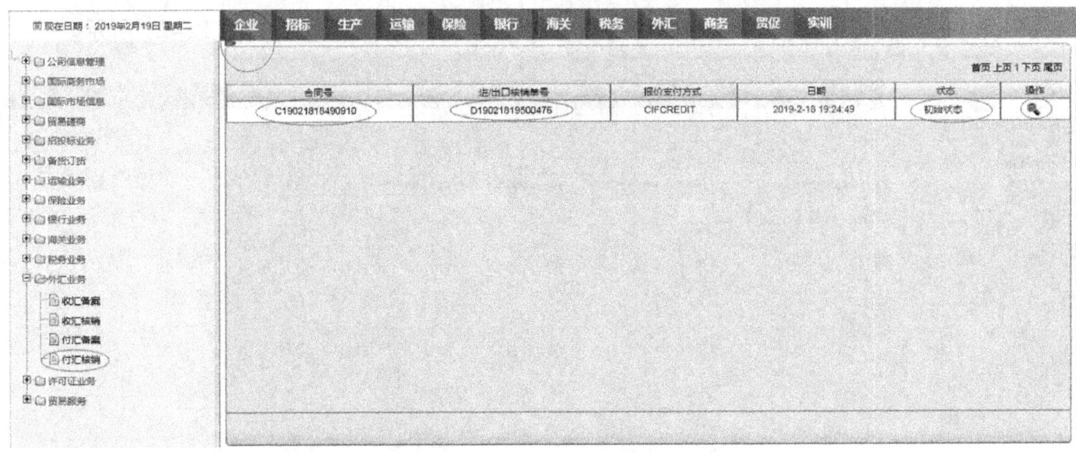

图 12-18　付汇核销 - 买方 - 申请

(2)单击图12-18中的【付汇核销申请】按钮,跳转到编辑付汇核销单界面——进行付汇核销单编辑操作,如图12-19所示。全部编辑完成后,单击【付汇核销单提交】按钮,界面将显示“处理中”。

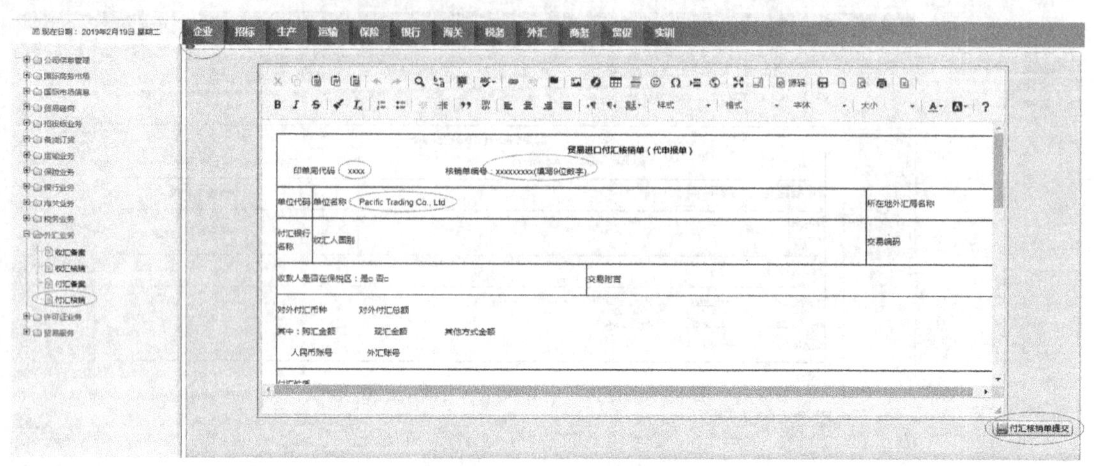

图12-19　付汇核销-买方-填写并提交核销单

(3)外汇权限用户,单击导航栏【外汇】,以及侧左菜单下“付汇核销”,找到相应的信息条,如图12-20所示。

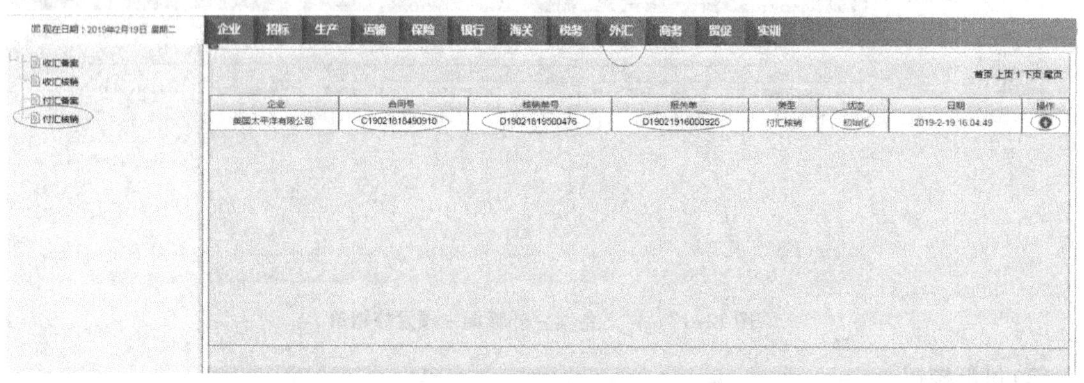

图12-20　付汇核销-外管局-核销审核

(4)审核完成后,单击【付汇核销审核】按钮,界面显示“审核通过”,如图12-21所示。

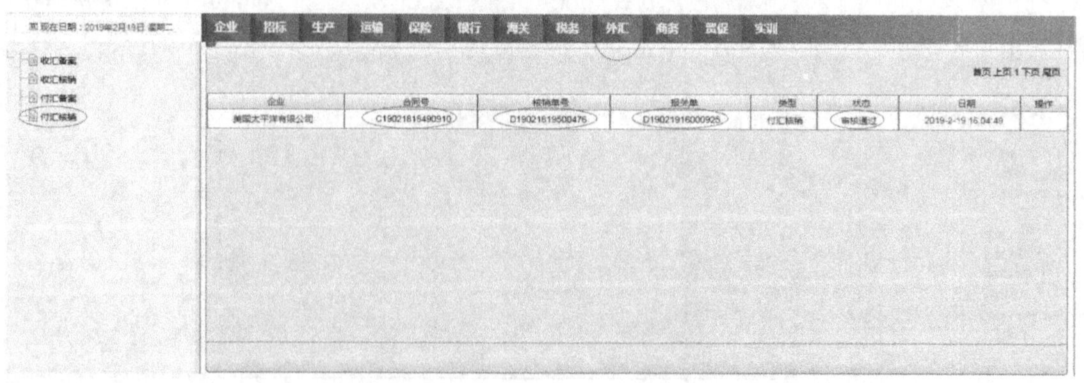

图12-21　付汇核销-外管局-核销通过

2. 提货入库

(1)买方用户登录系统,单击“公司信息管理”菜单下“公司仓库管理”项下的“提货入库”,找到相应的信息条,如图 12-22 所示。

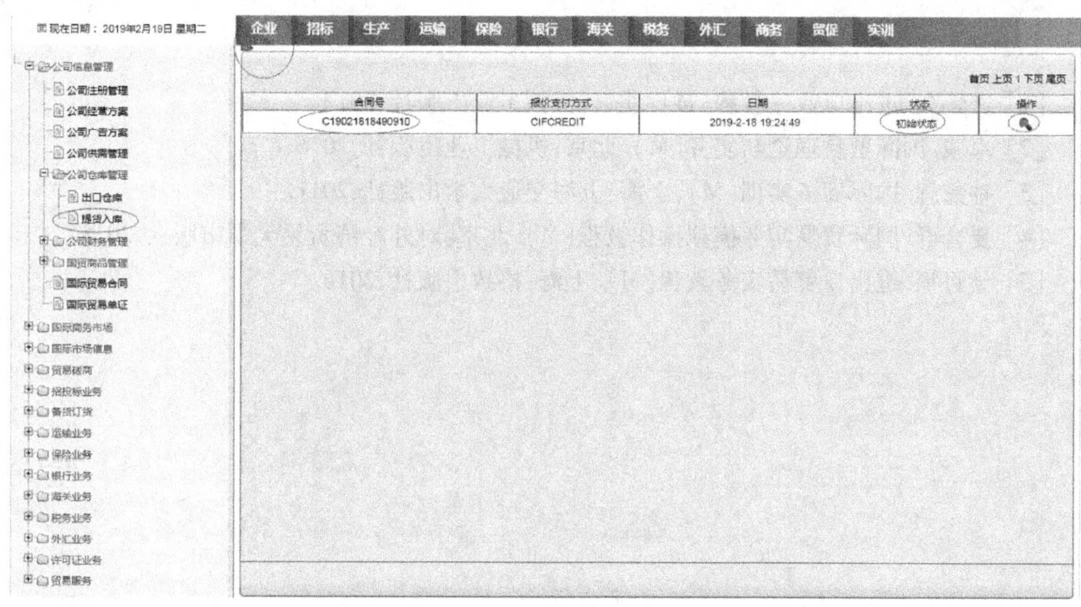

图 12-22　提货入库 - 买方 - 提取货物

(2)单击图 12-22 中的【提货入库】按钮,界面显示为“已提货入库”,如图 12-23 所示。

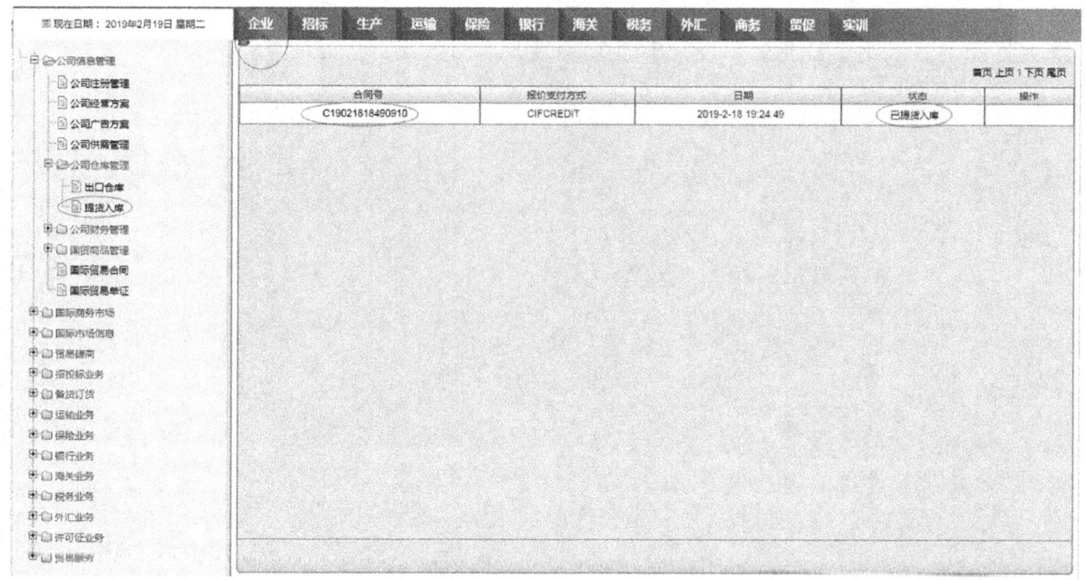

图 12-23　提货入库 - 买方 - 货物已入库

参 考 文 献

[1] 宫焕久. 进出口业务教程[M]. 北京:机械工业出版社,2012.
[2] 卓骏. 国际贸易理论与实务[M]. 北京:机械工业出版社,2016.
[3] 钟懿辉. 国际商务实训[M]. 上海:上海交通大学出版社,2011.
[4] 夏合群. 国际贸易实务模拟操作教程[M]. 北京:对外经济贸易大学出版社,2015.
[5] 吴百福. 进出口贸易实务教程[M]. 上海:格致出版社,2016.